TOUT SUR LE HOCKEY

Directeurs artistiques : Luke Griffin et Harj Ghundale
Conceptrice : Sally Bond
Recherche photographique : Paul Langan

Suivez les Éditions de l'Homme sur le Web

Consultez notre site Internet et inscrivez-vous à l'infolettre pour rester informé en tout temps de nos publications et de nos concours en ligne. Et croisez aussi vos auteurs préférés et l'équipe des Éditions de l'Homme sur nos blogues !

EDITIONS-HOMME.COM
EDITIONS-JOUR.COM
EDITIONS-PETITHOMME.COM
EDITIONS-LAGRIFFE.COM

11-12

© 2012, Carlton Books Limited

Traduction française :
© 2012, Les Éditions de l'Homme,
division du Groupe Sogides inc.,
filiale de Québecor Média inc.
(Montréal, Québec)

Tous droits réservés

L'ouvrage original a été publié par Carlton Books Limited sous le titre *Complete Hockey Records*

Dépôt légal : 2012
Bibliothèque et Archives nationales du Québec

ISBN 978-2-7619-3374-2

Imprimé à Dubaï

DISTRIBUTEUR EXCLUSIF :
Pour le Canada et les États-Unis :
MESSAGERIES ADP*
2315, rue de la Province
Longueuil, Québec J4G 1G4
Téléphone : 450 640-1237
Télécopieur : 450 674-6237
Internet : www.messageries-adp.com
* filiale du Groupe Sogides inc.,
  filiale de Québecor Média inc.

Gouvernement du Québec – Programme de crédit d'impôt pour l'édition de livres – Gestion SODEC – www.sodec.gouv.qc.ca

L'Éditeur bénéficie du soutien de la Société de développement des entreprises culturelles du Québec pour son programme d'édition.

 Conseil des Arts du Canada   Canada Council for the Arts

Nous remercions le Conseil des Arts du Canada de l'aide accordée à notre programme de publication.

Nous remercions le gouvernement du Canada de son soutien financier pour nos activités de traduction dans le cadre du Programme national de traduction pour l'édition du livre.

Nous reconnaissons l'aide financière du gouvernement du Canada par l'entremise du Fonds du livre du Canada pour nos activités d'édition.

DAN DIAMOND • ERIC ZWEIG • BILL BERNARDI

TOUT SUR LE HOCKEY

RECORDS • HISTOIRE • STATISTIQUES

Traduit de l'anglais par Louise Chrétien,
Marie-Josée Chrétien et Marielle Gaudreault

Une société de Québecor Média

TABLE DES MATIÈRES

INTRODUCTION 6

PREMIÈRE PARTIE
ORIGINES ET HISTOIRE DU HOCKEY

Introduction : Le jeu s'installe sur la patinoire	10
Origines de la Ligue nationale de hockey	12
Innovations sur la côte du Pacifique	14
Les « six d'origine » de la LNH	16
L'ère de l'expansion	18
Série du siècle et autres	20

DEUXIÈME PARTIE
HOCKEY ET JEUX OLYMPIQUES D'HIVER

Histoire du hockey olympique	24
La grosse machine rouge : la domination soviétique	26
L'ère ouverte : de 1998 à 2010	28
Buts en or et miracles sur glace	30

TROISIÈME PARTIE
LIVRE DES RECORDS D'ÉQUIPE DE LA LNH

Records d'équipe : Victoires, défaites et séquences	34
Records d'équipe : Les buts marqués et accordés	36
Records d'équipe : Marquer vite et souvent	38
Records d'équipe : Pénalités, jeux de puissance et buts en infériorité numérique	40
Records d'équipe en séries : Victoires, défaites et séquences	42
Records d'équipe : Pointage en séries	44

QUATRIÈME PARTIE
LIVRE DES RECORDS INDIVIDUELS DE LA LNH

Introduction : Histoire des records de tous les temps	48
Records de buts	50
Records d'aides	52
Records de points	54
Saisons de 50 buts	56
Saisons de 100 points	58
Matchs, saisons, séquences et tirs au but	60
Pénalités, buts en supériorité numérique et buts en infériorité numérique	62
Buts des ailiers, buts des défenseurs	64
Records de recrues	66
Trois buts par match et buts marqués le plus rapidement	68
500 buts, 1000 points et champions marqueurs	70
Records de gardiens de but	72

CINQUIÈME PARTIE
TROPHÉES DE LA LNH/ÉTOILES/ REPÊCHAGE D'ENTRÉE

Trophée individuel I – Joueur le plus utile à son équipe	76
Trophée individuel II – Gardien de but par excellence	78
Trophées individuels III – Les autres trophées	80
Équipes d'étoiles (incluant l'équipe d'étoiles des recrues)	82
Matchs des étoiles jusqu'en 1968	84
Matchs des étoiles depuis 1969	86
Histoire du repêchage amateur	88

SIXIÈME PARTIE
LA COUPE STANLEY

L'histoire de la Coupe Stanley 92
Les dynasties de la Coupe Stanley 94
Les records de la Coupe Stanley 96
Coupe Stanley : buts gagnants et buts
  en prolongation 98
Records de la LNH en séries éliminatoires 100
Le trophée Conn-Smythe 102

SEPTIÈME PARTIE
HOCKEY MINEUR PROFESSIONNEL, JUNIOR, UNIVERSITAIRE ET DES ÉCOLES SECONDAIRES

Ligues et étoiles du hockey
  mineur professionnel 106
Le hockey junior en Amérique du Nord 108
Hockey universitaire et des écoles secondaires 110

HUITIÈME PARTIE
LES CLUBS DE LA LNH

Anaheim – les Ducks 114
Boston – les Bruins 116
Buffalo – les Sabres 118
Calgary – les Flames 120
Caroline – les Hurricanes 122
Chicago – les Blackhawks 124
Colorado – l'Avalanche 126
Columbus – les Blue Jackets 128
Dallas – les Stars 130
Detroit – les Red Wings 132
Edmonton – les Oilers 134
Floride – les Panthers 136
Los Angeles – les Kings 138
Minnesota – le Wild 140
Montréal – les Canadiens 142
Nashville – les Predators 144
New Jersey – les Devils 146
New York – les Islanders 148
New York – les Rangers 150
Ottawa – les Sénateurs 152
Philadelphie – les Flyers 154
Phoenix – les Coyotes 156
Pittsburgh – les Penguins 158
San Jose – les Sharks 160
St. Louis – les Blues 162
Tampa Bay – le Lightning 164
Toronto – les Maple Leafs 166
Vancouver – les Canucks 168
Washington – les Capitals 170
Winnipeg – les Jets (les Thrashers d'Atlanta) 172
Les clubs disparus 174

NEUVIÈME PARTIE
HOCKEY SUR GLACE INTERNATIONAL

Les Championnats du monde 178
Championnats du monde : Femmes 180
Championnats du monde junior
  des moins de 20 ans 182
Championnats du monde
  des moins de 18 ans 184
Coupe du monde de hockey 186

INDEX 188
RÉFÉRENCES PHOTOGRAPHIQUES 192

INTRODUCTION

Tout sur le hockey est un livre fascinant qui retrace l'histoire du sport le plus rapide au monde, tel que le pratiquent depuis trois siècles, en Amérique du Nord et en Europe, des hommes et des femmes, amateurs et professionnels.

Le hockey a une longue histoire qui, dans le cas de la LNH, s'étend sur 95 ans.

Étant donné les nombreux jalons qui l'ont marquée, il faudra certainement plus que les 500 mots qu'on m'a accordés pour en faire le tour.

Heureusement, Tout sur le hockey comble ce besoin. Dans ses 192 pages d'histoires, d'illustrations, d'anecdotes et de tableaux, le lecteur découvrira les nombreuses personnalités dont les passes décisives ont fait du hockey ce sport que nous aimons tant.

De Gretzky à Howe en passant par Orr et Shore, les noms et les visages qui ont marqué chacune de ses époques l'accueillent page après page.

Nous vous ramènerons aux étangs gelés des débuts, avant que le hockey ne se pratique à l'intérieur, en fait, avant même qu'on le désigne sous ce nom.

Vous apprendrez tous les détails concernant les six équipes originales de la LNH, l'époque de l'expansion, la Série du siècle 1972 et même les jeux olympiques, sans oublier l'importance que revêt la Coupe Stanley pour chacune des équipes de la LNH.

Mais par-dessous tout, vous y trouverez les records et les séquences - innombrables - qui permettent de classer et de quantifier les accomplissements des joueurs et de leurs équipes.

Des blanchissages de Terry Sawchuk et de Martin Brodeur à la série de 35 parties invaincues des Flyers de Philadephie, les annales du hockey sont révélées dans ces pages de manière on ne peut plus vivante.

L'histoire des célèbres Canadiens de Montréal et des Wanderers, aussi de Montréal mais moins connus, de même que celle de bien d'autres équipes

vous sera racontée. Si vous croyez tout savoir sur ce sport, vous aurez l'occasion de mettre à l'épreuve vos connaissances.

Ainsi, qui a obtenu le titre d'«Ironman» du hockey? La réponse à cette question se trouve à la page 61 de même que d'autres renseignements pertinents. Qui fut le premier à se mériter le titre de joueur jugé le plus utile à son équipe au match des étoiles? Pour le savoir, reportez-vous à la page 86.

De plus, ce livre fait la lumière sur les dynasties, des premiers Sénateurs d'Ottawa en 1920 aux nombreux règnes des Canadiens qui se sont étendus sur plusieurs décennies, en passant par le parcours gagnant des Islanders de New York à compter des années 1980.

À noter que chacune des 30 équipes a ses propres pages dans lesquelles figure la liste des premières (but/victoire/blanchissage), des temps forts et des accomplissements des joueurs et des équipes.

Vous en apprendrez également sur les équipes ne faisant pas partie de la LNH: professionnelles, junior, écoles secondaires et universitaires.

Les records de la Fédération internationale de hockey sur glace pour les championnats mondiaux du hockey masculin et féminin, y compris les championnats des moins de 20 ans et de 18 ans, y sont aussi présentés.

Je tiens à remercier Dan Diamond et Eriz Zweig pour leur travail de rédaction, nos collègues des archives photographiques du Temple de la renommée du hockey et de Getty Images, ainsi que l'équipe de la rédaction et du graphisme de Carlton Books.

Bill Bernardi, 2012

PREMIÈRE PARTIE
ORIGINES ET HISTOIRE DU HOCKEY

Les sports de glace existaient depuis près d'un siècle lorsque le jeu moderne prit forme à Montréal. Encore aujourd'hui, le hockey ne cesse d'évoluer.

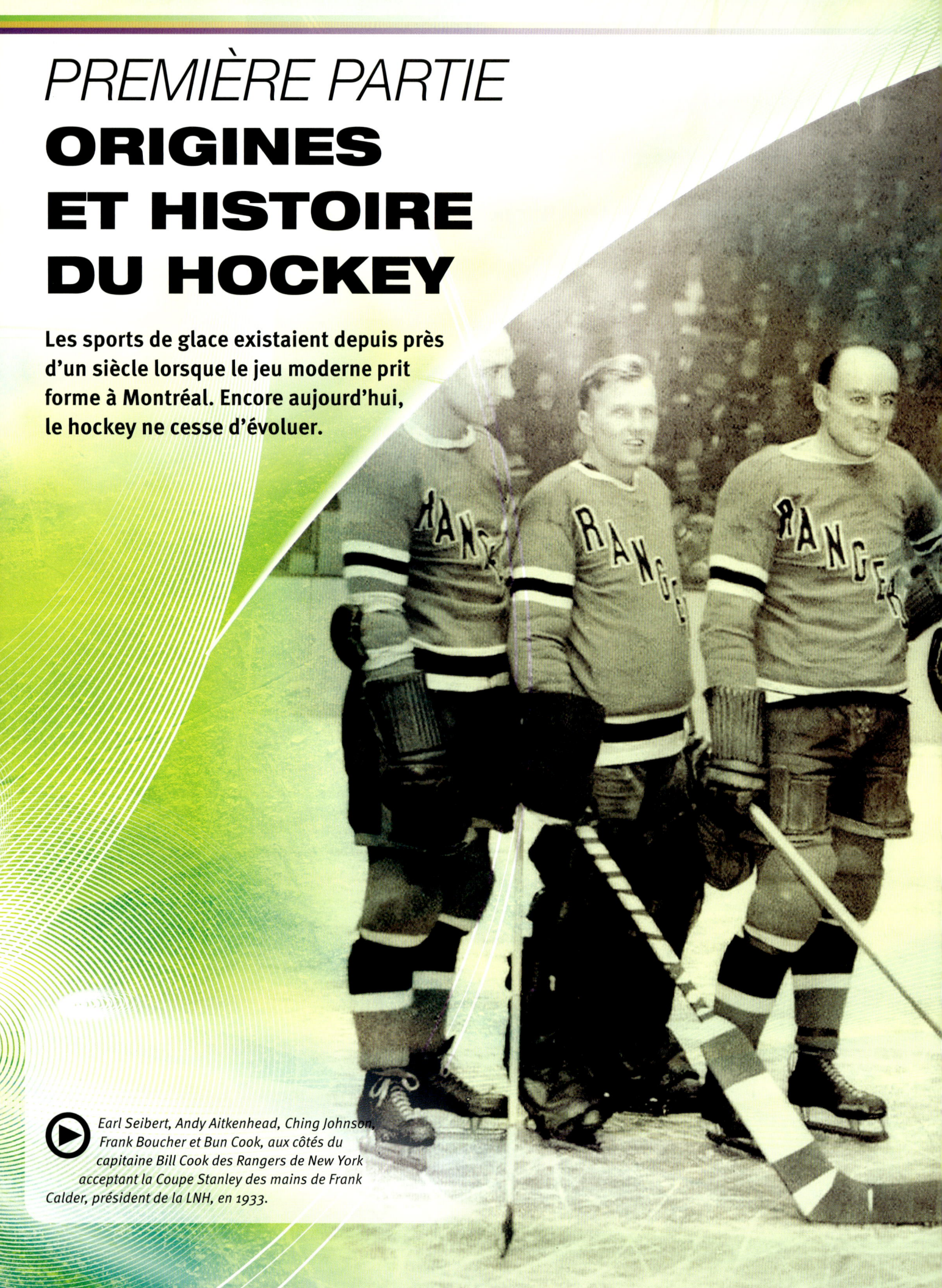

▶ *Earl Seibert, Andy Aitkenhead, Ching Johnson, Frank Boucher et Bun Cook, aux côtés du capitaine Bill Cook des Rangers de New York acceptant la Coupe Stanley des mains de Frank Calder, président de la LNH, en 1933.*

INTRODUCTION : LE JEU S'INSTALLE SUR LA PATINOIRE

Venu des rivières et des lacs gelés, le hockey devint un sport d'intérieur à Montréal. La première démonstration de hockey « moderne » eut lieu à la Victoria Skating Rink, le 3 mars 1875, mais le hockey ne fut pas vraiment « inventé » quelque part. Il a plutôt évolué au fil du temps. On s'adonnait à des jeux avec balle et bâtons sur les cours d'eau gelés de Nouvelle-Écosse au début des années 1800, et ils étaient peut-être déjà populaires aux États-Unis depuis 10 ou 20 ans. En Europe, des tableaux hollandais du milieu du 16e siècle montrent des patineurs jouant à un jeu très semblable au hockey.

Les jeux se jouant avec une balle et des bâtons, comme celui que montre ce tableau hollandais, une forme de golf sur glace, précèdent le hockey moderne de quelque 300 ans.

WINDSOR, LIEU DE NAISSANCE DU HOCKEY

Les allégations voulant que Windsor, en Nouvelle-Écosse, soit le lieu de naissance du hockey découlent principalement des réminiscences d'un personnage de fiction du nom de Sam Slick, dans un livre intitulé *The Attaché*, rédigé en 1844 par Thomas Chandler Haliburton. Né en 1796, Haliburton avait obtenu un diplôme de King's College en 1815. Dans son livre, Sam Slick se souvient de garçons qui s'amusaient comme des fous en jouant au hurley sur un étang glacé.

DÉFINITION DU MOT HOCKEY

En anglais, un très ancien mot-racine, *hok* ou *hak*, renvoie à une pièce de bois ou de métal recourbée et ressemble au mot « hook ». En français, le mot *hoquet* vient de la même racine et signifie « bâton courbé » ou plus précisément « houlette de berger ». Dès 1840, le mot hockey (ou *hawkey*) était courant en anglais, mais il désignait généralement un bâton courbé, et seulement rarement le jeu qui se jouait avec un tel bâton.

LE RICKET

Un poème publié dans un magazine d'Halifax en 1829 dit : « Jouant au ricket avec des bâtons, des douzaines de garçons, chassent la balle sur la glace dans un bruit assourdissant. »

Un article paru en 1859 sur les sports d'hiver en Nouvelle-Écosse, dans le *Boston Evening Gazette*, explique que le ricket se joue sur glace : les joueurs portent des patins et se servent d'un hurley pour envoyer une balle dans le « ricket » de l'adversaire – un but entre deux pierres sur la glace.

LE HURLING

Sport d'équipe irlandais d'origine gaélique remontant peut-être à plus de 2000 ans, le hurling se joue avec un bâton appelé hurley et une balle nommée sliotar. Le but est de faire passer la balle derrière les poteaux du filet de l'adversaire. Les élèves du King's College à Windsor, en Nouvelle-Écosse, auraient adapté le hurling à la glace de Long Pond, vers 1800. En Irlande, le hurling a été normalisé en 1887.

LE SHINTY

Le shinty partage certaines origines gaéliques avec le hurling, mais il s'est développé de manière différente en Écosse. De nos jours, il ressemble davantage au hockey sur gazon qu'au hurling. Les différences clés entre les deux : au shinty, la balle est lancée dans les airs et on utilise les deux côtés du bâton. Ce sport est aussi populaire en Nouvelle-Écosse. « Shinty » est peut-être l'ancêtre du mot *shinny*, qui signifie « hockey sans règles ».

LE HOCKEY

L'une des premières mentions du mot « hockey » pour désigner le sport se trouve dans une lettre écrite par l'explorateur de l'Arctique Sir John Franklin le 6 novembre 1825. « Tant que de la neige tombait, écrivit-il, le hockey, qui se joue sur glace, était le sport du matin. » Les soldats britanniques ont plus tard parlé de « hockey sur glace » à Chippewa Creek, près de Niagara Falls, en 1839, et à Kingston, en Ontario, en 1843.

LE PREMIER MATCH

Le match de 1875 eut lieu à la Victoria Skating Rink et opposa deux équipes de neuf hommes ; l'équipe du capitaine James Creighton l'emporta 2-1. La *Gazette* de Montréal écrivait que le hockey, bien que très en vogue en Nouvelle-Angleterre, était peu connu ici. Le *Daily Witness* de Montréal précisait pour sa part que « pour ménager la tête et les nerfs des spectateurs, on avait remplacé la balle par un bout de planche ».

JAMES G. A. CREIGHTON

Né à Halifax, en Nouvelle-Écosse, le 12 juin 1850, James George Aylwin Creighton passa son enfance à jouer diverses versions du jeu que deviendrait le hockey. Diplômé en génie civil, des perspectives d'emploi l'attirèrent à Montréal en 1872, où il joua au football en plus de se joindre au Victoria Skating Club. Il ne tarda pas à rapporter des bâtons d'Halifax pour faire découvrir à ses nouveaux amis canadiens le jeu d'hiver de son enfance. Il rédigea une série de règles et prit part à la première démonstration de hockey en public, le 3 mars 1875.

DES PREMIÈRES POUR MCGILL

Le 1er février 1877, la *McGill University Gazette* signalait que l'établissement de Montréal avait créé une équipe de hockey. Celle-ci fut apparemment la première équipe formée uniquement pour jouer au hockey. Le 21 février 1881, le McGill Hockey Club posa devant la patinoire du Crystal Palace pour ce que l'on croit être la première photo officielle d'une équipe de hockey. En 1883, McGill remporta le premier championnat de hockey du carnaval d'hiver de Montréal.

CARNAVAL D'HIVER DE MONTRÉAL

Le succès du tournoi de hockey pendant le carnaval d'hiver de 1883 rendit le sport très populaire. Des tournois eurent aussi lieu en 1884, 1885, 1887 et 1889. Le 4 février 1889, le nouveau gouverneur-général du Canada, Lord Stanley of Preston, assista à son premier match de hockey lors du carnaval d'hiver. Les Victorias de Montréal battirent l'Association athlétique amateur de Montréal (MAAA) 2-1.

LE BANDY

Semblable au hockey sur gazon joué sur glace, les origines du bandy remontent aux années 1700 en Russie, mais elles pourraient dater du 10e siècle. Ses liens avec le hockey remontent à son apparition en Angleterre vers 1813. Le bandy devint aussi populaire en Finlande et en Suède vers 1890. Bon nombre des premiers joueurs de hockey dans ces pays et en Russie jouaient déjà au bandy avec beaucoup d'adresse. Ce jeu est toujours populaire dans ces pays.

▼ *Deux jeunes filles jouant au bandy en Suède, vers 1900.*

ORIGINES DE LA LIGUE NATIONALE DE HOCKEY

L'Association de hockey amateur du Canada (AHAC), formée le 8 décembre 1886, était la première ligue nationale de hockey. Au fil d'une série de fusions et de reformations pendant les quelque 30 années suivantes, elle allait devenir en fin de compte la Ligue nationale de hockey (LNH). Il y eut tellement de ligues durant les premières années qu'il aurait été impossible de prédire que la LNH deviendrait bientôt l'organisation dominante de ce sport. À partir de trois équipes se trouvant à quelques centaines de kilomètres les unes des autres au cours des premières années, la LNH évolua pour devenir la ligue internationale réunissant 30 équipes, celle que nous connaissons aujourd'hui.

◀ Le Club de hockey de Montréal pose avec divers trophées, dont la Coupe Stanley et le trophée beaucoup plus gros du championnat de l'Association de hockey amateur du Canada.

L'ASSOCIATION DE HOCKEY AMATEUR DU CANADA

La première saison de l'Association de hockey amateur du Canada (AHAC) commença le 7 janvier 1887. La ligue connut 12 saisons et joua son match final le 5 mars 1898. Malgré son nom, elle ne compta jamais que des équipes de Montréal, Québec et Ottawa. Comme champion de l'AHAC en 1893, le Club de hockey de Montréal (mieux connu comme l'équipe de l'Association athlétique amateur de Montréal) fut la première équipe à gagner la Coupe Stanley.

LIGUES RELIANT L'AHAC À LA LNH

Association de hockey amateur du Canada (AHAC) 1887-1898
Ligue de hockey amateur du Canada (CAHL) 1899-1905
Ligue fédérale amateure de hockey (FAHL) 1904-1907*
Association de hockey amateur de l'Est du Canada (ECAHA) 1906-1908
Association de hockey de l'Est du Canada (AHEC) 1909
Association canadienne de hockey (ACH) 1910
Association nationale de hockey (ANH) 1910-1917
Ligue nationale de hockey (LNH) depuis 1917

*La FAHL n'était pas un vrai lien entre ces ligues, mais fut le premier domicile des Wanderers de Montréal, qui rallièrent l'ECAHA peu après, avant de faire partie de la formation de la LNH.

LE HOCKEY DEVIENT PROFESSIONNEL

Les premières ligues professionnelles de hockey furent créées en Pennsylvanie occidentale et dans le nord du Michigan au début des années 1900. Au Canada, le jeu demeura strictement amateur jusqu'à ce que les Wanderers de Montréal et les Sénateurs d'Ottawa fassent valoir une règle permettant aux professionnels de jouer avec des amateurs au sein de l'Eastern Canada Amateur Hockey Association, en novembre 1906. La Manitoba Hockey League emboîta vite le pas. Créée en 1908, l'Ontario Professional Hockey League dura quatre saisons, jusqu'en 1911.

CHAMPIONS DE LA LNH

1909-1910 Wanderers* de Montréal
1910-1911 Sénateurs* d'Ottawa
1911-1912 Bulldogs* de Québec
1912-1913 Bulldogs* de Québec
1913-1914 Blueshirts* de Toronto
1914-1915 Sénateurs d'Ottawa
1915-1916 Canadiens* de Montréal
1916-1917 Canadiens de Montréal

*Aussi champions de la Coupe Stanley.

LA NAISSANCE D'UNE ASSOCIATION NATIONALE DE HOCKEY

En novembre 1909, l'Association de hockey de l'Est du Canada se reforma et devint l'Association canadienne de hockey. Ambrose O'Brien, de Renfrew, en Ontario, avait tenté de faire entrer son équipe locale dans l'AHEC, mais il finit par s'associer aux Wanderers de Montréal pour former une nouvelle ligue, l'Association nationale de hockey. Tôt dans la saison 1909-1910, les Sénateurs d'Ottawa et les Shamrocks de Montréal quittèrent l'ACH pour l'ANH, qui devint l'organisation première de ce sport.

◀ *Cette photo des Canadiens de Montréal en 1916 montre les joueurs de l'équipe avec la Coupe Stanley et le trophée O'Brien, qui était emblématique de l'Association nationale de hockey.*

LA FIN DE L'ASSOCIATION NATIONALE DE HOCKEY

La Première Guerre mondiale influa sur le hockey professionnel. De nombreux joueurs de l'ANH s'étaient enrôlés et les fans se demandaient s'il était acceptable que les autres joueurs continuent à jouer. En 1916-1917, l'ANH comptait une équipe militaire, le 228ᵉ bataillon, mais ses membres furent envoyés outre-mer avant la fin de la saison. Devant la menace de perdre d'autres joueurs la saison suivante, l'ANH suspendit ses activités en novembre 1917.

LA NAISSANCE DE LA LNH

Les autres propriétaires n'avaient jamais aimé Eddie Livingstone, qui possédait des équipes à Toronto depuis 1914. C'est donc principalement pour l'exclure qu'ils formèrent la Ligue nationale de hockey pour remplacer l'ANH. Toronto n'aurait peut-être pas eu d'équipe dans la LNH dès la première saison si les Bulldogs de Québec ne s'étaient retirés faute de joueurs. La propriété du club de Toronto fut alors transférée à la Toronto Arena Company.

Des réunions eurent lieu pendant tout le mois de novembre 1917 pour dissoudre l'ANH et créer la LNH. Le 22 novembre 1917 est souvent considéré comme la date de création de la LNH. Les réunions tenues ce jour-là se terminèrent toutefois sans qu'une décision ne soit prise. Une deuxième réunion, prévue le 24, fut reportée au 26. C'est ce jour-là, à l'hôtel Windsor, à Montréal, que la création de la LNH fut officiellement annoncée.

LES QUATRE ÉQUIPES D'ORIGINE

Les quatre équipes d'origine de la LNH furent les Canadiens de Montréal, les Wanderers de Montréal, les Sénateurs d'Ottawa et le Toronto Hockey Club (qui allait bientôt devenir les Arenas, puis les St. Patricks et enfin les Maple Leafs). Un incendie ayant détruit l'aréna de Westmount le 2 janvier 1918, les Wanderers se retirèrent, mais le retour des Bulldogs de Québec en 1919-1920 ramena le nombre d'équipes à quatre. Ce retour fut toutefois de courte durée, et les Tigers de Hamilton remplacèrent les Bulldogs la saison suivante.

SAISONS DIVISÉES EN DEUX

Entre 1917 et 1921, les saisons de la LNH furent divisées en deux: le calendrier comptait deux moitiés. En éliminatoires, les deux équipes qui s'étaient hissées en première place durant chaque moitié s'affrontaient pour le championnat. (Ottawa gagna les deux moitiés en 1919-1920; il n'y eut donc pas d'éliminatoires de la LNH cette année-là.) Pour la Coupe Stanley, le champion de la LNH devait affronter le champion de l'Association de hockey de la Côte du Pacifique.

L'EXPANSION S'AMORCE

La LNH connut une grande prospérité pendant les années folles. À l'automne 1924, la ligue recruta les Maroons de Montréal et s'étendit aux États-Unis avec la création des Bruins de Boston. Un an plus tard, elle abandonna les Tigers de Hamilton après une grève des joueurs et recruta les Americans de New York et les Pirates de Pittsburgh. En 1926-1927, les Rangers de New York se joignirent à la LNH, de même que de nouvelles équipes de Chicago et de Detroit.

INNOVATIONS SUR LA CÔTE DU PACIFIQUE

Bien que sa rivale, l'Association nationale de hockey, soit devenue plus tard la LNH, c'est l'Association de hockey de la côte du Pacifique (PCHA) qui modernisa le jeu. Les frères Lester et Frank Patrick créèrent la ligue en 1911 et construisirent les premières patinoires de glace artificielle en Colombie-Britannique avec l'argent de la vente de l'entreprise de bois de leur père. Ils ajoutèrent bon nombre de nouvelles règles qui redéfinirent la façon de jouer. Certaines améliorations venaient peut-être de ligues plus petites, mais les frères Patrick surent les présenter à un auditoire plus important. Cette ligue, disparue en 1924, changea le hockey à tout jamais.

LES FRÈRES PATRICK

Les frères Patrick furent élevés à Montréal, où l'aîné (Lester) devint une étoile des Wanderers de Montréal, gagnants de la Coupe Stanley en 1906 et 1907. La famille déménagea à Nelson, en Colombie-Britannique, mais Lester et Frank revinrent dans l'Est pour briller avec les Millionaires de Renfrew pendant la première saison de l'ANH, en 1909-1910. En plus de diriger la PCHA, les deux frères furent propriétaires d'équipe, entraîneurs et joueurs, Lester à Victoria et Frank à Vancouver.

▲ *Une photo de la première série de cartes de hockey jamais produite montre Lester Patrick en uniforme des Millionaires de Renfrew, en 1910.*

QU'Y A-T-IL DANS UN NOM?

Pendant l'été 1911, on crut que la nouvelle ligue des Patrick inclurait des équipes à Vancouver, à Victoria, à Nelson, à Calgary et à Edmonton. Lors de l'annonce officielle de la création de la PCHA le 7 décembre 1911, la ligue ne comptait toutefois que trois équipes : les Aristocrats de Victoria, les Millionaires de Vancouver et les Royals de New Westminster, dont les noms avaient été choisis pour donner une touche de classe à la ligue!

◀ *Les Millionaires de Vancouver de Frank Patrick fut la première équipe de la PCHA à remporter la Coupe Stanley, en 1915. Ils l'emportèrent sur les Sénateurs d'Ottawa, champions de l'ANH aux éliminatoires Est-Ouest, souvent appelées « Séries mondiales de hockey » entre 1914 et 1926.*

LE PREMIER MATCH

La vitrine de la PCHA était l'immense aréna de 10 000 places à Vancouver, mais c'est la plus petite patinoire de 4 000 sièges à Victoria qui eut l'honneur d'accueillir le premier match le 2 janvier 1912. New Westminster l'emporta sur l'équipe locale 8-3. « Malgré tout notre respect pour le cricket, signala le *Victoria Times*, nous croyons que le hockey est un tantinet plus rapide. Pour de vraies émotions, le hockey fait pâlir tous les autres sports ! »

CYCLONE TAYLOR

D'aucuns considèrent Frederick W. « Cyclone » Taylor comme la première grande vedette du hockey professionnel. Il joua à Renfrew avec les frères Patrick, qui le recrutèrent au sein des Millionaires de Vancouver pour la saison 1912-1913 de la PCHA. Auparavant défenseur, il joua centre et maraudeur à Vancouver et remporta cinq titres de marqueur de la PCHA en six ans, de 1913-1914 à 1918-1919. Il mena les Millionaires à la victoire de la Coupe Stanley en 1915.

LES PREMIERS CHANGEMENTS

L'ANH laissa tomber le poste de « maraudeur » et introduisit le hockey à six joueurs en 1911-1912, mais la PCHA conserva le vieux hockey à sept joueurs. Toutefois, les frères Patrick trouvèrent vite de nouvelles façons d'améliorer le jeu. Entre autres innovations, les gardiens de but furent autorisés à se jeter sur la glace pour bloquer le disque, alors que dans la LNH et d'autres ligues, ils devaient toujours rester debout ; la LNH adopta cette règle de la PCHA dès sa première saison.

LA PASSE AVANT

Cherchant à réduire les retards causés par les hors-jeux, la PCHA devint la première ligue à autoriser les passes avant en 1913-1914. On peignit des lignes bleues sur la glace pour diviser la patinoire en zones, et les passes avant furent permises à l'intérieur de la zone neutre (la LNH n'autorisa les passes avant que cinq ans plus tard). La PCHA fut aussi la première ligue majeure à tenir le compte officiel des aides et à attribuer des numéros à ses joueurs.

EST CONTRE OUEST

À l'automne 1913, l'ANH et la PCHA signèrent un « traité de paix » pour s'empêcher l'une l'autre de piller les listes d'équipes rivales. Elles convinrent notamment que les championnats entre leurs deux ligues auraient lieu annuellement et qu'ils seraient calqués sur les Séries mondiales de baseball. Entre 1914 et 1926, les équipes de l'ANH et de la LNH affrontèrent donc des équipes de l'Ouest lors de séries annuelles pour la Coupe Stanley.

AU SUD DE LA FRONTIÈRE

La PCHA fut la première ligue de hockey au Canada à compter des équipes américaines. La franchise de New Westminster déménagea à Portland, en Oregon, pour la saison 1914-1915. Un an plus tard, un club fut accordé à Seattle. En 1917, les Metropolitans de Seattle devinrent la première équipe américaine à remporter la Coupe Stanley, contre les Canadiens de Montréal, en trois matchs contre un, dans une série 3 de 5.

CHAMPIONS DE LA PCHA

1911-1912	Royals de New Westminster
1912-1913	Aristocrats de Victoria
1913-1914	Aristocrats de Victoria
1914-1915	Millionaires* de Vancouver
1915-1916	Rosebuds de Portland
1916-1917	Metropolitans* de Seattle
1917-1918	Millionaires* de Vancouver
1918-1919	Metropolitans de Seattle
1919-1920	Metropolitans de Seattle
1921	Millionaires* de Vancouver
1921-1922	Millionaires* de Vancouver
1922-1923	Maroons de Vancouver
1923-1924	Maroons de Vancouver

*Aussi champions de la Coupe Stanley.

LES ÉLIMINATOIRES

Au début du hockey, des éliminatoires n'avaient lieu que pour dénouer l'impasse si deux équipes ou plus étaient à égalité pour la première place. Pour la saison 1916-1917, l'ANH introduisit des éliminatoires dans une saison en deux parties. Ce fut toutefois la PCHA qui organisa de vraies éliminatoires modernes l'année suivante. Selon ce système, l'équipe en première place affrontait l'équipe en deuxième place ; en 1918, Vancouver, alors en deuxième place, l'emporta sur Seattle, qui était en première place.

LA FIN D'UNE ÉPOQUE

Une nouvelle ligue pour concurrencer la LNH et la PCHA apparut en 1921-1922, avec la création de la Western Canada Hockey League (WCHL). Un an plus tard, la PCHA adopta un calendrier mixte avec la WCHL, mais chaque ligue maintint des classements distincts. Après la saison 1923-1924, le club de Seattle disparut de la PCHA. L'équipe de Vancouver de Frank Patrick et le club de Victoria de Lester Patrick se joignirent à la WCHL, et ce fut la fin de la PCHA.

LES « SIX D'ORIGINE » DE LA LNH

La Crise ébranla durement la LNH, qui avait atteint les dix équipes avant la fin des années 1920. Dans les premières années de la Deuxième Guerre mondiale, elle n'en comptait plus que six. Pourtant, l'époque des « six équipes d'origine » de la LNH, de 1942-1943 à 1966-1967, est perçue comme l'âge d'or du hockey professionnel ; la ligue ressemblait à un club exclusif qui ne donnait d'emploi stable qu'à une centaine de joueurs. Avec l'arrivée du calendrier de 70 matchs en 1949-1950, les équipes s'affrontaient 14 fois pendant la saison régulière, de sorte que les rivalités étaient très intenses.

DES BONS ET DES MOINS BONS !

Toronto, Detroit et Montréal dominèrent la LNH pendant l'époque des « six équipes d'origine ». Au cours des 25 saisons de 1942-1943 à 1966-1967, les Maple Leafs (9 fois), les Red Wings (5 fois) et les Canadiens (10 fois) cumulèrent entre eux 24 Coupe Stanley. Les Rangers de New York, à 13 reprises, ne réussirent pas à se rendre aux éliminatoires, et Boston les rata 11 fois, dont 8 fois de suite de 1959-1960 à 1966-1967.

LE HOCKEY SE POURSUIT

Lors des réunions de la LNH à la fin de septembre 1942, les Americans de New York décidèrent de suspendre leurs activités, ce qui ne laissa plus que six équipes dans la ligue. On craignit que la ligue entière cesse de fonctionner, mais son président, Frank Calder, annonça que les autorités gouvernementales avaient reconnu la place qu'occupait le hockey dans l'intérêt public et qu'il avait été décidé, après de longues délibérations, que la ligue poursuivrait ses activités pour soutenir le moral de la population.

LA LIGNE ROUGE MULTIPLIE LES BUTS

Avec plus de 80 joueurs enrôlés dans l'armée, la LNH décida, en 1943-1944, d'améliorer la qualité du jeu en introduisant la ligne rouge centrale. Avant cette innovation, les équipes pouvaient faire une passe avant dans toute zone, mais non à travers la ligne bleue. L'autorisation des passes jusqu'au centre de la patinoire améliora grandement l'offensive. Tout juste un an plus tard, pendant la saison 1944-1945, Maurice Richard marqua 50 buts en 50 matchs.

◀ Gordie Howe entra dans la LNH avec Detroit en 1946-1947 et brilla au sein des Red Wings pendant 25 ans, jusqu'en 1970-1971.

▶ Red Kelly et Gordie Howe, des Red Wings, se défendent contre Maurice Richard, des Canadiens, devant Terry Sawchuk, gardien de but des Red Wings.

LES BLANCHISSAGES DE SAWCHUK

Pendant ses deux premières saisons dans la LNH, Terry Sawchuk ne connut pas une minute de répit dans les buts des Red Wings : 44 victoires et 11 blanchissages en 1950-1951, et 44 victoires et 12 blanchissages en 1951-1952. Pendant les éliminatoires de cette année-là, il connut 8 victoires d'affilée alors que Detroit enlevait la demi-finale et la finale pour remporter la Coupe Stanley. Sawchuk inscrivit quatre blanchissages lors de ces 8 matchs et garda une moyenne de 0,62 but par match.

SÉRIES D'EXPLOITS

Les Red Wings terminèrent au sommet du classement de la LNH pendant sept saisons consécutives, de 1948-1949 à 1954-1955. Le joueur vedette Gordie Howe fut le meilleur marqueur de la LNH quatre ans d'affilée, de 1950-1951 à 1953-1954. Les Canadiens de Montréal se rendirent en finale de la Coupe Stanley dix fois de suite, de 1951 à 1960, et la remportèrent six fois. Entre 1956 et 1960, les Canadiens établirent un record en gagnant la Coupe Stanley cinq fois de suite.

L'ÉMEUTE AU FORUM

Le 13 mars 1955, Maurice Richard frappa un juge de ligne lors d'une altercation avec le défenseur des Bruins de Boston, Hal Laycoe. Trois jours plus tard, le président de la LNH, Clarence Campbell, suspendit Richard pour les trois matchs restants de la saison et pour les éliminatoires. Lorsque Campbell assista au match des Canadiens à domicile le 17 mars, il fut bombardé d'ordures. Le match fut annulé lorsqu'une bombe de gaz lacrymogène explosa pendant le premier entracte. À l'extérieur, une émeute éclata.

▲ *Maurie Richard, des Canadiens de Montréal, jouait avec une fougue qu'il avait parfois de la difficulté à contrôler.*

DEUX LUTTES SERRÉES

Pendant la saison 1962-1963, quatre équipes se disputèrent la première place. Seuls cinq points séparaient la première de la quatrième équipe : la finale la plus serrée dans l'histoire de la LNH. Les Maple Leafs finirent en tête avec 82 points sur un classement de 35-23-12, tandis que Chicago n'avait qu'un point de moins (81), suivi de Montréal (79) et de Detroit (77). Un an plus tard, lors des éliminatoires de 1964, les demi-finales et la finale de la Coupe Stanley se jouèrent en sept matchs.

CHICAGO AU SOMMET

Les Blackhawks de Chicago avaient manqué les éliminatoires 10 fois sur 11 lorsqu'une recrue de 18 ans du nom de Bobby Hull se joignit à l'équipe en 1957-1958. À la fin de la saison 1960-1961, les Blackhawks remportaient la Coupe Stanley. Au cours des saisons suivantes, Hull et son coéquipier Stan Mikita allaient réécrire le livre des records de la LNH. Ce n'est toutefois qu'en 1966-1967 que les Blackhawks finirent en tête du classement de la LNH.

10 MEILLEURS RECORDS DU NOMBRE DE BUTS EN UNE SAISON DES « SIX D'ORIGINE »

54 – Bobby Hull, Chicago, 1965-1966
52 – Bobby Hull, Chicago, 1966-1967
50 – Maurice Richard, Montréal, 1944-1945*
50 – Bernie Geoffrion, Montréal, 1960-1961
50 – Bobby Hull, Chicago, 1961-1962
49 – Gordie Howe, Detroit, 1952-1953
48 – Frank Mahovlich, Toronto, 1960-1961
47 – Gordie Howe, Detroit, 1951-1952
47 – Jean Béliveau, Montréal, 1955-1956
45 – Maurice Richard, Montréal, 1946-1947
45 – Jean Béliveau, Montréal, 1958-1959

* Saison de 50 matchs, saison de 60 matchs (toutes les autres de 70 matchs).

▶ *Un jeune Bobby Hull (qui porterait plus tard le numéro 9) se hissa rapidement au rang de marqueur de buts le plus dangereux de la LNH.*

10 RECORDS DU PLUS GRAND NOMBRE D'AIDES EN UNE SAISON DES « SIX D'ORIGINE »

62 – Stan Mikita, Chicago, 1966-1967
59 – Stan Mikita, Chicago, 1964-1965
58 – Jean Béliveau, Montréal, 1960-1961
58 – Andy Bathgate, Tor., NY (Rangers), 1963-1964
56 – Bert Olmstead, Montréal, 1955-1956
56 – Andy Bathgate, NY (Rangers), 1961-1962
55 – Ted Lindsay, Detroit, 1949-1950
55 – Dickie Moore, Montréal, 1958-1959
54 – Elmer Lach, Montréal, 1944-1945*
52 – Trois joueurs à égalité

* Saison de 50 matchs (toutes les autres de 70 matchs).

10 RECORDS DU PLUS GRAND NOMBRE DE POINTS EN UNE SAISON DES « SIX D'ORIGINE »

97 – Bobby Hull, Chicago, 1965-1966 (54 B – 43 A)
97 – Stan Mikita, Chicago, 1966-1967 (35 B – 62 A)
96 – Dickie Moore, Montréal, 1958-1959 (41 B – 55 A)
95 – Gordie Howe, Detroit, 1952-1953 (49 B – 46 A)
95 – Bernie Geoffrion, Montréal, 1960-1961 (50 B – 45 A)
91 – Jean Béliveau, Montréal, 1958-1959 (45 B – 46 A)
90 – Jean Béliveau, Montréal, 1960-1961 (32 B – 58 A)
89 – Stan Mikita, Chicago, 1963-1964 (39 B – 50 A)
87 – Bobby Hull, Chicago, 1963-1964 (43 B – 44 A)
87 – Stan Mikita, Chicago, 1964-1965 (28 B – 59 A)

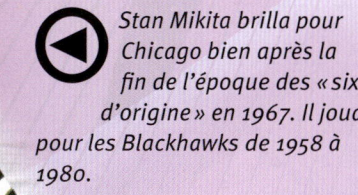

◀ *Stan Mikita brilla pour Chicago bien après la fin de l'époque des « six d'origine » en 1967. Il joua pour les Blackhawks de 1958 à 1980.*

ÉQUIPES DES « SIX D'ORIGINE » AYANT ATTEINT 100 POINTS AU TOTAL

101 – Red Wings de Detroit, 1950-1951 (70 PJ 44-13-13)
100 – Red Wings de Detroit, 1951-1952 (70 PJ 44-14-12)
100 – Canadiens de Montréal, 1955-1956 (70 PJ 45-15-10)

LES « SIX D'ORIGINE » DE LA LNH

L'ÈRE DE L'EXPANSION

Le 11 mars 1965, la LNH annonça qu'elle doublerait le nombre d'équipes, qui passerait de 6 à 12. Le 8 février 1966, l'acceptation officielle de nouvelles franchises rendit des groupes propriétaires à Los Angeles, à San Francisco (Oakland), à St. Louis, à Pittsburgh, à Philadelphie et à Minneapolis-St. Paul. Le 6 juin 1967, le repêchage d'expansion permit aux Kings, aux Seals, aux Blues, aux Penguins, aux Flyers et aux North Stars de choisir 20 joueurs dans un *pool* de talents non protégés des « six d'origine ». Sous l'aiguillon d'une nouvelle rivale, l'Association mondiale de hockey, créée en 1972, la LNH continua à ajouter des équipes ; à la fin de la saison 1974-1975, elle comptait 18 franchises.

▲ *Red Berenson a brillé pour St. Louis de 1967 à 1971, puis de 1974 à 1978. Il a été capitaine de l'équipe en 1977-1978.*

LE NOUVEL ALIGNEMENT

Pour la saison 1967-1968, les 12 équipes de la LNH furent scindées pour former la division Est et la division Ouest, laquelle réunissait les clubs de l'expansion. Dans chaque division, les quatre premières équipes se qualifiaient pour les éliminatoires, dorénavant trois rondes au meilleur des sept matchs ; quarts de finales et demi-finales établissaient le champion de chacune des divisions, qui jouaient pour la Coupe Stanley. Ainsi, dans la ronde finale, un club issu de l'expansion affrontait obligatoirement une équipe établie.

LE PLATEAU DES 100 POINTS

Le 2 mars 1969, en marquant le premier de ses deux buts lors de la victoire de 4-0 contre Pittsburgh, Phil Esposito devint le premier joueur dans l'histoire de la LNH à inscrire 100 points en une saison. Il la termina avec 49 buts et 77 aides pour 126 points. Bobby Hull (58-49-107) et Gordie Howe (44-59-103) dépassèrent aussi les 100 points cette année-là. À ce jour, Howe demeure le plus vieux joueur à avoir dépassé les 100 points (41 ans).

LES BLUES DES BLUES

Si les Flyers de Philadelphie finirent premiers dans l'Ouest en 1967-1968, les Blues de St. Louis furent champions des éliminatoires pendant les trois premières saisons de l'expansion. Les ex-Montréalais Dickie Moore, Doug Harvey, Jacques Plante et Red Berenson dominaient les Blues, mais ils ne réussirent pas à vaincre les Canadiens, qui battirent les Blues en finale de la Coupe Stanley en 1968 et en 1969. Ils ne firent pas mieux contre Boston en 1970 : ce fut quatre victoires de suite pour Bobby Orr et les Bruins.

LA PIRE ÉQUIPE DOMINE !

En 1970, l'équipe la plus faible de la LNH dans les années 1960 se dirigeait vers la gloire. Bobby Orr jouait pour les Bruins depuis 1966-1967 et Phil Esposito avait quitté les Blackhawks pour rallier les Bruins l'année suivante. Au printemps 1970, les Bruins remportèrent leur première Coupe Stanley depuis 1941 ; ils la gagnèrent aussi en 1972. Les Rangers de New York s'étaient bien améliorés, mais ils durent attendre 1994 pour gagner leur première Coupe depuis 1940.

▶ *Bobby Orr (à gauche) et Phil Esposito allaient réécrire le livre des records de la LNH au début des années 1970, tout en faisant des Bruins une équipe redoutable.*

LES DÉBUTS DE DRYDEN

Après seulement six matchs (et autant de victoires), à la fin de la saison 1970-1971, Ken Dryden fut placé devant le but des Canadiens pour les éliminatoires. Il fut brillant durant les sept matchs contre les Bruins en quart de finale, puis les Canadiens disputèrent encore sept matchs contre Chicago en finale de la Coupe Stanley. Frank Mahovlich établit des records avec 14 buts et 27 points, mais c'est Ken Dryden qui reçut le trophée Conn-Smythe du joueur le plus utile des éliminatoires.

Ken Dryden n'a joué dans la LNH que pendant huit saisons, de 1970-1971 à 1978-1979, mais il a aidé les Canadiens de Montréal à remporter la Coupe Stanley six fois.

UNE BIZARRERIE GÉOGRAPHIQUE

Pour la saison 1970-1971, la LNH accueillit les Sabres de Buffalo et les Canucks de Vancouver. Les deux clubs furent placés dans la même division, ce qui signifie que le club le plus à l'ouest (Vancouver) se retrouva dans la division Est. Il y demeura jusqu'en 1974-1975, année où la LNH se réorganisa en quatre divisions sans désignations géographiques, qui portaient plutôt le nom de célèbres bâtisseurs de la LNH : James Norris, Charles Adams, Lester Patrick et Conn Smythe.

BÂTIS POUR LE SUCCÈS

En 1972-1973, comme équipe de l'expansion, les Islanders de New York inscrivirent un classement 12-60-6, mais grâce à leurs choix au repêchage – Denis Potvin, Bryan Trottier et Mike Bossy –, ils atteignirent les éliminatoires en trois ans, devenant vite une équipe d'élite. Après quelques déceptions aux éliminatoires, un but en prolongation de Bob Nystrom leur valut la Coupe Stanley en 1980. Les Islanders la remportèrent ensuite quatre années consécutives.

L'ASSOCIATION MONDIALE DE HOCKEY

Lorsque l'AMH commença à jouer à l'automne 1972, elle menaçait la domination de la LNH dans le hockey professionnel pour la première fois depuis l'effondrement de la Ligue de hockey de l'Ouest (WHL) en 1926. La défection de Bobby Hull, qui se joignit aux Jets de Winnipeg en juin 1972, démontra le sérieux de la nouvelle ligue, qui connut sept saisons. Après l'échec de quelques franchises, les Oilers, les Jets, les Nordiques et les Whalers passèrent de l'AMH à la LNH.

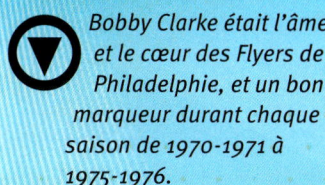

Bobby Clarke était l'âme et le cœur des Flyers de Philadelphie, et un bon marqueur durant chaque saison de 1970-1971 à 1975-1976.

LES MAUVAIS GARÇONS

Au milieu des années 1970, les Flyers de Philadelphie étaient forts : Bobby Clarke, 3 fois nommé joueur le plus utile, Rick MacLeish, Bill Barber et Reggie Leach, compteurs de 50 buts, et Bernie Parent, brillant gardien de but. Ils se distinguaient toutefois par leur jeu brutal et l'intimidation. Les Flyers furent la première équipe de l'expansion de 1967 à remporter la Coupe Stanley contre les Bruins, en 1974. En 1975, ils y parvinrent contre les Sabres.

CALENDRIER DE L'EXPANSION ET DROITS D'ENTRÉE

1967-1968	Seals de Californie	2 millions $	1979-1980	Whalers de Hartford	6 millions $
1967-1968	Kings de Los Angeles	2 millions $	1979-1980	Nordiques de Québec	6 millions $
1967-1968	North Stars du Minnesota	2 millions $	1979-1980	Jets de Winnipeg	6 millions $
1967-1968	Flyers de Philadelphie	2 millions $	1991-1992	Sharks de San Jose	50 millions $
1967-1968	Penguins de Pittsburgh	2 millions $	1992-1993	Sénateurs d'Ottawa	50 millions $
1967-1968	Blues de St. Louis	2 millions $	1992-1993	Lightning de Tampa Bay	50 millions $
1970-1971	Sabres de Buffalo	6 millions $	1993-1994	Mighty Ducks d'Anaheim	50 millions $
1970-1971	Canucks de Vancouver	6 millions $	1993-1994	Panthers de la Floride	50 millions $
1972-1973	Flames d'Atlanta	6 millions $	1998-1999	Predators de Nashville	80 millions $
1972-1973	Islanders de New York	6 millions $	1999-2000	Thrashers d'Atlanta	80 millions $
1974-1975	Scouts de Kansas City	6 millions $	2000-2001	Blue Jackets de Columbus	80 millions $
1974-1975	Capitals de Washington	6 millions $	2000-2001	Wild du Minnesota	80 millions $
1979-1980	Oilers d'Edmonton	6 millions $			

SÉRIE DU SIÈCLE ET AUTRES

Entre 1920 et 1952, les équipes canadiennes dominaient manifestement le hockey international. L'Union soviétique arriva sur la scène en 1954 et, dès le début des années 1960, il fallut admettre que les équipes amateur du Canada n'étaient plus de taille. Les fans croyaient que les meilleurs joueurs professionnels pouvaient remettre les Soviétiques à leur place, mais l'Équipe Canada dut se battre jusqu'à la minute finale du dernier match pour remporter la Série du siècle en 1972. Cette série survolta le hockey international et ouvrit à de talentueux joueurs européens les portes de la LNH.

LA SÉRIE COMMENCE

Au Forum de Montréal, l'atmosphère était bouillante. Les Canadiens s'attendaient à un couronnement, surtout lorsque l'Équipe Canada prit la tête 2-0 en début de match, mais les Soviétiques, infatigables sur leurs patins, réussirent vite à prendre le rythme de constantes passes courtes. Plus en forme que les joueurs de la LNH, peu habitués à s'entraîner l'été, ils égalisèrent la marque avant le premier entracte et remportèrent le match 7-3. Tout le pays était abasourdi.

Des joueurs canadiens comme Pete Mahovlich ne s'attendaient pas à des vedettes soviétiques de la trempe de Vladimir Petrov.

LA SÉRIE DU SIÈCLE, MATCH PAR MATCH

2 sept. 1972	URSS 7	Canada 3	à Montréal
4 sept. 1972	URSS 1	Canada 4	à Toronto
6 sept. 1972	URSS 4	Canada 4	à Winnipeg
8 sept. 1972	URSS 5	Canada 3	à Vancouver
22 sept. 1972	Canada 4	URSS 5	à Moscou
24 sept. 1972	Canada 3	URSS 2	à Moscou
26 sept. 1972	Canada 4	URSS 3	à Moscou
28 sept. 1972	Canada 6	URSS 5	à Moscou

HUÉE SUR LA GLACE À DOMICILE

L'Équipe Canada réussit à remporter le deuxième match, à Toronto. Deux soirs plus tard, à Winnipeg, une avance de 4-2 lui échappa et ce fut match nul 4-4. Les fans étaient frustrés et malheureux du jeu brutal de leur équipe contre les Soviétiques, moins agressifs. À Vancouver, ils huèrent l'Équipe Canada pendant tout le match. Plus tard, Phil Esposito exprima sa déception personnelle dans une entrevue télévisée, ce qui contribua à remettre l'équipe sur les rails et à rallier l'appui de la population.

LES EXPLOITS DE HENDERSON

Après avoir perdu le premier match à Moscou, l'Équipe Canada avait besoin de trois victoires de suite. Les tensions de la Guerre froide s'intensifiant, Paul Henderson vint à la rescousse. Il marqua le but gagnant du sixième match, puis le but de la victoire du septième match à 2 minutes 6 secondes de la fin. Le Canada tirait de l'arrière 5-3 au début de la troisième période du huitième match, mais après les buts de Phil Esposito et Yvan Cournoyer, Henderson marqua encore le but gagnant, à 34 secondes de la fin.

Phil Esposito (numéro 7) serre Paul Henderson (casque rouge) qui a sauté dans les bras d'Yvan Cournoyer après avoir marqué le but de la victoire pour l'Équipe Canada pendant la dernière minute du match final en 1972.

L'ARMÉE ROUGE

Pendant la saison 1975-1976 de la LNH, deux équipes d'Union soviétique disputèrent en Amérique du Nord les matchs d'exhibition de la Super Série 1976. Le 31 décembre 1975, l'équipe HK CSKA de Moscou joua à Montréal. Même si les Canadiens dominèrent le jeu, ils firent tout de même match nul 3-3 dans ce que d'aucuns considèrent comme le meilleur match de tous les temps. Le 11 janvier 1976, les Flyers de Philadelphie, gagnants de la Coupe Stanley, battirent le CSKA 4-1 dans un match chargé d'émotion – les Soviétiques se retirèrent dans leur vestiaire en pleine première période pour protester contre le jeu brutal des Flyers.

LA SUPER SÉRIE 1976, MATCH PAR MATCH

28 déc. 1975	CSKA (Armée rouge) 7	Rangers de New York 3
29 déc. 1975	Krylya Sovetov (Soviet Wings) 7	Penguins de Pittsburgh 4
31 déc. 1975	CSKA (Armée rouge) 3	Canadiens de Montréal 3
4 jan. 1976	Krylya Sovetov (Soviet Wings) 6	Sabres de Buffalo 12
7 jan. 1976	Krylya Sovetov (Soviet Wings) 4	Blackhawks de Chicago 2
8 jan 1976	CSKA (Armée rouge) 5	Bruins de Boston 2
10 jan. 1976	Krylya Sovetov (Soviet Wings) 2	Islanders de New York 1
11 jan. 1976	CSKA (Armée rouge) 1	Flyers de Philadelphia 4

RÉSUMÉ DES SUPER SÉRIES

En tout, neuf Super Séries eurent lieu entre 1976 et 1991. Au fil des ans, 21 équipes de la LNH jouèrent 98 matchs contre 6 différents clubs soviétiques, ainsi que contre l'équipe nationale soviétique, qui prit part à la série de 1983. Globalement, les équipes soviétiques inscrivirent une fiche de 55-33-10. Pour expliquer leur domination, on a dit qu'elles étaient souvent survoltées par de super vedettes d'autres clubs.

PERMISSION ACCORDÉE

Sergei Priakin, joueur des Soviet Wings et de l'équipe nationale, fut le premier Soviétique à jouer dans la LNH avec la permission de l'Union soviétique. Il se joignit aux Flames de Calgary en 1988-1989. Il ne joua que pendant trois saisons avant de rentrer en Europe, mais il ouvrit la voie à des vedettes soviétiques – Vladimir Krutov, Sergei Makarov, Igor Larionov, et Viacheslav Fetisov – et à d'autres joueurs derrière le Rideau de fer, qui purent rallier la LNH sans faire défection.

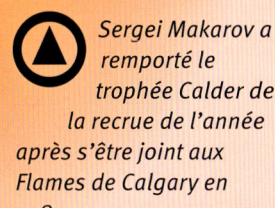 *Sergei Makarov a remporté le trophée Calder de la recrue de l'année après s'être joint aux Flames de Calgary en 1989-1990.*

LE SUCCÈS EST SUÉDOIS

Le premier joueur de la LNH né et élevé en Europe fut le suédois Ulf Sterner. Recruté par les Rangers de New York en 1964-1965, il resta quatre ans avec eux. Thommie Bergman rallia les Red Wings de Detroit en 1972-1973, mais on doit à Borje Salming, qui entra dans la LNH au sein des Maple Leafs de Toronto l'année suivante, d'avoir ouvert la voie à d'autres Européens. Salming résista aux pressions des premières années et brilla au sein de la LNH pendant 17 saisons.

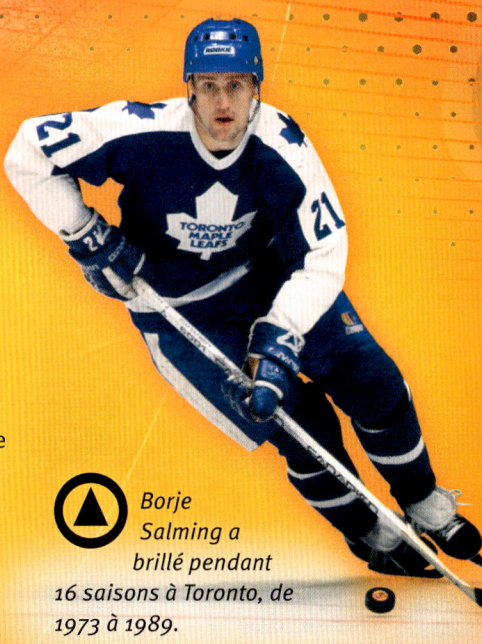

 Borje Salming a brillé pendant 16 saisons à Toronto, de 1973 à 1989.

UN MONDE DIFFÉRENT

L'Association mondiale de hockey accepta beaucoup plus vite les joueurs européens que sa rivale, la LNH. Vaclav Nedomansky, 30 ans, capitaine de l'équipe nationale de Tchécoslovaquie, fit défection pour rallier les Toros de Toronto en 1974. La plupart des Européens dans l'AMH étaient scandinaves, donc libres de venir en Amérique du Nord sans problème. Anders Hedberg et Ulf Nilsson rallièrent les Jets de Winnipeg en 1974-1975 et devinrent des vedettes du calibre de Bobby Hull.

Anders Hedberg (à gauche) et Ulf Nilsson étaient de grandes vedettes de l'AMH avant de signer des contrats avec les Rangers de New York, de la LNH, en 1978.

DE NOUVEAUX NOMS FIGURENT SUR LA COUPE STANLEY

Sergei Priakin reçut une bague quand Calgary remporta la Coupe Stanley en 1989, mais il n'avait pas disputé assez de matchs pour que son nom soit gravé sur le trophée. Les premiers Russes à voir leur nom gravé sur la Coupe Stanley furent Alexei Kovalev, Alexander Karpovtsev, Sergei Nemchinov et Sergei Zubov, après la victoire des Rangers de New York en 1994. Igor Larionov, Slava Kozlov et Viacheslav Fetisov ramenèrent aussi la Coupe Stanley en Russie après la victoire de Detroit en 1997.

DEUXIÈME PARTIE
HOCKEY ET JEUX OLYMPIQUES D'HIVER

Tournoi amateur ou compétition ouverte aux pros, le hockey a offert nombre des plus grands moments de l'histoire des Jeux olympiques d'hiver.

▶ Sidney Crosby contribua de manière exceptionnelle à l'histoire canadienne des sports quand il marqua le but gagnant en période supplémentaire dans le match pour la médaille d'or contre les États-Unis lors des Jeux de Vancouver de 2010. Le but du capitaine des Penguins assura au Canada la première place pour la seconde fois en trois Jeux olympiques.

HISTOIRE DU HOCKEY OLYMPIQUE

Le hockey a fait partie de tous les Jeux olympiques d'hiver depuis 1924. En fait, ce sport existait avant les Jeux d'hiver. Le premier tournoi de hockey olympique eut lieu en 1920 lors d'un festival de sports « printaniers » avant les Jeux d'été d'Anvers. Si on compte ce tournoi de 1920, le Canada a gagné l'or olympique en hockey huit fois ; la Russie aussi, sept fois en tant qu'Union soviétique entre 1956 et 1988, et une fois à titre d'équipe unifiée en 1992. D'abord exclusivement amateur, le tournoi de hockey olympique est ouvert à un nombre limité de professionnels depuis 1988 et la LNH y participe pleinement depuis 1998.

ANVERS, 1920

Les Falcons de Winnipeg, dont la seule concurrence venait d'une équipe d'étoiles américaines, représentaient le Canada au premier tournoi de hockey olympique. Les Falcons ont battu la Tchécoslovaquie 15-0, les États-Unis 2-0 et la Suède 12-1 pour mériter l'or, les États-Unis prenant l'argent et les Tchèques le bronze. Le capitaine, Frank Fredrickson, devenu par la suite une étoile de l'Association de hockey de la Côte du Pacifique et de la LNH, a été intronisé au Temple de la renommée du hockey.

CHAMONIX, 1924

La compétition de Chamonix, ou Semaine internationale des sports d'hiver, devint les premiers Jeux olympiques d'hiver en 1924. Les Granites de Toronto remportèrent haut la main le tournoi de hockey, comptant 110 buts contre 3 pour leurs adversaires en 5 parties, dont une victoire de 33-0 contre la Suisse. Les États-Unis furent presque aussi dominants, balayant tous leurs adversaires européens, jusqu'à leur défaite de 6-1 en finale contre le Canada, la Grande-Bretagne récoltant le bronze.

LAKE PLACID, 1932

La Crise contraignit plusieurs équipes européennes à rester à la maison. Seuls quatre pays participèrent au tournoi de hockey de Lake Placid. Chaque équipe affronta les autres deux fois dans un double tournoi à la ronde. Le Canada remporta l'or, grâce à une victoire de 2-1 contre les Américains, suivie d'une finale dont le compte demeura de 2-2 après plus de trois périodes supplémentaires. L'Allemagne mérita le bronze, laissant seule la Pologne sans médaille.

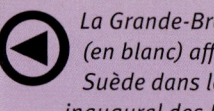

La Grande-Bretagne (en blanc) affronte la Suède dans le match inaugural des Jeux d'hiver de 1936. Les Britanniques l'emportèrent 1-0.

GARMISCH-PARTENKIRCHEN, 1936

Les équipes de 15 pays se sont affrontées aux Jeux olympiques d'hiver de 1936, dont, pour la première fois, l'Italie, le Japon et la Lettonie. Avec une équipe composée presque entièrement de Canadiens d'origine britannique, la Grande-Bretagne surprit les Bearcats de Port Arthur du Canada pour s'emparer de l'or. Le Canada dut se contenter de l'argent, les États-Unis enlevant le bronze, malgré une défaite surprise de 2-1 contre l'Italie en première ronde.

Les Flyers de l'Aviation royale du Canada méritèrent l'or aux Jeux de St. Moritz en 1948.

ST. MORITZ, 1948

Après une interruption de 12 ans pendant la Deuxième Guerre mondiale, les Jeux revinrent en 1948. Les États-Unis y envoyèrent deux équipes appuyées par deux fédérations différentes, qui furent disqualifiées. Le Canada, représenté par les Flyers de l'Aviation royale du Canada (une équipe composée de militaires de l'armée de l'air), et la Tchécoslovaquie terminèrent tous deux avec des fiches de 7-0-1 (officiellement 6-0-1), dont une partie sans buts. Le Canada remporta l'or grâce au différentiel de buts.

OSLO, 1952

Il fallut un but à 20 secondes de la fin pour que l'équipe du Canada défasse la Suède 3-2, mais c'est grâce à cette victoire que le Mercury d'Edmonton remporta l'or après une nulle 3-3 contre les États-Unis et termina le tournoi avec une fiche de 7-0-1. Les Américains durent se contenter de l'argent, la Suède méritant le bronze en battant la Tchécoslovaquie 5-3 dans une partie d'élimination directe après leur égalité en première ronde.

CORTINA D'AMPEZZO, 1956

Deux ans après ses débuts aux Championnats du monde, l'Union soviétique s'inscrivit au tournoi de hockey olympique pour la première fois et gagna la médaille d'or. Menée par Vsevolod Bobrov, qui marqua neuf buts pendant le tournoi, l'URSS demeura invaincue en sept parties. Les États-Unis remportèrent l'argent, tandis que les Kitchener-Waterloo Dutchmen du Canada, défaits par les États-Unis et l'URSS, se contentaient du bronze.

SQUAW VALLEY, 1960

Les Américains s'étaient préparés graduellement à ces Jeux et ne cachaient pas leur intention de rafler l'or chez eux en 1960. Menés par le gardien Jack McCartan et deux couples de frères talentueux (les Christian et les Cleary), ils réussirent à remporter l'or. Le Canada, à nouveau représenté par les Kitchener-Waterloo Dutchmen, prit l'argent et les Soviétiques le bronze. À sa première participation, l'Australie termina dernière de neuf pays.

La victoire des États-Unis 2-1 contre le Canada à Squaw Valley en 1960 fut la première fois où les Américains défirent le Canada dans une compétition olympique.

LAKE PLACID, 1980

Dirigé par l'entraîneur Herb Brooks, qui avait été le dernier joueur retranché de l'équipe championne de 1960, un groupe d'étudiants américains inconnus défirent les Soviétiques pour remporter l'or olympique, une médaille bientôt rebaptisée le « miracle sur glace ». Le gardien Jim Craig, grand héros du tournoi, fut l'un de 13 joueurs de l'équipe à jouer pour la LNH.

Vladimir Krutov de l'Union soviétique repousse un joueur allemand lors durant les Jeux d'hiver de 1988.

CALGARY, 1988

La décision d'ouvrir le tournoi de hockey aux « professionnels » avant les Jeux de Calgary de 1988 permit à des joueurs de la LNH de participer aux Jeux olympiques pour la première fois. Malgré la présence d'Andy Moog, Jim Peplinski et plusieurs autres joueurs de la LNH, le Canada finit quatrième. Les Soviétiques, vainqueurs du tournoi, ne comptaient pas de joueurs de la LNH dans leurs rangs, mais le jeune Alexander Mogilny, 19 ans, qui deviendrait plus tard une étoile de la LNH.

MÉDAILLES D'OR OLYMPIQUES REMPORTÉES DEPUIS 1920

8 – Canada
8 – URSS/CEI/Russie
2 – États-Unis
2 – Suède
1 – Grande-Bretagne
1 – République tchèque

HISTOIRE DU HOCKEY OLYMPIQUE

LA GROSSE MACHINE ROUGE : LA DOMINATION SOVIÉTIQUE

Le « hockey canadien », comme disaient les Soviétiques, apparut en URSS en 1932 ; sa popularité fut lente à venir. La première ligue de hockey y a vu le jour en 1946, mais sa vraie percée n'a eu lieu qu'en 1948, quand le Select de Moscou obtint une victoire et une nulle contre le LTC Prague. En 1954, l'équipe nationale soviétique participa à son premier championnat du monde et remporta les honneurs (et sa première médaille d'or olympique deux ans plus tard). De 1963 à 1972, les Soviétiques enlevèrent neuf championnats du monde et olympiques consécutifs, une domination qui dura jusqu'à l'effondrement de l'Union soviétique à la fin de 1991.

PREMIÈRE MÉDAILLE D'OR EN 1956

Après avoir remporté le Championnat du monde en 1954, les Soviétiques prirent le tournoi de 1955 à la légère et furent battus par le Penticton Vees du Canada. Déterminés à ne pas répéter leur erreur lors de leur première apparition olympique, les Soviétiques balayèrent le tournoi sans une défaite, écrasant les États-Unis 4-0 et le Canada 2-0 lors des deux dernières parties. Le New York Times qualifia la rapide ascension de l'URSS au hockey de « pratiquement impossible ».

LE DÉBUT D'UNE SÉRIE GAGNANTE

Ayant dû attendre au dernier jour pour remporter le Championnat du monde en 1963, grâce à un gain de la Tchécoslovaquie contre la Suède, les Soviétiques eurent la vie moins dure aux Jeux d'Innsbruck en 1964. Malgré des victoires serrées contre le Canada, la Suède et la Tchécoslovaquie, ils obtinrent une fiche parfaite de 7-0 pour rafler l'or. Un changement tardif des règles en cas d'égalité relégua le Canada au quatrième rang, derrière les Suédois et les Tchèques.

ANATOLI TARASOV

Recruté dès le début du programme de hockey de son pays, Anatoli Tarasov est considéré comme l'architecte de la domination soviétique au hockey amateur. Avec Arkady Chernyshev, il a entraîné l'équipe nationale qui remporta neuf championnats de suite, avant de se retirer après les Jeux de Sapporo en 1972 (il a été admis au Temple de la renommée en tant que bâtisseur en 1974). Tarasov, un fervent adepte de l'entraînement physique, a écrit de nombreux ouvrages sur le hockey.

VSEVOLOD BOBROV

Le premier capitaine de l'équipe nationale soviétique, Vsevolod Bobrov, fut nommé le meilleur attaquant du Championnat du monde en 1954 et le meilleur marqueur, ex æquo, avec neuf buts en sept parties, aux Jeux olympiques de 1956. Dans la ligue soviétique, il marqua 254 buts en 130 parties. Bobrov fut l'entraîneur de l'équipe nationale, notamment lors de la Série du siècle en 1972. Son équipe remporta les championnats du monde de 1973 et 1974.

LES CHIFFRES S'ADDITIONNENT

C'est aux Jeux d'hiver de Grenoble en 1968 qu'eut lieu le dernier tournoi olympique déterminant aussi les titres mondial et européen. Après une série de cinq victoires, les Soviétiques s'inclinèrent 5-4 devant la Tchécoslovaquie, mais rebondirent contre le Canada 5-0 pour s'emparer de l'or. C'était le sixième titre consécutif de l'URSS, qui égalait le record canadien de 1920 à 1932. Ils remportèrent 39 victoires d'affilée, égalisant le record canadien de 1936 à 1948.

ANATOLI FIRSOV

Attaquant brillant au tir redoutable, Anatoli Firsov joua d'abord dans la ligue soviétique avec le Spartak Moscou (1958-1961) et le CSKA Moscou (1961-1974), marquant 344 buts en 474 parties régulières, et il gagna neuf championnats. Sur la scène internationale, il participa à tous les tournois entre 1964 et 1972, remportant trois fois l'or olympique et cinq autres titres en autant de championnats du monde. Firsov est l'un des plus grands joueurs de l'histoire du hockey soviétique.

▶ *L'étoile soviétique Anatoli Firsov tente un lancer vers le gardien canadien Wayne Stephenson aux Jeux de Grenoble en 1968.*

QUATRE DE SUITE

Malgré l'annulation d'une victoire après un contrôle antidopage positif à la codéine (un antigrippal), la Tchécoslovaquie aurait pu vaincre l'URSS en gagnant la finale du tournoi de 1976. Or, les Soviétiques, tirant de l'arrière 2-0, puis 3-2, gagnèrent la partie 4-3 grâce à deux buts rapides en fin de match. Avec cette médaille d'or, l'Union soviétique égalait le record du Canada de quatre titres olympiques consécutifs, établi entre 1920 et 1932.

VLADISLAV TRETIAK

L'un des meilleurs gardiens de l'histoire du hockey, Vladislav Tretiak s'est fait connaître en Amérique du Nord par sa performance lors de la Série du siècle de 1972 entre l'Équipe Canada et l'Union soviétique. Tretiak participa aux Jeux olympiques de 1972, de 1976, de 1980 et de 1984, remportant trois médailles d'or et une d'argent. Il a aussi participé à 13 championnats du monde, en remportant 10. Il fit ses débuts dans la ligue soviétique à 17 ans et remporta 13 titres avec le CSKA Moscou.

Le gardien soviétique Vladislav Tretiak fut le premier joueur européen intronisé au Temple de la renommée du hockey, en 1983.

DE RETOUR AU SOMMET

Après avoir perdu contre les Américains à Lake Placid en 1980, les Soviétiques enlevèrent le tournoi olympique de 1984 à Sarajevo. L'URSS réalisa une première ronde parfaite de 5-0, marquant 42 buts contre 5, dont une victoire de 10-1 contre la Suède, qui les propulsa en ronde des médailles. Les Soviétiques battirent ensuite le Canada 4-0 et la Tchécoslovaquie 2-0 pour rafler l'or. Ce fut la première des deux médailles d'or olympiques des étoiles Viacheslav Fetisov, Vladimir Krutov, Igor Larionov et Sergei Makarov.

Les Américains Steve Christoff et Mike Eruzione entourent Sergei Makarov de l'URSS, à Lake Placid en 1980.

RÉSULTATS OLYMPIQUES SOVIÉTIQUES/RUSSES DE 1956 À 2010

1956 URSS	Or
1960 URSS	Bronze
1964 URSS	Or
1968 URSS	Or
1972 URSS	Or
1976 URSS	Or
1980 URSS	Argent
1984 URSS	Or
1988 URSS	Or
1992 Équipe unifiée	Or
1994 Russie	Quatrième
1998 Russie	Argent
2002 Russie	Bronze
2006 Russie	Quatrième
2010 Russie	Cinquième à huitième

LA FIN D'UNE ÉPOQUE

Après la dissolution de l'Union soviétique en décembre 1991, les athlètes des anciennes républiques soviétiques participèrent aux Jeux d'Albertville en 1992 au sein d'une équipe « unifiée », composée exclusivement de Russes qui n'arboraient aucun logo sur leurs uniformes. Lorsque l'équipe l'emporta 3-1 contre le Canada pour mériter l'or, on joua l'hymne olympique au lieu d'un hymne national. Vingt des 23 joueurs de l'équipe unifiée firent carrière dans la LNH.

Des membres de l'ancienne Équipe unifiée soviétique célèbrent leur conquête de l'or en 1992.

LA GROSSE MACHINE ROUGE : LA DOMINATION SOVIÉTIQUE

L'ÈRE OUVERTE : DE 1998 À 2010

De futurs joueurs de la LNH (et quelques anciens) ont représenté le Canada et les États-Unis aux Jeux olympiques d'hiver dès 1920. Il fallut toutefois une entente, conclue en 1995, pour que la LNH s'engage à participer aux Jeux olympiques de 1998. Cette année-là, 122 joueurs de la LNH y furent inscrits, inaugurant une ère d'ouverture qui a produit certains des plus grands moments de hockey de l'histoire.

En 2010, pas moins 140 joueurs de la LNH y ont participé, dont un représentant dans chacune des 12 équipes en présence. Les Jeux de 1998 accueillirent le premier tournoi olympique de hockey féminin.

▼ La capitaine américaine Cammi Granato célèbre l'or en 1998.

NAGANO (HOMMES), 1998

La LNH interrompit sa saison régulière pendant deux semaines, libérant ses joueurs pour les Jeux olympiques d'hiver. Comme les États-Unis avaient surpris le Canada à la Coupe du monde deux ans plus tôt, tous attendaient ces deux équipes en finale, mais les États-Unis trébuchèrent et le Canada fut éliminé en tir de fusillade par la République tchèque en demi-finale. Dominik Hasek réalisa un jeu blanc en finale pour donner la victoire aux Tchèques 1-0 contre la Russie.

◀ Le gardien Dominik Hasek mena les Tchèques à leur première médaille d'or aux Jeux de Nagano.

NAGANO (FEMMES), 1998

Le hockey féminin fit ses débuts olympiques à Nagano en 1998. Ayant remporté toutes les médailles aux précédents Championnats du monde, le Canada, les États-Unis et la Finlande dominaient clairement ce tournoi. Le Canada avait raflé tous les titres mondiaux précédents, mais ce sont les Américaines qui ont remporté la première médaille d'or olympique. La capitaine Cammi Granato célébra la victoire avec ses coéquipières ; les Canadiennes ne purent cacher leur déception.

SALT LAKE CITY (HOMMES), 2002

En quête d'une première médaille d'or olympique depuis 1952, l'équipe du Canada connut des difficultés dès le premier tour. Une victoire de 2-1 contre la Finlande la propulsa en quart de finale, tandis qu'un gain surprise de la Biélorussie écartait la Suède en demi-finale. Le Canada joua son meilleur hockey en finale, Martin Brodeur et Mario Lemieux menant l'équipe à une victoire de 5-2 contre les États-Unis.

◀ Mario Lemieux fut l'inspiration d'Équipe Canada en 2002.

SALT LAKE CITY (FEMMES), 2002

Après sa défaite quatre ans plus tôt contre les États-Unis, le Canada voulait prendre sa revanche, mais les Américaines avaient une fiche de 31-0-0 et avaient gagné huit fois de suite pendant le calendrier préolympique. Le Canada tirait de l'arrière 3-2 contre la Finlande en demi-finale, avant une poussée de cinq buts de Hayley Wickenheiser, qui marqua aussi un but en finale. Le Canada prit une avance de 3-1 sur les États-Unis, n'accorda qu'un autre but et l'emporta 3-2.

◀ Hayley Wickenheiser fut l'artisane de la revanche des Canadiennes en 2002.

TURIN (HOMMES), 2006

Menée par Teemu Selanne et Saku Koivu, la Finlande demeura invaincue jusqu'à la finale contre ses rivaux de toujours, les Suédois. Nicklas Lidstrom marqua le but gagnant 10 secondes après le début de la troisième période, et le gardien Henrik Lundqvist résista à une attaque tardive des Finlandais pour donner la victoire à la Suède 3-2. La Slovaquie avait tout gagné avant sa défaite devant la République tchèque en quart de finale (les Tchèques l'emportèrent sur la Russie pour enlever le bronze).

 Les Suédois recevant leur médaille d'or en 2006.

TURIN (FEMMES), 2006

Les Canadiennes filaient vers leur deuxième médaille d'or consécutive, quand les Jeux de 2006 furent le théâtre de l'un des plus grands revirements de l'histoire du hockey féminin. La gardienne suédoise Kim Martin procura à son équipe une victoire de 3-2 en tir de fusillade contre les États-Unis, arrêtant 37 tirs sur 39 et 4 tirs de fusillade. Le Canada l'emporta contre la Suède en finale et les Américaines, s'étant ressaisies, battirent la Finlande 4-0 pour le bronze.

CLASSEMENT CUMULATIF – MÉDAILLES OLYMPIQUES DE HOCKEY FÉMININ, 1998–2010

	O	A	B	Total	Dernière médaille
1. Canada	3	1	0	4	Or 2010
2. États-Unis	1	2	1	4	Argent 2010
3. Suède	0	1	1	2	Argent 2006
4. Finlande	0	0	2	2	Bronze 2010

CLASSEMENT CUMULATIF – MÉDAILLES OLYMPIQUES DE HOCKEY MASCULIN, 1920–2010

	O	A	B	Total	Dernière médaille
1. Canada	8	4	2	14	Or 2010
2. URSS/Russie*	8	2	2	12	Bronze 2002
3. États-Unis	2	8	1	11	Argent 2010
4. Suède	2	2	4	8	Or 2006
5. Tchécoslovaquie/ Rép. tchèque	1	4	5	10	Bronze 2006
6. Grande-Bretagne	1	0	1	2	Or 1936
7. Finlande	0	2	3	5	Bronze 2010
8. Allemagne de l'Ouest	0	0	2	2	Bronze 1976
9. Suisse	0	0	2	2	Bronze 1948

* Une équipe unifiée joua pour l'Union soviétique/Russie en 1992.

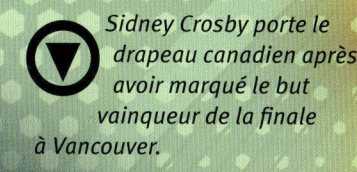 *Sidney Crosby porte le drapeau canadien après avoir marqué le but vainqueur de la finale à Vancouver.*

VANCOUVER (HOMMES), 2010

Le Canada avait promis une « domination des podiums » à Vancouver. Après des débuts décevants, il connut une fin de Jeux fulgurante, méritant un nombre record de 14 médailles d'or. Pour couronner le tout, l'équipe de hockey masculin remporta l'or le dernier jour de l'événement. Le but de Sidney Crosby, à 7 minutes 40 secondes en prolongation, permit à l'Équipe Canada de vaincre les États-Unis 3-2, après le but égalisateur de Zach Parise à 24 secondes de la fin.

VANCOUVER (FEMMES), 2010

Les victoires écrasantes du Canada et des États-Unis causèrent des inquiétudes au sujet de l'état du hockey féminin. Il fut même question de le retirer des Jeux olympiques. La gardienne Kim St-Pierre partagea ses responsabilités avec la recrue Shannon Szabados, qui ne concéda que deux buts en cinq matchs olympiques, culminant avec une victoire de 2-0 contre les Américaines pour la médaille d'or.

BUTS EN OR ET MIRACLES SUR GLACE

Même si le Canada et l'URSS ont dominé une grande partie de l'histoire du hockey olympique, les Jeux d'hiver ont donné lieu à certains des meilleurs moments de ce sport. De tous ces moments, rares sont ceux qui se comparent à la victoire triomphante des États-Unis contre l'Union soviétique à Lake Placid en 1980. Les partisans suédois ont savouré leur victoire en 2006 contre leurs rivaux de toujours, les Finlandais, tandis que les Canadiens ont jubilé sur leur propre glace en 2010. Si le système d'élimination directe inauguré en 1992 a rendu le tournoi plus excitant, les premières éditions aussi avaient connu des moments dramatiques.

CANADA-É.-U., 1920

Sept pays participaient au tournoi de hockey tenu au printemps avant les Jeux olympiques d'été de 1920, mais tous savaient que les Européens n'avaient aucune chance de gagner. Au troisième jour du tournoi, la partie entre les États-Unis et les Falcons de Winnipeg inaugura la vraie compétition pour l'or. Un but tardif de Frank Fredrickson ouvrit la marque et mena le Canada à une victoire de 2-0. Un score de 12-1 contre la Suède scella l'issue du tournoi.

CANADA-É.-U., 1932

La première partie fut la plus importante du tournoi de hockey olympique de 1932. Les États-Unis menaient 1-0 contre le Canada quand Harold Simpson égalisa la marque à 13 minutes 36 secondes de la troisième période. Vic Lundquist compta le but vainqueur du Canada à 7 minutes 14 secondes en prolongation. La partie avait lieu à l'extérieur. Sept mille personnes s'entassèrent dans l'aréna de 3 000 places pour la partie de retour, une nulle 2-2 qui valut l'or au Canada.

GRANDE-BRETAGNE-CANADA, 1936

La plus grande surprise du tournoi fut sans conteste la victoire de 2-1 de l'Italie contre les États-Unis en ronde préliminaire, suivie de près par la victoire clé de 2-1 de la Grande-Bretagne contre le Canada en deuxième ronde. Le gardien Jimmy Foster, né à Glasgow mais élevé à Winnipeg (tous les joueurs de l'équipe britannique, sauf un, avaient grandi au Canada), fut l'étoile du match et Edgar Brenchley compta le but vainqueur peu avant la fin. La Grande-Bretagne remporta l'or, le Canada l'argent et les États-Unis le bronze.

 Les Bearcats de Port Arthur représentaient le Canada aux Jeux de Garmisch-Partenkirchen, en Allemagne, en 1936.

É.-U.-TCHÉCOSLOVAQUIE, 1960

Malgré leur fiche parfaite de 6-0 à Squaw Valley, en Californie (battant le Canada 2-1 et l'Union soviétique 3-2), les États-Unis devaient vaincre la Tchécoslovaquie en finale pour remporter l'or. Ils tiraient de l'arrière 4-3 après deux périodes quand un défenseur soviétique leur conseilla de prendre de l'oxygène pour retrouver leur entrain. Un bon conseil, peut-être, car Roger Christian mena une charge de six buts sans réplique, pour une victoire de 9-4.

É.-U.-SUÈDE, 1980

Septièmes de 12 équipes aux Jeux de Lake Placid, les États-Unis avaient besoin d'une entrée fracassante pour avoir la moindre chance d'atteindre la ronde des médailles. Malgré le jeu brillant de Jim Craig dans la première partie contre la Suède, celle-ci menait 2-1 tard dans la troisième période. Craig ayant été retiré au profit d'un attaquant de plus, Bill Baker compta le but égalisateur à 27 secondes de la fin. « Un gros point pour nous », dit l'entraîneur Herb Brooks.

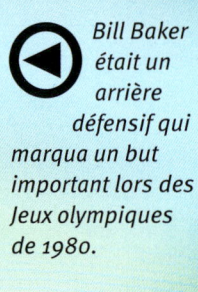 *Bill Baker était un arrière défensif qui marqua un but important lors des Jeux olympiques de 1980.*

Les Américains célébrant leur victoire contre les Soviétiques à Lake Placid.

É.-U.-UNION SOVIÉTIQUE, 1980

Après une nulle contre la Suède, les États-Unis gagnèrent quatre parties d'affilée pour atteindre la ronde des médailles et un rendez-vous avec les Soviétiques. Jim Craig garda le fort pour les Américains, tandis qu'un Tretiak chancelant était remplacé à la fin de la première période. À égalité 3-3 au milieu de la troisième, le capitaine Mike Eruzione marqua le but vainqueur à 10 minutes de la fin, but qui fut sans réplique. « Croyez-vous aux miracles ?... Oui ! »

É.-U.-FINLANDE, 1980

Même après leur victoire contre les Soviétiques, les États-Unis auraient pu être privés d'une médaille le dernier jour du tournoi de Lake Placid. Comme lors de la plupart des parties, les Américains concédèrent le premier but à la Finlande. Celle-ci menait 2-1 après deux périodes lorsque Dave Christian, dont le père et l'oncle avaient tous deux joué pour l'équipe américaine de 1960, prépara deux buts en troisième période. Les Américains remportèrent l'or 4-2.

SUÈDE-CANADA, 1994

Les Jeux d'été et d'hiver se tenant désormais en alternance, les Jeux de Lillehammer eurent lieu deux ans après ceux d'Albertville, en 1994. L'excitant tournoi de hockey connut un dénouement dramatique, la finale entre la Suède et le Canada se rendant en tir de fusillade. Le but gagnant, troisième d'un tour du chapeau de Peter Forsberg, donna leur premier titre olympique aux Suédois. Tomas Jonsson, Hakan Loob et Mats Naslund devinrent les premiers joueurs à avoir gagné le Championnat du monde, le championnat olympique et la Coupe Stanley.

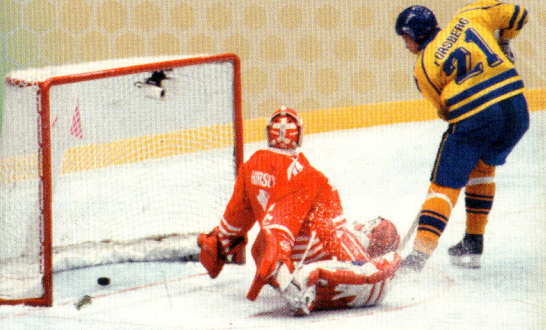

Peter Forsberg inscrit le premier de ses deux buts marqués en tir de fusillade lors du match pour la médaille d'or en 1994.

RÉPUBLIQUE TCHÈQUE-RUSSIE, 1998

Dominik Hasek n'alloua que six but en six parties et obtint deux jeux blancs pour mener la République tchèque à sa première médaille d'or au hockey olympique aux Jeux de Nagano. En demi-finale, il résista aux cinq tireurs canadiens pour donner la victoire 2-1 aux Tchèques en fusillade. Il blanchit l'attaquant étoile Pavel Bure et ses coéquipiers russes pour la victoire de 1-0 en finale. Petr Svoboda compta le but gagnant pour la médaille d'or.

BIÉLORUSSIE-SUÈDE, 2002

La Suède gagna ses trois premières parties des Jeux olympiques de Salt Lake City, mais elle fut fauchée par la Biélorussie dans un revirement spectaculaire en quart de finale. Vladimir Kopat fit une longue passe à Tommy Salo à 2 minutes 24 secondes de la fin, pour procurer un gain de 4-3 à l'équipe Cendrillon. La Biélorussie fut incapable de continuer sur sa lancée, perdant 7-1 contre le Canada en demi-finale, puis 7-2 contre la Russie dans la petite finale. La Suède rebondit pour gagner l'or en 2006.

CANADA-É.-U., 2010

Alors recrue, Sidney Crosby n'avait pas été choisi pour faire partie de l'équipe canadienne aux Jeux olympiques de 2006, mais il était là à Vancouver en 2010. Il avait bien joué, sans être la force offensive que ses fans attendaient de lui. C'est pourtant Crosby qui marqua le but gagnant de l'Équipe Canada dans sa première conquête de l'or olympique, en prolongation, déjouant le gardien américain Ryan Miller d'un tir rapide pour donner la victoire au Canada.

Après avoir déjoué Ryan Miller, Sidney Crosby de l'Équipe Canada célèbre la médaille d'or aux Jeux olympiques de Vancouver.

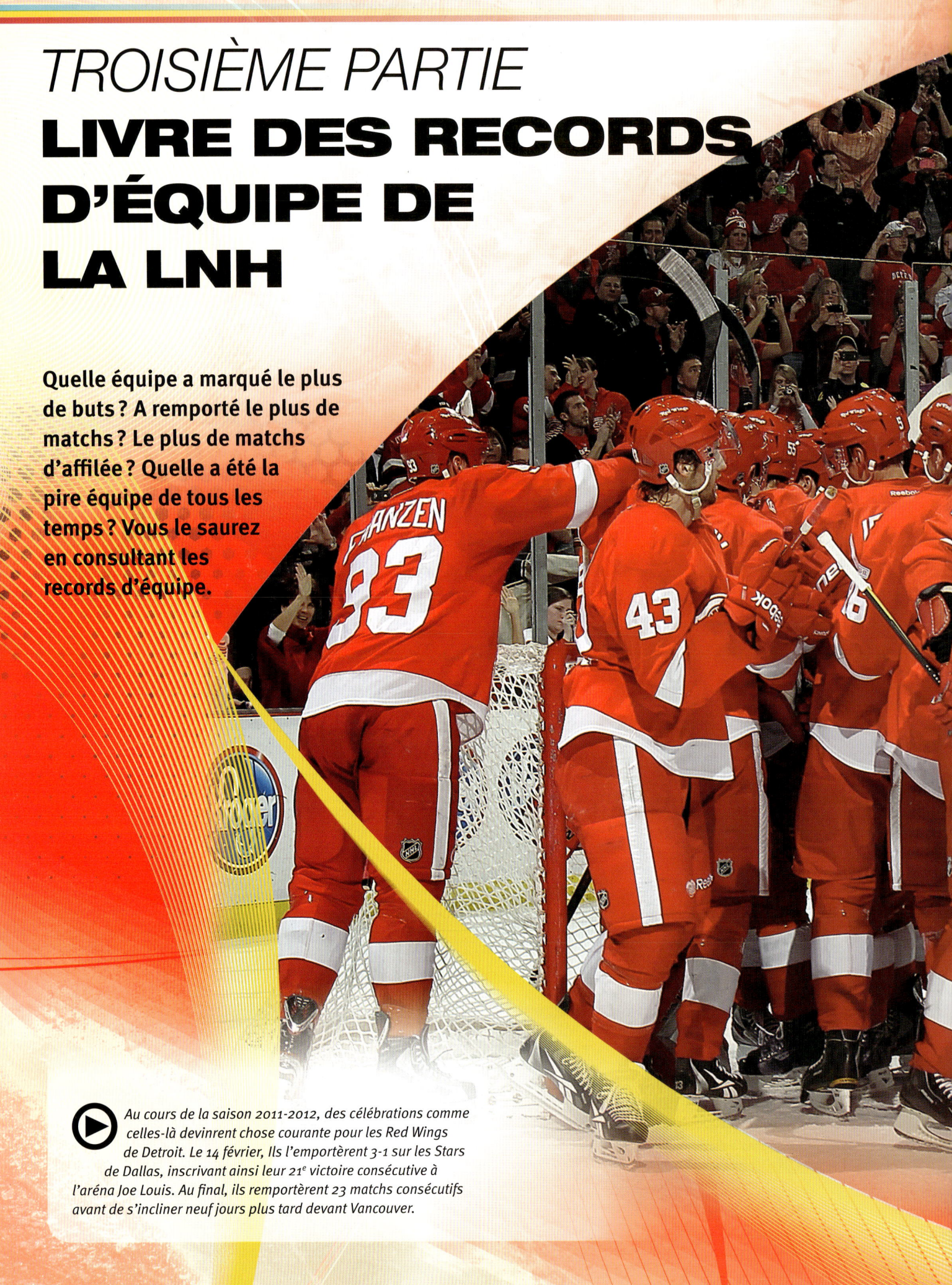

TROISIÈME PARTIE
LIVRE DES RECORDS D'ÉQUIPE DE LA LNH

Quelle équipe a marqué le plus de buts ? A remporté le plus de matchs ? Le plus de matchs d'affilée ? Quelle a été la pire équipe de tous les temps ? Vous le saurez en consultant les records d'équipe.

▶ Au cours de la saison 2011-2012, des célébrations comme celles-là devinrent chose courante pour les Red Wings de Detroit. Le 14 février, Ils l'emportèrent 3-1 sur les Stars de Dallas, inscrivant ainsi leur 21e victoire consécutive à l'aréna Joe Louis. Au final, ils remportèrent 23 matchs consécutifs avant de s'incliner neuf jours plus tard devant Vancouver.

RECORDS D'ÉQUIPE : VICTOIRES, DÉFAITES ET SÉQUENCES

Tout au long de son histoire, la durée de la saison de la LNH varie considérablement, avec aussi peu que 18 matchs en 1918-1919 jusqu'à 84 matchs au début des années 1990. Pendant 18 saisons, de 1949-1950 à 1966-1967, le calendrier de la LNH se limite à 70 matchs. Les équipes joueront 80 matchs par année pendant 18 ans, soit de 1974-1975 à 1991-1992 et, depuis 1995-1996, 82 matchs par saison. Évidemment, plus la saison est longue, plus il y a d'occasions de gagner… ou de perdre. Depuis quelques années, la période de prolongation et les tirs de pénalité ont donné plus d'occasions aux équipes d'accumuler les victoires et de compter des points.

LES CANADIENS EN 1976-1977

Bien que les Red Wings de Detroit aient établi en 1995-1996 un nouveau record de 62 victoires, le record de 132 points en 1976-1977 des Canadiens de Montréal n'a toujours pas été battu. Avec Guy Lafleur, Steve Shutt et Jacques Lemaire à l'attaque, et Larry Robinson, Serge Savard et Guy Lapointe à la défense, les Canadiens remportent 60 victoires, font 12 matchs nuls et ne subissent que 8 défaites durant cette saison. Les Canadiens de la fin des années 1970 ont probablement été la meilleure équipe de hockey de tous les temps.

▲ *Larry Robinson représente la plus grande menace à l'attaque de la brigade défensive du Tricolore dans les années 1970.*

Eddie Shore (numéro 2) aide Tiny Thompson, le gardien de but des Bruins, à bloquer la rondelle au début des années 1930.

LE PLUS DE POINTS EN UNE SAISON

132	Canadiens de Montréal, 1976-1977	60-8-12	80 PJ
131	Red Wings de Detroit, 1995-1996	62-13-7	82 PJ
129	Canadiens de Montréal, 1977-1978	59-10-11	80 PJ
127	Canadiens de Montréal, 1975-1976	58-11-11	80 PJ
124	Red Wings de Detroit, 2005-2006	58-16-8	82 PJ
121	Bruins de Boston, 1970-1971	57-14-7	78 PJ
121	Capitals de Washington, 2009-2010	54-15-13	82 PJ

LES BRUINS DE 1929-1930

La LNH autorise au cours de la saison de 1929-1930 les joueurs à faire des passes dans toutes les zones sur la glace. Aucune équipe n'est mieux préparée à tirer avantage des nouvelles règles que les Bruins, qui établissent un record de 38-5-1 durant le 44ᵉ match de la saison, soit un pourcentage de victoires de 0,875 qui est toujours le meilleur de l'histoire. Boston établit un autre record qui tient toujours (égalé par les Flyers de Philadelphie en 1975-1976) avec 20 victoires consécutives à domicile.

LA PLUS LONGUE SÉQUENCE SANS DÉFAITE

Après avoir perdu le deuxième match de la saison 1979-1980, les Flyers de Philadelphie n'ont subi aucun revers durant 84 jours. Du 14 octobre 1979 au 6 janvier 1980, ils seront invaincus, durant 35 matchs consécutifs, enregistrant 25 victoires et 10 matchs nuls. Les Flyers pulvérisent le précédent record de la LNH de 28 matchs sans défaite des Canadiens de Montréal en 1977-1978 et brisent le record de tous les temps dans le sport professionnel de 33 matchs consécutifs sans défaite établi par les Lakers de Los Angeles de la NBA en 1971-1972.

 Mike Bossy des Islanders surveille étroitement Jimmy Watson, le défenseur des Flyers de Philadelphie.

LA PLUS LONGUE SÉQUENCE DE VICTOIRES

17 matchs	Penguins de Pittsburgh, du 9 mars au 10 avril 1982
15 matchs	Islanders de New York, du 21 janvier au 20 février 1982
14 matchs	Bruins de Boston, du 3 décembre 1929 au 18 mars 1930
	Capitals de Washington, du 13 janvier au 7 février 2010

LA PLUS LONGUE SÉQUENCE DE DÉFAITES

17 matchs	Capitals de Washington, du 18 février au 26 mars 1975
	Sharks de San Jose, du 4 janvier au 12 février 1993
15 matchs	Quakers de Philadelphie, du 29 novembre au 8 janvier 1931
	Capitals de Washington, du 13 janvier au 7 février 2010

LE PLUS DE DÉFAITES

71	Sharks de San Jose, 1992-1993	11-71-2 (24 pts)	84 PJ
70	Sénateurs d'Ottawa, 1992-1993	10-70-4 (24 pts)	84 PJ
67	Capitals de Washington, 1974-1975	8-67-5 (21 pts)	80 PJ
61	Nordiques de Québec, 1989-1990	12-61-7 (31 pts)	80 PJ
	Sénateurs d'Ottawa, 1993-1994	14-61-9 (37 pts)	84 PJ
60	Islanders de New York, 1972-1973	12-60-6 (30 pts)	78 PJ

LES CAPITALS DE WASHINGTON, 1974-1975

Avec une fiche de seulement 8-67-5 et 21 points lors de leur première saison dans la LNH, les Capitals de Washington, en 1974-1975, se classent comme la pire équipe de l'histoire de la ligue. Bien que d'autres équipes perdront plus de matchs, personne n'a mérité un pourcentage de points aussi désastreux que la marque de 0,131 cette saison-là. Aucune équipe n'a remporté aussi peu de matchs et de points depuis 1930-1931, lorsque la saison de la LNH ne comportait que 44 matchs.

 Michel Belhumeur établit une fiche lamentable de 0-29-4 en 42 matchs à Washington durant les deux premières saisons des Capitals.

Le jeu prodigieux de Jimmy Howard à domicile a donné aux Red Wings de Detroit un sérieux coup de pouce contre leurs adversaires.

BIEN CHEZ SOI

Rien ne laissait présager le succès des Red Wings. Après n'avoir marqué qu'un seul point au cours des trois parties précédentes, l'équipe dirigée par l'entraîneur Mike Babcock établit un record de la LNH en gagnant 23 parties consécutives à domicile. Elle battit les équipes adverses à 89-34, récolta quatre blanchissages et marqua cinq buts ou plus en huit occasions différentes. Le 23 février 2012, les Canucks de Vancouver mirent fin à ce règne avec une victoire de 4-3. Cet échec à domicile était, pour Detroit, le premier depuis la victoire de 4-1 de Calgary, le 3 novembre 2011.

COMMENCER LA SAISON EN LION

Aucune équipe de Toronto n'a jamais remporté plus de neuf matchs d'affilée depuis qu'on les surnomme les St. Pats, ce qui remonte à la saison 1924-1925. Les Maple Leafs de 1993-1994 ont non seulement pulvérisé ce record, mais ils sont devenus la première équipe de l'histoire de la LNH à commencer la saison par une séquence victorieuse de 10 matchs consécutifs. Les Sabres de Buffalo ont égalé l'exploit avec 10 victoires d'affilée en début de saison 2006-2007, mais contrairement aux Maple Leafs, ils ont remporté trois de ces victoires en tir de fusillade.

RECORDS D'ÉQUIPE : LES BUTS MARQUÉS ET ACCORDÉS

Au début de la LNH, le hockey était un jeu assez ouvert où l'on marquait facilement des buts. Mais vers la fin des années 1920, la quantité de buts marqués diminue considérablement. Des règles plus modernes sont adoptées durant la saison 1929-1930 et le nombre de buts se remet à grimper. La défense revient au premier plan durant les années 1950 et bien que le nombre de buts prend de nouveau de l'ampleur dans les années 1960, il faut attendre l'expansion de la ligue pour que ces chiffres atteignent des sommets. Les 21 équipes des années 1980 représentent le summum de la production offensive avec des équipes qui marquent en moyenne 8 buts par partie. La plupart des records les plus éblouissants (individuels ou d'équipe) de la LNH ont été établis à cette époque.

LE PLUS DE BUTS EN UNE SAISON

446	Oilers d'Edmonton, 1983-1984	80 PJ
426	Oilers d'Edmonton, 1985-1986	80 PJ
424	Oilers d'Edmonton, 1982-1983	80 PJ
417	Oilers d'Edmonton, 1981-1982	80 PJ
401	Oilers d'Edmonton, 1984-1985	80 PJ
399	Bruins de Boston, 1970-1971	78 PJ

BUTS PAR MATCH

Les Oilers d'Edmonton avec Wayne Gretzky, dans les années 1980, constituent la machine offensive la plus prolifique de l'histoire du hockey. En plus d'occuper les cinq premiers rangs des équipes ayant marqué le plus de buts en une saison, ils détiennent également les trois premières places pour la moyenne de buts par match. En 1983-1984, les Oilers établissent un record avec une moyenne de 5,58 buts par match. La deuxième place, avec une moyenne de 5,38, appartient aux Canadiens de Montréal en 1919-1920. Ils ont marqué 129 buts en 24 matchs.

 Wayne Gretzky manifeste sa joie durant les finales de la Coupe Stanley en 1984.

LE PLUS DE BUTS PAR ÉQUIPE EN UN MATCH

Le 3 mars 1920, les Canadiens de Montréal battent les Bulldogs de Québec, 16-3. Quatre joueurs des Canadiens marquent trois buts ou plus dans le match. Didier Pitre fait un tour du chapeau en première période, et Newsy Lalonde marque trois buts en deuxième et un quatrième en troisième période. Le défenseur Harry Cameron compte également quatre buts tandis qu'Odie Cleghorn marque un but durant chaque période.

 Une vedette depuis le début des années 1900, Newsy Lalonde a été le meilleur compteur de sa génération.

LE PLUS DE BUTS PAR LES DEUX ÉQUIPES EN UN MATCH

C'est une autre importante soirée pour Newsy Lalonde lorsqu'il compte à six reprises durant le match victorieux de 14-7 des Canadiens contre les St. Pats de Toronto, le 10 janvier 1920. Le record de la LNH de 21 buts établi ce soir-là tient toujours. Il a été égalé le 11 décembre 1985 par la victoire de 12-9 des Oilers d'Edmonton contre les Blackhawks de Chicago, alors que Wayne Gretzky égalise la marque avec sept passes, dont six sur les tours du chapeau de Jari Kurri et Glenn Anderson.

Wayne Gretzky, des Oilers d'Edmonton, a été le plus grand compteur de tous les temps.

VICTOIRE À SENS UNIQUE

Le 23 janvier 1944, les Red Wings de Detroit battent les Rangers de New York 15-0, le plus haut score par blanchissage de l'histoire de la LNH. Connie Dion doit faire seulement neuf arrêts pour mériter son premier jeu blanc alors que le gardien de but des Rangers, Ken McAuley, fait face à 43 tirs et accorde 15 buts à l'équipe adverse. Des 13 joueurs des Red Wings sur la glace ce soir-là, seuls Dion et le défenseur Cully Simon n'ont pas récolté de points. Quant à Sid Howe, il marque trois buts et deux passes.

LE PLUS DE BUTS MARQUÉS EN UNE PÉRIODE

Avec le tour du chapeau de Gilbert Perreault et les deux buts sur trois d'André Savard, les Sabres de Buffalo marqueront neuf buts en deuxième période, en route vers une victoire de 14-4 contre les Maple Leafs de Toronto, le 19 mars 1981. En ajoutant les 3 buts de Toronto, un total de 12 buts auront donc été marqués pendant cette deuxième période... bien que cette marque sera égalée plus tard par la victoire de 12-9 d'Edmonton aux dépens de Chicago.

▶ Les trois buts de Gilbert Perreault dans le match victorieux 14-4 qui oppose Buffalo à Toronto sera l'un des 18 tours du chapeau de sa carrière.

▶ Brian Hayward a défendu la cage des Sharks de San Jose en 1991-1992 et 1992-1993. Il a gardé une fiche de 3-18-1 et une moyenne de buts alloués de 5,39.

LE PLUS DE BUTS ACCORDÉS EN UNE SAISON

446	Capitals de Washington, 1974-1975	80 PJ
415	Red Wings de Detroit, 1985-1986	80 PJ
414	Sharks de San Jose, 1992-1993	84 PJ
407	Nordiques de Québec, 1989-1990	80 PJ
403	Whalers de Hartford, 1982-1983	80 PJ
400	Jets de Winnipeg, 1980-1981	80 PJ

LA PIRE MOYENNE DE BUTS ACCORDÉS PAR MATCH

Les Bulldogs de Québec ne joueront qu'une saison au sein de la LNH en 1919-1920, mais ils réussiront le douteux exploit toujours inégalé d'établir une fiche de 4-20-0, pour un grand total de 8 points. De plus, les 177 buts accordés durant ces 24 matchs donnent aux Bulldogs une moyenne d'équipe de buts alloués par match de 7,38. Les Rangers de New York de 1943-1944 ont accordé 310 buts dans une saison de 50 matchs, soit une moyenne de 6,10, tandis que Washington, en 1974-1975, affiche une moyenne de buts alloués de 5,58.

LE PIRE DU PIRE

La saison de 1928-1929 a été la saison durant laquelle le moins de buts ont été marqués dans l'histoire de la LNH. Cette année-là, George Hainsworth des Canadiens a enregistré 22 blanchissages en 44 matchs. Les Blackhawks de Chicago n'ont marqué que 33 buts cette saison-là et ont subi 20 blanchissages. Du 7 au 28 février 1929, la formation de Chicago a été blanchie durant huit matchs consécutifs! Par contre, les Blackhawks n'ont perdu que six de ces matchs, car les deux autres se sont terminés 0-0.

TIRS AU BUT

Les Bruins de Boston effectuent 83 tirs au but contre les Blackhawks de Chicago durant le match du 4 mars 1941. Sam LoPresti réussit 80 arrêts mais les Blackhawks doivent tout de même s'incliner 3-2. Le 21 mars 1991, Boston effectue 73 tirs au but contre Ron Tugnutt, des Nordiques de Québec, et le match se termine 3-3. Le 26 décembre 1925, les Americans de New York et les Pirates de Pittsburgh effectuent 141 tirs au but. Les Americans mènent 73-68 et remportent le match 3-1.

LE MOINS DE BUTS EN UNE SAISON

Record de tous les temps

33	Blackhawks de Chicago, 1928-1929	44 PJ
45	Maroons de Montréal, 1924-1925	30 PJ
46	Pirates de Pittsburgh, 1928-1929	44 PJ

Calendrier d'au moins 70 matchs

133	Blackhawks de Chicago, 1953-1954	70 PJ
147	Maple Leafs de Toronto, 1954-1955	70 PJ
	Bruins de Boston, 1955-1956	70 PJ
150	Rangers de New York, 1954-1955	70 PJ

RECORDS D'ÉQUIPE : MARQUER VITE ET SOUVENT

Cinquante buts et 100 points en une saison ont depuis toujours été considérés comme la quintessence de l'excellence. Les joueurs commencent à atteindre ces chiffres de façon régulière durant les années 1970 et depuis, sauf à quelques occasions seulement, ces marques ont toujours été atteintes. Par contre, certaines équipes réussissent l'exploit d'une façon plus flamboyante que d'autres. Les Bruins de Boston de la saison 1970-1971 et les Oilers d'Edmonton des années 1980 établissent des records difficiles à égaler, bien que Mario Lemieux et les Penguins de Pittsburgh s'y soient efforcés durant les années 1990. Quelques autres équipes ont eu aussi leurs moments de gloire.

Wayne Gretzky (à gauche) et Jari Kurri forment un puissant tandem d'attaquants durant les années 1980 à Edmonton.

TRIOS CÉLÈBRES

Milt Schmidt, Woody Dumart et Bobby Bauer forment la « Kraut Line » des Bruins de Boston et sont les premiers coéquipiers dans l'histoire de la LNH à occuper respectivement les trois premières places des meilleurs pointeurs, durant la saison de 1939-1940. Leur exploit a été égalé en 1944-1945 lorsque la « Punch Line » des Canadiens, composée d'Elmer Lach, de Maurice Richard et de Toe Blake, se hisse à la tête des meilleurs pointeurs de la ligue. Le trio formé par Ted Lindsay, Sid Abel et Gordie Howe, de la « Production Line » de Detroit, finiront respectivement premier, deuxième et troisième meilleurs pointeurs en 1949-1950.

MEILLEURS MARQUEURS DE 100 POINTS ET PLUS

En plus des quatre Bruins de 1970-1971, il y a eu quatre autres occasions où quatre coéquipiers ont réussi à franchir la barre des 100 points :

Oilers d'Edmonton, 1982-1983, 80 PJ. Wayne Gretzky, 71 B-125 A-196 PTS ; Mark Messier, 48 B-58 A-106 PTS ; Glenn Anderson, 48 B-56 A-104 PTS ; Jari Kurri, 45 B-59 A-104 PTS.

Oilers d'Edmonton, 1983-1984, 80 PJ. Wayne Gretzky, 87 B-118 A-205 PTS ; Paul Coffey, 40 B-86 A-126 PTS ; Jari Kurri, 52 B-61 A-113 PTS ; Mark Messier, 37 B-64 A-101 PTS.

Oilers d'Edmonton, 1985-1986, 80 PJ. Wayne Gretzky, 52 B-163 A-215 PTS ; Paul Coffey, 48 B-90 A-138 PTS ; Jari Kurri, 68 B-63 A-131 PTS ; Glenn Anderson, 54 B-48 A-102 PTS.

Penguins de Pittsburgh, 1992-1993, 84 PJ. Mario Lemieux, 69 B-91 A-160 PTS ; Kevin Stevens, 55 B-56 A-111 PTS ; Rick Tocchet, 48 B-61 A-109 PTS ; Ron Francis, 24 B-76 A-100 PTS.

L'ailier droit Bobby Bauer (17), l'ailier gauche Woody Dumart (14) et le centre Milt Schmidt (15) de la « Kraut Line » des Bruins.

VITE FAIT, BIEN FAIT

Le 5 février 1971, trois membres des Bruins de Boston marquent les trois buts les plus rapides par une équipe de l'histoire de la ligue : John Bucyk marque à 4 minutes 50 secondes de la troisième période alors que les Bruins s'affairent à effacer leur déficit de 2-0 contre les Canucks de Vancouver pour l'emporter 3-2. Ed Westfall marquera à 5 minutes 2 secondes et Ted Green, à 5 minutes 10 secondes, ce qui donnera trois buts aux Bruins en seulement 20 secondes.

UN, DEUX, TROIS, QUATRE

En 1970-1971, Phil Esposito établit ce qui semble être deux records imbattables lorsqu'il marque 76 buts et cumule 152 points. Bobby Orr établit un record avec 102 passes et se classe bon deuxième, derrière Esposito avec 139 points. John Bucyk (51-65-116) et Ken Hodge (43-62-105) finiront parmi les quatre meilleurs pointeurs cette année-là. Quatre Bruins répéteront cet exploit en 1973-1974 lorsque Esposito (145), Orr (122), Hodge (105) et Wayne Cashman (95) se classent à la tête des meilleurs pointeurs de la ligue.

PLUSIEURS MARQUEURS DE 50 BUTS

Les Oilers d'Edmonton sont la seule équipe de la LNH en saison régulière à avoir trois marqueurs de plus de 50 buts… et ils réussiront cet exploit deux fois plutôt qu'une ! En 1983-1984, Wayne Gretzky compte 87 buts, Glenn Anderson, 54 et Jari Kurri, 52. En 1985-1986, Kurri marquera 68 buts, Anderson, 54 et Gretzky, 52. Gretzky fera partie de quatre autres duos de marqueurs de plus de 50 buts, avec Bernie Nicholls des Kings de Los Angeles en 1988-1989, entre autres.

UN MATCH HISTORIQUE

Le 29 mars 1983, les Oilers d'Edmonton battent les Canucks de Vancouver 7-3. Wayne Gretzky y va d'un but, trois aides ce qui pulvérise son propre record d'assistances (121) de la saison. (Trois ans plus tard, sa fiche d'assistances atteindra 163 !) Ses coéquipiers Jari Kurri et Glenn Anderson ne sont pas en reste et deviennent les premiers membres d'un trio à atteindre la barre des 100 points dans un même match.

LES MEILLEURS DUOS DE BUTEURS DE TOUS LES TEMPS

144	Oilers d'Edmonton, 1984-1985	80 PJ	Wayne Gretzky, 73 ; Jari Kurri, 71
142	Oilers d'Edmonton, 1981-1982	80 PJ	Wayne Gretzky, 92 ; Mark Messier, 50
141	Oilers d'Edmonton, 1983-1984	80 PJ	Wayne Gretzky, 87 ; Glenn Anderson, 54
131	Penguins de Pittsburgh, 1995-1996	82 PJ	Mario Lemieux, 69 ; Jaromir Jagr, 62
129	Sabres de Buffalo, 1992-1993	84 PJ	Alexander Mogilny, 76 ; Pat LaFontaine, 53
127	Bruins de Boston, 1970-1971	78 PJ	Phil Esposito, 76 ; John Bucyk, 51
124	Kings de Los Angeles, 1988-1989	80 PJ	Bernie Nicholls, 70 ; Wayne Gretzky, 54
124	Penguins de Pittsburgh, 1992-1993	84 PJ	Mario Lemieux, 69 ; Kevin Stevens, 55
122	Oilers d'Edmonton, 1985-1986	80 PJ	Jari Kurri, 68 ; Glenn Anderson, 54
118	Bruins de Boston, 1973-1974	78 PJ	Phil Esposito, 68 ; Ken Hodge, 50

L'ÈRE DON CHERRY

Les Bruins de Boston de la fin des années 1970 n'ont peut-être pas le lustre des premières équipes de Boston, mais l'équipe, sous la houlette de Don Cherry, ne se laisse pas rebuter par la tâche et se classe toujours parmi les équipes les plus performantes de la ligue. En 1977-1978, les Bruins établissent un record avec 11 marqueurs ayant franchi la barre des 20 buts : Peter McNab, 41 ; Terry O'Reilly, 29 ; Bobby Schmautz, 27 ; Stan Jonathan, 27 ; Jean Ratelle, 25 ; Rick Middleton, 25 ; Wayne Cashman, 24 ; Gregg Sheppard, 23 ; Brad Park, 22 ; Don Marcotte, 20 et Bob Miller, 20.

DEUX BUTS EN TROIS SECONDES

Le 21 janvier 2004, Jim Dowd du Wild du Minnesota marque sur un retour de son propre lancer frappé à seulement 15,5 secondes de la fin de la troisième période contre les Blackhawks de Chicago, portant le score à 3-2. Trois secondes plus tard, Richard Park marque son second but de la partie, portant le score à 4-2. Un nouveau record vient d'être établi, celui des deux buts les plus rapides marqués par une même équipe.

▶ *Richard Park, d'origine sud-coréenne, jouera trois saisons avec le Wild de 2001 à 2004.*

DEUX BUTS EN DEUX SECONDES

Les Bruins de Boston et les Blues de St. Louis ont fracassé un record de la LNH le 19 décembre 1987, en combinant deux buts en deux secondes à la fin du match remporté 7-5 par les Blues au Boston Garden. Ken Linseman des Bruins marque à 19 minutes 50 secondes de la dernière période, portant le score à 6-5, mais comme le gardien de but des Bruins avait été retiré en échange d'un attaquant supplémentaire, Doug Gilmour des Blues lance la rondelle dans un filet désert à 19 minutes 52 secondes.

▶ *Jaromir Jagr (à gauche) et Mario Lemieux constituent un duo dynamique pour les Penguins de Pittsburgh durant les années 1990.*

UN DOUBLÉ

Lorsque Mario Lemieux et Kevin Stevens des Penguins de Pittsburgh marquent leur 50e but de la saison dans un match qu'ils remportent 6-4 contre les Oilers d'Edmonton, le 21 mars 1993, ils deviennent les premiers coéquipiers de l'histoire de la LNH à avoir passé le cap des 50 buts en une saison dans un même match. Trois ans plus tard, le 23 février 1996, Lemieux et Jaromir Jagr marquent leur 50e but dans une victoire de 5-4 face aux Whalers de Hartford.

RECORDS D'ÉQUIPE : PÉNALITÉS, JEUX DE PUISSANCE ET BUTS EN INFÉRIORITÉ NUMÉRIQUE

Au début de la LNH, c'est à Elmer Ferguson du *Montreal Herald* que l'on doit les premières statistiques de la ligue. Plus tard, un marqueur officiel dans chaque ville de la LNH se charge de remplir une feuille de pointage compilant les buts, les passes et les pénalités de chaque match. Dès 1955, les six équipes de la ligue ont leurs statisticiens qui compilent également les tirs au but par les joueurs, les arrêts des gardiens de but et ceux qui étaient sur la glace lorsqu'un but était marqué. Ces feuilles ont permis de déterminer si un but avait été marqué en supériorité ou en infériorité numérique. Ce n'est qu'à compter de 1963-1964 que la LNH compilera officiellement ces données.

RUDESSE AU HOCKEY

Les « Big Bad Bruins » de Boston et les « Broad Street Bullies » de Philadelphie dominent la LNH au début des années 1970. Malgré leur grand talent, ces équipes, les Flyers en particulier, ont acquis une réputation de matamores. Pourtant les occasions de jeux de puissance dans ces années-là ne diffèrent pas beaucoup de celles d'aujourd'hui. En fait, les occasions de jeux de puissance sont plus nombreuses à la fin des années 1980 et au début des années 1990 qu'elles l'étaient à l'époque.

LE PLUS DE MINUTES DE PÉNALITÉ EN UNE SAISON

2713	Sabres de Buffalo, 1991-1992	80 PJ
2670	Penguins de Pittsburgh, 1988-1989	80 PJ
2663	Blackhawks de Chicago, 1991-1992	80 PJ
2643	Flames de Calgary, 1991-1992	80 PJ
2621	Flyers de Philadelphie, 1980-1981	80 PJ

LE PLUS DE BUTS EN SUPÉRIORITÉ NUMÉRIQUE EN UNE SAISON

119	Penguins de Pittsburgh, 1988-1989	80 PJ
113	Red Wings de Detroit, 1992-1993	84 PJ
111	Rangers de New York, 1987-1988	80 PJ
110	Penguins de Pittsburgh, 1987-1988	80 PJ
	Jets de Winnipeg, 1987-1988	80 PJ

BUTS EN SUPÉRIORITÉ NUMÉRIQUE

Les Penguins de Pittsburgh de 1981-1982 ont une fiche de 31-36-13 et finissent 13e au classement général avec 75 points. Leurs 310 buts en une saison leur procurent la 15e place, et pourtant les Penguins établiront un record de la LNH avec 99 buts en supériorité numérique. Il faudra attendre la saison 1987-1988 avant que d'autres équipes pulvérisent ce record, soit les Rangers (111), les Penguins (110), les Jets (110), les Flames (109) et les Kings (103).

 *Ron Duguay était membre des Rangers, qui ont marqué 111 buts en supériorité numérique en 1987-1988.*

LES JOUEURS VEDETTES DES PENGUINS

L'acquisition de Paul Coffey par les Penguins de Pittsburgh en 1987-1988 procure un immense soulagement à Mario Lemieux. N'étant plus la seule vedette d'une équipe en sous-effectif, Lemieux se consacre à son jeu et le porte à un niveau supérieur. Il est sur la glace durant 110 des 119 buts marqués lors des jeux de puissance de Pittsburgh en 1988-1989, tandis que Coffey est sur la glace lors de 102 de ceux-ci. Lemieux marque 31 buts en supériorité numérique et établit un record de la LNH avec 13 buts en infériorité numérique.

 Paul Coffey ajoute du pep au jeu de puissance de Pittsburgh.

REDOUTABLES EN INFÉRIORITÉ NUMÉRIQUE

Dans leurs cinq plus grandes saisons offensives, les Oilers d'Edmonton finiront deux fois en première position en ce qui a trait à l'efficacité en supériorité numérique et deux fois au second rang. Et pourtant, durant ces saisons de 1981-1982 à 1985-1986, les Oilers n'auront marqué que 86 buts en supériorité numérique. Ils sont vraiment redoutables en infériorité numérique. Les Oilers ont dominé la LNH tous les ans à compter de 1982-1983 jusqu'en 1986-1987, puis en 1988-1989 et en 1989-1990.

LE PLUS DE BUTS MARQUÉS EN INFÉRIORITÉ NUMÉRIQUE EN UNE SAISON

36	Oilers d'Edmonton, 1983-1984	80 PJ
28	Oilers d'Edmonton, 1986-1987	80 PJ
27	Oilers d'Edmonton, 1985-1986	80 PJ
	Oilers d'Edmonton, 1988-1989	80 PJ

LES BUTS MARQUÉS EN INFÉRIORITÉ NUMÉRIQUE

Le record de 36 buts en infériorité numérique d'Edmonton en 1983-1984 est trois fois la moyenne de la LNH qui est de 12 cette saison-là, et autant que la somme des buts des deux autres meilleures équipes réunies (les North Stars et les Islanders : 18 buts chacun) ! Douze joueurs des Oilers ont marqué des buts en infériorité numérique, à commencer par les 12 de Wayne Gretzky – sans compter ses 20 buts en supériorité numérique cette saison-là –, Jari Kurri a en marqué 5, Mark Messier et Glenn Anderson, 4 chacun.

LE PLUS DE PÉNALITÉS EN UN MATCH

Les Oilers détiennent la palme des pénalités avec 44 dans le match remporté par les Kings de Los Angeles 4-2, le 28 février 1990. Edmonton écope de 26 pénalités mineures, 7 majeures, 6 de 10 minutes pour inconduite, 4 pénalités d'inconduite de partie et 1 pénalité de match. La rivalité entre les deux équipes est intense après l'échange qui a fait passer Wayne Gretzky aux Kings de Los Angeles.

LE PLUS DE BUTS ACCORDÉS EN SUPÉRIORITÉ NUMÉRIQUE EN UNE SAISON

122	Blackhawks de Chicago, 1988-1989	80 PJ
120	Penguins de Pittsburgh, 1987-1988	80 PJ
116	Capitals de Washington, 2005-2006	82 PJ
115	Devils du New Jersey, 1988-1989	80 PJ
	Sénateurs d'Ottawa, 1992-1993	84 PJ
114	Kings de Los Angeles, 1992-1993	84 PJ

LE PLUS DE BUTS ACCORDÉS EN INFÉRIORITÉ NUMÉRIQUE EN UNE SAISON

22	Penguins de Pittsburgh, 1984-1985	80 PJ
	North Stars du Minnesota, 1991-1992	80 PJ
	Avalanche du Colorado, 1995-1996	82 PJ
21	Flames de Calgary, 1984-1985	80 PJ
	Penguins de Pittsburgh, 1989-1990	80 PJ

UN JEU DE PUISSANCE, TROIS BUTS

Le 5 novembre 1955, Jean Béliveau des Canadiens de Montréal marque trois buts en l'espace de 44 secondes contre les Bruins de Boston et leur gardien de but, Terry Sawchuk. Béliveau compte à 42 secondes, à 1 minute 8 secondes et à 1 minute 26 secondes de la deuxième période alors que les Bruins ont deux joueurs au banc des punitions. À la fin de cette saison-là, la LNH changera les règles de façon qu'un joueur qui a écopé d'une pénalité mineure puisse revenir au jeu lorsque l'équipe adverse marque un but en supériorité numérique.

 Reçu dans la LNH en 1950, Jean Béliveau joua pour les Canadiens de Montréal jusqu'en 1971.

LES DEVILS EN INFÉRIORITÉ?

Durant la saison 2011-2012, les Devils du New Jersey Devils comptèrent pratiquement autant de buts qu'ils en accordèrent alors qu'ils étaient en infériorité numérique. Au cours des 258 occasions où ils furent à court d'un joueur, les résidents du Garden State comptèrent 15 buts – un record de ligue – et n'en accordèrent que 27. Ils inscrivirent ainsi un taux d'efficacité de 89,53 %, éclipsant celui que les Stars de Dallas avaient obtenu (89,25%) en 1999-2000.

PANNE DE JEUX DE PUISSANCE

Durant la saison 2011-2012, l'Avalanche disputa six matchs (du 10 au 20 mars) sans qu'on ne leur accorde une seule occasion de jeu de puissance. Par comparaison, au cours des dix saisons précédentes, l'équipe du Colorado ne joua qu'un seul match au cours duquel elle n'était pas en supériorité numérique. On ne s'étonnera pas qu'elle ait conclu la saison avec seulement 223 jeux de puissance, soit 20 de moins que l'équipe qui la précédait (Islanders de New York).

RECORDS D'ÉQUIPE EN SÉRIES : VICTOIRES, DÉFAITES ET SÉQUENCES

Peu importe la performance d'une équipe en saison régulière, c'est dans les séries éliminatoires que l'on reconnaît la vraie marque du succès. Au fil des ans, la LNH a modifié plusieurs fois la formule de ses éliminatoires, mais depuis la saison 1979-1980, 16 équipes participent aux éliminatoires. Depuis 1987, il faut 16 victoires pour qu'une équipe mérite la Coupe Stanley. Au début de la LNH, gagner les éliminatoires donnait la chance à l'équipe victorieuse de jouer contre les champions des autres ligues de hockey pour la Coupe Stanley mais depuis 1927, celle-ci est devenue l'apanage exclusif de la LNH.

LE PLUS DE PARTICIPATIONS CONSÉCUTIVES EN SÉRIES

29	Bruins de Boston (1968-1996, inclusivement)
28	Blackhawks de Chicago (1970-1997, inclusivement)
25	Blues de St. Louis (1980-2004, inclusivement)
24	Canadiens de Montréal (1971-1994, inclusivement)
21	Canadiens de Montréal (1949-1969, inclusivement)
21	Red wings de Détroit (1991-2012, inclusivement)

LE PLUS DE VICTOIRES CONSÉCUTIVES EN SÉRIES

Les Blackhawks ont gagné 11 matchs d'affilée avant de participer aux finales de la Coupe Stanley en 1991-1992 et établissent un nouveau record de la LNH. Toutefois, les Penguins de Pittsburgh connaissent aussi une séquence victorieuse, avec leurs quatre victoires consécutives qui s'ajoutent à leurs sept victoires d'affilée de ce printemps-là, ont battu Chicago et remporté la Coupe Stanley. Un an plus tard, les Canadiens de Montréal égaliseront ce record en gagnant 11 matchs d'affilée dans les trois premières rondes des séries éliminatoires.

EN PROLONGATION

Après avoir perdu en prolongation le premier match des séries 1993 qui les opposaient aux Nordiques de Québec (ainsi que le deuxième match en période réglementaire), les Canadiens de Montréal font une remontée spectaculaire et remportent la Coupe Stanley tout en établissant un record de 10 victoires en prolongation. Les Canadiens gagneront deux matchs en prolongation contre Québec, trois contre les Sabres de Buffalo, deux contre les Islanders de New York et trois autres contre les Kings de Los Angeles dans les finales de la Coupe Stanley.

SEIZE DÉFAITES

Après deux défaites consécutives aux mains des Sabres qui les ont éliminés des séries en 1975, les Blackhawks de Chicago subiront quatre défaites d'affilée contre Montréal en 1976, perdront deux matchs d'affilée contre les Islanders en 1977, quatre contre Boston en 1978 et quatre autres matchs contre les Islanders en 1979. Après 16 défaites en séries éliminatoires consécutives, Chicago brise cette séquence malchanceuse et gagne le match d'ouverture qui l'oppose à St. Louis dans les séries de 1980.

 Les Canadiens de Montréal en train de célébrer leur victoire en 1993.

SEIZE VICTOIRES

Comme les quatre rondes ont été transformées en quatre de sept en 1987, les Oilers d'Edmonton de 1988 ont réussi à gagner la Coupe Stanley en moins de matchs que toute autre équipe. Les Oilers n'ont perdu que deux matchs dans leur ascension vers la Coupe Stanley cette année-là, bien que leur fiche en séries soit de 16-2-1 à cause d'une panne d'électricité au Boston Garden qui mit fin au troisième match de la finale (3-3).

TROIS VICTOIRES S'AJOUTENT AUX ONZE

Après avoir gagné la coupe Stanley en 1992 avec 11 victoires consécutives en séries, les Penguins entament la nouvelle saison en gagnant le premier match de 1993, égalisant le record des Oilers d'Edmonton de 12 victoires consécutives en séries en deux saisons. Les Penguins ajoutent deux nouvelles victoires avant de perdre 4-1 aux mains des Devils du New Jersey. Les Penguins reprennent du poil de la bête et gagnent le match suivant, remportant la série en 5 matchs.

TOUJOURS EN PROLONGATION

Les finales de la Coupe Stanley de 1951 représentent un fait unique dans les annales de la LNH. Les Maple Leafs de Toronto dominent Montréal cette année-là et gagnent les séries en cinq matchs, et pourtant la performance spectaculaire du gardien de but des Canadiens Gerry McNeil force le respect. En fait, ces séries marquent l'unique fois où tous les matchs de la série éliminatoire se sont terminés en surtemps. Les Canadiens sont la seule équipe à vie à avoir perdu quatre matchs en prolongation dans une série éliminatoire.

CINQ PROLONGATIONS D'AFFILÉE

Les Coyotes de Phoenix et les Blackhawks de Chicago débutèrent les quarts de finale de la Conférence de l'Ouest de 2012 en disputant cinq matchs consécutifs avec prolongation. Après que Mikkel Boedker eut marqué son deuxième but en prolongation, donnant ainsi aux Coyotes une avance de 3-1 dans les séries, Jonathan Toews, le capitaine des Blackhawks, riposta à 2 minutes 44 secondes de la prolongation du cinquième match. C'était la seconde fois dans l'histoire de la ligue qu'une série commençait par cinq parties consécutives avec prolongation, la première remontant à 1951, lors des finales de la Coupe Stanley entre Montréal et Toronto. L'équipe de Phoenix l'emporta en 60 minutes au sixième match, inscrivant ainsi sa première victoire dans les séries éliminatoires depuis 1987, alors qu'elle résidait à Winnipeg.

LES KINGS RÈGNENT À L'ÉTRANGER

En 2012, les Kings de Los Angeles égalèrent un record des finales en remportant 10 matchs à l'étranger. Ils confirmaient leur suprématie en gagnant les deux premiers matchs des séries contre New Jersey qui, ironiquement, partage le record avec eux. Les Devils réussirent cet exploit en 1995, alors qu'ils remportaient leur première Coupe Stanley, puis en 2000. En 2004, Calgary cumula également 10 victoires à l'étranger.

SÉRIE QUATRE DE SEPT

La première série de quatre de sept dans les finales de la Coupe Stanley a lieu en 1939. Les Bruins de Boston n'auront besoin que de cinq matchs pour battre les Maple Leafs. Deux ans plus tard, Boston deviendra la première équipe à gagner le septième match lorsqu'ils battent Toronto quatre matchs contre trois pendant les demi-finales. Boston deviendra la première équipe à remporter une série en quatre matchs lorsqu'ils balayent les Red Wings lors de la finale de 1941.

MICHEL BRIÈRE

Après avoir raté les séries éliminatoires durant leurs deux premières saisons au sein de la LNH en 1967-1968, les Penguins reprennent vite le temps perdu au printemps de 1970. Ils deviennent la première équipe de l'histoire de la LNH à gagner les quatre premiers matchs dans les séries éliminatoires lorsque Michel Brière, une nouvelle recrue, marque à 8 minutes 28 secondes en prolongation. Les Penguins l'emportent 3-2 sur les Seals d'Oakland et remportent la série 4-0. Michel Brière mourra un an plus tard des suites d'un accident d'automobile.

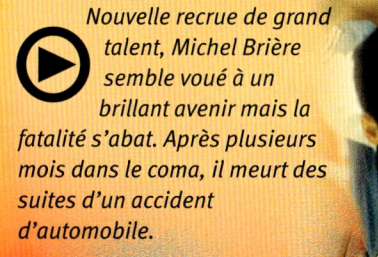

Nouvelle recrue de grand talent, Michel Brière semble voué à un brillant avenir mais la fatalité s'abat. Après plusieurs mois dans le coma, il meurt des suites d'un accident d'automobile.

SÉQUENCE D'UN SEUL BUT

Durant les quarts de finale de la Conférence de l'Est de 2012, les Capitals de Washington et les Bruins de Boston marquèrent un jalon dans l'histoire de la LNH en disputant sept matchs d'un seul but. Ils en jouèrent quatre en prolongation et deux autres au cours desquels le but fut compté à moins de deux minutes de la fin de la troisième période. Joel Ward compta sur un rebond à 2 minutes 57 secondes de la période de prolongation du septième match, permettant aux Capitals, qui occupaient la septième place, d'éliminer les Bruins, alors détenteurs de la Coupe Stanley.

Danny Brière, Claude Giroux et Matt Carle célèbrent la victoire de Philadelphie sur les Bruins de Boston.

REPRENDRE DU POIL DE LA BÊTE

Lorsque les Flyers de Philadelphie de 2010, après avoir perdu trois matchs, ont effectué une remontée et ont réussi à éliminer Boston dans leur seconde ronde des séries, ils sont devenus la troisième équipe dans l'histoire de la LNH à réussir un tel exploit. Les premiers furent les Maple Leafs de Toronto dans les finales de la Coupe Stanley de 1942 qui les opposaient à Detroit. La deuxième équipe fut les Islanders de New York lorsqu'ils ont défait les Penguins de Pittsburgh dans les quarts de finale de 1975.

RECORDS D'ÉQUIPE : POINTAGE EN SÉRIES

▶ Jari Kurri a réussi à marquer quatre buts en une partie ainsi que deux autres tours du chapeau dans les séries opposant Edmonton à Chicago en 1985.

La route vers la Coupe Stanley est peut-être l'épreuve la plus difficile de tous les sports d'équipe. Les séries éliminatoires de la LNH sont un véritable marathon et les équipes devront jouer pratiquement tous les soirs durant plus de deux mois si elles veulent se qualifier. Avec de tels enjeux, chaque seconde compte. La possibilité de devenir un héros est toujours présente et c'est ce qui rend les séries si mémorables. Que ce soit un but à marquer en surtemps ou un arrêt crucial qui permettra à votre équipe de poursuivre le jeu, les séries éliminatoires engendrent plus de moments inoubliables qu'à tout autre époque de l'année.

LES SÉRIES AVEC LE PLUS DE BUTS

Les séries éliminatoires qui ont cumulé le plus de points de l'histoire de la LNH sont les six matchs de la finale de la Conférence de l'Ouest en 1985, qui opposent les Blackhawks de Chicago aux Oilers d'Edmonton. Les Oilers ont gagné 11-2, 7-3, 10-5 et 8-2, pour obtenir enfin un record total de 44 buts marqués dans la série de six matchs. Les Blackhawks marqueront 25 buts pour un record de 69 buts pour les deux équipes. Jari Kurri des Oilers mène le bal avec un record de 12 buts en une seule série.

AUTRES FAITS MÉMORABLES EN 1985

Avant de perdre aux mains des Oilers, les Blackhawks établissent deux records dans les séries éliminatoires. D'abord, Chicago défait Detroit 9-5, 6-1 et 8-2, soit un record de 23 buts dans une série de 3 matchs au premier tour. Dans leur deuxième ronde, les Blackhawks éliminent les North Stars du Minnesota 33-29 pour un total combiné de 62 buts, établissant un record de la LNH qui sera pulvérisé lors de la rencontre entre Chicago et Edmonton dans la ronde suivante !

LES SÉRIES AVEC LE MOINS DE BUTS

Deux fois, dans l'histoire de la LNH, les buts combinés des deux équipes dans les séries éliminatoires auront totalisé un seul but ! C'est ce qui s'est produit en 1929, en quart de finale, dans le second match, à 29 minutes 50 secondes en prolongation. Butch Keeling donne finalement la victoire 1-0 aux Rangers de New York aux dépens des Americans de New York. Il n'aura fallu que 4 minutes 2 secondes en surtemps à Baldy Northcott pour que les Maroons de Montréal battent les Blackhawks de Chicago 1-0, en 1935.

BALAYAGE EN QUATRE MATCHS

Les Bruins de Boston établissent un record des séries éliminatoires en 1972 lorsqu'ils marquent 28 buts en quatre matchs d'affilée aux dépens des Blues de St. Louis. Les Bruins gagnent 6-1, 10-2, 7-2 et 5-3. En 2003, les Mighty Ducks d'Anaheim n'accordent qu'un seul but au Wild du Minnesota dans une série de quatre matchs. Le gardien de but des Ducks, Jean-Sébastien Giguère, établit un record avec trois blanchissages d'affilée, avant que le Wild ne finisse par compter un but dans le quatrième match.

▶ Jean-Sébastien Giguère est le quatrième gardien de but de l'histoire de la LNH à réussir trois jeux blancs consécutifs dans les séries d'une même saison.

RECORD DE BLANCHISSAGES

Le record pour le nombre de blanchissages par les deux équipes dans une série éliminatoire est de cinq. La recrue des Maple Leafs Frank McCool fait subir aux Red Wings trois blanchissages d'affilée lors des trois premiers matchs de la finale de la Coupe Stanley de 1945. Après une victoire des Red Wings au quatrième match, la recrue Harry Lumley blanchit les Maples Leafs lors des matchs 5 et 6, et force la tenue d'un septième match que Toronto gagnera 2-1. Les deux équipes n'ont marqué que neuf buts dans cette série, le nombre le moins élevé de buts dans une série de sept matchs.

PÉNALITÉS

Les finales de la Coupe Stanley de 1945 entre Toronto et Detroit établissent deux records en séries. Les Maple Leafs ne reçoivent que neuf pénalités durant les séries entières, établissant ainsi un record du plus petit nombre de punitions au cours d'un quatre de sept. Les Red Wings, pour leur part, n'iront que 10 fois au banc des punitions, établissant ainsi un record pour le plus petit nombre de punitions de deux équipes réunies. Le 6 avril 1980, les North Stars écopent de 34 punitions au cours d'une seule rencontre en séries !

LE PLUS DE BUTS EN UN MATCH

Le 9 avril 1987, les Oilers d'Edmonton établissent un record en séries avec 13 buts dans un seul match (13-3) contre les Kings de Los Angeles. Jari Kurri marque quatre fois tandis que Wayne Gretzky, avec un but et six passes, pulvérise le record du meilleur pointeur de l'histoire des séries détenu jusqu'alors par Jean Béliveau. Le 7 avril 1982, les Kings battaient les Oilers 10-8 dans une rencontre qui fera les annales du plus grand nombre de buts marqués par les deux équipes au cours d'un match des séries.

VICTOIRE À SENS UNIQUE

Le 30 mars 1944, les Canadiens de Montréal battent les Maple Leafs de Toronto 11-0 et bouclent leur demi-finale des séries en cinq matchs. Cet exploit sera considéré comme un événement phare durant plus de 40 ans et demeure toujours le nombre le plus élevé de buts marqués en séries au cours d'un jeu blanc. Les Canadiens ont marqué sept buts en troisième période, dont cinq en l'espace de 3 minutes 36 secondes, établissant ainsi deux autres records qui n'ont toujours pas été surpassés jusqu'ici.

RECORDS EN SUPÉRIORITÉ ET EN INFÉRIORITÉ NUMÉRIQUE

Les Bruins de Boston ont marqué six buts en supériorité numérique dans une ambiance survoltée et l'emportent 10-0 sur les Maple Leafs de Toronto le 2 avril 1969. Phil Esposito marque quatre buts dans la partie, y compris trois en supériorité numérique, établissant ainsi une marque personnelle. Le 11 avril 1981, les Bruins établissent un autre record avec trois buts en infériorité numérique dans une rencontre des séries. Cette marque sera égalisée en 1983 par les Islanders de New York, et par les Maple Leafs de Toronto en 1994.

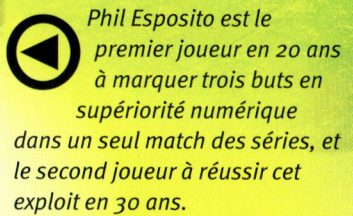

Phil Esposito est le premier joueur en 20 ans à marquer trois buts en supériorité numérique dans un seul match des séries, et le second joueur à réussir cet exploit en 30 ans.

LA PROLONGATION LA PLUS LONGUE

Le match commencé le soir du 24 mars 1936 se terminera le lendemain matin à 2 h 25, grâce au but de Mud Bruneteau des Red Wings de Detroit, ce qui en fait le match le plus long de l'histoire de la LNH. Sur une passe de Hec Kilrea, Bruneteau marque le but victorieux contre Lorne Chabot des Maroons de Montréal pour donner la victoire par 1-0 aux Red Wings. Le but a été marqué à 16 minutes 30 secondes de la sixième période de prolongation. Normie Smith a dû faire 90 arrêts pour réussir un jeu blanc.

LA PROLONGATION LA PLUS COURTE

À neuf secondes du début de la prolongation, le 18 mai 1986, Mike McPhee feint un tir au but et fait plutôt une passe à Brian Skrudland qui lance la rondelle dans le filet du gardien de but des Flames de Calgary, Mike Vernon. Le but donne aux Canadiens de Montréal une victoire de 3-2, dans la plus courte prolongation de l'histoire de la LNH. Le précédent record de 11 secondes avait été établi en 1975 lorsque Jean-Paul Parisé donnera une victoire de 4-3 aux Islanders de New York, aux dépens des Rangers de New York.

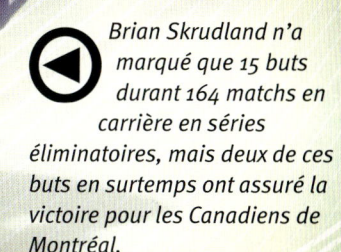

Brian Skrudland n'a marqué que 15 buts durant 164 matchs en carrière en séries éliminatoires, mais deux de ces buts en surtemps ont assuré la victoire pour les Canadiens de Montréal.

QUATRIÈME PARTIE
LIVRE DES RECORDS INDIVIDUELS DE LA LNH

Dans une année, un seul match permet à une équipe de remporter de la Coupe Stanley, mais des records peuvent être fracassés à chaque match, n'importe quel soir de n'importe quelle saison régulière.

▶ Quand Wayne Gretzky, le meilleur marqueur de points de l'histoire de la LNH, prit sa retraite en 1999, il détenait, seul ou en commun, 61 records de la LNH, dont ceux du plus grand nombre de buts et d'aides tant en carrière que pour une seule saison (92 buts : saison 1981-82; 163 aides : 1985-1986).

INTRODUCTION : HISTOIRE DES RECORDS DE TOUS LES TEMPS

On dit que l'attaque fait vendre les billets mais que la défense remporte les victoires, mais avouons que les grands marqueurs de l'histoire du hockey ont fait bien plus que gagner des Coupes Stanley. Si la victoire demeure le but ultime, les anecdotes sur les joueurs et sur les records qu'ils ont établis font partie de la gloire de ce sport. Six records individuels demeurent la référence dans l'histoire du hockey : le plus grand nombre de buts (en une saison et en carrière), le plus grand nombre d'aides (en une saison et en carrière) et le plus grand nombre de points (en une saison et en carrière). L'évolution de ces six records est décrite ci-dessous, en commençant par la première saison de la LNH, en 1917-1918.

MALONE MÈNE LA CHARGE

Dès la première soirée de la LNH (le 19 décembre 1917), Joe Malone marqua cinq buts, menant les Canadiens de Montréal à une victoire de 7-4 contre les Sénateurs d'Ottawa. Malone, champion de l'ANH avec 43 buts en 20 matchs en 1912-1913 et 41 buts en 19 matchs en 1916-1917, termina la saison avec 44 buts en 20 matchs, une confortable avance sur Cy Denneny, qui compta 36 buts pour Ottawa la même saison.

VERS DES SOMMETS

Ce n'est que 12 ans plus tard qu'un autre joueur de la LNH franchit la marque de 40 buts. Quand les passes furent permises dans les trois zones (offensive, défensive et neutre) en 1929-1930, le joueur de Montréal Howie Morenz (40), Dit Clapper (41) et son coéquipier des Bruins Cooney Weiland (43) se sont tous approchés du record de Malone lors d'un calendrier de 44 matchs, sans toutefois réussir à le battre. Weiland réussit tout de même à établir un record de 73 points, écrasant la marque de 51 de Morenz.

50 EN 50

Après avoir compté 5 buts en 16 matchs au cours d'une première saison écourtée par une blessure, Maurice Richard termina parmi les premiers de la ligue avec 32 buts l'année suivante. À sa troisième saison, en 1944-1945, il établit un record de la ligue en comptant 50 buts en 50 matchs. Il surpassa Joe Malone avec son 45e but en 42 matchs, le 25 février 1945, et franchit la barre de 50 buts le dernier soir de la saison, le 18 mars.

PRESQUE...

Même avec des saisons de 70 matchs depuis 1949-1950 et la marque de 49 buts établie par Gordie Howe en 1952-1953, au début de la saison 1960-1961, personne n'avait égalé le record de 50 buts de Maurice Richard. Frank Mahovlich des Maple Leafs de Toronto connut un début de saison canon, mais termina l'année avec 48 buts. Bernard Geoffrion des Canadiens de Montréal démarra plus lentement, mais il marqua 50 buts avec 2 matchs à jouer sans pouvoir battre le record.

Maurice Richard fut le premier joueur de la LNH à marquer 50 buts en une saison et 500 en carrière.

VERS 51 BUTS ET PLUS

En 1961-1962, Bobby Hull devint le troisième joueur de l'histoire du hockey à compter 50 buts. Il fut le premier à fracasser ce record le 2 mars 1966, quatre saisons plus tard. Hull compta son 50e but de la saison 1965-1966 le 2 mars 1966, mais les Blackhawks de Chicago furent blanchis les trois matchs suivants. Hull put finalement compter son 51e but contre Cesare Maniago des Rangers de New York le 12 mars. Il termina la saison avec 54 buts et un record de 97 points.

Bobby Hull marqua 50 buts en une saison quatre fois, avant que quiconque ne le fasse même deux fois.

LES MENEURS DE JEU

La LNH n'a pas tenu le compte des aides de la saison 1917-1918, et les joueurs n'ont commencé à les accumuler qu'après l'instauration des règles modernes sur les passes en 1929-1930. Cette saison-là, Frank Boucher des Rangers doubla le précédent record de 18, détenu par Dick Irvin, avec 36 aides. Elmer Lach de Montréal a été le premier à franchir la barre de 50 aides (54) pendant la saison 1944-1945, tandis que Stan Mikita de Chicago devint le premier à dépasser 60 aides (62) en 1966-1967.

LA MERVEILLE

À sa deuxième saison dans la LNH en 1980-1981, Wayne Gretzky établit de nouveaux records avec 109 aides et 164 points. En 1981-1982, il compta 50 buts en 39 matchs et finit l'année avec 92 buts, auxquels s'ajoutent 120 aides pour un total époustouflant de 212 points. Gretzky continua à établir des records d'aides, culminant à 163 en 1985-1986, battant son propre record avec 215 points.

ESPO ET ORR

Les records de buts ont explosé après l'expansion de la LNH en 1967. Phil Esposito devint le premier joueur à dépasser le seuil de 100 points, avec 49 buts et 77 aides en 1968-1969. Gordie Howe et Bobby Hull ont aussi réalisé l'exploit cette année-là, Hull établissant un nouveau record de 58 buts. Esposito fracassa ces deux records, obtenant 76 buts et 152 points en 1970-1971. La même année, son coéquipier Bobby Orr établit un nouveau record de 102 aides.

Avec 76 buts et 152 points en 1970-1971, Phil Esposito établit des records de saison qui semblaient imbattables.

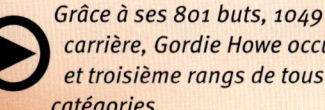

Grâce à ses 801 buts, 1049 aides et 1850 points en carrière, Gordie Howe occupe le deuxième, huitième et troisième rangs de tous les temps dans ces catégories.

RECORD DE BUTS DE TOUS LES TEMPS

Maurice Richard compta son premier but le 8 novembre 1942. Dix ans plus tard, jour pour jour, il marqua le 325e but de sa carrière, surpassant ainsi Nels Stewart comme plus grand marqueur de toute l'histoire de la LNH. À sa retraite en 1960, Richard avait compté 544 buts, un record battu par Gordie Howe le 10 novembre 1963. Howe marqua 801 buts en carrière, ce qui fait de lui le deuxième marqueur de l'histoire, après Wayne Gretzky et ses 894 buts.

RECORD D'AIDES DE TOUS LES TEMPS

Bill Cowley des Bruins de Boston battit le record de Frank Boucher en réussissant sa 264e aide en 1943-1944. Cowley établit finalement un record de 353 aides, qui fut battu par Elmer Lach, dont le total de 408 aides en carrière fut bientôt fracassé par Gordie Howe. Howe a détenu le record d'aides pendant 30 ans, avec un total de 1049 en carrière. Wayne Gretzky battit ce record le 1er mars 1988 en route vers son record de 1963 aides en carrière.

LE PLUS GRAND NOMBRE DE POINTS EN CARRIÈRE

Joe Malone a été le premier à cumuler 100 points en carrière; Cy Denneny, 200 et 300 points; et Howie Morenz, 400 points. Nels Stewart, Syd Howe et Bill Cowley ont tous marqué 500 points, suivis d'Elmer Lach à 600. Maurice Richard repoussa les limites, récoltant plus de 900 points, et Gordie Howe creva le plafond de 1000 points le 29 novembre 1960. Grâce à ses 2857 points en carrière, Wayne Gretzky est le seul joueur de l'histoire à dépasser la marque de 2000 points.

RECORDS DE BUTS

Mettre la rondelle au fond du filet, voilà l'essence du hockey, et les joueurs qui comptent le plus de buts sont les plus adulés. Si des joueurs comme Joe Malone, Maurice Richard et Mike Bossy ont été qualifiés de marqueurs naturels, le joueur qui détient les records du plus grand nombre de buts en une saison et en carrière était d'abord et avant tout un meneur de jeu. Le record de 92 buts en une seule saison établi par Wayne Gretzky a été menacé à quelques reprises, mais personne, sauf Gordie Howe, ne s'approche de ses totaux en carrière.

LE PLUS GRAND NOMBRE DE BUTS EN UN MATCH

7	Joe Malone, Qué, 31 janvier 1920 à Québec	Québec 10, Toronto 6
6	Newsy Lalonde, Mtl, 10 janvier 1920 à Montréal	Montréal 14, Toronto 7
	Joe Malone, Qué, 10 mars 1920 à Québec	Québec 10, Ottawa 4
	Corb Denneny, Tor, 26 janvier 1921 à Toronto	Toronto 10, Hamilton 3
	Cy Denneny, Ott, 7 mars 1921 à Ottawa	Ottawa 12, Hamilton 5
	Syd Howe, Det, 3 février 1944 à Detroit	Detroit 12, NY (R) 2
	Red Berenson, St.L, 7 novembre 1968 à Philadelphie	St. Louis 8, Philadelphie 0
	Darryl Sittler, Tor, 7 février 1976 à Toronto	Toronto 11, Boston 4

◀ *Le record de Joe Malone de sept buts en un match dans la LNH ne sera peut-être jamais battu mais, en 1913, il a marqué neuf buts en un seul match de la Coupe Stanley.*

SIX À L'ARRACHÉ

Joueur au mieux moyen pendant ses six premières saisons dans la LNH, Red Berenson a finalement eu la chance de briller avec un club d'expansion, les Blues de St. Louis. Le 7 novembre 1968, il devint le premier joueur en 24 ans à marquer six buts en un match, et le seul de l'histoire à le faire à l'étranger. En 1968-1969, il a été le premier joueur d'un club d'expansion à terminer la saison parmi les 10 meilleurs marqueurs.

SEPT BUTS D'UN COUP

On n'a pas fait grand cas de l'exploit de Joe Malone quand il a marqué sept buts en un match le 31 janvier 1920, établissant un record qui tient toujours. À l'époque, c'était la troisième saison de la LNH et peu de chose la différenciait de son ancêtre, la NHA. Malone avait marqué huit buts en un match de la NHA en 1917 et il aurait pu répéter l'exploit en 1920, mais un but lui fut refusé.

LE PLUS GRAND NOMBRE DE BUTS EN UNE PÉRIODE

Red Berenson et dix autres joueurs ont marqué quatre buts en une période. Les autres sont: Busher Jackson, Toronto, 20 novembre 1934; Max Bentley, Chicago, 28 janvier 1943; Clint Smith, Chicago, 4 mars 1945; Wayne Gretzky, Edmonton, 18 février 1981; Grant Mulvey, Chicago, 3 février 1982; Bryan Trottier, NY (I), 13 février 1982; Al Secord, Chicago, 7 janvier 1987; Joe Nieuwendyk, Calgary, 11 janvier 1989; Petr Bondra, Washington, 5 février 1994 et Mario Lemieux, Pittsburgh, 26 janvier 1997.

KOVY SE DÉCHAÎNE

Ilya Kovalchuk des New Jersey est certainement là quand ça compte. Durant la saison 2011-2012, le Russe marqua 11 buts en tir de fusillade – un record de la LNH – dont 7 gagnants. À titre de comparaison, le record précédent, établi par Adrian Aucoin au sein des Coyotes de Phoenix en 2009-2010, était de 7.

STAMKOS, PRO DE LA PROLONGATION

Le 31 mars 2012, Steven Stamkos des Lightning de Tampa Bay marqua son cinquième but en prolongation – un record de la LNH – quand il compta 45 secondes après le début de la période supplémentaire, assurant à l'équipe une victoire de 3-2 contre les Jets de Winnipeg. Cependant, il n'attendit pas les dernières cinq minutes du match pour s'illustrer. Celui qui s'est mérité deux fois le trophée Maurice Richard marqua 55 autres fois, terminant la saison avec un compte remarquable de 60 buts.

LE PLUS GRAND NOMBRE DE BUTS EN UNE SAISON

92	Wayne Gretzky, Edm, 1981-1982	80 PJ – calendrier de 80 parties
87	Wayne Gretzky, Edm, 1983-1984	74 PJ – calendrier de 80 parties
86	Brett Hull, St.L, 1990-1991	78 PJ – calendrier de 80 parties
85	Mario Lemieux, Pit, 1988-1989	76 PJ – calendrier de 80 parties
76	Phil Esposito, Bos, 1970-1971	78 PJ – calendrier de 78 parties
	Alexander Mogilny, Buf, 1992-1993	77 PJ – calendrier de 84 parties
	Teemu Selanne, Wpg, 1992-1993	84 PJ – calendrier de 84 parties
73	Wayne Gretzky, Edm, 1984-1985	80 PJ – calendrier de 80 parties
72	Brett Hull, St.L, 1989-1990	80 PJ – calendrier de 80 parties
71	Wayne Gretzky, Edm, 1982-1983	80 PJ – calendrier de 80 parties
	Jari Kurri, Edm, 1984-1985	73 PJ – calendrier de 80 parties
70	Mario Lemieux, Pit, 1987-1988	77 PJ – calendrier de 80 parties
	Bernie Nicholls, L.A., 1988-1989	79 PJ – calendrier de 80 parties
	Brett Hull, St.L, 1991-1992	73 PJ – calendrier de 80 parties

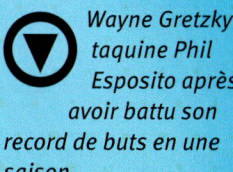

Seul Wayne Gretzky a marqué plus de buts en une saison que Brett Hull.

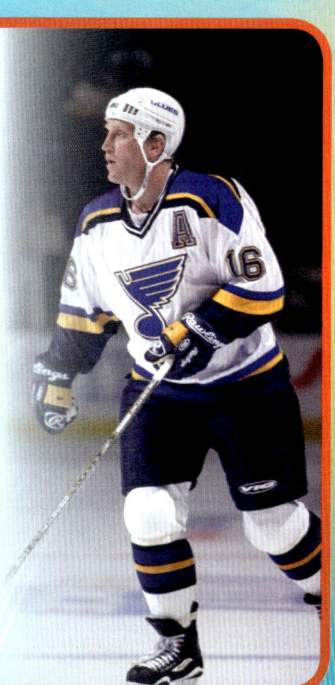

LE RECORD DE 100 BUTS

Wayne Gretzky est le seul joueur de l'histoire de la LNH à avoir marqué 100 buts en une saison, si on additionne le calendrier régulier et les éliminatoires. Aux 87 buts marqués pendant la saison 1983-1984, Gretzky en a ajouté 13 en séries éliminatoires. En 1981-1982, il avait marqué 92 buts, mais seulement cinq en séries, pour un total de 97, marque égalée par Mario Lemieux et Brett Hull à leur meilleure saison.

50 EN 50

Au début de la saison 1980-1981, 23 autres joueurs avaient compté 50 buts depuis le record établi par Maurice Richard en 1944-1945. Le record de buts en une saison était de 76, mais personne n'avait battu le record de 50 buts en 50 matchs de Richard. C'est Mike Bossy des Islanders de New York qui compta enfin 50 buts en 50 matchs cette saison-là, record aussitôt fracassé par Wayne Gretzky en 39 matchs, en 1981-1982.

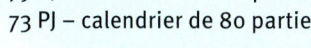

Wayne Gretzky taquine Phil Esposito après avoir battu son record de buts en une saison.

LE PLUS GRAND NOMBRE DE BUTS EN CARRIÈRE

894	Wayne Gretzky, Edm, L.A., St.L, NY (R) en 20 saisons	1487 PJ
801	Gordie Howe, Det, Hfd en 26 saisons	1767 PJ
741	Brett Hull, Cgy, St.L, Dal, Det, Phx en 19 saisons	1269 PJ
731	Marcel Dionne, Det, L.A., NY (R) en 18 saisons	1348 PJ
717	Phil Esposito, Chi, Bos, NY (R) en 18 saisons	1282 PJ

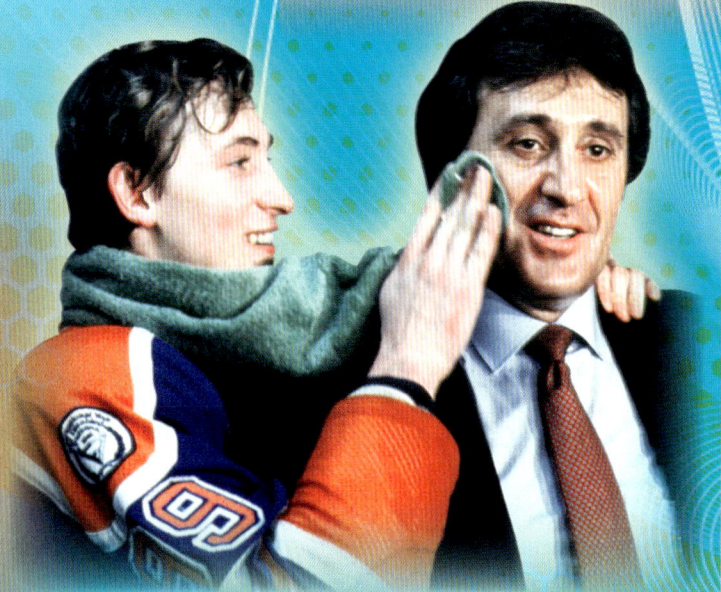

LE PLUS GRAND NOMBRE DE BUTS EN 50 MATCHS

La LNH ne tient pas compte du nombre de matchs joués pour arriver à 50 buts. Elle suit toutefois le plus grand nombre de buts marqués en 50 matchs depuis le début d'une saison. Ainsi, le record de 50 buts en 39 matchs établi par Wayne Gretzky n'est pas un record officiel de la LNH, mais ses 61 buts en 50 matchs cette année-là en sont un. Gretzky a aussi marqué 61 buts dans les 50 premiers matchs de 1983-1984.

UN TOTAL GRANDIOSE

Wayne Gretzky est le seul joueur de l'histoire de la LNH à avoir marqué plus de 1000 buts, saison régulière et séries combinées. Ses 894 buts en saison régulière auxquels s'ajoutent 122 buts en séries donnent un total de 1016. Seul Gordie Howe (801 + 68 = 869), Brett Hull (741 + 103 = 844) et Mark Messier (694 + 109 = 803) ont dépassé 800 ; vient ensuite Phil Esposito (717 + 61 = 778).

LE PLUS GRAND NOMBRE DE BUTS DANS LA LNH ET L'AMH COMBINÉES

Wayne Gretzky compta le dernier but de sa carrière le 29 mars 1999. Si on additionne ses 1016 buts dans la LNH aux 46 buts en saison régulière et aux 10 en séries éliminatoires dans l'Association mondiale de hockey (AMH), Gretzky a marqué un total de 1072 buts en carrière – un de plus que Gordie Howe, son idole de jeunesse. En 6 saisons dans l'AMH, Howe avait compté 174 buts en saison régulière et 28 en séries éliminatoires, pour un total de 1071.

RECORDS D'AIDES

Après la saison 1910-1911 de l'Association nationale de hockey, Martin Rosenthal (secrétaire des Sénateurs d'Ottawa) exprima l'opinion selon laquelle la remise d'un trophée au joueur ayant le plus d'aides contribuerait sûrement à améliorer le jeu d'équipe. Il n'existe toujours pas de pareil trophée, mais si on en créait un, il faudrait le nommer en l'honneur de Wayne Gretzky, dont la domination des records de la LNH est la plus marquée dans cette catégorie. Gretzky détient presque tous les records en un match et en carrière. Sa suprématie en une saison est stupéfiante.

TOUJOURS PLUS HAUT

En 1979-1980, la recrue Wayne Gretzky égalisa le record des marqueurs de la LNH de Marcel Dionne avec 137 points, mais il ne reçut pas le trophée Art-Ross, car Dionne avait compté plus de buts (53 contre 51 pour Gretzky). Son total de 1963 aides en carrière dépasse le total de points en carrière de quiconque.

LE PLUS GRAND NOMBRE D'AIDES EN CARRIÈRE

1963	Wayne Gretzky, Edm, L.A., St.L, NY (R) en 20 saisons	1487 PJ
1249	Ron Francis, Hfd, Pit, Car, Tor en 23 saisons	1 731 PJ
1193	Mark Messier, Edm, NY (R), Van en 25 saisons	1 756 PJ
1169	Raymond Bourque, Bos, Col en 22 saisons	1 612 PJ
1135	Paul Coffey, Edm, Pit, L.A., Det, Hfd, Phi, Chi, Car, Bos en 21 saisons	1409 PJ

LA MARQUE DE 100

Seulement trois joueurs de l'histoire de la LNH ont dépassé la marque de 100 aides en une saison. Bobby Orr réalisa l'exploit avec 102 aides en 1970-1971 et Mario Lemieux avec 114 en 1988-1989. Ce fut la seule fois de leur carrière où Orr et Lemieux franchissaient cette marque, mais Wayne Gretzky y est parvenu 11 fois. Il détient les sept premières places pour le nombre d'aides en une saison.

LE PLUS GRAND NOMBRE D'AIDES EN UNE SAISON

163	Wayne Gretzky, Edm, 1985-1986	80 PJ – calendrier de 80 parties
135	Wayne Gretzky, Edm, 1984-1985	80 PJ – calendrier de 80 parties
125	Wayne Gretzky, Edm, 1982-1983	80 PJ – calendrier de 80 parties
122	Wayne Gretzky, L.A., 1990-1991	78 PJ – calendrier de 80 parties
121	Wayne Gretzky, Edm, 1986-1987	79 PJ – calendrier de 80 parties
120	Wayne Gretzky, Edm, 1981-1982	80 PJ – calendrier de 80 parties
118	Wayne Gretzky, Edm, 1983-1984	74 PJ – calendrier de 80 parties
114	Mario Lemieux, Pit, 1988-1989	76 PJ – calendrier de 80 parties
	Wayne Gretzky, L.A., 1988-1989	78 PJ – calendrier de 80 parties
109	Wayne Gretzky, Edm, 1980-1981	80 PJ – calendrier de 80 parties
	Wayne Gretzky, Edm, 1987-1988	64 PJ – calendrier de 80 parties
102	Bobby Orr, Bos, 1970-1971	78 PJ – calendrier de 78 parties
	Wayne Gretzky, L.A., 1989-1990	73 PJ – calendrier de 80 parties

▲ *Bien que Wayne Gretzky soit le meilleur marqueur de la LNH de tous les temps, la plupart des fans – et Gretzky lui-même – garderont l'image du plus grand meneur de jeu du hockey.*

 Joe Primeau (au centre) a été le meneur de jeu de la « Kid Line » des Maple Leafs avec Charlie Conacher et Busher Jackson.

LE GRAND SOIR DE BILLY

Billy Taylor des Red Wings de Detroit établit un nouveau record le 16 mars 1947 : sept aides en un match. Taylor passa à Roy Conacher trois fois en 12 minutes et prépara un autre but en deuxième période. Il aida aussi Sid Abel, Jack Stewart et Mud Bruneteau dans une victoire de 10-6 contre Chicago. Wayne Gretzky égalisa la marque de Taylor à trois reprises, mais personne ne l'a jamais surpassée.

LE PLUS GRAND NOMBRE D'AIDES EN UN MATCH

7
- Billy Taylor, Det, 16 mars 1947 à Chicago — Detroit 10, Chicago 6
- Wayne Gretzky, Edm, 15 février 1980 à Edmonton — Edm 8, Washington 2
- Wayne Gretzky, Edm, 11 décembre 1985 à Chicago — Edm 12, Chicago 9
- Wayne Gretzky, Edm, 14 février 1986, à Edmonton — Edm 8, Québec 2

6 Depuis l'exploit d'Elmer Lach de Montréal contre Boston le 6 février 1943, la marque de six aides en un match a été égalisée à 24 reprises, la dernière fois le 26 février 1997 par Eric Lindros de Philadelphie.

DALE LIVRE LA MARCHANDISE

L'un des rares records d'aides à avoir échappé à Wayne Gretzky est celui du plus grand nombre en une période. C'est Dale Hawerchuk qui a établi la marque, le 6 mars 1984, avec cinq aides en deuxième période, pour mener les Jets de Winnipeg à une victoire de 7-3 contre les Kings à Los Angeles. Hawerchuk passa à Wade Campbell, à Paul MacLean et à Morris Lukowich à deux reprises, lors d'une charge de cinq buts sans réplique des Jets.

Petr Svoboda de Montréal tente de contenir l'étoile de Jets de Winnipeg, Dale Hawerchuk.

SAISON RÉGULIÈRE ET SÉRIES ÉLIMINATOIRES

Si on ajoute les 260 aides de Wayne Gretzky en 208 matchs de séries éliminatoires à son total en saison régulière, on arrive à la marque de 2223, soit 844 de plus que Mark Messier (1379). Gretzky récolta 11 aides en séries éliminatoires en 1986, lesquelles s'ajoutent aux 163 en saison régulière, pour un total de 174 en 1985-1986. Gretzky occupe les neuf premiers rangs dans la catégorie combinée en une saison. Mario Lemieux est dixième.

QUATRE POUR UN

De 1930-1931 à 1935-1936, les règles de la LNH permettaient d'accorder trois aides pour un seul but, mais cela arrivait rarement. Le système actuel, qui ne permet que deux aides par but, a été adopté en 1936-1937. Pour une rare fois, le 10 janvier 1935, le marqueur officiel de New York accorda des aides à Charlie Conacher, Baldy Cotton, Andy Blair et Busher Jackson sur un but de Primeau des Maple Leafs de Toronto.

BUTS CONTRE AIDES

En 1935-1936, pour la première fois de l'histoire de la LNH, le champion marqueur avait plus d'aides que de buts. Dave « Sweeney » Schriner des Americans de New York obtint le titre avec 19 buts et 26 aides, soit 45 points en une saison régulière de 48 matchs. Quand Alex Ovechkin devint le meilleur marqueur de la LNH en 2007-2008, il était le premier joueur depuis Bobby Hull (1965-1966) à le faire avec plus de buts que d'aides.

LE PLUS GRAND DES GRANDS

Sa saison record de 163 aides en 80 matchs, en 1985-1986, fait de Wayne Gretzky le seul joueur de la LNH à obtenir une moyenne supérieure à deux aides par match au cours d'une saison entière. Au chapitre des aides, Gretzky a mené la LNH ou a partagé la première place 16 fois en 20 ans de carrière. Bobby Orr est le seul autre joueur de l'histoire de la ligue à avoir réussi l'exploit cinq fois.

RECORDS DE POINTS

Il fallut attendre jusqu'en 1947-1948 pour que le meilleur marqueur reçoive un prix (le trophée Art-Ross), mais les grands producteurs de points ont toujours été les vraies vedettes du hockey. Les marqueurs récoltaient la plus grande gloire, comme c'est encore souvent le cas, tandis que des meneurs de jeu, comme Frank Boucher, Elmer Lach et Stan Mikita, restaient souvent dans l'ombre de leurs coéquipiers qui trouvaient le fond du filet. Wayne Gretzky a montré hors de tout doute la valeur de ses passes parfaites.

LE PLUS DE POINTS EN UN MATCH

Les Maple Leafs de Toronto s'effondraient et le propriétaire Harold Ballard avait fustigé le capitaine Darryl Sittler dans les médias. Le 7 février 1976, lors de la visite des Bruins de Boston, Sittler s'illustra par un record de dix points (six buts, quatre aides), menant les Leafs à une victoire de 11-4. Quant à Sam Gagner d'Edmonton, le 2 février 2012, il récolta huit points (quatre buts, quatre aides) contre Chicago, devenant ainsi le 13e joueur de la LNH à en cumuler autant en un seul match.

DE HUIT À DIX

À l'époque du record de dix points en un match de Darryl Sittler, le record précédent était de huit points, établi par Maurice Richard en 1944 et égalisé par Bert Olmstead en 1954. Les autres joueurs qui ont, depuis, marqué huit points en un match sont : Tom Bladon (Philadelphie), Bryan Trottier (New York, Islanders), Peter Stastny (Québec), Anton Stastny (Québec), Wayne Gretzky (deux fois, Edmonton), Paul Coffey (Edmonton), Mario Lemieux (deux fois, Pittsburgh) et Bernie Nicholls (Los Angeles).

SITTLER EN 1976

Le match de dix points de Darryl Sittler marqua le début d'une remarquable séquence de records. En 1975-1976, il devint le premier joueur de l'histoire des Leafs à obtenir 100 points en une saison avec 41 buts et 59 aides. Le 22 avril 1976, il devint le premier joueur à marquer cinq buts en un seul match de séries éliminatoires. Puis, le 15 septembre 1976, il marqua le but gagnant lors de la première édition du tournoi international de la Coupe Canada.

Darryl Sittler des Leafs de Toronto est devenu une grande étoile de la LNH pendant la saison 1975-1976.

HUIT FOIS DEUX

Les frères Peter et Anton Stastny (Marian arriva l'année suivante), recrutés par les Nordiques en 1980-1981, métamorphosèrent ce club de deux ans, lui assurant une place en séries éliminatoires. Le 22 février 1981, lors d'une victoire de 11-7 contre Washington, les quatre buts et quatre aides de Peter, additionnés aux trois buts et cinq aides d'Anton, leur valurent un total de 16 points, fracassant le précédent record de 13 points marqués par deux frères en un match, Max et Doug Bentley, établi le 28 janvier 1943.

Le benjamin Anton Stastny se tient derrière ses deux frères aînés, Peter (à gauche) et Marian.

LE PLUS GRAND NOMBRE DE POINTS EN UNE SAISON

215	Wayne Gretzky, Edm, 1985-1986	80 PJ – 52 buts, 163 aides
212	Wayne Gretzky, Edm, 1981-1982	80 PJ – 92 buts, 120 aides
208	Wayne Gretzky, Edm, 1984-1985	80 PJ – 73 buts, 135 aides
205	Wayne Gretzky, Edm, 1983-1984	74 PJ – 87 buts, 118 aides
199	Mario Lemieux, Pit, 1988-1989	76 PJ – 85 buts, 114 aides
196	Wayne Gretzky, Edm, 1982-1983	80 PJ – 71 buts, 125 aides
183	Wayne Gretzky, Edm, 1986-1987	79 PJ – 62 buts, 121 aides
168	Mario Lemieux, Pit, 1987-1988	77 PJ – 70 buts, 98 aides
	Wayne Gretzky, L.A., 1988-1989	78 PJ – 54 buts, 114 aides
164	Wayne Gretzky, Edm, 1980-1981	80 PJ – 55 buts, 109 aides
163	Wayne Gretzky, L.A., 1990-1991	78 PJ – 41 buts, 122 aides
161	Mario Lemieux, Pit, 1995-1996	70 PJ – 69 buts, 92 aides
160	Mario Lemieux, Pit, 1992-1993	60 PJ – 69 buts, 91 aides

LA PROGRESSION DES POINTS

Avec les règles modernes sur les passes adoptées en 1929-1930, Cooney Weiland de Boston cumula 73 points pendant la saison de 44 matchs, brisant le record de 51 points établi par Howie Morenz. Le calendrier passa à 70 matchs au cours des 37 années suivantes, mais le record n'augmenta que de 24 points, à 97. Après l'expansion, il grimpa de 55 points jusqu'au record de 152 points établi par Phil Esposito en 1970-1971, avant que Gretzky ne le propulse à plus de 200 points.

Phil Esposito a été le premier de nombreux joueurs de la LNH à marquer 100 points.

FRANCHIR LA BARRE DE 100 POINTS

Avant l'expansion, le record de la LNH de 97 points appartenait à Bobby Hull (1965-1966) et à Stan Mikita (1966-1967) de Chicago. Le 1er mars 1969, dans une victoire de 8-5 des Bruins contre les Rangers, Phil Esposito récolta un but et une aide, battant le précédent record avec 99 points. Le lendemain, le premier de ses deux buts dans un match 4-0 contre Pittsburgh en fit le premier joueur de l'histoire de la LNH à marquer 100 points.

AU-DELÀ DE 200 POINTS

En 1981-1982, Wayne Gretzky accumula 199 points avec 88 buts et 111 aides en 75 matchs. Il franchit la barre de 200 points le 25 mars 1982, avec 2 aides en première période sur des buts de Pat Hughes et Dave Semenko. En deuxième période, il compta 2 buts en infériorité numérique à 27 secondes d'intervalle pour arriver à 90 buts, dans une victoire écrasante des Oilers de 7-2 contre les Flames de Calgary.

LE PLUS GRAND NOMBRE DE POINTS EN CARRIÈRE

2857	Wayne Gretzky, Edm., L.A., St.L, NY (R) en 20 saisons	1487 PJ (894 B–1963 A)
1887	Mark Messier, Edm, NY (R) Van en 25 saisons	1756 PJ (694 B–1193 A)
1850	Gordie Howe, Det, Hfd en 26 saisons	1767 PJ (801 B–1049 A)
1798	Ron Francis, Hfd, Pit, Car, Tor en 23 saisons	1731 PJ (549 B–1249 A)
1771	Marcel Dionne, Det, L.A., NY (R) en 18 saisons	1348 PJ (731 B–1040 A)

LE PLUS GRAND NOMBRE DE POINTS EN CARRIÈRE, INCLUANT LES ÉLIMINATOIRES

L'écart entre Wayne Gretzky et son vieil ami Mark Messier, au deuxième rang, pour le plus grand nombre de points en carrière est de 970. Si on ajoute les points en séries éliminatoires, l'écart s'élargit encore. Les 382 points de Gretzky en 208 matchs éliminatoires lui donnent un grand total de 3239 points, une avance de 1057 sur les 2182 points de Messier. Gordie Howe est troisième avec un total combiné de 2010 points.

Wayne Gretzky est le seul joueur de l'histoire de la LNH à avoir obtenu 200 points en une saison – exploit qu'il réalisa quatre fois.

Bryan Trottier des Islanders de New York a marqué 100 points six fois en sept saisons entre 1977-1978 et 1983-1984.

LE PLUS GRAND NOMBRE DE POINTS EN UNE PÉRIODE

Le 23 décembre 1978, Bryan Trottier établit un record de la LNH avec six points en deuxième, trois buts et trois aides, deux à Mike Bossy et une à Garry Howatt, dans un match de huit points, cinq buts et trois aides, que les Islanders remportèrent 9-4 contre les Rangers. Il fut le meilleur marqueur de la LNH en 1978-1979 avec 134 points (47 buts, 87 aides).

SAISONS DE 50 BUTS

Depuis le 50ᵉ but de Maurice Richard dans le 50ᵉ et dernier match de la saison 1944-1945, ce chiffre est devenu un nombre mythique que tous les joueurs veulent atteindre. Il fallut 16 ans et l'addition de 20 matchs au calendrier avant que Bernard « Boom Boom » Geoffrion égalise enfin la marque de Richard, en 1960-1961, et cinq saisons de plus avant que Bobby Hull ne la surpasse. Même si Wayne Gretzky a presque doublé le record de buts en une saison à 92 en 1981-1982, le chiffre 50 continue à garder son aura de grandeur.

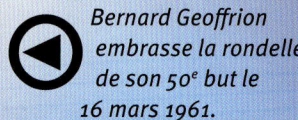

Bernard Geoffrion embrasse la rondelle de son 50ᵉ but le 16 mars 1961.

SUR LES TRACES DU ROCKET

En 1960-1961, Frank Mahovlich des Leafs et Bernard Geoffrion des Canadiens luttèrent pour devenir le deuxième joueur de la LNH à marquer 50 buts. Mahovlich compta 36 buts en 41 matchs. À ce rythme, il aurait pu en obtenir 60 en 70 matchs, mais il fut blessé et termina la saison avec 48 buts. Remis lui aussi de blessures, Geoffrion compta 19 buts en 12 matchs vers la fin de la saison, totalisant 49 buts, avant de marquer son 50ᵉ contre les Maple Leafs de Mahovlich.

LE PLUS GRAND NOMBRE DE SAISONS DE 50 BUTS ET PLUS

- 9 Mike Bossy, NY (I) en 10 saisons
  Wayne Gretzky, Edm, L.A., St.L, NY (R) en 20 saisons
- 6 Guy Lafleur, Mtl, NY (R), Qué en 17 saisons
  Marcel Dionne, Det, L.A., NY (R) en 18 saisons
  Mario Lemieux, Pit en 17 saisons
- 5 Bobby Hull, Chi, Win, Hfd en 16 saisons
  Phil Esposito, Chi, Bos, NY (R) en 18 saisons
  Brett Hull, Cal, St.L, Dal, Det, Phx en 19 saisons
  Steve Yzerman, Det en 22 saisons
  Pavel Bure, Van, Flo, NY (R) en 12 saisons

TOUT UN COMPTEUR

Un joueur, Bobby Hull, atteignit ou dépassa le seuil de 50 buts 4 fois dans les années 1960 et 1970. Joueur étoile des Blackhawks de Chicago, on le surnommait la « comète blonde » en raison de son puissant physique, de sa vitesse et de son lancer foudroyant. Il marqua 50 buts en 1961-1962, 54 en 1965-1966, 52 en 1966-1967 et 58 en 1968-1969. Sa dernière saison de 50 buts dans la LNH fut en 1971-1972, mais il réussit l'exploit encore 4 fois dans l'Association mondiale de hockey.

LE PLUS JEUNE JOUEUR À MARQUER 50 BUTS

Wayne Gretzky n'avait que 19 ans et 2 mois quand il compta 50 buts pour la première fois le 2 avril 1980, au 79ᵉ match de sa première saison dans la LNH, devenant le plus jeune joueur de l'histoire à franchir cette barre. Le seul autre joueur de moins de 20 ans à l'avoir fait est Jimmy Carson des Kings de Los Angeles, qui réussit l'exploit à 19 ans et 8 mois, le 25 mars 1988.

LE PLUS VIEUX JOUEUR À MARQUER 50 BUTS EN UNE SAISON

La saison 1970-1971 fut la première de l'histoire de la LNH où deux joueurs marquèrent 50 buts dans la même saison, deux joueurs des Bruins de Boston. Phil Esposito établit un nouveau record en une saison, soit 76 buts, tandis que John Bucyk en marqua 51. À 35 ans et 10 mois, Bucyk fut, et demeure, le plus vieux joueur de la LNH à avoir marqué 50 buts en une saison.

Les 51 buts et 116 points de John Bucyk en 1970-1971 furent des sommets en carrière pour le futur membre du Temple de la renommée.

PIERRE LE CHANCEUX

Avant Wayne Gretzky, le plus jeune joueur à avoir marqué 50 buts en une saison était Pierre Larouche, qui avait 20 ans et 5 mois à son 50e but pour les Penguins de Pittsburgh en 1975-1976. Larouche réitéra l'exploit quatre ans plus tard avec les Canadiens de Montréal, ce qui fit de lui le premier joueur à compter 50 buts pour deux équipes différentes... bientôt rattrapé par Wayne Gretzky.

RECRUES AYANT COMPTÉ 50 BUTS

Même s'il marqua 51 buts à sa première saison dans la LNH en 1979-1980, Wayne Gretzky ne fut pas considéré une recrue, car il avait passé une année dans l'Association mondiale de hockey. Selon cette règle, seuls quatre joueurs recrues ont compté 50 buts à leur première saison dans la LNH : Mike Bossy, Islanders de New York (53 en 1977-1978), Joe Nieuwendyk, Calgary (51 en 1987-1988), Teemu Selanne, Winnipeg (76 en 1992-1993) et Alex Ovechkin, Washington (52 en 2005-2006).

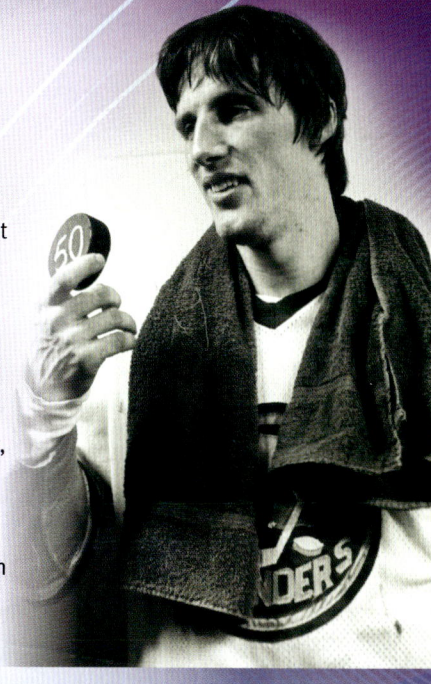

DES ENFANTS PRÉCOCES...

Alex Ovechkin avait 20 ans et 6 mois quand il a marqué 50 buts comme recrue des Capitals de Washington en 2005-2006. Steven Stamkos du Lightning de Tampa Bay dépassa le seuil des 50 buts à sa deuxième saison en 2009-2010, mais il n'avait que 20 ans et 2 mois, ce qui en fait le troisième plus jeune joueur à avoir marqué 50 buts dans l'histoire de la LNH. Sidney Crosby aussi a marqué 50 buts la même année, mais l'étoile de Pittsburgh avait 22 ans.

◄ Steven Stamkos devint le troisième plus jeune joueur de la LNH à marquer 50 buts en une saison, en 2009-2010.

▲ Le 1er avril 1978, Mike Bossy devint le premier joueur recrue de la LNH à compter 50 buts. Seuls Bossy et Guy Lafleur réussirent l'exploit en 1977-1978.

LE PLUS ET LE MOINS

Depuis 1970-1971, il n'y a eu que deux saisons complètes de la LNH (1998-1999 et 2003-2004) où aucun joueur n'a marqué 50 buts. La saison 1992-1993 fut celle où le plus grand nombre de joueurs, 14, marquèrent 50 buts ou plus : Alexander Mogilny (76), Teemu Selanne (76), Mario Lemieux (69), Luc Robitaille (63), Pavel Bure (60), Steve Yzerman (58), Pierre Turgeon (58), Kevin Stevens (55), Brett Hull (54), Dave Andreychuk (54), Pat Lafontaine (53), Mark Recchi (53), Brendan Shanahan (51) et Jeremy Roenick (50).

TEL PÈRE, TEL FILS

Seul un père et son fils ont marqué 50 buts en une saison dans la LNH. Bobby et Brett Hull l'ont fait à cinq reprises. Sous les yeux de son père, à l'aréna St. Louis, Brett atteignit la marque de 50 buts pour la première fois le 6 février 1990, en déjouant Jeff Reese des Leafs tôt dans la troisième période d'une victoire de 6-4 des Blues. En comptant son 59e but le 25 février, Brett surpassa la marque de Bobby pour une saison dans la LNH.

LE PLUS GRAND NOMBRE DE SAISONS CONSÉCUTIVES DE 50 BUTS

9	Mike Bossy, NY (I) (1977-1978, 1985-1986)
8	Wayne Gretzky, Edm (1979-1980, 1986-1987)
6	Guy Lafleur, Mtl (1974-1975, 1979-1980)
5	Phil Esposito, Bos (1970-1971, 1974-1975)
	Marcel Dionne, L.A. (1978-1979, 1982-1983)
	Brett Hull, St.L (1989-1990, 1993-1994)

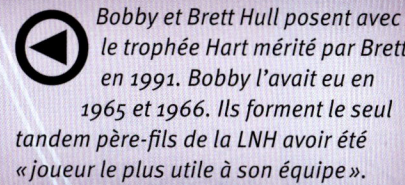

◄ Bobby et Brett Hull posent avec le trophée Hart mérité par Brett en 1991. Bobby l'avait eu en 1965 et 1966. Ils forment le seul tandem père-fils de la LNH à avoir été « joueur le plus utile à son équipe ».

SAISONS DE 100 POINTS

« Qui eût cru, demanda Bobby Hull à la fin de la saison 1968-1969, qu'un joueur ayant marqué plus de 100 points ne serait pas champion marqueur ? » Jusqu'à cette saison-là, aucun joueur n'avait marqué 100 points dans la LNH, mais Hull, qui en avait cumulé 107, finit 19 points derrière Phil Esposito dans la course au trophée Art-Ross. Depuis, littéralement des centaines de joueurs ont franchi cette barre sans remporter ce titre, certains terminant plus de 100 points derrière le meneur ! Néanmoins, comme celle des 50 buts, la barre de 100 points en une saison constitue un jalon qui définit les meilleurs joueurs.

QU'EN DITES-VOUS ?

Durant les années 1950, Gordie Howe établit deux records de points en une saison : 86 points en 1950-1951 et 95 points en 1952-1953. En 1968-1969, Howe en était à sa 23e saison dans la LNH et il avait atteint un sommet en carrière avec 99 points, avant cette soirée du 30 mars 1969. Il récolta 2 buts et 2 aides, rejoignant Phil Esposito et Bobby Hull dans le club très sélect des joueurs de 100 points.

LA PREMIÈRE FOIS

C'est au cours de la saison 1968-1969 que la barre de 100 points a été franchie pour la première fois. Voici une liste des meilleurs marqueurs cette année-là :

		PJ	B	A	PTS	PUN
Phil Esposito	Boston	74	49	77	126	79
Bobby Hull	Chicago	74	58	49	107	48
Gordie Howe	Detroit	76	44	59	103	58
Stan Mikita	Chicago	74	30	67	97	52
Ken Hodge	Boston	75	45	45	90	75
Yvan Cournoyer	Montréal	76	43	44	87	31
Alex Delvecchio	Detroit	72	25	58	83	8
Red Berenson	St. Louis	76	35	47	82	43
Jean Béliveau	Montréal	69	33	49	82	55
Frank Mahovlich	Detroit	76	49	29	78	38
Jean Ratelle	NY (Rangers)	75	32	46	78	26

LE PLUS JEUNE JOUEUR À MARQUER 100 POINTS

Wayne Gretzky, Peter Stastny, Dale Hawerchuk, Mario Lemieux, Teemu Selanne, Joé Juneau, Alex Ovechkin et Sidney Crosby ont tous marqué 100 points à leur première saison dans la LNH, mais seuls Gretzky, Hawerchuk, Lemieux, Jimmy Carson (à sa deuxième année) et Crosby avaient moins de 20 ans. Né en août, Crosby est le plus jeune à avoir réalisé l'exploit, à 18 ans et 8 mois, en 2005-2006. Un an plus tard, il devint le seul joueur de moins de 20 ans à marquer 100 points deux saisons de suite.

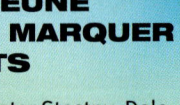 *Sidney Crosby gagna le trophée Art-Ross à l'âge de 19 ans, en 2006-2007. Il était le premier joueur de moins de 20 ans à gagner le titre de meilleur marqueur tous sports professionnels confondus.*

Gordie Howe termina parmi les 10 meilleurs compteurs à 21 reprises pendant sa carrière de 26 ans.

LE PLUS VIEUX JOUEUR À MARQUER 100 POINTS

Gordie Howe franchit la barre de 100 points la veille de son 41e anniversaire. Il avait presque 11 ans de plus que Bobby Hull et 14 ans de plus que Phil Esposito. Aucun autre joueur de l'histoire de la LNH n'a produit une saison de plus de 100 points après l'âge de 40 ans. Le deuxième joueur, après Gordie Howe, est Joe Sakic, qui a franchi cette barre pour la sixième et dernière fois de sa carrière avec l'Avalanche du Colorado à l'âge de 37 ans, en 2006-2007.

ÉCHANGÉS

Six joueurs de la LNH ont été échangés pendant des saisons de 100 points, dont Joe Thornton, qui menait la ligue avec 125 points pour Boston et San Jose en 2005-2006. Les cinq autres joueurs échangés sont : Jean Ratelle (105, Bruins et Rangers, 1975-1976), Bernie Nicholls (112, Kings et Rangers, 1989-1990), John Cullen (110, Penguins et Whalers, 1990-1991), Teemu Selanne (108, Jets et Ducks, 1995-1996) et Wayne Gretzky (102, Kings et Blues, 1995-1996).

◀ *Les Rangers ont échangé Jean Ratelle, Brad Park et Joe Zanussi aux Bruins contre Phil Esposito et Carol Vadnais dans une méga transaction, le 7 novembre 1975.*

LA MEILLEURE DÉFENSE EST UNE BONNE OFFENSIVE

Dans toute l'histoire de la LNH, seuls cinq défenseurs ont franchi la barre de 100 points, menés par Bobby Orr qui réalisa l'exploit 6 fois. Il est le seul défenseur à avoir été champion marqueur de la LNH deux fois. Les quatre autres sont : Denis Potvin (101, Islanders, 1978-1979), Al MacInnis (103, Flames, 1990-1991), Brian Leetch (102, Rangers, 1991-1992) et Paul Coffey, détenteur de cinq titres, trois avec Edmonton et deux avec Pittsburgh.

LE PLUS ET LE MOINS

Depuis 1968-1969, il y a eu quatre saisons complètes de la LNH où aucun joueur n'a marqué 100 points. La première, en 1994-1995, quand un conflit de travail réduisit la saison à 48 matchs ; les autres sont 1999-2000, 2001-2002 et 2003-2004. En revanche, la saison 1992-1993 fut une année record où 21 joueurs marquèrent 100 points et plus, suivie de la saison 1984-1985 où 16 joueurs réussirent l'exploit, dont le meneur de la ligue, Wayne Gretzky (avec 208 points cette année-là).

LE PLUS RAPIDE

Le 18 décembre 1983, Wayne Gretzky récolta deux buts et deux aides dans une victoire de 7-5 des Oilers d'Edmonton contre les Jets de Winnipeg. Avec ces quatre points, Gretzky venait de dépasser le seuil de 100 points en 34 matchs, devenant le premier à franchir cette barre aussi rapidement. En 1983-1984, Gretzky manqua 6 matchs en raison de blessures, mais il termina la saison avec 87 buts et 118 aides pour un total de 205 points et une moyenne record de 2,77 points par match.

▶ *Wayne Gretzky a obtenu une moyenne supérieure à deux points par match 10 fois au cours de sa carrière dans la LNH.*

LA MAGIE DE MARIO

Wayne Gretzky a franchi la barre de 100 points en moins de 40 matchs quatre fois dans sa carrière. Le seul autre joueur à avoir marqué 100 points aussi rapidement est Mario Lemieux, qui réussit l'exploit à son 36e match en 1988-1989, saison qu'il termina avec 199 points. Il en récolta 100 en 38 matchs en 1992-1993, année où il mena la ligue avec 160 points, malgré une saison écourtée à 60 matchs en raison de traitements anticancéreux.

▶ *Mario Lemieux a obtenu une moyenne supérieure à deux points par match six fois au cours de sa carrière.*

LE PLUS GRAND NOMBRE DE SAISONS DE 100 POINTS ET PLUS

- 15 Wayne Gretzky, Edm, L.A., St.L, NY (R) en 20 saisons
- 10 Mario Lemieux, Pit en 17 saisons
- 8   Marcel Dionne, Det, L.A., NY (R) en 18 saisons
- 7   Mike Bossy, NY (I) en 10 saisons
     Peter Stastny, Qué, N.J., St.L en 15 saisons

LE PLUS GRAND NOMBRE DE SAISONS CONSÉCUTIVES DE 100 POINTS ET PLUS

- 13 Wayne Gretzky, Edm, L.A. (1979-1980, 1991-1992)
- 6   Bobby Orr, Bos (1969-1970, 1974-1975)
     Guy Lafleur, Mtl (1974-1975, 1979-1980)
     Mike Bossy, NY (I) (1980-1981, 1985-1986)
     Peter Stastny, Qué (1980-1981, 1985-1986)
     Mario Lemieux, Pit (1984-1985, 1989-1990)
     Steve Yzerman, Det (1987-1988, 1992-1993)

MATCHS, SAISONS, SÉQUENCES ET TIRS AU BUT

En 1979-1980, à l'âge de 51 ans, Gordie Howe a disputé 80 matchs avec les Whalers de Hartford.

Certaines étoiles brillent de tous leurs feux, mais brièvement, tandis que d'autres perdurent. Imaginez que Bobby Orr ou Mario Lemieux aient eu la longévité de Gordie Howe. Quels seraient leurs exploits ? Jouer sans relâche, année après année, ne rend pas nécessairement un joueur exceptionnel (Doug Jarvis a été efficace dès le début, aidant les Canadiens de Montréal à remporter la Coupe Stanley quatre fois de suite), mais il y a toujours du bien à dire des exploits qui se répètent saison après saison !

LE PLUS GRAND NOMBRE DE PARTIES JOUÉES

- 1767 Gordie Howe, Detroit, 1946-1947 à 1970-1971 ; Hartford, 1979-1980
- 1756 Mark Messier, Edmonton, NY (Rangers), Vancouver, 1979-1980 à 2003-2004
- 1731 Ron Francis, Hartford, Pittsburgh, Caroline, Toronto, 1981-1982 à 2003-2004
- 1651 Chris Chelios, Montréal, Chicago, Detroit, Atlanta, 1983-1984 à 2003-2004 ; 2005-2006 à 2009-2010
- 1639 Dave Andreychuk, Buffalo, Toronto, New Jersey, Boston, Colorado, Tampa Bay, 1982-1983 à 2003-2004 ; 2005-2006
- 1635 Scott Stevens, Washington, St. Louis, New Jersey, 1982-1983 à 2003-2004

LE PLUS GRAND NOMBRE DE PARTIES JOUÉES, INCLUANT LES SÉRIES ÉLIMINATOIRES

- 1992 Mark Messier, Edmonton, NY (Rangers), Vancouver, 1756 parties en saison régulière et 236 en séries éliminatoires
- 1924 Gordie Howe, Detroit, Hartford, 1767 parties en saison régulière et 157 en séries éliminatoires
- 1917 Chris Chelios, Montréal, Chicago, Detroit, Atlanta, 1651 parties en saison régulière et 266 en séries éliminatoires
- 1902 Ron Francis, Hartford, Pittsburgh, Caroline, Toronto, 1731 parties en saison régulière et 171 en séries éliminatoires
- 1868 Scott Stevens, Washington, St. Louis, New Jersey, 1635 parties en saison régulière et 233 en séries éliminatoires

INÉGALABLE GORDIE HOWE

Chris Chelios égala les 26 saisons de Gordie Howe dans la LNH, et Mark Messier joua plus de matchs que lui en saison régulière et en éliminatoires. Avec ses six saisons dans l'AMH, toutefois, la carrière de Howe dans les « ligues majeures » demeure sans égal : il joua 32 saisons et 2186 parties en saison régulière ou 2421 parties en incluant les éliminatoires. Il se retira à 51 ans, après avoir joué avec ses fils Mark et Marty dans l'AMH et la LNH, pour être un grand-papa actif.

LE PREMIER À JOUER 20 SAISONS

Dit Clapper fut le premier joueur à franchir le seuil des 20 saisons dans la LNH : il joua avec les Bruins de Boston de 1927-1928 à 1946-1947. Avec son 1,90 m et ses 89 kg, il était parmi les hommes les plus costauds de son époque. Joueur d'avant, meilleur marqueur de son équipe pendant ses 10 premières années de carrière, il devint ensuite un défenseur vedette. Il fut intronisé au Temple de la renommée du hockey immédiatement après sa retraite le 12 février 1947.

GORDIE HOWE

Entré dans la LNH avec les Red Wings de Detroit en 1946-1947, Gordie Howe brilla au sein de cette équipe pendant 25 ans et établit des records qui semblaient imbattables à l'époque. Il patinait avec aisance et possédait une force et une puissance de tir remarquables. Il se retira en 1971, à 42 ans, mais revint deux ans plus tard dans l'Association mondiale de hockey, où il resta six saisons, avant d'en jouer une dernière dans la LNH avec les Whalers de Hartford, en 1979-1980.

MARTIN, GÉNIE DE LA MISE EN ÉCHEC

Durant la saison 2011-2012, l'ailier gauche des Islanders de New York Matt Martin inscrivit sa 374e mise en échec – un record de la LNH – en chargeant le capitaine Zdeno Chara de Boston. Il éclipsait ainsi l'exploit (356) qu'avait accompli Cal Clutterbuck du Minnesota lors de sa campagne de recrue de 2008-2009. Cette statistique n'est compilée que depuis la saison 2005-2006.

Dit Clapper, des Bruins de Boston, a été joueur étoile comme ailier droit à deux reprises pendant sa carrière et joueur étoile comme défenseur à quatre reprises.

◀ Avec Rod Langway, Doug Jarvis quitta Montréal pour Washington en 1982 et contribua à transformer les Capitals en aspirants à la victoire.

SÉQUENCE DE BUTS

Punch Broadbent, des Sénateurs d'Ottawa d'origine, établit un record encore inégalé en marquant au moins un but au cours de 16 matchs consécutifs pendant la saison 1921-1922. En tout, il compta 27 buts pendant cette séquence et se hissa en tête du classement de la LNH avec 32 buts et 14 aides. Pendant la saison 1979-1980, Charlie Simmer des Kings de Los Angeles répéta l'exploit en 13 matchs consécutifs, inscrivant 17 buts pendant une séquence réputée la plus longue de l'ère moderne du sport.

▲ Charlie Simmer marqua 56 buts en 1979-1980 et en 1980-1981.

SÉQUENCE IRONMAN

Andy Hebenton n'a jamais manqué un match en neuf ans de carrière dans la LNH : 630 matchs de suite avec les Rangers de New York puis avec les Bruins de Boston de 1955 à 1964. En fait, sa séquence de matchs sans interruption s'étire à 1062 si ses statistiques dans les ligues mineures sont incluses. Doug Jarvis détient présentement la meilleure séquence Ironman de la LNH avec 964 matchs. Lui non plus n'a jamais manqué un seul match de sa carrière à Montréal, Washington et Hartford, de 1975 à 1987.

SÉQUENCE DE POINTS

Dès le premier match de la saison 1983-1984, Wayne Gretzky récolta au moins un point (but ou aide) en 51 matchs consécutifs au sein des Oilers d'Edmonton. Cette séquence lui valut d'être comparé au légendaire DiMaggio et à sa série de 56 matchs où il frappa au moins un coup sûr par match. Gretzky inscrivit 61 buts et 92 aides, pour 153 points au total. Sa séquence s'est finalement terminée le 28 janvier 1984, lorsque Markus Mattsson et les Kings de Los Angeles blanchirent Gretzky dans une victoire de 4-2.

SÉQUENCE D'AIDES

Pendant sa séquence de buts en 1983-1984, Wayne Gretzky établit un record distinct avec au moins une aide par match en 17 matchs d'affilée. Il égalisa ce record à Los Angeles en 1989-1990, mais il le battit plus tard en réussissant des aides dans 23 matchs d'affilée avec les Kings pendant la saison 1990-1991. Il inscrivit 48 aides pendant cette séquence. En 1992-1993, Adam Oates connut une séquence de 28 aides lors de 18 matchs d'affilée avec les Bruins de Boston.

AUTRES SÉQUENCES DE POINTS

Paul Coffey des Oilers d'Edmonton établit un record comme défenseur avec des points dans 28 matchs de suite pendant la saison 1985-1986. Il inscrivit 16 buts et 39 aides pendant cette séquence. En 2006-2007, Paul Stastny de l'Avalanche du Colorado établit un record de recrue en récoltant un point dans 20 matchs d'affilée. Pendant cette séquence, il inscrivit 11 buts et 18 aides pour 29 points. Son père, Peter, recrue en 1980-1981, avait connu une séquence de buts sur 16 matchs.

▶ Alek Ovetchkine est l'un des deux seuls joueurs dans l'histoire de la LNH à avoir effectué plus de 500 tirs au but en une seule saison.

LE PLUS DE TIRS AU BUT EN UNE SAISON

550	Phil Esposito, Boston, 1970-1971	78 PJ	calendrier de 78 parties
528	Alex Ovechkin, Washington, 2008-2009	79 PJ	calendrier de 82 parties
446	Alex Ovechkin, Washington, 2007-2008	82 PJ	calendrier de 82 parties
429	Paul Kariya, Anaheim, 1998-1999	82 PJ	calendrier de 82 parties
426	Phil Esposito, Boston, 1971-1972	76 PJ	calendrier de 78 parties

PÉNALITÉS, BUTS EN SUPÉRIORITÉ NUMÉRIQUE ET BUTS EN INFÉRIORITÉ NUMÉRIQUE

Il y a toujours eu des pénalités au hockey. Au début, les joueurs pouvaient être retirés une, deux ou trois minutes, et les pénalités multiples entraînaient souvent des amendes plutôt que du temps supplémentaire au banc de pénalité. À certaines époques, une équipe ne jouait pas en infériorité numérique en cas de pénalité ; à d'autres, aucun joueur pénalisé ne pouvait être remplacé, si bien que l'équipe devait parfois jouer avec seulement un ou deux joueurs. La LNH a toujours comptabilisé les minutes de pénalité, mais ses statistiques officielles sur les buts en supériorité et en infériorité numérique ne remontent qu'à la saison 1963-1964.

UNE GROSSE SAISON POUR KERR

Malgré de nombreuses blessures au cours de sa carrière, Tim Kerr fut un marqueur prolifique. Il dépassa les 50 buts quatre saisons de suite au sein des Flyers de Philadelphie, de 1983-1984 à 1986-1987. Lorsqu'il plaçait son imposant physique (1,90 m, 104 kg) devant le filet, il devenait dangereux en supériorité numérique. Le 8 mars 1986, il marqua son 29e but de la saison en supériorité numérique, surpassant les records de Phil Esposito et de Mike Bossy. Kerr éleva le record à 34 buts en une saison.

L'INCOMPARABLE ANDREYCHUK

Dave Andreychuk joua pendant 23 saisons dans la LNH, de 1982 à 2006, et marqua 640 buts. Spécialiste des attaques en supériorité numérique, il compta près de la moitié de ses buts (42,8 %) en jeu de puissance. Ses 274 buts en carrière marqués en supériorité numérique établirent un record de la LNH qui le plaça devant Brett Hull (265) et Phil Esposito (249). Grâce à 32 buts marqués en supériorité numérique pendant la saison 1992-1993, il se classa au deuxième rang, derrière Tim Kerr, pour le nombre de buts marqués en supériorité numérique en une saison.

▶ Sur les 370 buts que Tim Kerr a marqués pendant sa carrière, 150 (40,5 %) l'ont été lors d'un jeu de puissance.

◀ Le 250e but en supériorité numérique que Dave Andreychuk a marqué le 15 novembre 2002 lui a permis de surpasser un exploit de Phil Esposito dans l'histoire de la LNH.

BUTS MARQUÉS EN SUPÉRIORITÉ NUMÉRIQUE DANS UN MATCH

Bien que la LNH n'ait pas tenu de statistiques officielles sur les buts marqués en supériorité ou en infériorité numérique avant la saison 1963-1964, Camille Henry des Rangers de New York établit un record en marquant quatre buts en supériorité numérique lors du match du 13 mars 1954. Bernie Geoffrion, des Canadiens, égala ce record un an plus tard. Bryan Trottier, Chris Valentine, Dave Andreychuk, Mario Lemieux, Luc Robitaille et Scott Mellanby ont aussi réussi cet exploit.

LE PLUS GRAND NOMBRE DE BUTS MARQUÉS EN SUPÉRIORITÉ NUMÉRIQUE EN UNE SAISON

34	Tim Kerr, Philadelphie, 1985-1986	76 PJ – calendrier de 80 parties
32	Dave Andreychuk, Buffalo, Toronto, 1992-1993	83 PJ – calendrier de 84 parties
31	Joe Nieuwendyk, Calgary, 1987-1988	75 PJ – calendrier de 80 parties
	Mario Lemieux, Pittsburgh, 1988-1989	76 PJ – calendrier de 80 parties
	Mario Lemieux, Pittsburgh, 1995-1996	70 PJ – calendrier de 82 parties
29	Michel Goulet, Québec, 1987-1988	80 PJ – calendrier de 80 parties
	Brett Hull, St. Louis, 1990-1991	78 PJ – calendrier de 80 parties
	Brett Hull, St. Louis, 1992-1993	80 PJ – calendrier de 84 parties

BUTS MARQUÉS EN INFÉRIORITÉ NUMÉRIQUE EN UNE SAISON

Wayne Gretzky en compta 12 en 1983-1984, mais Mario Lemieux fracassa ce record : en 1988-1989, il marqua 13 buts alors que les Penguins de Pittsburgh étaient privés d'un joueur. Les autres meneurs de tous les temps dans cette catégorie incluent Gretzky avec 11 buts en 1984-1985 et Lemieux avec 10 buts en 1987-1988. Seuls deux autres joueurs ont réussi l'exploit de Lemieux : Marcel Dionne (1974-1975) et Dirk Graham (1988-1989).

BUTS EN SUPÉRIORITÉ NUMÉRIQUE PENDANT LES ÉLIMINATOIRES

Brett Hull détient le record en carrière du plus grand nombre de buts marqués en supériorité numérique pendant des éliminatoires : 38 en 202 matchs en carrière, 3 de plus que Mike Bossy, qui en compta 35 en seulement 129 matchs. Bossy et Cam Neely partagent le record du plus grand nombre de buts en supériorité numérique pendant les éliminatoires d'une saison. Bossy : 9 en 18 matchs pour les Islanders de New York, en 1981 ; Neely : 9 en 19 matchs pour les Bruins de Boston, en 1991.

TROIS BUTS

C'est le record des buts marqués en infériorité numérique par un seul joueur au cours d'un match. Theoren Fleury l'établit lors de la victoire des Flames de Calgary, qui l'emportèrent 8-4 sur St. Louis le 9 mars 1991. Il marqua un premier but en infériorité numérique après 5 minutes 52 secondes de jeu à la première période, en marqua un deuxième à 24 secondes du début de la troisième période et compléta son tour du chapeau en en marquant un troisième à 2 minutes 25 secondes de la fin.

Les 35 buts en infériorité numérique que Theo Fleury a marqués au cours de sa carrière le placent parmi les meilleurs de la LNH.

ÉLIMINATOIRES EN INFÉRIORITÉ NUMÉRIQUE

Mark Messier détient le record en carrière de 14 buts marqués en infériorité numérique en séries éliminatoires, soit 3 de plus que son coéquipier Wayne Gretzky et 4 de plus que Jari Kurri, une autre vedette des Oilers. Gretzky (1983) est l'un des 6 joueurs à partager le record de trois buts en infériorité numérique au cours des éliminatoires d'une saison, les autres étant Derek Sanderson des Bruins (1969), Bill Barber des Flyers (1980), Lorne Henning des Islanders (1980), Wayne Presley des Blackhawks (1989) et Todd Marchant des Oilers (1997).

LE PLUS DE MINUTES DE PÉNALITÉ EN CARRIÈRE

3966	Tiger Williams, Toronto, Vancouver, Detroit, Los Angeles, Hartford, en 14 saisons	962 PJ
3565	Dale Hunter, Québec, Washington, Colorado, en 19 saisons	1407 PJ
3515	Tie Domi, Toronto, NY (Rangers), Winnipeg, en 16 saisons	1020 PJ
3381	Marty McSorley, Pittsburgh, Edmonton, Los Angeles, NY (Rangers), San Jose, Boston, en 17 saisons	961 PJ
3300	Bob Probert, Detroit, Chicago, en 17 saisons	935 PJ

LE PLUS DE MINUTES DE PÉNALITÉ EN UNE SAISON

472	Dave Schultz, Philadelphia, 1974-1975
409	Paul Baxter, Pittsburgh, 1981-1982
408	Mike Peluso, Chicago, 1991-1992
405	Dave Schultz, Los Angeles, Pittsburgh, 1977-1978

RECORD DES PÉNALITÉS LORS D'UN MATCH

Le 31 mars 1991, lors d'un match contre les Whalers de Hartford, Chris Nilan des Bruins de Boston reçut le nombre record de 10 pénalités : 6 pénalités mineures, 2 pénalités majeures, 1 pénalité de 10 minutes pour inconduite et 1 pénalité d'extrême inconduite. Le 11 mars 1979, lors du match contre les Flyers de Philadelphie, Randy Holt des Kings de Los Angeles reçut neuf pénalités en une seule période : 1 pénalité mineure, 3 pénalités majeures, 2 pénalités de 10 minutes pour inconduite et 3 pénalités d'extrême inconduite, soit un record de 67 minutes de pénalité.

Les 63 buts en infériorité numérique que Mark Messier a marqués en carrière le placent au deuxième rang des meneurs de tous les temps pour une saison, derrière Wayne Gretzky, qui en marqua 73.

BUTS DES AILIERS, BUTS DES DÉFENSEURS

Comme Wayne Gretzky détient les records en carrière et les records en une saison de la LNH pour le nombre de buts, d'aides et de points, il n'y a rien d'étonnant à ce qu'il détienne aussi ces records comme joueur de centre. Divers joueurs se partagent toutefois les records de buts chez les ailiers gauches et droits, tout comme chez les défenseurs. Bon nombre des plus grands joueurs de la LNH figurent parmi les meilleurs marqueurs par poste. Ces listes comportent toutefois quelques noms étonnants !

AILIERS GAUCHES

Alexandre le Grand
En 2006-2007, Alex Ovechkin des Capitals de Washington domina la LNH avec 65 buts et battit le record en une saison du plus grand nombre de buts d'un ailier gauche, 63, établi par Luc Robitaille des Kings de Los Angeles en 1992-1993. Avec 125 points dans un calendrier de 84 matchs cette saison-là, Robitaille battit le record de Kevin Stevens (123 points en 1992-1993, pour Pittsburgh) et celui de Michel Goulet (121 points en 1983-1984, pour Québec). Les 112 points d'Ovechkin en 2006-2007 le placent à égalité pour le cinquième rang.

Plus que de la chance
Luc Robitaille détient les records en carrière du plus grand nombre de buts et de points pour un ailier gauche. Il marqua 668 buts en 19 ans de carrière à Los Angeles, Pittsburgh, Detroit et New York (Rangers) et récolta 1394 points. Brendan Shanahan arrive deuxième avec 656 buts. Avec 726 aides en carrière, Robitaille n'a que John Bucyk devant lui parmi les ailiers gauches de la LNH. Bucyk inscrivit 813 aides en 23 ans de carrière à Boston et Detroit ; il se classe deuxième, derrière Robitaille, avec 1369 points.

 Luc Robitaille domine tous les ailiers gauches pour le nombre de buts en carrière.

Juneau qui ?
En 1992-1993, Joé Juneau, des Capitals, établit le record en une saison du nombre d'aides d'un ailier gauche : 70 au cours d'une saison de 84 matchs. Il fracassa ainsi le record de 69 aides en une saison de 80 matchs établi par Kevin Stevens des Penguins un an plus tôt. Mats Naslund des Canadiens (67 en 1985-1986), John Bucyk des Bruins (65 en 1970-1971), Michel Goulet des Nordiques (65 en 1983-1984), et Mark Messier des Oilers (64 en 1983-1984) complètent le tableau des meneurs dans cette catégorie.

AILIERS DROITS

Ça se passe à droite !
Les 801 buts, 1049 aides et 1850 points de Gordie Howe en 25 saisons avec les Red Wings de Detroit et une saison avec les Whalers de Hartford font de lui un meneur de tous les temps parmi les ailiers droits de la LNH. Brett Hull arrive deuxième pour le nombre de buts (741), tandis que Mike Gartner arrive troisième (708). Jaromir Jagr se classe deuxième pour les aides (953) et les points (1599). Ses 149 points pendant la saison 1995-1996 avec les Penguins en font le meneur dans une saison.

Golden Brett
Avec 86 buts pour les Blues de St. Louis en 1990-1991, Brett Hull établit un record d'ailier droit. Alexander Mogilny (qui marqua 76 buts pour les Sabres de Buffalo en 1992-1993) et Teemu Selanne (qui en marqua autant pour les Jets de Winnipeg la même saison) arrivent deuxièmes sur la liste, suivis de Hull – encore – avec 72 buts en 1989-1990, Jari Kurri, avec 71 buts pour les Oilers d'Edmonton en 1984-1985 et Hull une troisième fois, avec 70 buts en 1991-1992.

Mieux vaut donner…
On se souvient d'eux davantage pour leurs buts que pour leurs aides, mais les ailiers droits Mike Bossy des Islanders et Guy Lafleur des Canadiens occupent trois des cinq meilleurs rangs parmi les meneurs des aides sur une saison. Jaromir Jagr des Penguins occupe le premier rang avec 87 aides en 1995-1996 et est à égalité avec Bossy (1981-1982) pour la deuxième place, avec 83 aides en 1998-1999. Guy Lafleur inscrivit 80 aides en 1976-1977, puis 77 en 1978-1979 pour se classer parmi les cinq meilleurs.

Sprague Cleghorn marqua 17 buts pour Montréal en 1921-1922, son meilleur score en carrière, pendant une saison de seulement 24 matchs.

DÉFENSEURS

Cinq sur cinq

Même s'il compta 20 buts pour les Maple Leafs en 1975-1976 et 11 autres pendant les deux premiers mois de 1976-1977, Ian Turnbull n'avait pas marqué un but en 30 matchs lorsqu'il affronta les Red Wings à Toronto le 2 février 1977. Ce soir-là, il fit cinq tirs au but et marqua chaque fois, établissant un nouveau record pour le nombre de buts marqués par un défenseur de la LNH. Les Maple Leafs l'emportèrent 9-1.

Quatre sur quatre

Sept défenseurs de la LNH ont marqué quatre buts en un seul match. L'un d'eux est Sprague Cleghorn, connu surtout pour avoir été le joueur le plus redoutable dans l'histoire de la LNH. Bon marqueur, le défenseur Cleghorn inscrivit quatre buts pour les Canadiens de Montréal lors de la victoire 10-6 contre les Tigers de Hamilton le 14 janvier 1922. Son jeune frère, Odie Cleghorn, centre dans l'équipe des Canadiens, marqua lui aussi quatre buts pour Montréal lors du même match.

Huit points et un record

Le 11 décembre 1977, le défenseur Tom Bladon des Flyers de Philadelphie inscrivit quatre buts et quatre aides lors d'une victoire 11-1 contre les Barons de Cleveland. Les huit points de Bladon pour ce match établirent un nouveau record des défenseurs, éclipsant celui de Bobby Orr, de trois buts et quatre aides, établi lors d'un match contre les Rangers de New York en 1973. Le 14 mars 1986, Paul Coffey égala ce record avec deux buts et six aides lors d'une victoire de 12-3 d'Edmonton contre Detroit.

Six fois six

Les six aides de Paul Coffey dans son match de huit points lui firent partager un autre record des défenseurs dans la LNH. Les cinq autres joueurs qui comptent six aides dans un seul match sont : Babe Pratt, 8 janvier 1944, Toronto 12, Boston 3 ; Pat Stapleton, 30 mars 1969, Chicago 9, Detroit 5 ; Bobby Orr, 1er janvier 1973, Boston 9, Vancouver 2 ; Ron Stackhouse, 8 mars 1975, Pittsburgh 8, Philadelphie 2 ; et Gary Suter, 4 avril 1986, Calgary 9, Edmonton 3.

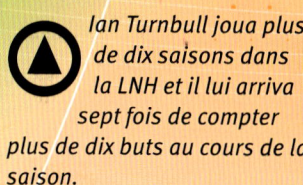

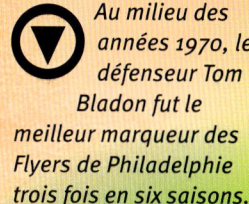

Ian Turnbull joua plus de dix saisons dans la LNH et il lui arriva sept fois de compter plus de dix buts au cours de la saison.

Au milieu des années 1970, le défenseur Tom Bladon fut le meilleur marqueur des Flyers de Philadelphie trois fois en six saisons.

Jaromir Jagr accumula des points en jouant comme ailier droit durant 11 saisons à Pittsburgh, et 6 ans à Washington et à New York.

MEILLEURS MARQUEURS CHEZ LES DÉFENSEURS

Buts, en carrière et en une saison

410	Raymond Bourque, Boston, Colorado, en 22 saisons	1612 PJ
48	Paul Coffey, Edmonton, 1985-1986	79 PJ – calendrier de 80 parties

Aides, en carrière et en une saison

1169	Raymond Bourque, Boston, Colorado, en 22 saisons	1612 PJ
102	Bobby Orr, Boston, 1970-1971	78 PJ – calendrier de 78 parties

Points, en carrière et en une saison

1579	Raymond Bourque, Boston, Colorado, en 22 saisons	1612 PJ
139	Bobby Orr, Boston, 1970-1971	78 PJ – calendrier de 78 parties

RECORDS DE RECRUES

Il est toujours excitant de voir de jeunes joueurs faire leurs débuts dans la LNH. Qu'il s'agisse de recrues dont on vante le génie depuis l'enfance ou de joueurs repêchés en dernière ronde et connus uniquement des plus mordus des fans de leur équipe, ils ont tous la même chance de faire leur marque. Un départ en trombe ne garantit pas une longue et brillante carrière, mais les exploits d'une recrue peuvent lui assurer une certaine immortalité. Seule une recrue par année mérite le trophée Calder, mais toutes ont la possibilité de faire inscrire leur nom dans le livre des records.

MENEUR DES MARQUEURS CHEZ LES RECRUES

Nels Stewart fut la seule recrue dans l'histoire de la LNH à dominer le classement des marqueurs. Il rallia les Maroons de Montréal en 1925-1926 et domina la ligue avec 34 buts et 42 points au cours d'une saison de 36 matchs. En 1979-1980, la recrue Wayne Gretzky égala Marcel Dionne comme marqueur de la LNH, mais il rata le trophée Art-Ross ; malgré ses 51 buts, Dionne en avait 2 de plus. On ne considérait pas Gretzky comme une recrue, car il avait joué auparavant dans l'Association mondiale de hockey.

Teemu Selanne fut recruté par les Jets de Winnipeg en 1988, mais il resta dans son pays d'origine jusqu'à la saison 1992-1993. Le « Finnish Flash » fit immédiatement sensation dans la LNH.

RECORD D'AIDES CHEZ LES RECRUES

N'étant pas considéré comme une recrue, ni les 86 aides ni les 137 points de Wayne Gretzky en 1979-1980 ne sont des records de recrue de la LNH. Le record des aides chez les recrues est détenu conjointement par Peter Stastny des Nordiques (1980-1981) et Joé Juneau des Capitals (1992-1993) : 70 aides chacun au cours de leur première année dans la LNH. Avec 132 points pour les Jets de Winnipeg en 1992-1993, Teemu Selanne détient le record des recrues dans cette catégorie.

VIVEMENT 50 BUTS

Mike Bossy fut la première recrue de l'histoire de la LNH à franchir la barre des 50 buts : il marqua 53 fois pour les Islanders de New York en 1977-1978. Joe Nieuwendyk, des Flames de Calgary, le suit de près avec 51 buts en 1987-1988. En 1992-1993, Teemu Selanne fracassa le record de Bossy en marquant 76 buts pour les Jets de Winnipeg. La seule autre recrue à avoir franchi le seuil des 50 buts est Alex Ovechkin, qui en marqua 52 pour les Capitals de Washington en 2005-2006.

RECRUES AYANT LE PLUS GRAND NOMBRE DE POINTS EN UNE SAISON

132	Teemu Selanne, Winnipeg, 1992-1993	84 PJ – calendrier de 84 parties
109	Peter Stastny, Québec, 1980-1981	77 PJ – calendrier de 80 parties
106	Alex Ovechkin, Washington, 2005-2006	81 PJ – calendrier de 82 parties
103	Dale Hawerchuk, Winnipeg, 1981-1982	80 PJ – calendrier de 80 parties
102	Joé Juneau, Boston, 1992-1993	84 PJ – calendrier de 84 parties
	Sidney Crosby, Pittsburgh, 2005-2006	81 PJ – calendrier de 82 parties
100	Mario Lemieux, Pittsburgh, 1984-1985	73 PJ – calendrier de 80 parties

KREIDER ENTRE EN JEU

En 2012, après avoir aidé le Boston College à remporter le titre de champion de la NCAA, Chris Kreider se joignit aux Rangers de New York pour les séries finales de la Conférence de l'Est. L'athlète de 21 ans compta cinq buts pour les Rangers qui, bien qu'en tête de liste, s'inclinèrent devant les Devils du New Jersey. Kreider fracassait ainsi un record de la LNH vieux de 51 ans pour le plus grand nombre de buts comptés durant les séries par un joueur n'ayant pas encore joué en saison régulière. Il détrônait Eddie Mazur des Canadiens qui, de 1950 à 1953, compta quatre buts à trois reprises avant de jouer pour la première fois en saison régulière, en 1953-54.

En 2005-2006, Alex Ovechkin s'est joint à Teemu Selanne comme seules recrues dans l'histoire de la LNH à récolter plus de 50 buts et plus de 100 points.

GROSSES SOIRÉES!

La LNH joua son premier match le 19 décembre 1917. Ce soir-là, Joe Malone marqua cinq buts pour les Canadiens de Montréal, dans une victoire de 7-4 contre Ottawa, tandis que Harry Hyland en marqua cinq pour les Wanderers de Montréal, dans une victoire de 10-9 contre Toronto. Malone et Hyland étaient toutefois des vétérans de l'Association nationale de hockey. Mickey Roach (Toronto, 6 mars 1920), Howie Meeker (Toronto, 8 janvier 1947) et Don Murdoch (Rangers, 12 octobre 1976) ont tous marqué cinq buts en un match, comme de vraies recrues de la LNH.

TROIS FOIS TROIS

En excluant Joe Malone et Harry Hyland, le record de trois buts pendant un premier match au sein de la LNH a été établi par Alex Smart le 14 janvier 1943. Recruté par les Canadiens dans la Ligue de hockey senior du Québec, il les mena ce jour-là à une victoire de 5-1 contre Chicago. Le 10 octobre 1979, Réal Cloutier, vétéran de l'AMH, réalisait lui aussi un tour du chapeau lors de son premier match dans la LNH. Fabian Brunnstrom des Stars de Dallas fit de même le 15 octobre 2008.

L'EXPLOIT DE HILL

Le 14 février 1977, Al Hill fut appelé de Springfield pour jouer son premier match dans la LNH avec les Flyers de Philadelphie. Il marqua grâce à ses deux premiers tirs au but, inscrivit ensuite trois aides et récolta cinq points pour le match. Il est la seule vraie recrue à avoir récolté cinq points lors de son premier match dans la LNH, un exploit égalé seulement par Joe Malone et Harry Hyland.

AUTRES GROSSES SOIRÉES!

Le 15 février 1980, à Edmonton, Wayne Gretzky fit sept passes décisives contre Washington, qui perdit 8-2, et établit le record du plus grand nombre de passes au cours d'un match pour un joueur dans sa première année avec la LNH. Les frères Peter (quatre buts, quatre aides) et Anton Stastny (trois buts et cinq aides) récoltèrent tous deux huit points à Québec lors de la victoire 11-7 contre Washington le 22 février 1981, et établirent un nouveau record du plus grand nombre de points récoltés par une recrue en un match.

QUATRE SUR QUATRE

Après une solide saison 1952-1953 avec Edmonton dans la WHL, Earl « Dutch » Reibel obtint l'année suivante un poste dans la LNH avec les Red Wings de Detroit. Il fit ses débuts lors du match d'ouverture de la saison le 8 octobre 1953 et inscrivit les passes décisives dans la victoire de 4-1 contre les Rangers de New York. Une seule autre recrue récolta quatre aides lors de son premier match avec la LNH : Roland Eriksson, des North Star du Minnesota, le 6 octobre 1976.

BUBBA ET BRIAN

Choisi le deuxième, après Dale McCourt, lors du repêchage de la LNH en 1977, Barry « Bubba » Beck passa du hockey junior aux Rockies du Colorado et fut la première recrue dans l'histoire de la LNH à franchir le cap des 20 buts comme défenseur : il marqua 22 buts pendant la saison 1977-1978. Brian Leetch battit ce record en 1988-1989, avec 23 buts pour les Rangers de New York pendant sa première saison complète dans la LNH. Dion Phaneuf est la seule autre recrue à la défense à avoir marqué 20 buts, ce qu'il fit pour les Flames de Calgary en 2005-2006.

TROIS DES MEILLEURS

Raymond Bourque établit un record de recrue au poste de défenseur en marquant 65 points pendant sa première saison avec les Bruins de Boston en 1979-1980. Larry Murphy le battit la saison suivante. S'étant joint aux Kings de Los Angeles en 1980-1981, il établit vite de nouveaux records de recrue au poste de défenseur avec 60 aides et 76 points. Brian Leetch fut l'unique autre recrue à la défense qui récolta plus de 70 points : 71 points pour les Rangers en 1988-1989.

▲ 1988-1989 fut une excellente saison pour la recrue Brian Leetch, des Rangers, dont la carrière connut de nombreux autres grands moments.

◄ Ayant commencé sa carrière à Los Angeles, Larry Murphy y récolta 1216 points, ce qui le plaça au cinquième rang des défenseurs de tous les temps, derrière Raymond Bourque, Paul Coffey, Al MacInnis et Phil Housley.

TROIS BUTS PAR MATCH ET BUTS MARQUÉS LE PLUS RAPIDEMENT

C'est très rapide ou en plein dans le mille… et c'est parfois les deux. Très souvent, au hockey, les buts se mettent à se succéder. Dans la LNH, les saisons où il s'est marqué le plus de buts sont aussi celles où il y a eu le plus grand nombre de tours du chapeau. Depuis les débuts de la LNH, de Joe Malone à Phil Esposito, Mike Bossy et Wayne Gretzky, le record de saison du plus grand nombre de matchs avec au moins trois buts a très peu progressé. De même, différents records pour le but marqué le plus rapidement se sont échelonnés tout au long de l'histoire de la ligue.

MALONE DONNE LE TON

Joe Malone ne joua que 20 matchs en 1917-1918, mais il marqua 44 buts et inscrivit 3 buts ou plus par match à 7 reprises au cours de cette première saison de la LNH. Son record comme marqueur fut battu pour la première fois par Maurice Richard qui compta 50 buts en 50 matchs en 1944-1945. Ce n'est toutefois qu'en 1970-1971 que le record de tours du chapeau de Malone fut égalé : Phil Esposito inscrivit 3 buts par match à 7 reprises pendant sa saison record de 76 buts.

BOSSY, PUIS GRETZKY

Mike Bossy des Islanders de New York établit un nouveau record avec neuf tours du chapeau (six matchs avec trois buts et trois matchs avec quatre buts) pendant la saison 1980-1981. Cette année-là, il devint aussi le premier joueur à égaler l'exploit de Maurice Richard : 50 buts en 50 matchs. Le nouveau record de Bossy ne dura qu'un an. En 1981-1982, Wayne Gretzky inscrivit 10 tours du chapeau, 50 buts en 39 matchs et un nouveau record de marqueur dans la LNH avec 92 buts.

TOUJOURS GRETZKY

Les 10 tours du chapeau de Wayne Gretzky en 1981-1982 incluent 6 matchs où il compta 3 buts, 3 matchs où il en compta 4 et 1 match où il en compta 5, le 30 décembre 1981. Il atteignit les 50 buts lors de ce 39e match de la saison. En 1983-1984, Gretzky égala son record de tours du chapeau avec 6 matchs où il compta 3 buts et 4 matchs où il en compta 4, au cours d'une saison de 87 buts. Mario Lemieux se rapprocha de ce record avec 85 buts en 1988-1989 et 7 matchs où il compta 3 buts, 1 match où il en compta 4 et 1 match où il en compta 5.

▶ Gretzky a inscrit 50 tours du chapeau en carrière : 3 buts par match à 37 reprises, 4 buts par match à 9 reprises et 5 buts par match à 4 reprises.

PLUS GRAND NOMBRE DE MATCHS EN CARRIÈRE OÙ UN JOUEUR A MARQUÉ AU MOINS TROIS BUTS

50	Wayne Gretzky, Edmonton, Los Angeles, St. Louis, NY (Rangers), en 20 saisons, 37 matchs avec 3 buts, 9 matchs avec 4 buts et 4 matchs avec 5 buts
40	Mario Lemieux, Pittsburgh, en 17 saisons, 27 matchs avec 3 buts, 10 matchs avec 4 buts et 3 matchs avec 5 buts
39	Mike Bossy, NY (Islanders), en 10 saisons, 30 matchs avec 3 buts, 9 matchs avec 4 buts
33	Brett Hull, Calgary, St. Louis, Dallas, Detroit, Phœnix, en 19 saisons, 30 matchs avec 3 buts, 3 matchs avec 4 buts
32	Phil Esposito, Chicago, Boston, NY (Rangers), en 18 saisons, 27 matchs avec 3 buts, 5 matchs avec 4 buts

EN VITESSE APRÈS LA MISE AU JEU

Trois joueurs de la LNH ont marqué un but cinq secondes après la mise au jeu d'ouverture : Doug Smail, pour les Jets de Winnipeg, contre les Blues de St. Louis le 20 décembre 1981 ; Bryan Trottier des Islanders de New York, contre les Bruins de Boston, le 22 mars 1984 ; et Alexander Mogilny des Sabres de Buffalo, contre Toronto, le 21 décembre 1991. Le 14 février 2003, Mike Knuble, des Bruins, établit un autre record : 2 buts pendant les 27 premières secondes du match contre la Floride.

 Alexander Mogilny, des Sabres de Buffalo, marqua le premier but de sa carrière dans la LNH 20 secondes après le début de son premier match, le 5 octobre 1989.

ENCORE PLUS VITE

Quatre secondes après le début d'une période est le record du but marqué le plus rapidement. Il date du 9 novembre 1957 : dès la mise au jeu, Marcel Bonin, des Canadiens, fit une passe à Claude Provost, qui marqua un but contre Don Simmons, des Bruins de Boston, quatre secondes après le début de la deuxième période. Il fut égalé le 12 janvier 1986, quelques secondes après la mise au jeu commençant la troisième période : Denis Savard des Blackhawks se rua dans la zone de Hartford et battit Steve Weeks avec un tir rapide.

QUATRE SECONDES

Les Maroons de Montréal tirent de l'arrière 3-2 contre Boston au début de la troisième période, le 4 janvier 1931, lorsque Nels Stewart prend en ricochet le tir de Hooley Smith devant Tiny Thompson, le gardien des Bruins, et marque le but d'égalité à 5 minutes 55 secondes. Lors de la mise au jeu suivante, Stewart l'emporte sur Smith, qui renvoie vite la rondelle à Stewart, et c'est un autre tir devant Thompson après seulement 4 secondes de jeu. Les Maroons marquent un autre but pour une victoire de 5-3.

ENCORE QUATRE SECONDES

Le record de Nels Stewart des deux buts les plus rapides ne fut battu que 65 ans plus tard. Le 15 décembre 1995, Deron Quint, recrue des Jets de Winnipeg à la défense, marqua un but en avantage numérique grâce à un tir de rebond du bâton d'un joueur des Oilers à 7 minutes 51 secondes dans la deuxième période. Après la mise au jeu d'Alexei Zhamnov, Quint fit un tir au but du centre de la patinoire et la rondelle rebondit d'une cloison de verre pour pénétrer dans le but : un deuxième but en 4 secondes !

UN EXPLOIT À TOUTE VITESSE

Comme de nombreux vétérans de la LNH étaient dans l'armée, Gus Bodnar, 20 ans, figurait parmi les nouveaux venus espérant être recrutés à Toronto à l'automne 1943. Il le fut et se trouvait sur la glace pour commencer la saison le soir du match à domicile des Maple Leafs contre les Rangers, le 30 octobre 1943. Il marqua seulement 15 secondes après la mise au jeu, établissant un record inégalé à ce jour du but marqué le plus rapidement par un joueur lors de son premier match.

Nels Stewart marquait souvent et rapidement. Pendant la saison 1929-1930, il inscrivit 39 buts pour les Maroons de Montréal dans un calendrier de 44 matchs.

UN AUTRE RECORD DE RAPIDITÉ

Le 23 mars 1952, les Rangers de New York recevaient les Blackhawks de Chicago : les deux pires équipes de la LNH s'affrontaient le dernier soir de la saison. Il n'y avait que 3254 fans, mais ils assistèrent à un moment historique. Bill Mosienko des Blackhawks marqua à 6 minutes 9 secondes, à 6 minutes 20 secondes et à 6 minutes 30 secondes du début de la troisième période : un tour du chapeau en 21 secondes. Gus Bodnar fit une passe à Mosienko lors de chaque but, ce qui lui valut d'inscrire les trois aides les plus rapides au hockey.

LA RÈGLE CHANGE

Le record du tour du chapeau le plus rapidement exécuté, établi par Bill Mosienko, ne fut jamais sérieusement menacé, bien que Jean Béliveau, des Canadiens de Montréal, ait marqué trois buts en 44 secondes le 5 novembre 1955. Lorsqu'il marqua ses trois buts, les Red Wings de Detroit étaient en déficit de deux joueurs. Avant le début de la saison suivante, la LNH adopta un règlement qui permettait aux joueurs absents pour une pénalité mineure de revenir au jeu en cas de but en supériorité numérique.

Les trois buts de Bill Mosienko en 21 secondes ont oblitéré le record antérieur de 1 minute 52 secondes pour le tour du chapeau le plus rapidement réalisé, établi par Carl Liscombe des Blackhawks le 13 mars 1938.

500 BUTS, 1000 POINTS ET CHAMPIONS MARQUEURS

Inscrire 500 buts et récolter 1000 points en carrière sont les exploits d'un grand marqueur. Maurice Richard fut le premier joueur à compter 500 buts, et ses 544 buts en carrière ont longtemps été un point de repère. Même si Gordie Howe a par la suite poussé la marque en carrière bien au-delà des 700 buts, on en parla beaucoup quand Bobby Hull dépassa Maurice Richard en 1971 et quand Phil Esposito fit pareil en 1976. Howe fut le premier à récolter 1000 points, et même si Wayne Gretzky éleva la marque à 2857 points, accumuler 1000 points demeure un exploit notable.

500 BUTS UNE PREMIÈRE FOIS

Dès le moment où il surpassa Nels Stewart avec son 325e but en carrière en 1952, Maurice Richard établit un nouveau record de marqueur chaque fois qu'il envoya la rondelle dans le filet. Au début de la saison 1957-1958, il avait déjà marqué 493 buts et le compte à rebours de 500 était commencé. Il inscrivit six buts au cours des cinq premiers matchs de la nouvelle saison et marqua son 500e but contre Glenn Hall, des Blackhawks de Chicago, le 19 octobre 1957.

1000 BUTS UNE PREMIÈRE FOIS

Le 2 novembre 1960, une aide lors d'une victoire de 2-0 sur Toronto valut à Gordie Howe son 1000e point en carrière. Premier joueur à atteindre cette marque, il le fit en 938 matchs en saison régulière. Le 14 mars 1962, Howe est devenu le deuxième après Maurice Richard à marquer 500 buts, contre Gump Worsley, des Rangers de New York. Il lui fallut 1045 matchs pour atteindre cette marque, comparativement à 863 matchs pour Richard.

TOURS DU CHAPEAU ET FILETS VIDES

Jean Béliveau fut le deuxième joueur de l'histoire de la LNH à inscrire 1000 points en carrière et le quatrième (après Richard, Howe et Bobby Hull) à marquer 500 buts. Béliveau atteignit les 500 points en marquant 3 buts le 11 février 1971. Wayne Gretzky, Mario Lemieux, Mark Messier, Brett Hull, Jaromir Jagr et Mats Sundin atteignirent aussi les 500 points grâce à un tour du chapeau. Mike Bossy, Gretzky, Jari Kurri et Keith Tkachuk marquèrent chacun leur 500e but dans un filet désert.

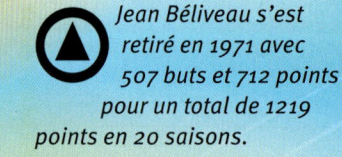

Jean Béliveau s'est retiré en 1971 avec 507 buts et 712 points pour un total de 1219 points en 20 saisons.

QUELQUES CHIFFRES

Wayne Gretzky atteignit les 1000 points en seulement 424 matchs. À l'époque, seuls Guy Lafleur (720), Marcel Dionne (740) et Phil Esposito (745) avaient récolté 1000 points en moins de 800 matchs. Depuis Gretzky, seuls Mario Lemieux (513), Mike Bossy (656) et Peter Stastny (682) l'ont fait en moins de 700 matchs. Seuls Gretzky (575), Lemieux (605), Bossy (647) et Brett Hull (693) ont réussi à compter 500 buts en moins de 800 matchs.

DES FAITS ET DES CHIFFRES

Mats Sundin, des Maple Leafs de Toronto, fut le premier joueur à marquer son 500e but en carrière en prolongation. Sundin, Gordie Howe et Keith Tkachuk furent les seuls joueurs à compter leur 500e but en infériorité numérique ; 13 joueurs le marquèrent en supériorité numérique. Enfin, 14 joueurs inscrivirent 500 buts avec la même équipe : Maurice Richard, Gordie Howe, Bobby Hull, Jean Béliveau, Stan Mikita, Guy Lafleur, Mike Bossy, Gilbert Perreault, Wayne Gretzky, Bryan Trottier, Mario Lemieux, Steve Yzerman, Joe Sakic et Mike Modano.

Les 564 buts et 1349 points en 18 saisons de Mats Sundin sont un record de tous les temps chez les joueurs suédois de la LNH.

LES 1000 POINTS

Le 4 avril 1987, Denis Potvin des Islanders de New York marqua un but qui lui valut son 1000e point en carrière. Potvin fut le troisième joueur des Islanders en autant d'années, avec Bryan Trottier et Mike Bossy, à atteindre cette marque. Il fut aussi le 21e joueur de la LNH et le seul défenseur à le faire. Depuis, les défenseurs Paul Coffey, Raymond Bourque, Larry Murphy, Phil Housley, Al MacInnis, Brian Leetch et Nicklas Lidstrom ont tous atteint les 1000 points.

◀ *Denis Potvin inscrivit 310 buts et 742 aides pour 1052 points au cours d'une carrière de 15 saisons dans la LNH, exclusivement au sein des Islanders de New York.*

▶ *Mike Gartner a atteint les 50 buts seulement une saison, mais sa remarquable constance au fil de 19 saisons lui a valu 708 buts en carrière.*

20 ET 30 BUTS

Gordie Howe a atteint la barre des 20 buts un nombre record de 22 fois en carrière, en 22 saisons d'affilée, de 1949-1950 à 1970-1971. Ron Francis est le seul autre joueur dans l'histoire de la LNH à avoir atteint les 20 buts 20 fois. Mike Gartner détient le record de 17 saisons de 30 buts ou plus, dont 15 saisons de suite, de 1979-1980 à 1993-1994. Jaromir Jagr a aussi marqué 30 buts 15 saisons de suite, de 1991-1992 à 2006-2007.

PLUS DE 40

Wayne Gretzky a marqué 40 buts et plus un nombre record de 12 fois en carrière, de son année de recrue en 1979-1980 jusqu'en 1990-1991. Marcel Dionne et Mario Lemieux ont tous deux marqué 40 buts et plus à 10 reprises. Gretzky est le seul joueur dans l'histoire à avoir dépassé les 60 buts 4 années de suite, ce qu'il a fait de 1981-1982 à 1984-1985. Mike Bossy et Brett Hull ont tous deux atteint les 60 buts 3 saisons de suite pendant leur carrière.

LE RECORD DE BOSSY

Mike Bossy n'a joué que 10 saisons dans la LNH, mais il a atteint les 50 buts 9 fois en carrière, ne ratant l'exploit qu'au cours de sa dernière année, lorsque des blessures le limitèrent à 38 buts en 63 matchs. Sa moyenne de buts par match, 0,762, demeure inégalée, et seul Wayne Gretzky égale son total en carrière de 5 saisons avec 60 buts ou plus. Phil Esposito et Mario Lemieux ont tous deux marqué 60 buts ou plus à 4 reprises pendant leur carrière.

◀ *Lorsque Maurice Richard a marqué son 500e but en 1957, seuls Gordie Howe, Nels Stewart et Ted Lindsay avaient atteint la marque des 300 buts.*

JOUEURS RETRAITÉS LE PLUS PRÈS DES 500 POINTS

	Saisons	Parties	Buts
Glenn Anderson, Edm, Tor, NY (R), St.L	16	1129	498
Jean Ratelle, NY (R), Bos	21	1281	491
Norm Ullman, Det, Tor	20	1410	490
Brian Bellows, Min, Mtl, T.B., Ana, Wsh	17	1188	485
Darryl Sittler, Tor, Phi, Det	15	1096	484
Sergei Fedorov, Det, Ana, CBJ, Wsh	18	1248	483
Bernie Nicholls, L.A., NY (R), Edm, N.J., Chi, S.J.	18	1127	475
Alexander Mogilny, Buf, Van, N.J., Tor	16	990	473
Denis Savard, Chi, Mtl, T.B.	17	1196	473
Pat LaFontaine, NY (I), Buf, NY (R)	15	865	468

JOUEURS RETRAITÉS LE PLUS PRÈS DES 1000 POINTS

	Saisons	Parties	Buts	Aides	Points
Rick Middleton, NY (R), Bos	14	1005	448	540	988
Dave Keon, Tor, Hfd	18	1296	396	590	986
Andy Bathgate, NY (R), Tor, Det, Pit	17	1069	349	624	973
Maurice Richard, Mtl	18	978	544	421	965
Kirk Muller, N.J., Mtl, NY (I), Tor, Fla, Dal	19	1349	357	602	959
Larry Robinson, Mtl, L.A.	20	1384	208	750	958
Rick Tocchet, Phi, Pit, L.A., Bos, Wsh, Phx	18	1144	440	512	952
Chris Chelios, Mtl, Chi, Det, Atl	26	1651	185	763	948
Steve Thomas, Tor, Chi, NY (I), N.J., Ana, Det	20	1235	421	512	933
Neal Broten, Min, Dal, N.J., L.A.	17	1099	289	634	923

RECORDS DE GARDIENS DE BUT

Les gardiens de but ont déjà joué sans masque, et leur équipement, malgré son poids, n'amortissait guère la douleur. Même certains des plus grands de tous les temps eurent du mal à supporter la pression associée à ce poste. « Quand vous êtes au travail ou au bureau, dit un jour Jacques Plante, aimeriez-vous qu'un voyant rouge s'allume dès que vous faites une erreur et que 18 000 personnes se mettent à hurler ?… » Un meilleur équipement et un meilleur entraînement ont allégé la pression que subissaient les gardiens du but, mais il faut encore des tripes pour se tenir prêt à arrêter une rondelle qui arrive à 160 km/h !

▶ *Martin Brodeur est l'un des deux gardiens de but de la LNH qui ont inscrit plus de dix blanchissages à quatre reprises. L'autre est Terry Sawchuk.*

LES RECORDS DE TERRY SAWCHUK

Pendant des années, Terry Sawchuk domina les records des gardiens de but. En 971 matchs, ses 447 victoires et ses 103 blanchissages étaient considérés comme des records inatteignables en carrière et son record de 44 victoires en une saison (établi avec Detroit en 1950-1951 et 1951-1952) demeura inégalé jusqu'en 1973-1974, lorsque Bernie Parent gagna 47 matchs pour Philadelphie. Sawchuk surpassa les 333 victoires en carrière d'Harry Lumley en 1961-1962 et fut le meneur de tous les temps jusqu'à ce que Patrick Roy gagne son 448e match le 17 octobre 2000.

◀ *Terry Sawchuk a détenu le record en carrière de la LNH pour le nombre de victoires en 38 saisons et il a été le roi des blanchissages pendant 45 ans.*

ELLIOTT EXCELLE

Bien que le gardien Brian Elliott des Blues de St.Louis fut considéré comme un joueur de réserve, son jeu lors de la saison 2011-2012 fut spectaculaire. Ayant joué dans 38 matchs, il termina la saison avec une moyenne de buts accordés de 1,56, après avoir inscrit neuf blanchissages. Il battait ainsi le record précédent de 1,69, établi en 2003-2004 par Mikka Kiprusoff des Flames de Calgary.

LE MOMENT DE THOMAS

Pour Tim Thomas, la saison 2010-2011 fut exceptionnelle. Le gardien de but des Bruins de Boston brisa le record détenu par Dominik Hasek de la LNH en inscrivant un pourcentage d'arrêt de 0,983, soit une avance de 0,001 sur le gardien des Sabres de Buffalo de l'époque. Thomas remporterait ensuite son second trophée Vézina et deviendrait le second joueur d'origine américaine (après le défenseur Brian Leetch des Rangers de New York) et le premier gardien de ce pays à se mériter le trophée Conn Smythe.

RECORD EN UNE SAISON

En 2006-2007, le record de Bernie Parent de 47 victoires en 1973-1974 durait depuis 23 ans… le temps qu'il avait fallu pour que Parent surpasse Terry Sawchuk. Le 3 avril 2007, Martin Brodeur égala le record de Parent en une saison lors d'une victoire en tir de fusillade de 2-1 contre les Sénateurs d'Ottawa. Trois jours plus tard, il inscrivit sa 48e victoire avec la marque de 3-2 sur l'ancienne équipe de Parent à Philadelphie. Parent n'avait pas eu l'avantage d'une prolongation ou de victoires en tir de fusillade.

◀ *Bernie Parent a inscrit un record de 47 victoires, 13 défaites et 12 matchs nuls avec les Flyers de Philadelphie en 1973-1974.*

RECORD DE BLANCHISSAGES

En 2008-2009, Martin Brodeur fut absent 16 semaines en raison de sa première blessure grave (tendon du biceps déchiré), mais il revint au jeu le 26 février 2009 et inscrivit son 99e blanchissage en carrière. Deux matchs plus tard, le 1er mars, il en inscrivit un 100e, et termina la saison avec 101 blanchissages. Le 21 décembre 2009, il fit 35 arrêts dans une victoire de 4-0 sur Pittsburgh, et fracassa le record de la LNH de Terry Sawchuk avec un 104e blanchissage en carrière.

AUTRE RECORD DE BLANCHISSAGES

Martin Brodeur avait fracassé le record de blanchissages de Terry Sawchuk dans la LNH, mais pas celui de George Hainsworth, qui avait inscrit 94 blanchissages pendant sa carrière dans la LNH avec Montréal et Toronto dans les années 1920 et 1930, mais aussi 10 blanchissages lorsqu'il jouait pour Saskatoon dans la ligue rivale, la WHL, pour un total de 104 blanchissages. Brodeur inscrivit son 105e blanchissage le 30 décembre 2009, de nouveau face à Pittsburgh au compte de 2-0.

▶ *Pour les victoires, Patrick Roy n'a dominé la LNH que deux fois… mais il a remporté la Coupe Stanley à quatre reprises.*

SÉRIE DE BLANCHISSAGES

Pendant la saison 1927-1928, à l'époque où les passes avant n'étaient pas permises dans la zone offensive, Alec Connell des Sénateurs d'Ottawa établit un record de tous les temps en inscrivant des blanchissages lors de six matchs consécutifs, tout en empêchant qu'un but soit marqué pendant 416 minutes 29 secondes de jeu. En 2003-2004, Brian Boucher des Coyotes de Phœnix établit un record moderne avec cinq blanchissages consécutifs et 332 minutes 1 seconde sans but.

SMITH SAIT BLANCHIR

Mike Smith inscrivit son troisième blanchissage consécutif de manière spectaculaire. Le 3 avril 2012, le gardien des Coyotes de Phoenix repoussa 54 tirs au but lors du match qui assura une victoire de 2-0 contre les Blue Jackets de Columbus. C'était le plus grand nombre d'arrêts effectués au cours d'un blanchissage depuis que la LNH avait commencé à compiler cette statistique en 1956. Smith inscrivit huit blanchissages au cours de la saison, assurant aux Coyote le titre de champions de la division Pacifique.

LE PLUS GRAND NOMBRE DE BLANCHISSAGES EN UNE SAISON (DE TOUS LES TEMPS)

22	George Hainsworth, Montréal, 1928-1929	44 PJ
15	Alec Connell, Ottawa, 1925-1926	36 PJ
	Alec Connell, Ottawa, 1927-1928	44 PJ
	Hal Winkler, Boston, 1927-1928	44 PJ
	Tony Esposito, Chicago, 1969-1970	63 PJ
14	George Hainsworth, Montreal, 1926-1927	44 PJ

◀ *Probablement personne n'égalera jamais les 22 blanchissages que George Hainsworth inscrivit en 1928-1929 ni sa moyenne de buts alloués de 0,92.*

LE PLUS GRAND NOMBRE DE BLANCHISSAGES EN UNE SAISON (DEPUIS L'APPARITION DE LA LIGNE ROUGE CENTRALE EN 1943-1944)

15	Tony Esposito, Chicago, 1969-1970	76 PJ
13	Harry Lumley, Toronto, 1953-1954	70 PJ
	Dominik Hasek, Buffalo, 1997-1998	82 PJ
12	Terry Sawchuk, Detroit, 1951-1952	70 PJ
	Terry Sawchuk, Detroit, 1953-1954	70 PJ
	Terry Sawchuk, Detroit, 1954-1955	70 PJ
	Glenn Hall, Detroit, 1955-1956	70 PJ
	Bernie Parent, Philadelphie, 1973-1974	78 PJ
	Bernie Parent, Philadelphie, 1974-1975	80 PJ
	Martin Brodeur, New Jersey, 2006-2007	82 PJ

SAINT PATRICK

Le 27 décembre 2001, Patrick Roy devint le premier gardien de l'histoire à cumuler 500 victoires au cours de la saison régulière grâce à un blanchissage de 2-0 contre les Stars de Dallas. Roy, qui porta ensuite ce nombre à 551, a disputé 1029 matchs, battant ainsi le record de Terry Sawchuk. Il détient également plusieurs records en carrière pour les séries éliminatoires, dont le plus grand nombre de matchs disputés par un gardien (247), le plus grand nombre de minutes (15 209) et le plus grand nombre de victoires (151). Il suit de près (23) Martin Brodeur (24) pour le nombre de blanchissages en série éliminatoire.

CINQUIÈME PARTIE
TROPHÉES DE LA LNH/ ÉTOILES/REPÊCHAGE D'ENTRÉE

Pour la majorité des joueurs, tout commence par le repêchage amateur de la LNH. Les meilleurs d'entre eux se verront attribuer des honneurs individuels et courront la chance d'être sélectionnés sur l'équipe d'étoiles ou sur l'équipe d'étoiles des recrues.

▶ *Au cours de sa brillante carrière, Niclas Lidstrom, défenseur et capitaine des Red Wings de Detroit, a remporté le trophée James Morris sept fois, soit une de moins que le détenteur du record, le légendaire Bobby Orr des Bruins de Boston.*

TROPHÉE INDIVIDUEL I – JOUEUR LE PLUS UTILE À SON ÉQUIPE

Le trophée Hart a reçu l'aval des directeurs de la LNH au cours d'une réunion extraordinaire des gouverneurs le 9 février 1924. Le docteur David Hart, père de Cecil Hart (directeur-gérant et futur entraîneur des Canadiens), fit don du trophée qui serait dorénavant remis au joueur qui aura été « le plus utile » à son équipe. Le trophée Hart fut le premier trophée individuel de l'histoire de la LNH. En 1960, un nouveau trophée Hart remplacera l'ancien, à la mémoire de Cecil Hart cette-fois-ci. Le récipiendaire est choisi par les membres de l'association des professionnels de la presse écrite, et le vote se tient à la fin de la saison régulière.

LE PREMIER GAGNANT

Frank Nighbor des Sénateurs d'Ottawa est le premier récipiendaire du trophée Hart, pour la saison 1923-1924. Considéré comme le meilleur avant défensif de la ligue, Nighbor reçoit un total de 38 votes tandis que Sprague Cleghorn, le défenseur des Canadiens de Montréal, en récolte 37. Le trophée lui sera remis par le président de la LNH, Frank Calder, et le lieutenant-général, Lord Julian Byng, sur la patinoire d'Ottawa, avant le match de la série contre les Canadiens le 11 mars 1924.

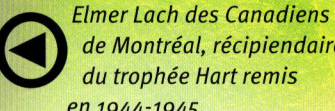

Elmer Lach des Canadiens de Montréal, récipiendaire du trophée Hart remis en 1944-1945.

LA SÉQUENCE STRATFORD

Des rumeurs veulent que Howie Morenz ait supplié les Canadiens de Montréal de déchirer son premier contrat professionnel parce qu'il craignait de ne pas être à la hauteur! Il n'avait pourtant pas à s'inquiéter, car lors de sa première saison en tant que recrue avec les Canadiens, il mènera son équipe jusqu'à la Coupe Stanley en 1923-1924 et sera vite considéré comme un joueur vedette. Il remporte le trophée Hart pour la première fois en 1928 et devient le premier à le gagner coup sur coup, en 1931 et 1932.

L'EXPLOIT DE CAMPBELL

À l'issue de la saison 2011-2012, Brian Campbell devint le troisième défenseur depuis 1954 à recevoir le trophée Lady-Byng. Le joueur des Panthers de la Floride n'a récolté que trois pénalités mineures malgré un temps de glace record de 26 minutes 53 secondes par match. Red Kelly était le dernier défenseur à recevoir le trophée, qu'il avait également remporté pour une quatrième fois en 1961, alors qu'il jouait comme centre.

L'AUTRE RECRUE

Wayne Gretzky est le seul joueur recrue à avoir gagné le trophée Hart dans l'histoire de la LNH, et il le remportera neuf fois d'affilée à partir de 1979-1980. Techniquement, Gretzky n'était pas considéré comme une recrue puisqu'il avait passé la saison précédente en tant que joueur professionnel dans l'Association mondiale de hockey, alors qu'il n'était âgé que de 17 ans. Il n'était pas éligible au trophée Calder attribué au meilleur joueur recrue, mais a reçu le trophée Hart et le trophée Lady-Byng.

MEILLEURS JOUEURS RECRUES

Nels Stewart est joueur recrue chez les Maroons de Montréal en 1925-1926. Meilleur buteur de la LNH cette saison-là, il mènera son équipe, qui n'en est qu'à sa deuxième saison dans la ligue, jusqu'à la Coupe Stanley. Stewart remporte également le trophée Hart en tant que joueur le plus utile de la ligue. Un an plus tard, Herb Gardiner des Canadiens mérite le trophée Hart après une première saison au sein de la LNH, bien qu'il ait passé cinq saisons dans la Western Hockey League à titre de joueur professionnel.

UNE VALEUR SÛRE

Même si à son époque le trophée Norris, récompensant le meilleur défenseur de la ligue, n'existait pas, il ne fait aucun doute qu'Eddie Shore était le meilleur défenseur de la ligue. Aussi robuste que talentueux, Shore ne se gênait pas pour marquer des buts. Il remporte le trophée Hart pour la première fois en 1933, puis en 1935 et 1936. Lorsque le trophée lui est de nouveau décerné en 1938, Shore devient le premier joueur dans l'histoire de la LNH à remporter quatre fois le titre du joueur le plus utile à son équipe.

LES DERNIERS SERONT LES PREMIERS

Tom Anderson a été un attaquant pendant sept saisons avant de se convertir à la défense avec les Americans de Brooklyn en 1941-1942. Malgré le fait que son équipe occupe la dernière position du classement de la LNH, Anderson établit une marque personnelle pour les points en une saison et gagne le trophée Hart. Le seul autre joueur à être nommé le joueur le plus utile de la ligue alors que son équipe occupe la dernière place du classement est le gardien de but Al Rollins des Blackhawks de Chicago, en 1954, qui gagnera le trophée Hart malgré la fiche désastreuse de son équipe, de 12-51-7.

LES HOMMES MASQUÉS

Al Rollins est l'un des six gardiens de but à avoir gagné le trophée Hart, incluant Dominik Hasek, qui est le seul à l'avoir gagné deux fois, deux saisons d'affilée, avec les Sabres de Buffalo en 1997 et en 1998. Les autres gardiens de but qui ont reçu le trophée Hart sont : Roy Worters, Americans de New York, 1928; Chuck Rayner, Rangers de New York, 1950; Jacques Plante, Canadiens de Montréal, 1962 et José Théodore, Canadiens de Montréal, 2002.

◀ *Dominik Hasek est le seul gardien de but à avoir gagné le trophée Hart deux fois. Il a également remporté le trophée Vézina à six reprises.*

EVGENI LE GRAND

Evgeni Malkin des Penguins de Pittsburgh s'est mérité son premier trophée Hart après que 144 des 149 votants lui aient accordé la première place. La performance du talentueux Russe fut telle qu'il déclassa Steven Stamkos des Lightning de Tampa Bay, qui avait compté 60 buts et s'était mérité le trophée Rocket Richard. Malkin remporta également les trophées Art Ross et Ted Lindsay après avoir pris la tête de la ligue en cumulant 109 points (50 buts, 59 aides).

AU COUDE À COUDE

José Théodore a remporté le trophée Hart en 2002 après le vote le plus serré de l'histoire. En fait, Théodore et Jarome Iginla des Flames de Calgary ont obtenu chacun 483 points, mais le gardien de but des Canadiens a été déclaré vainqueur parce qu'il avait reçu 26 votes de première place alors que Iginla n'en avait reçu que 23. Théodore gagne de la même façon le trophée Vézina aux dépens de Patrick Roy de l'Avalanche du Colorado, les deux gardiens de but ayant fini avec le même nombre de points, mais Théodore ayant reçu plus de votes de première place que Roy.

EN FAVEUR DE LA DÉFENSE

Bobby Orr devient le premier joueur de l'histoire à remporter le trophée Hart durant trois ans d'affilée lorsqu'il sera nommé joueur le plus utile en 1970, en 1971 et en 1972. Orr est le premier défenseur à mériter le trophée Hart depuis la création du trophée Norris en 1954. Le seul défenseur qui a gagné ce trophée depuis est Chris Pronger avec les Blues de St. Louis en 2000.

▲ *Chris Pronger gagne le trophée Hart et le trophée Norris durant la saison 1999-2000 avec les Blues de St. Louis.*

LE CHOIX DU JOUEUR

Le trophée Lester-B-Pearson, créé en 1971, a été rebaptisé le trophée Ted-Lindsay en 2010. Il récompense le meilleur joueur sur glace choisi par ses pairs de l'Association des joueurs de la Ligue nationale de hockey. Quatorze joueurs ont reçu les trophées Hart et Lindsay au cours de la même saison: Guy Lafleur, Wayne Gretzky, Mario Lemieux, Mark Messier, Brett Hull, Sergei Fedorov, Eric Lindros, Dominik Hasek, Jaromir Jagr, Joe Sakic, Martin St. Louis, Sidney Crosby, Alex Ovechkin et Evgeni Malkin.

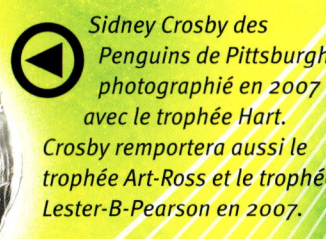

◀ *Sidney Crosby des Penguins de Pittsburgh, photographié en 2007 avec le trophée Hart. Crosby remportera aussi le trophée Art-Ross et le trophée Lester-B-Pearson en 2007.*

◀ *Alex Ovechkin des Capitals de Washington gagne le trophée Hart en 2008 et en 2009.*

CEUX QUI ONT REMPORTÉ LE PLUS DE FOIS LE TROPHÉE HART

9	Wayne Gretzky
6	Gordie Howe
4	Eddie Shore
3	Mario Lemieux
3	Bobby Clarke
3	Bobby Orr
3	Howie Morenz

TROPHÉE INDIVIDUEL II – GARDIEN DE BUT PAR EXCELLENCE

Le 14 mai 1927, la LNH prend officiellement possession du trophée Vézina au cours d'une réunion de la ligue. Les propriétaires des Canadiens de Montréal ont offert le trophée à la mémoire du gardien de but Georges Vézina, mort de la tuberculose le 27 mai 1926. Jusqu'à la saison 1981-1982, le trophée Vézina était remis à un ou plusieurs gardiens de l'équipe qui avait accordé le moins de buts durant la saison régulière. Depuis, le trophée récompense le gardien par excellence élu par les directeurs-gérants de toutes les équipes de la ligue. Le trophée William-M.-Jennings a été présenté à la LNH le 8 décembre 1981 pour honorer les gardiens de but de l'équipe qui a accordé le moins de but.

GEORGE REMPLACE GEORGES

Les Canadiens de Montréal ont connu une dure saison en 1925-1926 alors que Georges Vézina est trop souffrant pour revenir au jeu. Ils embauchent George Hainsworth pour la saison 1926-1927 sur la recommandation de l'ancienne vedette des Canadiens, Newsy Lalonde, qui a joué avec lui dans la Western Hockey League durant trois saisons à Saskatoon. Hainsworth jouera toutes les minutes de tous les matchs pour les Canadiens pendant les trois saisons suivantes et gagnera le trophée Vézina à chacune de ces trois années.

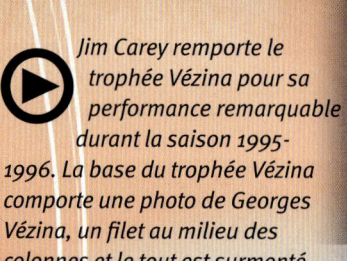

Jim Carey remporte le trophée Vézina pour sa performance remarquable durant la saison 1995-1996. La base du trophée Vézina comporte une photo de Georges Vézina, un filet au milieu des colonnes et le tout est surmonté d'une rondelle de hockey.

TINY THOMPSON, PLUS GRAND QUE NATURE

À l'époque où la plupart des gardiens de but sont relativement petits, Cecil « Tiny » Thompson fait tout de même 1,77 m (5 pi 10 po). Son surnom lui vient probablement de sa moyenne de buts alloués par match. Thompson affiche une moyenne de 1,15 but alloué par match durant sa première saison avec les Bruins de Boston en 1928-1929. Lorsque les règles des passes avant seront modernisées en 1929-1930, la moyenne de Thompson passera à 2,19 buts alloués. Cette marque demeure, et de loin, la meilleure dans la ligue et lui vaudra le trophée Vézina. Il remportera ce trophée à quatre reprises au cours de sa carrière.

DURNAN, À LA HAUTEUR DES ATTENTES

Bill Durnan, 27 ans, fera son entrée dans la LNH en 1943-1944 en tant que recrue des Canadiens de Montréal. Il ne connaîtra que sept saisons dans la LNH, mais remportera le trophée Vézina six fois. Ambidextre, Durnan manie le bâton et attrape la rondelle avec l'une ou l'autre de ses mains. Il portera des gants adaptés à cette caractéristique. Malgré sa renommée, la pression du poste le plus exigeant au hockey aura finalement raison de Durnan, qui prendra sa retraite en 1950.

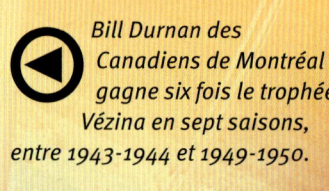

Bill Durnan des Canadiens de Montréal gagne six fois le trophée Vézina en sept saisons, entre 1943-1944 et 1949-1950.

DEUX GARDIENS, UN VAINQUEUR

Bien que les équipes de la LNH puissent s'en tenir à un seul gardien de but jusqu'en 1965-1966, les Maple Leafs de 1950-1951 partageront la responsabilité du filet entre Turk Broda et Al Rolling. À eux deux, ils ont alloué moins de buts (139-138) que Terry Sawchuk, qui participera aux 70 matchs disputés par Detroit. Le changement du règlement durant les années 1960 aurait permis aux deux gardiens de but d'obtenir le trophée Vézina, mais Rollins le recevra seul, car il a joué plus de matchs que Broda.

DEUX GARDIENS, DEUX VAINQUEURS

En 1964-1965, une autre paire de gardiens de but des Maple Leafs de Toronto devance les Red Wings de Detroit et établit la meilleure fiche en défensive de la LNH. Terry Sawchuk fait maintenant partie des Maple Leafs et a disputé 36 matchs, et Johnny Bower, 34. Au début, la LNH comptait n'inscrire que le nom de Sawchuk sur le trophée Vézina, mais suite à une réunion de la ligue en juin, il sera décidé que puisque chacun a joué au moins 25 matchs, les deux noms seront inscrits.

DEUX ÉQUIPES GAGNANTES

Une seule fois dans l'histoire de la LNH, deux équipes finiront ex æquo pour le plus petit nombre de buts accordés. En 1973-1974, les Flyers de Philadelphie et les Blackhawks de Chicago n'ont tous deux alloué que 164 buts durant la saison de 78 matchs. Bernie Parent des Flyers et Tony Esposito des Blackhawks ayant été les seuls gardiens de but de leur équipe à avoir joué au moins 25 matchs verront donc leur nom gravé sur le trophée Vézina. De plus, chacun recevra la somme de 1500 $.

▶ *Tony Esposito a remporté le trophée Vézina trois fois : une fois seul, une fois avec Gary Smith des Blackhawks de Chicago, et une autre fois ex æquo avec Bernie Parent des Flyers de Philadelphie.*

WILLIAM JENNINGS

Bill Jennings entre dans le milieu du hockey en 1959, en tant qu'avocat-conseil pour la Graham-Paige Corporation qui vient d'acquérir des parts de la Madison Square Garden Corporation, propriétaire des Rangers de New York. Jennings s'implique auprès des Rangers, devient président de la franchise en 1962 et sera un chaud partisan de l'expansion de la LNH. Le trophée William-M.-Jennings, ainsi nommé en son honneur, est remis chaque année au(x) gardien(s) de but de l'équipe qui a accordé le moins de buts.

AU SEPTIÈME CIEL

Alors qu'ils remportent la Coupe Stanley cinq fois d'affilée, de 1956 à 1960, les Canadiens de Montréal mènent la LNH tant au chapitre des buts marqués que des buts accordés, ce qui mérite à Jacques Plante le trophée Vézina cinq saisons consécutives. Plante gagnera le trophée une sixième fois en 1961-1962, lorsque son jeu brillant sera aussi récompensé par le trophée Hart. Avec les Blues de St. Louis, il remporte le trophée Vézina pour une septième fois, honneur qu'il partage avec Glenn Hall en 1968-1969.

LE « KING » COURONNÉ

Après s'être classé second à trois reprises, le gardien des Rangers de New York Henrik Lundqvist se mérita finalement le trophée Vézina en 2012. Celui qu'on surnomma le « King » fut le premier gardien de l'histoire de la LNH à établir un record de 30 victoires lors de chacune de ses sept premières saisons au sein de la ligue. Il termina la saison 2011-2012 avec une marque de 39-18-5, huit blanchissages et une moyenne de buts accordés de 1,97.

« LE DOMINATOR »

Depuis 1981-1982, lorsque les directeurs-gérants ont commencé à voter pour le gagnant du trophée Vézina, personne ne l'a remporté plus souvent que Dominik Hasek. Vedette du hockey en Europe, peu utilisé durant ses premières saisons dans la LNH, « le Dominator » s'impose comme vedette avec les Sabres de Buffalo en 1994-1995. Hasek gagne le trophée Vézina pour la première fois cette saison-là et le remportera cinq autres fois durant les sept saisons suivantes.

CEUX QUI ONT GAGNÉ LE PLUS DE TROPHÉES VÉZINA

7	Jacques Plante
6	Dominik Hasek
6	Bill Durnan
5	Ken Dryden
4	Martin Brodeur
4	Michel Larocque
4	Terry Sawchuk
4	Tiny Thompson

CEUX QUI ONT GAGNÉ LE PLUS DE TROPHÉES JENNINGS

5	Martin Brodeur
5	Patrick Roy
4	Ed Belfour
3	Dominik Hasek
3	Brian Hayward
2	Roman Turek

▶ *Martin Brodeur des Devils du New Jersey, dont le nombre de victoires et de jeux blancs en font le meneur de tous les temps à la LNH. Il est aussi parmi ceux qui ont le plus souvent gagné les trophées Vézina et Jennings.*

TROPHÉES INDIVIDUELS III – LES AUTRES TROPHÉES

Depuis la donation du trophée Hart en 1924, la LNH a cumulé un nombre impressionnant de trophées, remis chaque année aux joueurs qui se sont démarqués. Certains sont octroyés sur la base des statistiques compilées durant la saison régulière, mais la plupart sont attribués par le vote des membres de l'Association professionnelle des journalistes sportifs ou de tout autre groupe issu du milieu du hockey. La plupart des trophées récompensent la performance en saison régulière et sont remis après la finale de la Coupe Stanley au cours d'un gala dont la transmission télévisuelle est devenue un événement très suivi.

TROPHÉE CALDER

En 1933, La Presse Canadienne tient un scrutin pour déterminer qui est le meilleur joueur recrue de l'année au sein de la LNH. De 1937 jusqu'à sa mort en 1943, le président de la LNH, Frank Calder, se procure un nouveau trophée chaque année pour récompenser la meilleure recrue. Après son décès, la LNH crée le trophée Calder. Pour être éligible, le joueur ne doit pas avoir disputé plus de 25 matchs lors d'une précédente saison ni joué plus de 6 matchs dans chacune des deux précédentes saisons.

TROPHÉE ART-ROSS

Ce trophée présenté à la LNH en 1947 est remis au meilleur compteur de la ligue. Si plusieurs joueurs sont à égalité pour le nombre de points (ce qui s'est produit à trois occasions), le trophée ira à celui qui a marqué le plus de buts et si l'égalité persiste, le trophée ira à celui qui a joué le moins de matchs. Elmer Lach des Canadiens de Montréal a été le premier récipiendaire en 1947-1948. Wayne Gretzky a remporté dix fois le trophée Art-Ross.

◀ *Elmer Lach a été le meilleur compteur de la LNH à deux reprises : la première fois en 1944-1945 avant la création du trophée Art-Ross et la seconde fois en 1947-1948.*

TROPHÉE NORRIS

Le trophée Norris a été présenté à la LNH en 1953, par les quatre enfants de James Norris, en l'honneur de l'ancien président et propriétaire des Red Wings de Detroit. Ce trophée récompense chaque année le défenseur qui s'est le plus illustré tout au long de la saison. Red Kelly des Red Wings a été le premier récipiendaire en 1953-1954. Le joueur étoile Bobby Orr des Bruins de Boston a gagné huit fois le trophée Norris.

▶ *Bobby Orr gagne le trophée Norris du meilleur défenseur de la LNH pendant huit saisons d'affilée, de 1967-1968 à 1974-1975.*

▶ *Frank Boucher a gagné le trophée Lady-Byng sept fois en huit saisons, de 1927-1928 à 1934-1935. On lui a donné le trophée original.*

TROPHÉE LADY-BYNG

En 1925, la femme du gouverneur général de l'époque, Lady Evelyn Byng, présente un trophée pour récompenser l'esprit sportif. Le premier récipiendaire de la saison 1924-1925 sera Frank Nighbor des Sénateurs d'Ottawa. Lady Byng offre un nouveau trophée en 1936 lorsque Frank Boucher des Rangers de New York est autorisé à conserver l'original après l'avoir remporté sept fois en huit saisons. Après sa mort en 1949, la LNH présente un nouveau trophée à la mémoire de Lady Byng (Lady Byng Memorial Trophy).

TROPHÉE SELKE

Le trophée Selke est remis au meilleur attaquant défensif de la LNH. Il a été offert en 1977 par le conseil des gouverneurs de la LNH en l'honneur de Frank J. Selke, un des grands architectes des équipes championnes de Montréal et de Toronto. Bob Gainey des Canadiens de Montréal remporte le trophée les quatre premières saisons et depuis, ce trophée a été gagné trois fois par Guy Carbonneau des Canadiens, Jere Lehtinen des Stars de Dallas et Pavel Datsyuk des Red Wings de Detroit. En 2011-2012, il sera remis à Patrice Bergeron de Boston.

TROPHÉE BILL-MASTERTON

Le trophée Bill-Masterton a été présenté en 1968 par l'Association professionnelle des journalistes sportifs en hommage à Bill Masterton, un joueur des North Stars du Minnesota mort le 15 janvier 1968, des suites d'une blessure subie au cours d'un match de hockey. Il est remis à un joueur de la LNH qui s'est illustré par ses qualités de persévérance, d'esprit sportif et de dévouement au hockey. Chaque équipe de la LNH propose un joueur parmi lesquels le gagnant sera choisi.

▲ *Bob Gainey a mérité le trophée Selke quatre saisons d'affilée, de 1977-1978 à 1980-1981.*

▶ *Pat Burns est le seul entraîneur qui a mérité trois fois le trophée Jack-Adams, avec les Canadiens en 1989, les Maple Leafs en 1993 et les Bruins en 1998.*

TROPHÉE JACK-ADAMS

Le trophée Jack Adams est remis chaque année à l'entraîneur de la LNH qui a le plus contribué au succès de son équipe. À la fin de la saison régulière, le gagnant est choisi par un vote des membres de l'Association des diffuseurs de la LNH. Ce trophée a été présenté à la LNH en 1974 pour honorer la mémoire de feu Jack Adams, entraîneur émérite et directeur général des Red Wings de Detroit. Le regretté Pat Burns est le seul à l'avoir remporté trois fois tandis que Ken Hitchcock de St.Louis récoltait son premier en 2011-2012.

TROPHÉE KING-CLANCY

Le trophée King-Clancy est remis chaque année au joueur ayant démontré des qualités de leader tant sur la glace qu'à l'extérieur et qui a contribué de façon notoire à sa communauté. Ce trophée a été offert par le conseil des gouverneurs en 1988 en hommage à King Clancy, une des figures les plus populaires du hockey professionnel. Occupant tour à tour les postes de joueur, d'entraîneur et de gérant dans la LNH, la carrière de Francis Michael « King » Clancy s'est échelonnée sur plus de 60 ans.

TROPHÉE MAURICE-RICHARD

Le trophée de Maurice « Rocket » Richard est décerné au meilleur buteur de la saison régulière de la LNH. Contrairement au trophée Art-Ross, aucune disposition n'est prévue en cas d'égalité entre deux joueurs. En 1999, le trophée a été présenté par les Canadiens de Montréal à la LNH pour honorer la mémoire de Maurice Richard, meilleur buteur de la ligue à cinq reprises et premier joueur de l'histoire à marquer 50 buts en une saison et 500 en carrière.

DIRECTEUR GÉNÉRAL DE L'ANNÉE

Le prix du directeur général de l'année de la LNH a été créé en 2009-2010 pour reconnaître le travail de ces derniers au sein de la ligue. Les 30 directeurs généraux ainsi que les cadres supérieurs de la LNH et les journalistes de la presse écrite et télévisée sont invités à voter à la fin de la saison régulière. Le prix a été attribué la première fois à Don Maloney des Coyotes de Phoenix durant la finale de la Coupe Stanley 2010.

TROPHÉE MARK-MESSIER

Le trophée Mark-Messier a été présenté la première fois en 2007. Il est remis à un joueur qui donne l'exemple par ses performances sur la glace, qui inspire ses coéquipiers et qui est dédié à des activités communautaires et à des œuvres de charité. Mark Messier, considéré comme l'un des plus grands leaders de l'histoire de la LNH, sollicite des suggestions des membres du personnel de la LNH et des fans, mais la sélection des trois finalistes ainsi que le choix du gagnant sont laissés entièrement à sa discrétion.

ÉQUIPES D'ÉTOILES
(INCLUANT L'ÉQUIPE D'ÉTOILES DES RECRUES)

À la fin de chaque saison depuis 1930-1931, la LNH répertorie les joueurs participant à la première et à la deuxième équipe d'étoiles. Bien que ces listes ont souvent servi à organiser les équipes pour le match des étoiles annuel de la LNH, être choisi pour faire partie de la première ou de la deuxième équipe d'étoiles est un honneur distinct. Les membres de l'Association professionnelle des journalistes sportifs votent pour les joueurs de leur choix à la fin de la saison. Raymond Bourque a été choisi 13 fois sur la première équipe d'étoiles, et Gordie Howe a été sélectionné en tout 21 fois (12 fois à la première équipe, 9 à la deuxième).

LA PREMIÈRE FOIS

Le mois précédant la fin de la saison 1930-1931, La Presse Canadienne a demandé à 37 réviseurs de nouvelles sportives dans les journaux des villes de la LNH de choisir par scrutin les joueurs pour les première et deuxième équipes d'étoiles. Voici les résultats :

Première équipe		Deuxième équipe
Charlie Gardiner, Chi	G	Tiny Thompson, Bos
Eddie Shore, Bos	D	Sylvio Mantha, Mtl
King Clancy, Tor	D	Ching Johnson, NY (R)
Howie Morenz, Mtl	C	Frank Boucher, NY (R)
Bill Cook, NY (R)	AD	Dit Clapper, Bos
Aurel Joliat, Mtl	AG	Bun Cook, NY (R)

ENTRAÎNEURS ÉTOILES

De 1930-1931 à 1945-1946, la sélection de la première et de la deuxième équipe d'étoiles comprenait un entraîneur. Lester Patrick des Rangers de New York mérite les honneurs de la première équipe à six reprises en autant de saisons, puis une autre fois en 1937-1938. Dick Irvin remporte les honneurs de la première équipe trois ans d'affilée avec Montréal, de 1943-1944 à 1945-1946, tandis que Jack Adams réussit l'exploit avec Detroit en 1936-1937 et 1942-1943. Art Ross et Frank Boucher ont été chacun sélectionnés une fois.

ÉGALITÉ D'ÉTOILES

En 1937-1938, Gord Drillon des Maple Leafs de Toronto et Cecil Dillon des Rangers de New York sont tous deux inscrits au poste d'ailier droit dans la première équipe d'étoiles (plusieurs listes les donnaient aussi à égalité pour la deuxième équipe). En fait, Dillon avait reçu 16 votes de première place (valant 3 points chacun) et Drillon, 15, parmi les 31 bulletins de vote. Drillon ayant reçu 14 votes de seconde place et Dillon, 11, en additionnant leurs points respectifs, tous les deux sont à égalité avec 59 points.

DÉMARRAGE RAPIDE

Le gardien de but des Canadiens de Montréal Bill Durnan a été sélectionné dans la première équipe d'étoiles à chacune de ses quatre premières saisons dans la LNH, en commençant par la saison 1943-1944, sa saison recrue. Cet exploit demeure inégalé jusqu'à la saison 2008-2009, lorsque Alex Ovechkin des Capitals de Washington mérite sa quatrième sélection de suite dans la première équipe d'étoiles à la position d'ailier gauche, depuis sa première saison en 2005-2006. Ovechkin établit un nouveau record en 2009-2010 en étant invité à participer une cinquième fois de suite.

Alex Ovechkin a fait partie de la première équipe d'étoiles pendant ses cinq premières saisons dans la LNH.

GARDIENS DE BUT EN TÊTE POUR LA SÉLECTION DES ÉTOILES JUSQU'EN 2010

Joueurs	Total	Première équipe	Deuxième équipe	Saisons
Glenn Hall	11	7	4	18
Frank Brimsek	8	2	6	10
Martin Brodeur	7	3	4	17
Jacques Plante	7	3	4	18
Terry Sawchuk	7	3	4	21
Bill Durnan	6	6	0	7
Dominik Hasek	6	6	0	15
Ken Dryden	6	5	1	8
Patrick Roy	6	4	2	18

DÉFENSEURS EN TÊTE POUR LA SÉLECTION DES ÉTOILES JUSQU'EN 2010

Joueurs	Total	Première équipe	Deuxième équipe	Saisons
Raymond Bourque	19	13	6	22
Doug Harvey	11	10	1	20
Nicklas Lidstrom	11	9	2	18
Earl Seibert	10	4	6	15
Bobby Orr	9	8	1	12
Eddie Shore	8	7	1	14
Red Kelly	8	6	2	20
Pierre Pilote	8	5	3	14
Paul Coffey	8	4	4	21

 Le défenseur Raymond Bourque a été sélectionné 13 fois dans la première équipe d'étoiles. Il est le seul joueur de l'histoire de la LNH à avoir réussi cet exploit.

Bobby Hull a fait partie de la première équipe d'étoiles durant sept saisons d'affilée, de 1963-1964 à 1969-1970, talonnant de près Bobby Orr et ses huit participations en autant d'années, jusqu'en 1974-1975.

JOUEURS DE CENTRE EN TÊTE POUR LA SÉLECTION DES ÉTOILES JUSQU'EN 2010

Joueurs	Total	Première équipe	Deuxième équipe	Saisons
Wayne Gretzky	15	8	7	20
Jean Béliveau	10	6	4	20
Mario Lemieux	9	5	4	18
Phil Esposito	8	6	2	18
Stan Mikita	8	6	2	22

Gordie Howe, leader incontesté de la sélection des étoiles, a été choisi 21 fois.

AILIERS GAUCHES EN TÊTE POUR LA SÉLECTION DES ÉTOILES JUSQU'EN 2010

Joueurs	Total	Première équipe	Deuxième équipe	Saisons
Bobby Hull	12	10	2	16
Ted Lindsay	9	8	1	17
Frank Mahovlich	9	3	6	18
Luc Robitaille	8	5	3	19

ÉQUIPE D'ÉTOILES DES RECRUES

La LNH crée une équipe d'étoiles des recrues pour la première fois durant la saison 1982-1983. L'association professionnelle des journalistes sportifs a pour mandat de voter après la saison régulière. Pavel Bure (1992) est le seul récipiendaire du trophée Calder à ne pas être sélectionné dans l'équipe d'étoiles des recrues parce que le vote en sa faveur a été divisé entre l'aile droite et l'aile gauche. Depuis, l'équipe honore un gardien de but, deux défenseurs et trois attaquants sans égards à leur position.

HONNEURS REDOUBLÉS

Les gardiens de but Tom Barrasso (Sabres de Buffalo, 1983-1984), Ron Hextall (Flyers de Philadelphie, 1986-1987) et Ed Belfour (Blackhawks de Chicago, 1990-1991) ont tous été nommés sur l'équipe d'étoiles des recrues et sélectionnés dans la première équipe d'étoiles de la LNH dans la même saison. Les attaquants Teemu Selanne (Jets de Winnipeg, 1992-1993) et Alex Ovechkin (Capitals de Washington, 2005-2006) ont également réalisé ce double exploit. Le gardien de but Jamie Storr des Kings de Los Angeles est le seul joueur à avoir été choisi deux fois pour faire partie de l'équipe d'étoiles des recrues, en 1997-1998 et en 1998-1999.

AILIERS DROITS EN TÊTE POUR LA SÉLECTION DES ÉTOILES JUSQU'EN 2011

Joueurs	Total	Première équipe	Deuxième équipe	Saisons
Gordie Howe	21	12	9	26
Maurice Richard	14	8	6	18
Jaromir Jagr	8	7	1	17
Mike Bossy	8	5	3	10
Guy Lafleur	6	6	0	17

 Avec plus de sélection dans les équipes d'étoiles à son compte que tous les autres gardiens de but, Glenn Hall mérite amplement son surnom de « Mr. Goalie ».

ÉQUIPES D'ÉTOILES (INCLUANT L'ÉQUIPE D'ÉTOILES DES RECRUES)

MATCHS DES ÉTOILES JUSQU'EN 1968

Le match des étoiles et les rencontres-bénéfice remontent au moins jusqu'au début des années 1900, lorsque les matchs servaient à aider les combattants de la guerre des Boers. Le premier match des étoiles professionnel aura lieu en 1908 pour aider la famille du regretté Hod Stuart, qui sera plus tard intronisé au Temple de la renommée du hockey. Trois matchs-bénéfice se sont tenus durant les années 1930 avant la création officielle du match des étoiles en 1947. Jusqu'en 1965, le match des étoiles a toujours lieu après la saison régulière et jusqu'en 1968, il oppose les champions de la Coupe Stanley et l'équipe d'étoiles qui, à l'époque, n'était pas sélectionnée par vote.

MATCH-BÉNÉFICE POUR HOD STUART

Hod Stuart était un joueur vedette qui a trouvé la mort dans un accident de plongée en 1907, quelques mois après avoir aidé les Wanderers de Montréal à gagner la Coupe Stanley. Le 2 janvier 1908, une foule d'environ 3800 partisans a récolté plus de 2000 $ durant un match opposant les Wanderers à un groupe d'étoiles à l'aréna de Montréal. Le match comprend sept futurs membres du Temple de la renommée du hockey, dont Art Ross et Frank Patrick, entre autres.

▲ *Hod Stuart est le deuxième à partir de la droite de la rangée du milieu, sur cette photo de 1903-1904 de l'équipe de hockey du lac Portage, de Houghton, au Michigan.*

MATCH POUR ACE BAILEY

La LNH tient son premier match des étoiles au Maple Leafs Garden à Toronto, le 14 février 1934. Le match est au bénéfice d'Ace Bailey, une vedette des Maple Leafs dont la carrière prend fin lorsqu'il subit une fracture du crâne après avoir été mis en échec par-derrière par Eddie Shore des Bruins. Néanmoins, Shore et Bailey se serreront la main avant le match des étoiles où les Maple Leafs l'emporteront 7-3 sur l'équipe des étoiles de la LNH.

MORENZ ET SEIBERT

Un deuxième match des étoiles de la LNH aura lieu au Forum de Montréal le 2 novembre 1938 pour venir en aide à la famille de Howie Morenz, mort à l'hôpital le 8 mars 1937 alors qu'il récupérait d'une mauvaise blessure à la jambe. Un troisième match-bénéfice se tiendra le 29 octobre 1939 pour aider la famille de Babe Seibert, un joueur vedette de longue date de la LNH qui s'est noyé cet été-là, peu après avoir été nommé au poste d'entraîneur des Canadiens.

LE PREMIER MATCH ANNUEL

À la réunion de la LNH, le 4 septembre 1946, on fera la lecture d'une lettre de John Carmichael du *Chicago Daily News* où il demande l'autorisation d'organiser un match caritatif entre les champions de la LNH et une équipe d'étoiles, dont 25 % des profits iraient au fonds d'urgence des joueurs. Il n'y a pas eu de match-bénéfice cette année-là, mais le 13 octobre 1947 aura lieu le premier match annuel des étoiles à Toronto, dont les bénéfices seront versés au fonds de retraite des joueurs.

◄ *Ace Bailey serre la main d'Eddie Shore des Bruins avant le match des étoiles. Shore et plusieurs de ses coéquipiers prendront l'habitude de porter des casques protecteurs après la fracture du crâne subie par Bailey.*

LES ÉTOILES DE DETROIT ONT RAISON DES ÉTOILES

Dans leurs trois premiers matchs, l'équipe d'étoiles de la LNH l'emporte sur les champions de la Coupe Stanley, les Maple Leafs de Toronto, durant trois ans d'affilée. En 1950, les Red Wings de Detroit deviennent les nouveaux champions, mettant fin à cette séquence victorieuse des Maple Leafs en les battant 7-1. Ted Lindsay marque à 19 secondes de la première période et finit le match avec un tour du chapeau, tandis que le gardien recrue Terry Sawchuk a bien failli réussir un jeu blanc, n'eût été ce but à 1 minute 33 secondes de la troisième période.

NOUVELLE FORMULE IMPOPULAIRE

La formule change en 1951-1952 avec une équipe formée de joueurs de la première équipe d'étoiles de la LNH et de joueurs en provenance des quatre équipes américaines, qui affrontent des joueurs de la seconde équipe d'étoiles auxquels s'ajoutent des Maple Leafs et des Canadiens. Les matchs sont serrés mais ennuyeux et finissent tous deux par une marque nulle. La formule déplaît. En 1953, les opposants à l'équipe d'étoiles seront à nouveau les vainqueurs de la Coupe Stanley, et ce, jusqu'en 1968.

FRÈRES ENNEMIS

Max et Doug Bentley ont été les premiers frères à jouer en tant que coéquipiers dans le match des étoiles, lorsque les deux Blackhawks de Chicago prirent part au premier match de 1947. Un an plus tard, après que Max eut été échangé aux Maple Leafs, ils s'affrontent alors que Max joue avec les vainqueurs de la Coupe Stanley et que Doug joue pour l'équipe d'étoiles. Les frères Charlie et Lionel Conacher jouent l'un contre l'autre dans le match-bénéfice pour Ace Bailey.

▶ Les frères Max et Doug Bentley joueront ensemble lors du match des étoiles de 1947, puis l'un contre l'autre en 1948, en 1949 et en 1951.

GORDIE HOWE

Après avoir raté le match inaugural en 1947, Gordie Howe fait sa première apparition au match des étoiles en 1948. De cette année-là jusqu'à sa retraite en 1971, il jouera 22 matchs des étoiles sur 23, ratant celui de 1956 à cause d'une blessure à la cheville. Lorsqu'il revient à la LNH lors de la saison 1979-1980, après avoir passé six ans dans l'Association mondiale de hockey, Howe prend part à son 23e et dernier match des étoiles.

RECORDS DES ÉTOILES

Entre 1947 et 1968, les étoiles de la LNH rencontrent les champions de la Coupe Stanley 19 fois en tout. L'équipe d'étoiles détient une fiche de 10-7 et deux nulles. Les matchs avec le moins de buts marqués se joueront durant cette période, et les matchs de 1952 et de 1957 se termineront avec un score de 1-1. En 1967, les Canadiens de Montréal l'emportent 3-0, réalisant ainsi le seul jeu blanc de l'histoire des matchs des étoiles. Les gardiens de but Charlie Hodge et Gary Bauman se partageront les honneurs.

DORÉNAVANT À LA MI-SAISON

Le match des étoiles de 1967 se tiendra pour la première fois à la mi-saison, soit le 18 janvier au lieu de la mi-octobre (c'est pour cette raison qu'il n'y a pas eu de match des étoiles en 1966). On avait longtemps cru que la tenue des matchs des étoiles durant la saison régulière ne bénéficierait pas d'assez de publicité dans les villes américaines à cause du football et des séries mondiales.

POUR LA DERNIÈRE FOIS

Le match des étoiles de 1968 sera le dernier auquel les champions de la Coupe Stanley participeront. Bien que les Maple Leafs de Toronto ne bénéficient pas des services de leur gardien de but Johnny Bower, blessé, les jeunes Bruce Gamble et Al Smith surpassent Ed Giacomin, Terry Sawchuk et Glenn Hall de l'équipe d'étoiles et donnent une victoire de 4-3 à Toronto. Smith conservera l'avance avec un arrêt de dernière minute sur Bobby Hull. Bobby Orr y fera ses débuts avec les étoiles et jouera brillamment malgré la défaite de son équipe.

MATCHS DES ÉTOILES DEPUIS 1969

En 1969, la formule du match des étoiles change. Dorénavant, les étoiles de la division Est affronteront celles de la division Ouest. Lorsque la LNH comptait quatre divisions en 1974-1975, le match de 1975 regroupait les étoiles des deux divisions de la conférence de Galles contre les étoiles issues de la conférence Campbell. Cette façon de faire se poursuivra jusqu'en 1994, année où la LNH a réintroduit les appellations géographiques. En reconnaissance de la participation de la LNH aux Olympiques, le match des étoiles de 1998 oppose une équipe nord-américaine à une équipe mondiale, et ce, jusqu'au retour de la formule Est-Ouest en 2003. Le vote des partisans détermine la composition de l'équipe du match des étoiles depuis 1986.

LE JOUEUR LE PLUS UTILE À SON ÉQUIPE DU MATCH DES ÉTOILES

C'est au match des étoiles de 1962 qu'on choisit pour la première fois le joueur le plus utile à son équipe. Eddie Shack sera le gagnant surprise. Il contribue à la victoire de 4-1 des Maple Leafs de Toronto contre l'équipe d'étoiles en inscrivant un but et une passe. Frank Mahovlich recevra cet honneur à deux reprises, en 1963 et en 1969. Wayne Gretzky (1983, 1989 et 1999) et Mario Lemieux (1985, 1988 et 1990) seront nommés trois fois « joueur le plus utile ».

RENCONTRES INTERNATIONALES HORS-CONCOURS

En 1979, la LNH remplace le match des étoiles par la coupe du Défi, une série de trois rencontres entre les étoiles de la LNH et celles de l'URSS au Madison Square Garden. Après que les deux équipes ont gagné chacun une rencontre, les Soviétiques remportent une victoire étonnante de 6-0 et gagnent la série. Une série de deux rencontres avec les Soviétiques, appelée « Rendez-vous '87 », qui se tient dans la ville de Québec remplacera le match des étoiles de 1987. Les joueurs de là LNH gagnent le premier match 4-3, et les Soviétiques remporteront le second 5-3.

BUTS LES PLUS RAPIDES

Rick Nash des Blue Jackets de Columbus établit un record au match des étoiles de 2008 lorsqu'il marque pour la conférence de l'Ouest 12 secondes après le début du match, pulvérisant le record de 19 secondes de Ted Lindsay en 1950. Owen Nolan détient le record pour les deux buts les plus rapides par un même joueur lorsqu'il marque, pour l'Ouest deux buts en l'espace de 8 secondes dans la deuxième période du match des étoiles de 1997 devant ses partisans à San Jose.

LE GRAND GABORIK

Le 29 janvier 2012, lors du 59e Match des étoiles de la LNH qui vit l'équipe Chara remporter une victoire de 12-9 contre l'équipe Alfredsson, Marian Gaborik des Rangers de New York compléta un tour du chapeau tandis que son coéquipier Slovak Marian Hossa créait l'égalité au milieu de la troisième période. Le capitaine Zdeno Chara marqua un but 16 secondes plus tard et peu après, Corey Perry, le détenteur actuel du trophée Hart, conforta pour son équipe une avance de trois buts, faisant ainsi taire la foule d'Ottawa. Tim Thomas, récipiendaire du trophée Vézina, devint le premier gardien de but à assurer la victoire au cours de quatre matchs des étoiles consécutifs.

EST CONTRE OUEST

Le premier match des étoiles opposant la conférence de l'Est à celle de l'Ouest en 1969 se termine 3-3. Claude Larose des North Stars du Minnesota déjoue la vigilance d'Ed Giacomin et marque le but égalisateur à 2 minutes 53 secondes de la fin du match. Frank Mahovlich des Red Wings de Detroit a marqué deux buts, donnant l'avance à l'Est. Toe Blake sortira de sa retraite pour entraîner l'Est, et Scotty Bowman se chargera de l'Ouest. C'est la 1re de ses 13 participations records aux matchs des étoiles.

▲ Steve Yzerman des Red Wings de Detroit avait 18 ans lors de sa première participation au match des étoiles en 1984, et 34 ans lorsqu'il y fit sa huitième et dernière apparition en 2000.

◀ Si Marian Gaborik et Henrik Lundqvist sont coéquipiers pour les Rangers, le premier compta deux fois contre le second lors du match des étoiles. Il compta un autre but et marqua une autre aide, recevant ainsi le titre de « joueur jugé le plus utile à son équipe ».

NOMBRE RECORD DE BUTS

En 2001, l'équipe nord-américaine bat l'équipe mondiale 14-12, le plus haut score dans un match des étoiles de l'histoire de la LNH. En 1993, l'équipe de la conférence de Galles l'emporte 16-6 sur la conférence Campbell et établit un record de buts pour une équipe. En 1988, Mario Lemieux établit le record du plus grand nombre de points dans un match par un même joueur (3 buts et 3 passes), menant la conférence de Galles à une victoire de 6-5 sur la conférence Campbell.

▽ *Les rivaux Sidney Crosby (à gauche) et Alex Ovechkin feront partie de la même équipe de la conférence de l'Est au match des étoiles de 2007.*

CONCOURS D'HABILETÉS

En 1990, la LNH ajoute un concours d'habiletés aux festivités entourant le match des étoiles. Cette compétition détermine le tir le plus puissant, le tir le plus précis, le patineur le plus rapide et met à l'épreuve les gardiens de but. Raymond Bourque des Bruins de Boston a été le premier, en 1992, à atteindre quatre cibles en quatre tirs et à refaire cet exploit l'année suivante. En 2012, le défenseur des Bruins Zdeno Chara remporta pour la cinquième fois consécutive le concours du tir le plus puissant après avoir établi un record de 178 km/h (108.8 mi/h). Shea Weber de Nashville remportera la seconde place pour une troisième année consécutive.

FUSILLADE AU MATCH DES ÉTOILES

Les quatre buts de Dany Heatley des Thrashers d'Atlanta et un autre, durant la fusillade, ne suffiront pas à assurer la victoire de la conférence de l'Est dans le match des étoiles de 2003. Heatley inscrit également le but qui égalise la marque 5-5 au milieu de la troisième période, mais le gardien de but Marty Turco, des Stars de Dallas, avec ses trois arrêts sur quatre des tirs au but, s'avère le plus fort. Markus Naslund, Bill Guerin et Paul Kariya marquent tous un but contre le gardien Patrick Lalime pour donner la victoire 6-5 à la conférence de l'Ouest.

△ *Les quatre buts de Dany Heatley au match des étoiles de 2003 égalent le record détenu par Wayne Gretzky, Mario Lemieux, Vincent Damphousse et Mike Gartner.*

LE MATCH DES ÉTOILES REVIT

Le match des étoiles à Dallas est le 55ᵉ de la LNH, mais le premier match depuis 2004. Il n'y a pas eu de rencontre en 2005 en raison d'un lock-out, et il n'y en a pas eu en 2006 à cause des Jeux d'hiver qui avaient lieu à Turin, en Italie. Sidney Crosby et Alex Ovechkin ont tous deux fait leurs débuts dans la formation de la conférence de l'Est, mais le vétéran Joe Sakic mènera la conférence de l'Ouest à la victoire, 12-9.

PLUS JEUNE ET PLUS VIEILLE ÉTOILE

Une foule record de 21 002 spectateurs à Detroit verra Gordie Howe faire sa dernière apparition au match des étoiles à l'âge de 51 ans. Fleming MacKell est âgé de 18 ans et 5 mois lorsqu'il prend part au match des étoiles de 1947 dans l'uniforme des Maple Leafs, les vainqueurs de la Coupe Stanley. Mais le plus jeune à jouer dans l'équipe d'étoiles est Steve Yzerman, qui est âgé de 18 ans et 8 mois lorsqu'il joue pour la conférence Campbell en 1984.

▷ *Mario Lemieux (à gauche) et Wayne Gretzky seront coéquipiers pour la première fois au Rendez-vous '87 au mois de février de la même année. Ils feront équipe à nouveau pour la Coupe Canada en septembre 1987.*

MEILLEURS BUTEURS DES MATCHS DES ÉTOILES

Avec 13 buts, Wayne Gretzky et Mario Lemieux se partagent le record des meilleurs buteurs des matchs des étoiles. Joe Sakic est le meilleur passeur avec 16 aides en 12 matchs. Les meilleurs pointeurs sont:

25	Wayne Gretzky	(13 B-12 A en 18 PJ)
23	Mario Lemieux	(13 B-10 A en 10 PJ)
22	Joe Sakic	(6 B-16 A en 22 PJ)
20	Mark Messier	(6 B-14 A en 15 PJ)
19	Gordie Howe	(10 B-9 A en 23 PJ)

HISTOIRE DU REPÊCHAGE AMATEUR

Pendant plusieurs décennies, les équipes de la LNH ont formé des joueurs au moyen de leur réseau d'équipes-écoles grâce à un système de parrainage qui leur permettait d'entretenir les équipes de hockey junior et de s'approvisionner ainsi en jeunes joueurs de talent. Durant l'ère des six équipes originales, chaque club pouvait commanditer deux équipes juniors. Chaque club professionnel de hockey mineur affilié à une équipe de la LNH pouvait à son tour commanditer deux clubs juniors supplémentaires. Les clubs professionnels qui les parrainaient avaient les droits professionnels sur un maximum de 18 joueurs. Bien entendu, les coûts d'un tel parrainage favorisaient les clubs de la LNH les plus fortunés et leur permettaient de mettre la main sur les meilleurs espoirs amateur. Afin de pallier cette iniquité, la LNH mettra sur pied en 1963 le système de repêchage amateur comme moyen de recruter de nouveaux joueurs.

ÂGE REQUIS

Au premier repêchage amateur de 1963, les joueurs éligibles devaient avoir eu 17 ans entre le 1er août 1963 et le 31 juillet 1964. L'âge requis a été augmenté à 18 ans en 1965 puis à 20 ans en 1967. Lorsque la ligue rivale (Association mondiale de hockey) s'est mise à mettre sous contrat des joueurs en dessous de l'âge requis, la LNH a réduit l'âge du repêchage à 18 ans en 1974. Les règles actuellement en vigueur exigent que le joueur soit âgé de 18 ans au plus tard le 15 septembre de l'année de son repêchage.

PREMIER REPÊCHAGE

Le premier repêchage amateur s'est tenu le 5 juin 1963 à l'hôtel Reine Élizabeth à Montréal. Quatre rondes furent conduites suivant un ordre préétabli, et les six équipes n'avaient pas l'obligation de choisir un joueur à chacune des rondes. En tout, seulement 21 joueurs furent sélectionnés en 1963. Le premier choix des Canadiens de Montréal fut Garry Monahan, du St. Michael College à Toronto, où il évoluait dans la ligue de hockey junior B.

L'OPTION CULTURELLE

Afin de préserver le caractère français des Canadiens de Montréal, il a été entendu en 1963 que l'équipe pouvait sélectionner deux joueurs d'origine canadienne-française avant toutes les autres équipes. Ce n'est qu'en 1968 que les Canadiens exerceront pour la première fois cette « option culturelle » en procédant à la sélection du gardien de but Michel Plasse alors qu'ils avaient déjà exercé leurs deux premiers choix en faisant des échanges avec les Red Wings de Detroit et les Seals d'Oakland.

Michel Plasse a joué seulement 32 matchs pour les Canadiens de Montréal en 2 saisons. Il endosse pas moins de 6 uniformes au cours de sa carrière de 11 ans.

REPÊCHAGE UNIVERSEL

Jusqu'en 1968, il y avait, au cours de tous les repêchages, des joueurs qui n'étaient pas éligibles parce qu'ils étaient assujettis à l'ancien système de parrainage. Le repêchage de 1969 sera le premier où l'influence de ce vieux système ne se fera plus sentir et où les meilleurs talents juniors seront disponibles. C'est aussi l'année qui marque la fin de l'option culturelle des Canadiens qu'ils utiliseront pour la dernière fois en choisissant Réjean Houle et Marc Tardif, respectivement au premier et au second rangs du repêchage.

ORDRE DE SÉLECTION DU REPÊCHAGE

Le repêchage amateur de 1968 est le premier à utiliser le classement des divisions pour déterminer l'ordre de sélection. Depuis 1969, on utilise le classement général de la ligue au complet. Depuis 1995, les équipes qui ne se sont pas qualifiées pour les éliminatoires participent à une loterie pour procéder aux sélections de la première ronde. Les équipes ne pouvant monter de plus de quatre places, seules les cinq équipes les plus faibles au classement ont une chance d'acquérir le premier choix.

LAFLEUR ET DIONNE

Guy Lafleur et Marcel Dionne sont sans contredit deux joueurs de très haut calibre lors du repêchage amateur de 1971. Les Canadiens de Montréal ont perdu le privilège de mettre la main sur les deux joueurs de langue française les plus prometteurs, mais un échange avec les Seals d'Oakland au repêchage de 1970 leur a donné le premier choix en 1971. Les Canadiens choisissent donc Lafleur, et Dionne sera le deuxième choix au premier tour des Red Wings de Detroit. Il jouera plus tard pour les Kings de Los Angeles.

 Garry Monahan a joué seulement 14 matchs en 2 saisons pour les Canadiens avant de déménager à Detroit, Los Angeles, Toronto et, finalement, Vancouver durant les années 1970.

LES EUROPÉENS AU PREMIER CHOIX

En 1989, les Nordiques de Québec font du Suédois Mats Sundin le premier joueur européen à être sélectionné en premier choix au repêchage de la LNH. Depuis, il y a eu Roman Hamrlik (République tchèque), Lightning de Tampa Bay, 1992 ; Patrick Stefan (République tchèque), Thrashers d'Atlanta, 1999 ; Ilya Kovalchuk (Russie), Thrashers d'Atlanta, 2001 et Alex Ovechkin (Russie), Capitals de Washington, 2004 et Naïl Yakoupov (Russie), Edmonton, 2012. Le premier joueur européen à avoir été sélectionné au repêchage est le Finlandais Tommi Salmelainen, 66e choix des Blues de St. Louis en 1969.

Mats Sundin (à droite) a été le premier joueur européen à avoir été sélectionné en première place par les Nordiques de Québec en 1989.

L'AFFAIRE LINDROS

Les Nordiques de Québec sont la seule équipe de l'histoire à avoir le premier choix au repêchage de la LNH trois ans d'affilée. Après avoir choisi Sundin en 1989, ils choisissent Owen Nolan en 1990 et Eric Lindros en 1991. Lindros refusera de se rendre à Québec. Juste avant le repêchage amateur de 1992, il sera échangé aux Flyers de Philadelphie contre six joueurs (dont Peter Forsberg), deux choix au repêchage et 15 millions de dollars.

LE REPÊCHAGE AMATEUR

Après que l'Association mondiale de hockey eut été démantelée en 1979 et que quatre de ses équipes eurent été assimilées par la LNH, plusieurs de ses anciens joueurs devinrent éligibles au repêchage. Comme ces joueurs avaient une expérience professionnelle, il aurait été inexact de les qualifier d'amateurs et le nom du repêchage amateur de la LNH a été officiellement changé pour celui de « repêchage d'entrée de la LNH ». Rob Ramage a été sélectionné au premier choix, bien que le quatrième choix, Mike Gartner, et le huitième choix, Raymond Bourque se sont avérés plus talentueux.

 Après avoir joué au sein de l'AMH en 1978-1979, Rob Ramage est le premier choix des Rockies du Colorado en 1979 au cours du repêchage d'entrée de la LNH.

LE TIRAGE AU SORT DE CROSBY

Avec la supervedette Sidney Crosby éligible au repêchage, et à cause du lock-out qui a annulé la saison 2004-2005, on cherche à trouver la manière la plus juste de déterminer l'ordre de sélection pour le repêchage de 2005. La LNH décide qu'un tirage au sort basé sur les résultats des trois dernières saisons donnera à chacune des 30 équipes une chance mathématiquement égale de remporter le premier choix. Les Penguins de Pittsburgh gagnent et choisissent Crosby.

PREMIERS CHOIX AU REPÊCHAGE QUI ONT ATTEINT LE TEMPLE DE LA RENOMMÉE DU HOCKEY JUSQU'EN 2012

1970	Gilbert Perreault	Sabres de Buffalo
1971	Guy Lafleur	Canadiens de Montréal
1973	Denis Potvin	Islanders de New York
1981	Dale Hawerchuk	Jets de Winnipeg
1984	Mario Lemieux	Penguins de Pittsburgh
1989	Mats Sundin	Nordiques de Québec

 *Il aura fallu l'intervention d'un arbitre pour régler l'imbroglio créé par les Nordiques de Québec qui avaient apparemment cédé Lindros à deux équipes en même temps, les Flyers et les Rangers. Eric Lindros endossa finalement l'uniforme des Flyers de Philadelphie.*

SIXIÈME PARTIE
LA COUPE STANLEY

Remise pour la première fois en 1893, la Coupe Stanley est le trophée par excellence des séries éliminatoires de hockey et le plus ancien trophée en Amérique du Nord qui récompense un sport d'équipe.

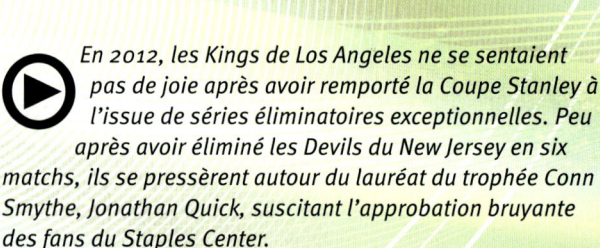

En 2012, les Kings de Los Angeles ne se sentaient pas de joie après avoir remporté la Coupe Stanley à l'issue de séries éliminatoires exceptionnelles. Peu après avoir éliminé les Devils du New Jersey en six matchs, ils se pressèrent autour du lauréat du trophée Conn Smythe, Jonathan Quick, suscitant l'approbation bruyante des fans du Staples Center.

L'HISTOIRE DE LA COUPE STANLEY

Le 18 mars 1892, on annonça la donation d'un trophée qui serait le symbole du championnat de hockey au Canada. Depuis 1888, lord Stanley of Preston était gouverneur-général du Canada, et lui-même et sa famille étaient devenus des fans de ce rude sport d'hiver. Au début, la Coupe Stanley était un trophée de « challenge » que pouvaient se disputer toutes les meilleures ligues du pays. En 1914, elle est devenue le symbole de la rivalité entre les deux meilleures ligues professionnelles. Depuis que la Ligue nationale de hockey a émergé comme ligue dominante du hockey en 1926-1927, la Coupe Stanley est remise au champion des éliminatoires de la LNH.

LES PREMIERS CHAMPIONS

Elle préférait se faire appeler le Club de hockey de Montréal, mais la plupart des gens parlaient de l'équipe de l'Association athlétique amateur de Montréal, ou l'AAA de Montréal, en raison de son affiliation avec ce qui fut à une époque l'équipe sportive la plus prestigieuse au Canada. En 1893, l'équipe de hockey de l'AAA finit en première place de l'Association de hockey amateur du Canada et fut la première équipe à recevoir la Coupe Stanley. Des éliminatoires ne furent pas nécessaires.

Les Wanderers de Montréal, photographiés lors du « challenge » de la Coupe Stanley contre les Thistles de Kenora en mars 1907. Les Wanderers remportèrent la Coupe Stanley en 1906, en 1907 et en 1908.

UN « CHALLENGE » POUR LE CHAMPION

Dans les débuts du hockey, aucune ligue ne contrôlait la Coupe Stanley comme le fait aujourd'hui la LNH. À l'époque où la qualité de la glace dépendait du temps froid et où les distances étaient trop longues, seul le « challenge » donnait une dimension nationale à la Coupe Stanley : le champion d'une grande ligue pouvait lancer un défi au champion de la Coupe pour qu'il l'affronte en séries éliminatoires, comme à la boxe, où le « challenge » vise à ravir un titre à un champion.

WINNIPEG REMPORTE LA COUPE

Les Victorias de Winnipeg furent la première équipe à vaincre les champions en titre de la Coupe Stanley. Le 14 février 1896, ils défirent les Victorias de Montréal 2-0 dans une finale pour la Coupe Stanley de un match. George « Whitey » Merritt, de l'équipe de Winnipeg, fut le premier gardien de but à porter des jambières de cricket pour un match de la Coupe Stanley. Le 30 décembre 1896, les deux équipes des « Victorias » s'affrontèrent de nouveau : Montréal l'emporta 6-5 sur Winnipeg et reprit la Coupe Stanley.

LA COUPE PASSE AU HOCKEY PROFESSIONNEL

Au Canada, le hockey fut un sport strictement amateur jusqu'à l'automne 1906. Les Silver Seven d'Ottawa et les Wanderers de Montréal, champions de la Coupe Stanley, prirent alors la tête d'un mouvement visant à permettre aux équipes de payer ouvertement leurs joueurs. Les deux gardiens de la Coupe Stanley acceptèrent que celle-ci devienne la plus haute récompense du hockey professionnel. Deux ans plus tard, la Coupe Allen devint son équivalent au hockey amateur.

LA FIN D'UNE ÉPOQUE

Après 1906, plusieurs ligues de hockey professionnel au Canada et bon nombre de champions voulaient jouer pour la Coupe Stanley. Deux ligues ne tardèrent pas à se distinguer : l'Association nationale de hockey (précurseur de la LNH) et l'Association de hockey de la Côte du Pacifique (PCHA). À partir de 1913-1914, les champions de l'ANH et de la PCHA jouèrent pour la Coupe Stanley lors de « séries mondiales du hockey ». L'ère du « challenge » était terminée.

LA COUPE S'ÉTEND AUX ÉQUIPES AMÉRICAINES

Dès 1907, des équipes des ligues américaines voulurent jouer pour la Coupe Stanley, mais ses gardiens arguèrent que ce trophée avait été donné pour récompenser un champion canadien. En 1912, ils refusèrent même de laisser deux équipes canadiennes se disputer la Coupe Stanley en sol américain. En 1915, cependant, ils annoncèrent que le trophée représentait la « distinction mondiale du hockey » et que les équipes américaines seraient bienvenues pour la disputer.

GRIPPE À SEATTLE

En 1916, les Rosebuds de Portland, de la PCHA, furent la première équipe américaine à jouer pour la Coupe Stanley, qui alla aux Canadiens de Montréal, champions de l'ANH. L'année suivante, les Metropolitans de Seattle défirent les Canadiens. Ils furent donc les premiers champions américains de la Coupe Stanley. En 1919, Seattle et Montréal s'opposèrent de nouveau, mais l'épidémie mondiale de grippe espagnole stoppa les séries. Joe Hall, des Canadiens, en mourut le 5 avril 1919.

LA LNH PREND LA RELÈVE

La LNH vit le jour en 1917, mais il fallut attendre l'effondrement des ligues rivales de l'Ouest en 1926 pour que seules les équipes de la LNH soient admissibles au championnat de la Coupe Stanley. Des champions d'autres ligues demandaient parfois un « challenge », mais il leur était toujours refusé. Le 30 juin 1947, une entente formelle entre les gardiens de la Coupe Stanley et le président de la LNH, Clarence Campbell, donna à la LNH le contrôle exclusif des éliminatoires de la Coupe Stanley.

DES PREMIÈRES DANS LA LNH

La première finale de la Coupe Stanley entre équipes de la LNH exclusivement eut lieu en 1927 ; les Sénateurs d'Ottawa défirent les Bruins de Boston. En 1929, Boston battit les Rangers de New York lors des premières finales entièrement américaines. La première série 4 de 7 pour la Coupe Stanley fut jouée en 1939 : Boston battit Toronto. En 1941, Boston défit Detroit lors du premier balayage en 4 matchs et, en 1942, Toronto battit Detroit lors de la première série de 7 matchs.

LE CHIFFRE 16

L'expansion de la LNH en 1967 fit doubler le nombre d'équipes, qui passa de 6 à 12 ; elle fit aussi passer le nombre d'équipes en séries éliminatoires de 4 à 8. À la suite d'expansions subséquentes, les éliminatoires se jouèrent à 12 équipes à partir de 1974-1975, puis à 16 équipes à partir de 1979-1980. En 1986-1987, les quatre rondes des éliminatoires devinrent des séries 4 de 7. Cette année-là, les Oilers d'Edmonton furent la première équipe à gagner la Coupe Stanley en inscrivant 16 victoires aux éliminatoires.

CHAMPIONS DE LA COUPE STANLEY DANS LA LNH, 1918-2012

Équipe	Victoires
Montréal*	23
Toronto°	13
Detroit	11
Boston	6
Edmonton	5
New York (Islanders)	4
New York (Rangers)	4
Chicago	4
New Jersey	3
Pittsburgh	3
Philadelphie	2
Colorado	2
Dallas	1
Calgary	1
Caroline	1
Anaheim	1
Tampa Bay	1
Los Angeles	1

* Montréal a aussi gagné la Coupe Stanley en 1916 pour un total de 24.

° Le total inclut des victoires des Arenas de Toronto en 1918 et des St. Patricks de Toronto en 1922. Les Blueshirts de Toronto ont aussi gagné la Coupe Stanley en 1914.

◀ Les Canadiens de Montréal, champions de la Coupe Stanley en 1993, célèbrent leur victoire sur les Kings de Los Angeles. Cette victoire donna aux Canadiens leur 24ᵉ Coupe.

L'HISTOIRE DE LA COUPE STANLEY

LES DYNASTIES DE LA COUPE STANLEY

Il n'y a sans doute pas de consensus sur ce qu'est une dynastie du sport, mais gagner au moins trois championnats de suite semble être le critère le plus élémentaire. Le terme s'applique aussi aux équipes qui gagnent la Coupe Stanley quatre ou cinq fois sur une période de six ou sept ans. De nos jours, l'économie du sport est telle qu'il est presque impossible de garder une équipe en place assez longtemps pour qu'elle puisse accomplir ces exploits. Ainsi, dans le cas des équipes contemporaines, on parlera de dynastie si une équipe remporte au moins deux championnats en une dizaine d'années de domination. En réalité, l'ère des dynasties au hockey dura de 1947 à 1990.

LES DYNASTIES D'AVANT LA LNH

Avec Mike Grant et Graham Drinkwater, intronisés au Temple de la renommée du hockey, les Victorias de Montréal furent la première dynastie du hockey. Ayant gagné la Coupe Stanley en 1895, ils la perdirent lors d'un « challenge » contre les Victorias de Winnipeg en 1896, mais la reprirent lors d'un nouveau match et la gardèrent jusqu'en 1899. Le club de hockey d'Ottawa, ou Silver Seven, gagna la Coupe Stanley en 1903, puis plusieurs challenges, avant que les Wanderers de Montréal ne la lui enlèvent en 1906.

LES SÉNATEURS D'OTTAWA, 1920-1927

Les Sénateurs d'Ottawa furent la première équipe dans l'histoire de la LNH à remporter la Coupe Stanley deux fois de suite, en 1920 et en 1921. Ils la gagnèrent aussi en 1923. À l'époque, la Coupe Stanley se disputait entre une équipe de la LNH et une équipe de l'Association de hockey de la Côte du Pacifique (PCHA) ou de la Ligue de hockey de l'Ouest (WHL). Lorsque ces ligues disparurent en 1927, Ottawa gagna la première Coupe Stanley n'opposant que des équipes de la LNH, l'emportant sur les Bruins de Boston.

LES MAPLE LEAFS DE TORONTO, 1947-1951

Avec des victoires en 1949, en 1950 et en 1951, les Maple Leafs de Toronto furent la première équipe de l'histoire de la LNH à gagner la Coupe Stanley trois fois de suite. Turk Broda et Ted Kennedy, intronisés au Temple de la renommée du hockey, ainsi que Bill Barilko et Howie Meeker étaient parmi huit joueurs des Leafs qui gagnèrent la Coupe en 1947, puis en 1949, 1950 et 1951. L'échange de cinq joueurs contre Max Bentley au début de 1947-1948 fut la clé du succès de l'équipe.

LES RED WINGS DE DETROIT, 1950-1955

Gordie Howe, Ted Lindsay, Red Kelly et Marcel Pronovost, tous intronisés au Temple de la renommée, gagnèrent la Coupe Stanley quatre fois en six ans avec les Red Wings de Detroit, qui finirent en tête du classement de la LNH un record de sept années de suite, de 1948-1949 à 1954-1955. Le gardien Harry Lumley gagna la Coupe en 1950, mais fut échangé contre Terry Sawchuk. En 1952, ce dernier inscrivit quatre blanchissages en huit matchs d'éliminatoires et remporta la Coupe.

LES CANADIENS DE MONTRÉAL, 1956-1960 (I)

Ils sont la seule équipe dans l'histoire du hockey à avoir gagné la Coupe Stanley cinq années de suite sans jamais tirer de l'arrière pendant les éliminatoires et sans jamais être contraints à disputer un septième match. Au total, ils inscrivirent 20 victoires contre 5 défaites pendant les finales. Les cinq championnats des Canadiens couronnaient une période où ils avaient atteint les finales chaque année, entre 1951 et 1960. Ils avaient aussi gagné la Coupe en 1953.

LES CANADIENS DE MONTRÉAL, 1956-1960 (II)

Douze joueurs des Canadiens restèrent les mêmes lorsqu'ils gagnèrent cinq fois la Coupe Stanley entre 1956 et 1960, dont Jean Béliveau, Bernie Geoffrion, Doug Harvey, Tom Johnson, Dickie Moore, Jacques Plante, Henri Richard et Maurice Richard, tous intronisés au Temple de la renommée du hockey, tout comme l'entraîneur Toe Blake. Pendant cette dynastie, les joueurs des Canadiens gagnèrent 15 trophées de la LNH et obtinrent 15 sélections pour la première équipe d'étoiles et 10 pour la deuxième.

LES MAPLE LEAFS DE TORONTO, 1962-1967

L'entraîneur et directeur général Punch Imlach combina des produits des Leafs avec des échanges judicieux pour former l'équipe talentueuse qui remporta la Coupe Stanley trois fois de suite de 1962 à 1964. Considérée comme trop vieille pour remporter de nouveau la Coupe en 1967, l'équipe de Toronto surprit Montréal lors des finales. Onze mêmes joueurs firent partie de l'équipe des Leafs qui gagna quatre fois la Coupe ; les huit victoires de la Coupe Stanley de Red Kelly sont un record pour un joueur ne faisant pas partie des Canadiens de Montréal.

LES CANADIENS DE MONTRÉAL, 1965-1969

Souvent dans l'ombre des excellentes formations des années 1950 et 1970, les Canadiens de la fin des années 1960 gagnèrent la Coupe Stanley quatre fois en cinq ans, malgré des changements sans précédent dans la LNH. Ils remportèrent les deux premiers championnats de cette dynastie dans une ligue comprenant six équipes ; par la suite, grâce aux sages décisions de leur directeur général Sam Pollock, ils continuèrent à dominer et gagnèrent les deux premiers championnats qui suivirent l'expansion.

LES CANADIENS DE MONTRÉAL, 1976-1979

Peut-être la plus grande équipe dans l'histoire du hockey, les Canadiens de Montréal inscrivirent en moyenne plus de 57 victoires et 125 points par année pendant 4 saisons, de 1975-1976 à 1977-1978, ainsi qu'un record en éliminatoires de 48-10 (dont 16-3 lors des finales) en remportant 4 championnats de suite. Au total, 15 joueurs firent partie de l'équipe 4 fois championne, dont Guy Lafleur, Steve Shutt, Bob Gainey, Larry Robinson, Guy Lapointe et Ken Dryden, tous intronisés au Temple de la renommée du hockey.

 Le capitaine des Canadiens, Yvan Cournoyer, porte la Coupe Stanley après la victoire de Montréal contre Philadelphie en 1976. C'était la première de quatre victoires d'affilée pour Montréal.

LES ISLANDERS DE NEW YORK, 1980-1983

Dominés par les vedettes Mike Bossy, Bryan Trottier et Denis Potvin, les Islanders de New York gagnèrent la Coupe Stanley quatre années de suite et atteignirent les finales une cinquième fois d'affilée en 1984, avant de concéder la victoire aux Oilers d'Edmonton, qu'ils avaient vaincus en 1983. Durant les années 1980, les éliminatoires de la Coupe Stanley se jouaient en quatre rondes. Aucune équipe n'a jamais égalé les 19 victoires de suite des Islanders en séries éliminatoires.

Mark Messier, capitaine des Oilers, soulève la Coupe après une cinquième victoire d'Edmonton en 1990. Adam Graves lève les bras pour toucher le précieux trophée.

Ken Morrow soulève la Coupe Stanley à bout de bras. Il remporta une médaille d'or avec l'équipe olympique américaine en 1980, trois mois avant de gagner le premier de ses quatre championnats de la Coupe Stanley.

LES OILERS D'EDMONTON, 1984-1990

Dominés par Wayne Gretzky, les Oilers d'Edmonton atteignirent les finales de la Coupe Stanley en seulement quatre saisons, et la remportèrent la cinquième saison. Edmonton gagna la Coupe quatre fois en cinq saisons. Après l'échange de Gretzky, qui partit à Los Angeles en 1988, Mark Messier mena les Oilers vers une autre Coupe Stanley en 1990. Lui-même, Glenn Anderson, Grant Fuhr, Randy Gregg, Charlie Huddy, Jari Kurri et Kevin Lowe remportèrent la Coupe Stanley cinq fois en sept ans.

LES DYNASTIES DE LA COUPE STANLEY

LES RECORDS DE LA COUPE STANLEY

Les enjeux sont élevés lors de la finale de la Coupe Stanley. Les grands moments sont plus marquants et les erreurs sont amplifiées : des réputations se font et se défont. Tout au long de l'histoire de la Coupe Stanley, les joueurs vraiment exceptionnels ont toujours su être à la hauteur lorsque tout dépendait d'eux. Peu importe l'époque, les supervedettes comme Frank McGee, Cyclone Taylor, Newsy Lalonde, Maurice Richard, Denis Potvin et Wayne Gretzky ont tous fait leur marque dans le livre des records de la Coupe Stanley.

 Cyclone Taylor remporta la Coupe Stanley avec Ottawa en 1909 et avec Vancouver en 1915.

FRANK MCGEE – 1905

Même s'il ne voyait que d'un œil, Frank McGee fut une véritable machine à marquer des buts au sein des Silver Seven d'Ottawa au début des années 1900. S'il inscrivit en moyenne trois buts par match en carrière, il n'en marqua qu'un seul lors du premier match du challenge contre Dawson City en 1905. Quand on lui dit qu'il n'avait guère impressionné ses adversaires, il explosa et marqua 14 buts, pour une victoire de 23-2, lors du deuxième match, le 16 janvier 1905.

AUTRES RECORDS DES PREMIERS TEMPS DU HOCKEY

Les 14 buts de Frank McGee et les 23 buts d'Ottawa en un seul match en 1905 établirent des records peu susceptibles d'être battus! Avec sa victoire de 9-2 contre Dawson City lors du premier match, Ottawa marqua 32 buts en 2 matchs. Un an plus tard, les Silver Seven battirent l'Université Queen's 16-7 et 12-7 lors d'un challenge de la Coupe Stanley, établissant un record combiné pour l'époque de 42 buts en séries éliminatoires en une saison.

Sur cette photo de 1905, on voit Frank McGee en haut, à droite, avec ses six principaux coéquipiers et la Coupe Stanley.

EN SÉRIES ÉLIMINATOIRES LA PLUPART DES SAISONS

Maurice Richard, Jean Béliveau et Henri Richard, des Canadiens de Montréal, et Red Kelly, de Detroit et Toronto, jouèrent tous 12 fois en carrière en séries éliminatoires de la Coupe Stanley. Si Maurice Richard n'en avait pas été exclu en 1955 pour avoir frappé un juge de ligne, il aurait participé aux séries éliminatoires 13 fois, dont 10 fois de suite entre 1951 et 1960, comme ses coéquipiers Bernie Geoffrion, Doug Harvey, Tom Johnson et Bert Olmstead.

LE PLUS DE BUTS EN SÉRIES DE LA COUPE STANLEY

C'est en 1973 qu'il se marqua le plus de buts en séries de la Coupe Stanley. Malgré la présence de gardiens de but comme Ken Dryden et Tony Esposito, intronisés au Temple de la renommée du hockey, les Canadiens marquèrent 33 buts, gagnant la série de 6 matchs, tandis que les Blackhawks en marquèrent 23, pour un total de 56 buts. C'est au cours du cinquième match, remporté 8-7 par Montréal le 8 mai 1973, qu'il se marqua le plus de buts lors d'un match pour la Coupe Stanley.

 Tony Esposito remporta la Coupe Stanley comme joueur à temps partiel à Montréal en 1969, mais ses Blackhawks furent battus par les Canadiens en finale en 1971 et en 1973.

RECORDS D'ENTRAÎNEUR

Dick Irvin fut des séries à 16 reprises pendant sa carrière d'entraîneur avec les Blackhawks de Chicago, les Maple Leafs de Toronto et les Canadiens de Montréal, mais il ne gagna la Coupe Stanley que 4 fois. Scotty Bowman fut des séries à 13 reprises avec les Blues de St. Louis, les Canadiens de Montréal, les Penguins de Pittsburgh et les Red Wings de Detroit, et gagna la Coupe un record de 9 fois. Toe Blake la remporta 8 fois en 9 séries éliminatoires avec les Canadiens de Montréal.

▶ Jean Béliveau verse une boisson dans la Coupe Stanley après son premier championnat comme capitaine d'équipe, en 1965.

LE PLUS DE BUTS EN UN MATCH

Quatre joueurs de la LNH ont marqué quatre buts en un match en séries éliminatoires de la Coupe Stanley. Newsy Lalonde des Canadiens de Montréal a été le premier à le faire, lors d'un match contre Seattle en 1919. Les autres sont Babe Dye des St. Patricks de Toronto, contre Vancouver en 1922, Ted Lindsay des Red Wings de Detroit, contre Montréal en 1955, et Maurice Richard, des Canadiens de Montréal, contre Boston en 1957.

LE PLUS DE BUTS EN ÉLIMINATOIRES DE LA COUPE STANLEY (DEPUIS 1918)

9	Cyclone Taylor, Millionaires de Vancouver (cinq matchs) en 1918	
	Frank Foyston, Metropolitans de Seattle (cinq matchs) en 1919	
	Babe Dye, St. Patricks de Toronto (cinq matchs) en 1922	
8	Alf Skinner, Arenas de Toronto (cinq matchs) en 1918	
7	Jean Béliveau, Canadiens de Montréal (cinq matchs) en 1956	
	Mike Bossy, Islanders de New York (quatre matchs) en 1982	
	Wayne Gretzky, Edmonton (cinq matchs) en 1985	

LE PLUS DE POINTS LORS D'UN CHAMPIONNAT

En 1988, lors d'un match entre les Oilers et les Bruins, Wayne Gretzky récolta 3 buts et 10 aides et établit le record du plus grand nombre de points en séries éliminatoires de la Coupe Stanley. Techniquement, les finales de 1988 sont considérées comme un balayage en quatre matchs par les Oilers, mais les points du match du 24 mai 1988 interrompu en raison d'une panne d'électricité sont comptés. Gretzky récolta deux aides lors de ce match.

▲ Wayne Gretzky s'est rendu en finale de la Coupe Stanley cinq fois avec les Oilers d'Edmonton et une fois avec les Kings de Los Angeles.

LE PLUS DE BUTS MARQUÉS EN ÉLIMINATOIRES DE LA COUPE STANLEY (DEPUIS 1918)

34	Maurice Richard, Mtl	59 matchs
30	Jean Béliveau, Mtl	64 matchs
24	Bernie Geoffrion, Mtl	53 matchs
21	Henri Richard, Mtl	65 matchs
21	Yvan Cournoyer, Mtl	50 matchs

LE PLUS D'AIDES EN CARRIÈRE EN ÉLIMINATOIRES DE LA COUPE STANLEY (DEPUIS 1918)

35	Wayne Gretzky, Edm, L.A.	31 PJ
32	Gordie Howe, Det	55 PJ
	Jean Béliveau, Mtl	64 PJ
31	Doug Harvey, Mtl, St.L	54 PJ
26	Henri Richard, Mtl	65 PJ

RECORD DE BUTS MARQUÉS PAR DES DÉFENSEURS

Denis Potvin (Islanders de New York, 1980, six matchs), Al MacInnis (Flames de Calgary, 1989, six matchs) et Brian Leetch (Rangers de New York, 1994, sept matchs) partagent le record de cinq buts marqués par un défenseur en séries de la Coupe Stanley. Larry Murphy, des Penguins, établit le record de neuf aides en six matchs en 1991, et Paul Coffey, des Oilers, établit un record de 11 points (trois buts, huit aides) en seulement cinq matchs, en 1985.

DU 8ᵉ RANG AU 1ᵉʳ

En éliminant les Devils du New Jersey en six matchs, Los Angeles devint la première équipe qui s'était classée en huitième position à remporter la Coupe Stanley. En fait, la suprématie des Kings ne fut jamais menacée lors de ces séries; après tout, ils remportèrent les trois premières parties des quatre séries. La seule autre équipe de huitième rang à jouer dans la finale de la Coupe fut celle des Oilers d'Edmonton en 2005-2006, qui furent éliminés en sept matchs par les Hurricanes de la Caroline.

LES RECORDS DE LA COUPE STANLEY

COUPE STANLEY : BUTS GAGNANTS ET BUTS EN PROLONGATION

Peu d'exploits dans les sports sont aussi excitants qu'un but en prolongation dans un match de la Coupe Stanley. Bill Cook, intronisé au Temple de la renommée du hockey, fut le premier joueur de la LNH à donner la victoire à son équipe et la Coupe Stanley en prolongation. En 1933, il marqua un but en prolongation, donnant la victoire aux Rangers de New York contre les Maple Leafs de Toronto. Depuis lors, seuls 15 autres joueurs de la LNH ont réussi l'exploit. Certains étaient parmi les grands joueurs du moment, comme Brett Hull en 1999 ou Toe Blake en 1944, mais d'autres auraient pu être oubliés s'ils n'avaient connu ce moment de gloire.

◀ Dan Bain est assis juste à la droite de la Coupe Stanley sur cette photo des Victorias de Winnipeg datant de 1901.

CORB DENNENY, 1918

La LNH fut créée en novembre 1917. Au printemps 1918, ce fut la première fois que son champion, les Arenas de Toronto, joua pour la Coupe Stanley, affrontant les Millionaires de Vancouver dans une série en dents de scie qui dura cinq matchs. Lors du match final, aucun but ne fut marqué pendant la première et la deuxième période. Toronto marqua un but en début de troisième période, mais Cyclone Taylor égala la marque, et Corb Denneny marqua le but gagnant une minute plus tard, dans une victoire de 2-1 de Toronto.

CHARLIE GARDINER, 1934

D'aucuns considèrent Charlie Gardiner des Blackhawks de Chicago comme l'un des plus grands gardiens de but de son temps, sinon de tous les temps. En 1934, lors du match final de la Coupe Stanley, il fut invincible malgré de violents maux de tête et réussit à bloquer les Red Wings de Detroit jusqu'à ce que Mush March compte enfin le but gagnant pour Chicago, après 30 minutes 5 secondes de jeu en prolongation. Gardiner mourut tragiquement deux mois plus tard d'une hémorragie cérébrale.

DAN BAIN, 1901

Véritable athlète qui brilla dans de nombreux sports, Dan Bain doit au hockey sa gloire la plus durable. Après avoir aidé les Victorias de Winnipeg à gagner la Coupe Stanley pour la première fois en 1896, il devint le premier joueur de l'histoire à marquer le but gagnant de la Coupe Stanley en prolongation. Le 31 janvier 1901, son but après quatre minutes de jeu additionnel donna la victoire aux Victorias sur les Shamrocks de Montréal par la marque de 2-1.

PETE LANGELLE, 1942

Les Maple Leafs de Toronto étaient favoris lors des finales de la Coupe Stanley en 1942, mais ils perdirent les trois premiers matchs du 4 de 7 aux mains des Red Wings de Detroit. Un réalignement les aida toutefois à gagner les trois matchs suivants. Lors du match décisif, les Leafs tiraient de l'arrière 1-0 lorsque Pete Langelle égala la marque en début de troisième période, puis donna l'avance à Toronto. La victoire des Leafs, 3-1, marqua le plus grand retour d'une équipe dans l'histoire du hockey.

PETE BABANDO, 1950

En 1950, un cirque ayant envahi le Madison Square Garden, les Rangers de New York jouèrent les éliminatoires de la Coupe Stanley à l'extérieur. Malgré cela, ils imposèrent un septième match aux Red Wings de Detroit, qui l'emportèrent en prolongation après un but de Pete Babando. La seule autre fois où l'issue du septième match de la finale de la Coupe Stanley fut décidée en prolongation remonte à 1954 : Detroit battit les Canadiens de Montréal grâce à un but de Tony Leswick.

BILL BARILKO, 1951

Surtout connu pour ses mises en échec vigoureuses, Bill Barilko donna une victoire de 3-2 aux Maple Leafs de Toronto, contre Montréal, lors du cinquième match de la finale de la Coupe Stanley en 1951. Son but mit fin à la seule séquence dans l'histoire du hockey où l'issue de chaque match fut décidée en prolongation. Cet été-là, Barilko périt dans un accident d'avion, et les Leafs ne gagnèrent plus la Coupe Stanley avant 1962 – année où l'épave de l'avion fut retrouvée.

BOBBY ORR, 1970

En 1966, lorsque Bobby Orr se joignit aux Bruins de Boston, à l'âge de 18 ans, l'équipe n'avait pas gagné la Coupe Stanley depuis 1941 et n'avait pas réussi à faire les éliminatoires depuis 1959. Avec Orr et Phil Esposito comme meneurs, les Bruins devinrent vite une équipe puissante. Orr couronna sa glorieuse performance aux éliminatoires de 1970 en exécutant un vol plané, tenant son bâton dans les airs, pour marquer en prolongation le but de la victoire de la Coupe Stanley.

BOB NYSTROM, 1980

En 1972-1973, une équipe de l'expansion, les Islanders de New York, inscrivit une piètre fiche de 12-60-6, mais ses choix au repêchage – Denis Potvin, Bryan Trottier et Mike Bossy – en firent une équipe d'élite dès sa quatrième saison. Les éliminatoires des quatre années suivantes furent décevantes. Finalement, en 1980, à 7 minutes 11 secondes de jeu en prolongation du sixième match de la finale de la Coupe Stanley, Bob Nystrom redirigea une passe de John Tonelli dans le filet du gardien des Flyers, Pete Peeters, et donna la victoire aux Islanders.

BOB BAUN, 1964

À 7 minutes de la fin du sixième match de la finale de la Coupe Stanley, Bob Baun des Maple Leafs bloqua un tir d'Alex Delvecchio, des Red Wings, et quitta la glace sur une civière. Une fois sa cheville blessée bandée et anesthésiée, il revint au jeu et marqua un but en prolongation. Il attendit la victoire de Toronto au septième match de la finale de la Coupe Stanley avant d'accepter de subir une radiographie de la cheville... qui révéla une fracture du péroné.

HENRI RICHARD, 1966

À 2 minutes 20 secondes de jeu en prolongation, Dave Balon des Canadiens fit une passe de retour à Henri Richard, qui s'étala sur la glace avant de lancer, mais la rondelle se retrouva quand même dans le filet de Detroit. Richard soutint qu'elle avait rebondi sur son genou, mais le gardien des Red Wings, Roger Crozier, affirma que son gant l'avait balayée dans le filet. Malgré les protestations de ce dernier, l'arbitre Frank Udvari accepta le but et les Canadiens gagnèrent la Coupe Stanley.

LE PLUS GRAND NOMBRE DE BUTS GAGNANTS EN FINALE, EN CARRIÈRE

- 9 Jean Béliveau, Montréal
- 8 Maurice Richard, Montréal
- 6 Bernie Geoffrion, Montréal
-   Yvan Cournoyer, Montréal

LE PLUS GRAND NOMBRE DE BUTS GAGNANTS EN PROLONGATION DE MATCH EN FINALE, EN CARRIÈRE

3	Maurice Richard, Montréal	1946 (1), 1951 (1), 1958 (1)
2	Don Raleigh, Rangers de New York	1950 (2)
	Jacques Lemaire, Montréal	1968 (1), 1977 (1)
	John LeClair, Montréal	1993 (2)

PATRICK KANE, 2010

Chicago n'avait pas gagné la Coupe Stanley depuis 49 ans. Quelques minutes ne faisaient donc pas beaucoup de différence ! À 4 minutes 6 secondes de jeu en prolongation, Patrick Kane fit passer la rondelle derrière le gardien de but de Philadelphie, mais elle disparut dans la toile entourant le bas du filet. Kane éclata immédiatement de joie, mais il fallut quatre secondes de plus pour que le chrono soit arrêté, et quelques minutes pour que la reprise sur vidéo confirme le but de la victoire.

▶ En finale contre Philadelphie en 2010, Patrick Kane, des Blackhawks de Chicago, marqua l'un des buts de la victoire les plus étranges en finale de la Coupe Stanley.

COUPE STANLEY : BUTS GAGNANTS ET BUTS EN PROLONGATION

RECORDS DE LA LNH EN SÉRIES ÉLIMINATOIRES

Au fil des ans, le format des séries éliminatoires a beaucoup changé dans la LNH. Des saisons en deux parties des premières années, où l'équipe en tête de la première moitié affrontait l'équipe gagnante de l'autre moitié pour le championnat de la ligue, aux éprouvantes 4 rondes et 16 victoires mises en place en 1987, les éliminatoires sont le véritable test des grands de la LNH. Les joueurs ne gagnent pas d'argent en après-saison et bien qu'il y ait un pool de primes, c'est la possibilité de remporter la Coupe Stanley à la fin d'un dur marathon qui pousse les joueurs à dépasser leurs limites.

▶ *En 2008, à l'âge de 46 ans, Chris Chelios a été le joueur le plus vieux à remporter la Coupe Stanley, avec les Red Wings de Detroit.*

LE PLUS DE BUTS EN SÉRIES ÉLIMINATOIRES

En 1919, pendant la deuxième saison de la LNH, le joueur vedette des Canadiens de Montréal, Newsy Lalonde, marqua 17 buts en séries éliminatoires. Ce record demeura inégalé pendant 57 ans. Reggie Leach le battit en 1976, lorsqu'il marqua 19 buts pour les Flyers de Philadelphie. Ni les Canadiens ni les Flyers ne gagnèrent la Coupe Stanley, mais les Oilers d'Edmonton mirent la main dessus lorsque Jari Kurri égala le record de 19 buts de Leach en 1985.

LES AS DU TOUR DU CHAPEAU

Jari Kurri établit un record de buts marqués : trois tours du chapeau en éliminatoires en une saison contre les Blackhawks de Chicago, en finale de conférence en 1985, dont quatre buts en un seul match. Cette année-là, il établit aussi un record de quatre tours du chapeau en éliminatoires en une saison. En tout, il inscrivit sept tours du chapeau en séries éliminatoires en carrière, égalant Maurice Richard à la deuxième place de tous les temps, derrière Wayne Gretzky, qui en inscrivit dix.

L'ENVOL DES FLYERS

Les Flyers de Philadelphie et les Penguins de Pittsburgh avaient de quoi illuminer le tableau de pointage durant les quarts de finale de la Conférence de l'Est de 2012. Les Flyers établirent un record de la LNH en marquant 45 buts au cours des quatre premiers matchs. Claude Giroux marqua six buts et 14 points au cours de la série tandis que Philadelphie éliminait les Penguins en six matchs. De plus, l'équipe inscrivit un record de la franchise en comptant 12 buts en supériorité numérique.

RECORDS DE RECRUE

En 1981, Dino Ciccarelli des North Stars du Minnesota établit un record de recrue en séries éliminatoires avec 14 buts. Jeremy Roenick (11) et Claude Lemieux (10) sont les deux autres recrues à avoir marqué au moins 10 buts. Les 21 points de Cicarelli en séries éliminatoires en 1981 sont un autre record ; Ville Leino des Flyers de Philadelphie l'égala en 2010, mais inversa les résultats de Ciccarelli : 7 buts et 14 aides, un nouveau record de recrue, pour 21 points.

TIM, LE « RADIN »

En 2011, Tim Thomas, gardien pour les Bruins de Boston, établit le record de la LNH pour le plus grand nombre d'arrêts durant les séries éliminatoires, après avoir repoussé 798 des 849 tirs au but. De plus, celui qui s'est mérité deux fois le trophée Vézina n'accorda que huit buts, soit le plus petit nombre des séries de sept matchs des finales de la Coupe Stanley. Il battait ainsi le record de neuf qui avait été établi en 1945 par le gardien de but Frank McCool des Maple Leafs de Toronto.

BRODEUR REBLANCHIT

Le 19 avril 2012, Martin Brodeur inscrivit son 24 blanchissage en série finale – un record de la LNH – après qu'il eût repoussé 25 tirs au but des Panthers de la Floride. Retiré lors du match précédent, il se racheta au cours de la quatrième partie des quarts de finale de la Conférence de l'Est. Il se plaçait ainsi devant Patrick Roy, du Temple de la renommée, qui détenait le record.

▲ *Jari Kurri remporta la Coupe Stanley cinq fois avec les Oilers entre 1984 et 1990 et fut le meilleur marqueur en éliminatoires à quatre reprises.*

RECORDS DE BUTS EN PROLONGATION

Mel Hill des Rangers de New York établit un record inégalé en marquant trois buts en prolongation durant les éliminatoires contre les Bruins de Boston, en 1939. Maurice Richard fut le seul autre joueur à marquer trois buts en prolongation pendant des éliminatoires, durant la même saison. Son record de six buts en prolongation en carrière ne fut battu qu'en 2006, lorsque Joe Sakic de l'Avalanche du Colorado marqua un septième but en prolongation. Il en marqua un huitième en 2008.

 Avec huit buts marqués en prolongation pour le Colorado, Joe Sakic en compte deux de plus que Maurice Richard, des Canadiens, sur la liste des records des éliminatoires.

MATCHS ET SAISONS

Chris Chelios détient le record du plus grand nombre de séries éliminatoires : 24 en 26 ans de carrière, ainsi que le record du plus grand nombre de matchs joués en séries éliminatoires : 266, avec les Canadiens de Montréal, les Blackhawks de Chicago et les Red Wings de Detroit. Larry Robinson établit le record du plus grand nombre d'années consécutives à jouer en éliminatoires : chacune de ses 20 saisons avec les Canadiens et les Kings, de 1972-1973 à 1991-1992.

RECORDS D'AIDES

Wayne Gretzky détient ou partage le record des aides en un match, en séries éliminatoires et en une saison. En 1985, il inscrivit 14 aides en séries éliminatoires, égalant le record de Rick Middleton, établi deux ans plus tôt. Le 9 avril 1987, avec six aides contre Los Angeles, il égala un record établi par Mikko Leinonen en 1982. En 1988, avec 31 aides en séries éliminatoires, il fracassa son propre record de 30 aides, établi en 1985.

LE PLUS DE BUTS EN UN MATCH

Cinq différents joueurs de la LNH ont marqué cinq buts en un match de séries éliminatoires. Newsy Lalonde des Canadiens de Montréal a été le premier à le faire contre Ottawa en 1919. Les autres sont : Maurice Richard, des Canadiens, contre Toronto en 1944, Darryl Sittler des Maple Leafs, contre Philadelphie en 1976, Reggie Leach des Flyers, contre Boston en 1976 et Mario Lemieux, des Penguins, contre Philadelphie en 1989.

POINTS EN SÉRIES ÉLIMINATOIRES EN UNE SAISON

En 1983, Rick Middleton des Bruins établit un record en séries éliminatoire en une saison : 5 buts et 14 aides pour 19 points en 7 matchs contre les Sabres. Patrick Sundstrom des Devils (1988) et Mario Lemieux (1989) partagent le record de huit points en un match. En 1985, Wayne Gretzky établit le record du plus grand nombre de points en une saison en séries éliminatoires, avec 17 buts et 30 aides pour 47 points. Lemieux vient au deuxième rang avec 44 points (1991).

AUSSI SIMPLE QUE 1-2-3

S'étant qualifiés pour les séries éliminatoires lors de l'avant-dernier match de la saison 2012, les Kings surent en tirer parti. Huit fois en tête de série, Los Angeles devint la deuxième équipe de l'histoire de la LNH (ironiquement, la première était celle des Flames de Calgary, dirigée par Darryl Sutter en 2003-2004) à défaire les trois meilleures équipes de la conférence. Sutter fit perdre le trophée des Présidents à l'équipe de Vancouver lors des quarts de finale de la conférence avant de supplanter St.Louis, qui se trouvait en deuxième place, et Phoenix, en troisième, pour finalement accéder aux finales. Les Kings récoltèrent leur premier titre lors de leur 44e saison en éliminant New Jersey en six matchs. La supériorité de Los Angeles était telle qu'elle fut la seule équipe à gagner ses trois premiers matchs dans les quatre séries.

LE PLUS DE BUTS EN CARRIÈRE EN SÉRIES ÉLIMINATOIRES

122	Wayne Gretzky, Edm, L.A., St.L, NY (R)	208 PJ
109	Mark Messier, Edm, NY (R)	236 PJ
106	Jari Kurri, Edm, L.A., NY (R), Ana	200 PJ
103	Brett Hull, Cgy, St.L, Dal, Det	202 PJ
93	Glenn Anderson, Edm, Tor, NY (R), St.L	225 PJ

LE PLUS D'AIDES EN CARRIÈRE EN SÉRIES ÉLIMINATOIRES

260	Wayne Gretzky, Edm, L.A., St.L, NY (R)	208 PJ
186	Mark Messier, Edm, NY (R)	236 PJ
139	Raymond Bourque, Bos, Col	214 PJ
137	Paul Coffey, 9 équipes	194 PJ
128	Doug Gilmour, 7 équipes	182 PJ

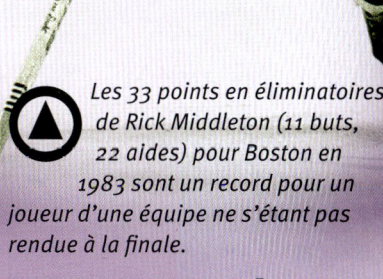

Les 33 points en éliminatoires de Rick Middleton (11 buts, 22 aides) pour Boston en 1983 sont un record pour un joueur d'une équipe ne s'étant pas rendue à la finale.

LE PLUS DE POINTS EN CARRIÈRE EN SÉRIES ÉLIMINATOIRES

382	Wayne Gretzky, Edm, L.A., St.L, NY (R)	208 PJ
295	Mark Messier, Edm, NY (R)	236 PJ
233	Jari Kurri, Edm, L.A., NY (R), Ana	200 PJ
214	Glenn Anderson, Edm, Tor, NY (R), St.L	225 PJ
137	Paul Coffey, 9 équipes	194 PJ

LE TROPHÉE CONN-SMYTHE

Le trophée Conn-Smythe est un prix annuel remis au joueur le plus utile de son équipe pendant les éliminatoires. Depuis 1970, le gagnant est choisi par un vote des membres de la Professional Hockey Writers Association, à la fin du dernier match de la finale de la Coupe Stanley. Contrairement à des trophées semblables dans d'autres sports, il récompense la performance pendant toutes les éliminatoires plutôt que pendant la ronde du championnat. Maple Leaf Gardens Limited présenta ce prix à la LNH en 1964 pour honorer Conn Smythe, entraîneur de longue date et directeur général, président et propriétaire des Maple Leafs de Toronto.

◀ *Le trophée récompensant le joueur le plus utile en éliminatoires de la LNH est décoré de feuilles d'érable, ainsi que d'une réplique du Maple Leaf Gardens, en l'honneur de Conn Smythe, de Toronto.*

LE PREMIER LAURÉAT

Le trophée Conn-Smythe fut remis pour la première fois en 1965 au capitaine des Canadiens, Jean Béliveau, après la victoire de Montréal sur les Blackhawks de Chicago lors de la finale en sept matchs de la Coupe Stanley. Béliveau inscrivit 8 buts et 8 aides pour un total de 16 points en 13 matchs d'éliminatoires, dont 5 buts et 5 aides pour 10 points pendant la finale. Au septième match, le but de Béliveau après 14 secondes de jeu donna le ton d'une victoire de 4-0 étonnamment facile.

TROIS FOIS LAURÉAT

Le gardien Patrick Roy est le seul joueur à avoir remporté le trophée Conn-Smythe à trois reprises : en 1996, âgé de 20 ans seulement, il fut le plus jeune joueur à recevoir cet honneur, après une victoire étonnante des Canadiens de Montréal, qui comptaient de nombreuses recrues ; en 1993, il le remporta de nouveau avec les Canadiens après une brillante performance, dont 10 victoires en prolongation ; et, en 2001, il y parvint avec l'Avalanche du Colorado.

UN GRAND CHELEM AU HOCKEY

En 1970, le but en prolongation de Bobby Orr en finale de la Coupe Stanley couronna une année qui lui avait valu non seulement le trophée Norris du meilleur défenseur, mais aussi le trophée Hart du joueur le plus utile. Cette année-là, il fut aussi le premier défenseur à remporter le trophée Art-Ross remis au meilleur marqueur de la ligue. Avec le trophée Conn-Smythe en plus, il fut le premier joueur à gagner quatre prix majeurs la même saison.

DEUX FOIS DE SUITE

Bobby Orr remporta de nouveau le trophée Conn-Smythe quand Boston gagna la Coupe Stanley en 1972. Cependant, le premier joueur à l'obtenir deux fois de suite fut Bernie Parent, gardien de but des Flyers de Philadelphie : il le gagna après les victoires de Philadelphie en Coupe Stanley en 1974 et en 1975. Wayne Gretzky gagna le trophée en 1985 et en 1988 ; le seul autre joueur à le gagner deux fois de suite fut Mario Lemieux, en 1991 et en 1992.

▶ *L'acquisition de Butch Goring par les Islanders à l'échéance des échanges en 1980 contribua à transformer une équipe toujours décevante lors des éliminatoires en une équipe championne.*

QUATRE DE SUITE

La seule équipe à produire quatre gagnants consécutifs du trophée Conn-Smythe fut les Islanders de New York. Bryan Trottier le remporta en 1980 après avoir dominé les éliminatoires lors du premier des quatre championnats d'affilée des Islanders. Butch Goring l'obtint pour son excellence bilatérale en 1981 ; Mike Bossy le reçut pour avoir marqué sept buts en quatre matchs lors de la finale de 1982, et le gardien Billy Smith y eut droit après avoir blanchi Edmonton en 1983.

PREMIER... ET DERNIER

Serge Savard des Canadiens de Montréal fut le premier défenseur à gagner le trophée Conn-Smythe en 1969. Il battit ses coéquipiers Rogatien Vachon (qui prit la relève du gardien de but blessé Gump Worsley lors des éliminatoires), Dick Duff (meilleur marqueur des finales) et Jean Béliveau. Et il fut le dernier joueur à le gagner par un vote des gouverneurs de la LNH. On annonça qu'il en était le lauréat trois jours après que Montréal eut remporté la Coupe Stanley.

PRIX DE CONSOLATION ?

Quatre gardiens de but ont gagné le trophée Conn-Smythe même s'ils jouaient pour des équipes n'ayant pas gagné la Coupe Stanley : Roger Crozier des Red Wings de Detroit en 1966 ; Glenn Hall des Blues de St. Louis en 1968 ; Ron Hextall des Flyers de Philadelphie en 1987 ; et Jean-Sébastien Giguère des Ducks d'Anaheim en 2003. Le seul joueur autre qu'un gardien de but qui l'a remporté dans une équipe perdante est Reggie Leach, des Flyers de Philadelphie, qui le reçut en 1976 malgré la victoire des Canadiens de Montréal.

AU-DELÀ DES FRONTIÈRES

En 1994, Brian Leetch devint le premier Américain à remporter le trophée Conn-Smythe. Le défenseur domina tous les joueurs en après-saison et aida les Rangers de New York à gagner la Coupe Stanley pour la première fois depuis 1940. En 2002, Nicklas Lidstrom, de Detroit, devint le premier joueur né en Europe à remporter le trophée Conn-Smythe. Cet été-là, il apporta la Coupe Stanley, le trophée Conn-Smythe et le trophée Norris dans sa ville natale de Vasteras, en Suède.

L'ARGENT ET L'OR

En 2010, le capitaine des Blackhawks de Chicago, Jonathan Toews, devint le premier joueur dans l'histoire du hockey à gagner l'or aux Olympiques, la Coupe Stanley et le trophée Conn-Smythe la même saison. Toews et ses coéquipiers Duncan Keith et Brent Seabrooke gagnèrent la Coupe et une médaille d'or en 2010. Avec Ken Morrow (1980), Brendan Shanahan (2002) et Yzerman (2002), ils sont les six rares joueurs à avoir accompli ce double exploit.

MAÎTRE DÉFENSEUR

Avec son tir frappé, le défenseur Al MacInnis fut toujours une menace pour l'offensive. Il fut l'un des rares défenseurs à passer la barre des 100 points en une saison, et il vient immédiatement derrière Raymond Bourque et Paul Coffey pour le nombre de buts, d'aides et de points en carrière. Bien qu'il ait été égalé dans le passé, MacInnis devint en 1989 le premier défenseur à dominer comme marqueur en après-saison et reçut le trophée Conn-Smythe quand Calgary gagna la Coupe Stanley.

▶ *En 1989, Al MacInnis, de Calgary, inscrivit 31 points (7 buts et 24 aides) en 22 matchs en éliminatoires.*

◀ *En 1966, Roger Crozier a été considéré comme un gagnant surprise du trophée Conn-Smythe, car les Red Wings de Detroit avaient perdu la Coupe Stanley aux mains de Montréal.*

▼ *Le trophée Conn-Smythe que Jonathan Toews gagna en 2010 vint couronner une saison remarquable pour le capitaine des Blackhawks de Chicago.*

UNE SAISON, DEUX JOUEURS LES PLUS UTILES

Bobby Orr, (Bruins, 1970 et 1972), Guy Lafleur (Canadiens, 1977) et Wayne Gretzky (Oilers, 1985) sont les seuls joueurs à avoir gagné la même année le trophée Hart du joueur le plus utile en saison régulière et le trophée Conn-Smythe du joueur le plus utile en éliminatoires. Lafleur et Gretzky reçurent aussi le prix Ted-Lindsay (appelé alors prix Lester-B-Pearson) du joueur le plus utile nommé par ses pairs, obtenant trois distinctions en une seule saison.

QUICK SAUVE LA MISE

Si le gardien des Kings de Los Angeles, Jonathan Quick, joua avec brio durant la saison régulière de 2012, il se surpassa lors des éliminatoires après que l'équipe, en huitième place, eut le plus grand mal à se qualifier pour les séries. L'athlète fit face aux trois meilleures équipes de la Conférence de l'Ouest pour n'accorder ensuite que six buts en sept matchs aux Devils et permettre aux Kings de remporter la Coupe Stanley. Quick présenta une fiche de 16 victoires et 4 défaites, un pourcentage d'arrêts de 0,946 et une moyenne de buts accordés de 1,41.

SEPTIÈME PARTIE

HOCKEY MINEUR PROFESSIONNEL, JUNIOR, UNIVERSITAIRE ET DES ÉCOLES SECONDAIRES

Dès les années 1920, les ligues professionnelles de hockey mineur furent les terrains d'essai des joueurs de la LNH. La ligue junior fournit de grands talents depuis les débuts du sport, et les équipes d'écoles secondaires et d'universités produisent des joueurs de qualité depuis plus d'une génération.

▶ *Steve Whitney et les Eagles n'avaient pas l'intention d'être privés de la victoire, comme le découvriraient le gardien Taylor Nelson et l'ambitieux Ferris State lors du match final du Frozen Four de la NCAA de 2012. Whitney aida à compter les premier et quatrième buts, qui assurèrent à Boston une victoire de 4-1 et le titre de champion national pour la cinquième fois.*

LIGUES ET ÉTOILES DU HOCKEY MINEUR PROFESSIONNEL

Au début du 20e siècle, avant que le hockey ne devienne un sport professionnel, il existait déjà une hiérarchie entre les ligues de hockey. Les organisations provinciales du Québec, du Manitoba et de l'Ontario, qui avaient des divisions junior et intermédiaire préparant les joueurs aux rangs majeurs, dominèrent les premières séries de la Coupe Stanley. On ne compte plus les ligues professionnelles de hockey des années 1910 et 1920. Quand la LNH émergea comme seule ligue « majeure » en 1926-1927, plusieurs nouvelles ligues devinrent « mineures pro ». De nos jours, la Ligue américaine de hockey est au sommet du hockey mineur pro et prépare les grands et moins grands espoirs de la LNH.

LA USAHA

Une ligue ni mineure ni professionnelle, la United States Amateur Hockey Association s'est révélée un terrain fertile pour la LNH au début des années 1920. Parmi ses futures étoiles, mentionnons Nels Stewart, récipiendaire du trophée Hart remis au joueur le plus utile à son équipe à sa première année dans la LNH en 1925-1926, et Roy Worters, le premier gardien à recevoir le trophée Hart en 1928-1929.

LA LIGUE CANADIENNE-AMÉRICAINE

En 1926-1927, la Ligue canadienne-américaine de hockey (Ligue Can-Am) était l'un des premiers circuits de hockey professionnel. Aux franchises originales de New Haven, Springfield, Boston, Providence et Québec s'ajoutèrent un club à Philadelphie et, brièvement, un à Newark et un dans le Bronx. La ligue, qui demeura active jusqu'en 1935-1936, prolongea la carrière de nombreux anciens de la LNH et lança plusieurs vedettes. En 1936-1937, la Ligue Can-Am fusionna avec l'International Hockey League pour former ce qui deviendrait la Ligue américaine de hockey.

LES CLUBS AFFILIÉS À LA LIGUE CANADIENNE-AMÉRICAINE (CAN-AM)

Art Ross des Bruins de Boston a rapidement compris les avantages d'affilier son équipe de la LNH à une équipe de ligue mineure. Les Tigers, puis les Cubs, de Boston de la Ligue Can-Am étaient directement affiliés aux Bruins. De futures étoiles, comme Dit Clapper, Woody Dumart et Bobby Bauer, firent leurs débuts au hockey professionnel dans cette ligue. Clapper devint le premier joueur de l'histoire à jouer dans la LNH pendant 20 ans.

D'AUTRES ÉQUIPES AUSSI

Lester Patrick des Rangers a également compris les avantages d'être lié à la ligue mineure. Jusqu'en 1932-1933, les Rangers dirigèrent les Indians de Springfield de la Ligue Can-Am, puis les espoirs des Arrows de Philadelphie. Futur membre du Temple de la renommée du hockey, Earl Siebert est l'un de nombreux joueurs des Rangers dont la carrière professionnelle a débuté à Springfield. Les Canadiens et les Reds de Providence furent longtemps liés, mais le club de Providence était propriétaire de la plupart de ses joueurs.

LA LIGUE CAN-PRO

La Canadian Professional Hockey League débuta en 1926-1927, avec des équipes dans les villes ontariennes de Stratford, London, Hamilton, Windsor et Niagara Falls. S'étendant bientôt à des villes américaines, elle fut rebaptisée Ligue internationale de hockey en 1929-1930. Les Maroons de Montréal, les Maple Leafs de Toronto et les Cougars (bientôt Red Wings) de Detroit établirent vite des liens avec des clubs de cette ligue. Le plus grand joueur à sortir de cette école fut Turk Broda.

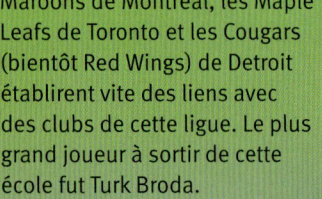

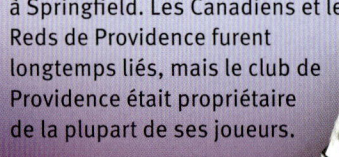

Le grand gardien des Maple Leafs de Toronto Turk Broda appartenait aux Red Wings tout en jouant pour les Olympics de Detroit de l'IHL, en 1935-1936.

L'ASSOCIATION AMÉRICAINE DE HOCKEY

Formée en 1926-1927 comme volet professionnel de la United States Amateur Hockey Association, l'Association américaine de hockey se voulait une rivale de la LNH et comptait l'affronter pour la Coupe Stanley. L'AHA opéra jusqu'en 1942 et ses relations avec la LNH furent toujours houleuses. Néanmoins, un grand nombre de joueurs de l'AHA devinrent des étoiles de la LNH, dont les gardiens Charlie Gardiner et Tiny Thompson, tous deux membres du Temple de la renommée du hockey.

◀ *Le gardien des Bruins Tiny Thompson, qui avait évolué avec les Millers de Minneapolis de l'AHA durant les années 1920, reçut le trophée Vézina à quatre reprises au cours des années 1930.*

LA LIGUE AMÉRICAINE DE HOCKEY

En 1936-1937, la fusion de la Ligue Can-Am et de la Ligue internationale de hockey donna naissance à l'International-American Hockey League, devenue la Ligue américaine de hockey (AHL) à la fin de la saison 1939-1940. L'AHL devint le principal circuit de développement de la LNH. De nombreuses équipes de la LNH ont eu des clubs affiliés de l'AHL au cours des ans, mais 2010-2011 fut la première saison où les 30 équipes de la LNH eurent toutes leur club-école de l'AHL.

LA LIGUE INTERNATIONALE DE HOCKEY

Indépendante de la ligue du même nom, une Ligue internationale de hockey vit le jour en décembre 1945. Elle débuta avec quatre équipes et, malgré une croissance lente jusque dans les années 1950, elle explosa durant les années 1960 au point de rivaliser avec l'AHL au cours les années 1970. L'expansion rapide des années 1990 créa des tensions entre la IHL et la LNH et la première disparut en 2001, quand six franchises de la IHL furent admises dans l'AHL.

ADMIRABLES ADMIRALS

Les Admirals de Norfolk remportèrent leur premier titre de la Ligue américaine de hockey de manière spectaculaire. Alors affiliés aux Lighning de Tampa Bay, ils remportèrent 28 parties consécutives durant la saison régulière de 2011-2012. Leur succès ne serait pas démenti : ils remportèrent 43 de leurs 46 dernières parties et conclurent brillamment en éliminant les Marlies de Toronto lors de la finale de la Coupe Calder.

LA COUPE CALDER

Le trophée de championnat de la Ligue américaine de hockey est nommé en l'honneur de Frank Calder, le premier président de la LNH. Des 27 membres du Temple de la renommée du hockey lauréats du trophée Calder, mentionnons Johnny Bower, Terry Sawchuk, Gerry Cheevers, Larry Robinson, Doug Harvey et Patrick Roy. Les Indians de Springfield, dirigés par Eddie Shore et Jack Butterfield, eux-mêmes du Temple de la renommée du hockey, gagnèrent la coupe Calder trois ans de suite (1960, 1961, 1962).

AUTRES LIGUES MINEURES

La Deuxième Guerre mondiale sonna le glas de plusieurs équipes de hockey mineur pro, mais le sport rebondit dans les années d'après-guerre. La LNH ne comptant que six équipes jusqu'en 1967, de nombreux joueurs talentueux firent carrière dans l'AHL, la USHL, la Ligue de hockey de l'Ouest et la Central Hockey League. Guyle Fielder, qui joua brièvement dans la LNH, établit les records des mineures avec 1491 matchs joués et 1929 points entre 1953 et 1969.

◀ *Dit Clapper (numéro 5) a passé toute la saison 1925-1926 avec les Tigers de Boston de la ligue Can-Am. Bill Cowley (numéro 10) a joué un seul match dans l'Association américaine de hockey en 1934-1935 avant de faire ses débuts dans la LNH.*

L'ECHL (Ligue de la côte Est)

Première ligue de hockey AA, la Ligue de la côte Est (ECHL) est le deuxième palier du hockey mineur moderne. De nombreux clubs de l'ECHL sont affiliés à des clubs de la LNH ou de l'AHL. Composée de cinq clubs en 1988, l'ECHL, dont les deux premières initiales signifient East Coast, a atteint un sommet de 31 clubs en 2003 et en compte maintenant 19 partout aux États-Unis, de l'Alaska à la Floride. Elle n'est connue aujourd'hui que par ses initiales.

LE HOCKEY JUNIOR EN AMÉRIQUE DU NORD

Les origines du hockey junior en tant que niveau compétitif distinct destiné aux joueurs de moins de 20 ans remontent au début des années 1890. Durant les années 1930, la plupart des petites villes du Canada avaient leur équipe junior, et il n'était pas rare que plus de 100 équipes se disputent le championnat de la Coupe Memorial. Avant son déclin après la Deuxième Guerre mondiale, il y avait 10 régions distinctes de hockey junior (cinq dans l'Est et cinq dans l'Ouest). Le hockey junior fut réorganisé en 1971 et les groupes qui devaient devenir l'Ontario Hockey League, la Western Hockey League et la Ligue de hockey junior majeur du Québec furent établis au sommet.

LA COUPE MEMORIAL

Le capitaine James T. Sutherland, de Kingston en Ontario, est l'homme derrière la Coupe Memorial, créée en l'honneur des joueurs-vedettes de la ville, Allan « Scotty » Davidson et George Richardson, tués au combat durant la Première Guerre mondiale. De 1919 à 1971, la Coupe Memorial fut disputée lors d'une finale Est-Ouest précédée de longues séries éliminatoires partout au Canada. En 1972, la Coupe Memorial est devenue un tournoi à la ronde disputé par les équipes de trois grandes ligues junior majeur.

LA NAISSANCE DU HOCKEY JUNIOR MAJEUR

L'Ontario Hockey Association fut formée à Toronto le 27 novembre 1890. Elle comptait à l'origine 13 clubs de niveau dit « senior ». On introduisit une catégorie junior à l'hiver 1892-1893. De nombreuses autres organisations provinciales inclurent bientôt des clubs de hockey junior, mais il fallut attendre la création de l'Association canadienne de hockey amateur en 1914 pour que le hockey junior ne commence à se développer.

L'AFFILIATION À LA LNH

En 1927, après avoir acheté les Maple Leafs de Toronto, Conn Smythe conclut un accord avec les Marlboros de Toronto et le collège St. Michael's, faisant de leurs équipes des clubs-écoles des Maple Leafs. Pendant des décennies, des clubs de la LNH ont été affiliés à des clubs de hockey junior de partout au Canada dans le but d'acquérir de jeunes talents. L'instauration du repêchage de la LNH en 1963 fut la première étape de l'élimination de ces ententes, mais le système dura jusqu'en 1969.

HOCKEY JUNIOR A ET JUNIOR MAJEUR

En 1933-1934, le hockey junior du Canada fut regroupé en deux classes, A et B, des divisions C et D s'ajoutant plus tard. Le hockey junior A devint un niveau hiérarchique, seuls les clubs junior A étant admissibles à la Coupe Memorial. En 1971, le hockey junior A fut à son tour divisé en deux classes, et la Ligue de hockey de l'Ontario, la Ligue de hockey de l'Ouest et la Ligue junior majeur du Québec furent classées « junior majeur ».

▶ *La Ligue de hockey de l'Ontario a dû accorder à John Tavares le statut de joueur exceptionnel afin que les Generals d'Oshawa puissent le choisir au repêchage de la ligue à l'âge de 14 ans.*

LA LIGUE DE HOCKEY DE L'ONTARIO

La Ligue de hockey de l'Ontario remonte aux débuts de l'OHA en 1890. En fait, elle porta le nom d'Association de hockey de l'Ontario jusqu'en 1974, quand sa division junior majeur fut rebaptisée Ligue de hockey junior majeur de l'Ontario. Ce n'est qu'en 1980-1981 qu'elle deviendra l'OHL. En 2009, John Tavares mit fin à sa carrière dans l'OHL avec un record de 215 buts; il avait débuté dans la ligue à l'âge de 15 ans.

LA LCH

La Ligue canadienne de hockey fut fondée en 1975 sous le nom de Ligue canadienne de hockey junior majeur. Elle chapeaute la LHJMQ, la OHL (Ligue de hockey de l'Ontario) et la WHL (Ligue de hockey de l'ouest). La LCH est responsable de l'organisation du tournoi annuel de la Coupe Memorial et d'une poignée d'autres événements annuels, dont le match des prospects. Elle remet aussi de nombreux prix nationaux, dont celui de joueur, de recrue et d'entraîneur de l'année.

LA LIGUE DE HOCKEY DE L'OUEST

Jusqu'en 1966, chaque province de l'Ouest avait sa ligue de hockey junior A. En 1966-1967, des clubs d'Alberta et de Saskatchewan créèrent la Ligue canadienne de hockey junior majeur, devenue Ligue de hockey de l'Ouest canadien un an plus tard, et enfin Ligue de hockey de l'Ouest en 1978-1979. Menés par le gardien Grant Fuhr et le marqueur Barry Pederson, les Cougars de Victoria établirent un record de ligue avec 60 gains et une fiche de 60-11-1 en 1980-1981.

LA LIGUE DE HOCKEY JUNIOR MAJEUR DU QUÉBEC

La LHJMQ fut formée en 1969 par la fusion de la Ligue de hockey junior du Québec et la Ligue de hockey junior du Montréal métropolitain. La ligue, qui accueillait deux équipes de l'Ontario, s'étendit aux Maritimes et aux États-Unis en 1994. En 1983-1984, Mario Lemieux établit un record de ligue avec 133 buts en 70 matchs. Mike Bossy détient le record en carrière avec 309 buts en un peu plus de 4 saisons.

 *Mario Lemieux passa trois saisons avec les Voisins de Laval de la LHJMQ, de 1981 à 1984. Il compta 30, puis 84, puis un record de 133 buts ; il passa de 96 à 184 points, avant d'en cumuler 282 à sa troisième saison.*

LA USHL

Même si plusieurs clubs américains évoluent dans la Ligue canadienne de hockey, les États-Unis ont leur propre système junior. Au sommet, on trouve la Ligue de hockey des États-Unis, une ligue junior depuis 1979. La USHL est basée dans le Midwest et strictement amateur, ce qui permet à ses joueurs de poursuivre leur carrière dans la NCAA (National Collegiate Athletic Association). Chaque année, des clubs de la LNH repêchent un nombre toujours grandissant de joueurs de la USHL.

LA LIGUE CANADIENNE DE HOCKEY JUNIOR A AUJOURD'HUI

Connu à l'origine comme deuxième niveau junior A, le niveau de hockey inférieur au junior majeur s'appelle simplement junior A. Comme aux débuts de la Coupe Memorial, il y a 10 ligues junior A provinciales d'un océan à l'autre, regroupées dans la Ligue canadienne de hockey junior. Des éliminatoires provinciales et régionales mènent à la Coupe Banque Royale, appelée Coupe du Centenaire du Manitoba de 1971 à 1995.

En 1980-1981, Barry Pederson mena les Cougars de Victoria avec 65 buts, 82 aides et 147 points. Un an plus tard, il marqua 44 buts, le record de tous les temps pour une recrue des Bruins de Boston.

AUTRES LIGUES AMÉRICAINES DE HOCKEY JUNIOR

En dessous de la USHL, on trouve la North American Hockey League, dont plusieurs clubs évoluent dans le centre et le sud-ouest des États-Unis. Ses joueurs aussi sont admissibles à la NCAA et, même si le calibre est inférieur à celui de la USHL, une poignée de candidats de la NAHL réussit toujours à se faufiler dans la LNH chaque année. Sous la NAHL, on trouve diverses ligues régionales de hockey junior A, ainsi que des ligues de hockey junior B et C.

HOCKEY UNIVERSITAIRE ET DES ÉCOLES SECONDAIRES

L'Université McGill de Montréal joua un rôle clé dans la formation du hockey durant les années 1870 et 1880. À mesure que le sport se professionnalisait au début du 20e siècle, de plus en plus de joueurs furent attirés par le jeu pour échapper au travail à la ferme, à l'usine et à la mine. En 1970, Ken Dryden, jeune gardien prometteur des Canadiens de Montréal, se fit connaître en faisant passer ses études de droit avant une possible carrière dans la LNH. Aux États-Unis, le hockey universitaire existe depuis les années 1890, mais ce n'est qu'au cours des années 1980, après la victoire surprise de l'équipe olympique américaine, composée de joueurs universitaires, que la NCAA devint une filière viable vers la LNH.

LES PREMIÈRES ANNÉES AU CANADA

La première équipe de hockey de l'Université McGill fut formée en 1877, mais le premier match de hockey entre deux équipes universitaires eut lieu à Kingston, en 1886, entre l'Université Queen's et le Collège militaire royal, une rivalité qui dure à ce jour. La Canadian Intercollegiate Hockey Union fut formée le 7 janvier 1903, et McGill remporta le premier championnat de cette ligue de trois équipes, dont Queen's et l'Université de Toronto, où le programme de hockey débuta en 1891.

LES PREMIÈRES ANNÉES AUX ÉTATS-UNIS

Le premier match de hockey documenté entre deux universités américaines eut lieu entre Yale et Johns Hopkins à Baltimore, au Maryland, le 3 février 1896. On peut lire dans le *Baltimore Sun* que le match attira une foule record, ce qui laisse supposer qu'on y avait déjà joué d'autres matchs. Le 19 janvier 1898, l'Université Brown défit Harvard à Boston, donnant naissance à la plus ancienne rivalité du hockey américain.

Le prix Hobey-Baker est présenté depuis 1981 au meilleur joueur de la NCAA. Neal Broten de l'Université du Minnesota en a été le premier récipiendaire.

LES « FROZEN FOUR »

La création d'un vrai championnat national en 1948 donna un élan au hockey de la NCAA. Dartmouth domina au début des années 1940, mais perdit le premier championnat devant l'Université du Michigan, détentrice d'un plus grand nombre de titres que toutes les autres universités de la NCAA. Depuis 1999, l'événement est connu sous le nom de « The Frozen Four », afin de le distinguer de la ronde finale du tournoi annuel de basketball de la NCAA, appelé « The Final Four ».

DE LA NCAA À LA LNH

Certains Canadiens boursiers de hockey dans des universités américaines figurent parmi les premiers joueurs de la NCAA à atteindre la LNH : Red Berenson évolua trois ans au Michigan avant de se joindre aux Canadiens de Montréal en 1962 ; Lou Nanne joua pour l'Université du Minnesota au début des années 1960 avant de passer aux North Stars du Minnesota ; et les gardiens Tony Esposito (Michigan Tech) et Ken Dryden (Cornell) jouèrent aussi tous deux dans la NCAA.

HOBEY BAKER

Hobey Baker fut la première vedette du hockey américain. Entre 1910 et 1914, il devint une légende à l'Université Princeton, menant les Tigers à deux titres intercollégiaux tout en jouant au football. Il évolua ensuite dans une ligue amateur à New York. Baker mourut dans l'écrasement de son avion en 1918, peu de temps après la Première Guerre mondiale. Le prix Hobey-Baker du meilleur joueur de la NCAA entretient sa mémoire et lui assure une place dans l'histoire.

DE NOUVEAU LE SUCCÈS

Le 7 avril 2012, le Boston College remportait son cinquième championnat de la NCAA, soit son troisième en cinq saisons, en inscrivant une victoire de 4-1 contre Ferris State. Steven Whitney marqua deux buts et Parker Milner, meilleur joueur des « Frozen Four », repoussa 27 tirs au but lors de la finale. C'était la 19e victoire consécutive des Eagles, qui avaient reçu le titre en 1949, 2001, 2008 et 2010. Paul Carey et Johnny Gaudreau marquèrent également des buts. Chris Kreider, joueur de premier plan des Rangers de New York, joua de façon exceptionnelle pour le Boston College lors d'un championnat.

LES PREMIÈRES DE LA NCAA AU REPÊCHAGE DE LA LNH

Le premier joueur de la NCAA sélectionné au repêchage de la LNH est le centre Al Karlander de Michigan Tech, choisi par les Red Wings de Detroit en 1967. Ce n'est toutefois qu'en 1979 qu'un joueur de la NCAA, le défenseur Mike Ramsey de l'Université du Michigan, fut choisi en première ronde, en 11e position, par les Sabres de Buffalo. Il fallut attendre 1986 pour qu'un joueur de la NCAA soit repêché en première position, soit Joe Murphy de Michigan State, repêché par les Red Wings.

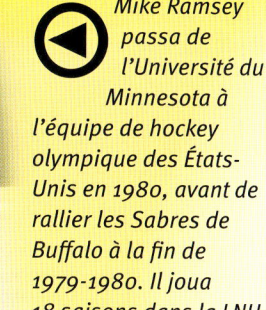

Mike Ramsey passa de l'Université du Minnesota à l'équipe de hockey olympique des États-Unis en 1980, avant de rallier les Sabres de Buffalo à la fin de 1979-1980. Il joua 18 saisons dans la LNH.

LE PLUS DE JOUEURS DES UNIVERSITÉS DE LA NCAA SÉLECTIONNÉS AU REPÊCHAGE DE LA LNH JUSQU'EN 2012

Minnesota	69
Michigan	69
Boston University	56
Michigan State	49
Wisconsin	49
Michigan Tech	46
Denver	45
North Dakota	39
Boston College	38
Providence	36
Cornell	36

L'ÉTAT DU HOCKEY

Il se joue du hockey dans les écoles secondaires du Minnesota depuis les années 1890. La première équipe de la St. Paul Academy vit le jour en 1905 et demeure en activité depuis. Plus de 150 écoles secondaires du Minnesota (sur environ 250 écoles au total) ont des clubs de hockey et, la plupart, des divisions pour les garçons et pour les filles. Les clubs sont divisés en A ou AA, ces classes étant subdivisée en huit sections régionales.

LE TOURNOI DE L'ÉTAT

Tenu pour la première fois en 1945, le tournoi des écoles secondaires de l'État du Minnesota remplit les 18 000 places du Xcel Energy Center de St. Paul et attire d'énormes cotes d'écoute. Il met en vedette les huit gagnants des tournois régionaux qui s'affrontent pour les championnats de l'État de niveau A et AA. Le hockey des écoles secondaires est populaire en Nouvelle-Angleterre et dans d'autres États aussi, mais il est presque devenu une religion au Minnesota.

LE PLUS DE JOUEURS DES ÉCOLES SECONDAIRES DES ÉTATS-UNIS SÉLECTIONNÉS AU REPÊCHAGE DE LA LNH JUSQU'EN 2012

Cushing Acad. (MA)	22
Edina (MN)	21
Northwood Prep. (NY)	20
Shattuck St. Mary's (MN)	20
Belmont Hill (MA)	17
Avon Old Farms (CT)	15
Hill-Murray (MN)	15
Catholic Memorial (MA)	14
Deerfield (IL)	14
Hotchkiss (CT)	14
St. Sebastian's (MA)	14
Mount St. Charles (RI)	13
Minnetonka (MN)	13
Culver Mil. Acad. (IN)	12
Roseau (MN)	12
St. John's Prep (MA)	12

REPÊCHAGE DANS LES ÉCOLES SECONDAIRES

Tous les ans depuis 1980, au moins deux joueurs d'écoles secondaires américaines sont repêchés dans la LNH, le record étant de 69 en 1987. En 1983, les North Stars font de Brian Lawton du Mount St. Charles High School leur premier choix au repêchage d'entrée dans la LNH, le seul joueur du secondaire à avoir eu cet honneur. D'autres joueurs choisis au repêchage d'entrée devinrent des vedettes de la LNH, dont Tom Barrasso, Phil Housley, Jeremy Roenick et Brian Leetch.

Phil Housley de la South St. Paul High School fut sélectionné en sixième position par les Sabres de Buffalo au repêchage de la LNH en 1982, année où il débuta sa carrière de 21 ans au sein de la ligue.

HUITIÈME PARTIE
LES CLUBS DE LA LNH

De trois équipes à ses débuts, la Ligue nationale de hockey, qui compte maintenant 30 clubs, a donné à son sport une envergure internationale, attirant des joueurs et des partisans de partout dans le monde.

▶ *Evgeni Malkin fut sans conteste le meilleur joueur de la saison 2011-2012. Lauréat du trophée Hart et deux fois récipiendaire du trophée Art Ross, il aida les Penguins de Pittsburgs à surmonter le départ de Sidney Crosby (commotion cérébrale) en marquant 50 buts, son record en carrière. Il effectua également 59 aides pour Pittsburgh.*

ANAHEIM – LES DUCKS

La ville d'Anaheim en Californie se vit octroyer une franchise d'expansion par le Conseil des gouverneurs de la LNH en décembre 1992 (en même temps que la Floride du Sud). L'équipe commença à jouer en 1993-1994. Le coût de la nouvelle franchise était de 50 millions de dollars, dont 25 millions allèrent directement aux Kings de Los Angeles pour indemnisation liée au territoire. D'abord propriété de la compagnie Disney, le club s'appelait les Mighty Ducks d'Anaheim, du nom d'un film à succès. Henry et Susan Samueli acquirent le club au printemps 2005 et le rebaptisèrent les Ducks le 22 juin 2006. Un an plus tard, Anaheim remporta la Coupe Stanley.

1ER MATCH ET 1RE VICTOIRE

Le 8 octobre 1993, lors de leur premier match de la saison régulière, les Ducks s'inclinèrent à 7-2 devant les Red Wings de Detroit. Sean Hill effectua le premier tir au but à 7 minutes 50 secondes de la première période et marqua le premier but (en supériorité numérique) à 4 minutes 13 secondes de la deuxième. Il reçut la première pénalité (pour avoir retenu) à 11 minutes 31 secondes de la première période. Cinq jours plus tard, l'équipe remporta sa première victoire (4-3) contre Edmonton.

Le centre Terry Yake ne passa qu'une saison à Anaheim, mais il fut le meilleur marqueur des Ducks pendant leur campagne inaugurale en 1993-1994.

 Sean Hill, qui établit plusieurs premières de l'histoire des Ducks, ne passa que la saison 1993-1994 à Anaheim.

AUTRES PREMIÈRES

Le gardien Ron Tugnutt assura la première victoire à son équipe, mais c'est son coéquipier Guy Hébert qui réalisa le premier jeu blanc (1-0) contre les Maple Leafs, à Toronto, le 15 décembre 1993. Tim Sweeney marqua le seul but, le premier en infériorité numérique de l'histoire du club. Le premier tour du chapeau fut celui de Terry Yake, le 19 octobre 1993, dans une victoire de 4-2 contre les Rangers.

LA PREMIÈRE SAISON

Les Ducks (33-46-5) et les Panthers (33-34-17) gagnèrent 33 matchs en 1993-1994 (dont 19 à l'étranger pour les Ducks), établissant le record de la LNH du plus grand nombre de victoires pour un club d'expansion. Vingt joueurs des Ducks établirent des records personnels du nombre de matchs joués, et 15 d'entre eux, des records de points en carrière. Bob Corkum mena l'équipe avec 23 buts, tandis que Terry Yake récoltait 52 points (21 buts, 31 aides).

FORT JUSQU'À LA FIN

L'âge ne ralentit pas Teemu Selanne. Durant la saison 2006-2007, l'homme de 36 ans marqua 48 buts. Il faillit supplanter John Bucyk (âgé de 35 ans en 1970-71) et devenir le plus vieux joueur de la LNH à marquer 50 buts en une saison. Poursuivant son ascension sur la liste de tous les temps, en 2011-2012, il se plaça devant Dave Andreychuk (640) et Brendan Shanahan (656) pour occuper la 12e place, cumulant 663 buts en carrière. Il récolta 66 points durant la campagne de 2011-2012 et 1406 en carrière, passant de la 28e position à la 19e et déclassant le héros de son enfance, Jarri Kurri.

TEEMU SELANNE

Acquis par les Ducks dans un échange de plusieurs joueurs avec les Jets de Winnipeg le 7 février 1996, Teemu Selanne joua sa première saison complète à Anaheim en 1996-1997 et établit un nouveau record d'équipe avec 51 buts et 109 points. Il marqua 52 buts l'année suivante. Pendant ses deux séjours à Anaheim, Selanne continua à établir des records de franchise du plus grand nombre de saisons, de matchs, de buts, d'aides et de points.

FORT JUSQU'À LA FIN

En 2006-2007, à l'âge de 36 ans, Teemu Selanne marqua 48 buts pour les Ducks. Il faillit supplanter John Bucyk (âgé de 35 ans en 1970-1971) et devenir le plus vieux joueur de la LNH à marquer 50 buts en une saison. Le 21 mars 2010, Selanne devint le 18e joueur de la LNH à marquer 600 buts en carrière. Puis, le 2 avril 2010, il dépassa son héros d'enfance Jari Kurri avec son 602e, pour occuper le deuxième rang des marqueurs européens, derrière Jaromir Jagr.

Ryan Getzlaf et Corey Perry sont devenus des vedettes à Anaheim. En 2010-2011, Perry rejoignit Teemu Selanne et Paul Kariya dans le club sélect des marqueurs de 50 buts de la franchise.

LA PREMIÈRE PRÉSENCE EN SÉRIES ÉLIMINATOIRES

Anaheim connut sa première saison gagnante en 1996-1997 avec une fiche record de 36-33-13, pour 85 points. Paul Kariya et Teemu Selanne furent de la première équipe d'étoiles. Les 23 derniers matchs des Ducks (13-3-7) leur valurent leur première présence en séries. Ils devinrent la septième équipe de l'histoire de la LNH à gagner leur première série éliminatoire, défaisant Phoenix en sept matchs, avant de s'incliner devant Detroit en deuxième ronde.

▶ À eux deux, Paul Kariya (numéro 9) et Teemu Selanne occupent 9 des 10 premières positions des meilleurs buteurs des Ducks en une saison, et 8 des 10 premières positions pour le nombre de points.

LA PREMIÈRE FINALE DE LA COUPE STANLEY

En 2002-2003, à sa première année comme entraîneur, Mike Babcock mena les Ducks à un record d'équipe de 40 victoires et 95 points (26 de plus que la saison précédente). En finale de la conférence de l'Ouest, Jean-Sébastien Giguère réussit trois jeux blancs de suite, balayant le Minnesota. Il reçut le trophée Conn-Smythe du joueur par excellence des séries, malgré la défaite des Ducks en sept matchs contre le New Jersey en série finale.

◀ Jean-Sébastien Giguère est le plus grand gardien de toute l'histoire des Ducks, avec 206 victoires et 32 blanchissages en carrière.

LA PREMIÈRE CONQUÊTE DE LA COUPE STANLEY

L'entraîneur Randy Carlyle mena les Ducks à de nouveaux records d'équipe avec 48 victoires et 110 points en 2006-2007, en route vers le premier titre de la division Pacifique. En séries éliminatoires, ils défirent Minnesota, Vancouver et Detroit, avant d'écraser Ottawa en finale de la Coupe Stanley. À sa première saison à Anaheim, Scott Niedermayer, qui avait aidé New Jersey à battre les Ducks en 2003, reçut le trophée Conn-Smythe.

PERRY ET GETZLAF

Choix de première ronde au repêchage d'entrée de 2003, Ryan Getzlaf (19e) et Corey Perry (28e) jouèrent leur première saison avec les Ducks l'année de leur Coupe Stanley en 2006-2007 et devinrent les deux plus grandes étoiles de l'équipe. Getzlaf battit le record d'équipe du plus grand nombre d'aides établi par Paul Kariya (66) en 2008-2009. Ils étaient de l'équipe canadienne qui remporta la médaille d'or aux Jeux olympiques d'hiver de Vancouver.

RECORD DE RECRUE DE RYAN

Deuxième choix après Sidney Crosby au repêchage d'entrée de 2005, Bobby Ryan joua son premier match dans la LNH le 29 septembre 2007, quand les Ducks ouvrirent la saison 2007-2008 contre les Kings de Los Angeles, à Londres. Il passa presque toute l'année dans les mineures et était toujours considéré comme une recrue en 2008-2009. Ryan ne joua que 64 matchs pour les Ducks, mais il éclipsa toutes les recrues de la LNH et établit un record d'équipe en marquant 31 buts.

▲ Durant ses trois saisons complètes avec les Ducks, Bobby Ryan marqua 31, 35 et 34 buts, récoltant 57, 64 et 71 points.

BOSTON – LES BRUINS

Quand la LNH fut formée en 1917, la Boston Athletic Association était championne en titre de la Ligue américaine de hockey amateur. Boston était une plaque tournante du hockey, et il allait de soi que les Bruins deviennent le premier club américain de la LNH. La franchise, octroyée au géant de l'alimentation Charles F. Adams le 1er novembre 1924, resta la propriété de la famille jusqu'en 1975. Le nom Bruins fut choisi parmi une sélection soumise par les fans, les médias et les employés du club. L'uniforme et le logo arborent les mêmes couleurs (jaune et brun) que la chaîne d'alimentation d'Adams. Après des débuts laborieux, les Bruins devinrent rapidement une puissance de la LNH.

ART ROSS

Joueur étoile des années 1900 et 1910, Art Ross devint entraîneur et directeur général des Bruins à leur première saison dans la LNH, en 1924-1925. Ross transforma le club en une dynamo qui, avant 1941, avait déjà conquis 10 titres de division et 3 Coupes Stanley. Il agit sporadiquement comme entraîneur jusqu'en 1945 et fut directeur général jusqu'en 1954. Il améliora la conception des rondelles et des filets de but utilisés dans la LNH.

EDDIE SHORE

L'un des plus grands défenseurs du hockey, Eddie Shore personnifiait le côté rude du jeu dans les années 1920 et 1930. Joueur extrêmement talentueux au tempérament fougueux, il excellait dans les longs dégagements. Les Bruins n'avaient jamais participé aux éliminatoires quand Shore arriva en 1926-1927, et ils remportèrent la Coupe Stanley en 1929. Shore était toujours le meilleur défenseur de la LNH quand Boston remporta à nouveau la Coupe en 1939.

1929-1930

La saison suivant leur Coupe Stanley de 1929, les Bruins furent encore meilleurs. Ils obtinrent une fiche record de 38-5-1, pour un pourcentage de gains de 0,875 qui n'a jamais été égalé, ce qui équivaudrait à une fiche de 71-9-2 et 144 points dans le calendrier actuel de 82 matchs. Les Bruins ne perdirent pas deux matchs de suite en saison régulière, mais les Canadiens de Montréal les balayèrent en série finale de la Coupe Stanley, en série 2 de 3.

LA « DYNAMITE LINE »

Dit Clapper, Cooney Weiland et Dutch Gainor formaient un trio appelé la « Dynamite Line ». En 1929-1930, grâce aux nouvelles règles sur les passes, Weiland devint le meilleur marqueur de la LNH. Autre record, Weiland et Clapper marquèrent tous deux plus de 40 buts. Ce n'est qu'en 1950-1951 que deux joueurs (Gordie Howe et Maurice Richard) répétèrent l'exploit la même saison, et en 1958-1959 que deux coéquipiers (Jean Béliveau et Dickie Moore) marquèrent chacun 40 buts.

LA « KRAUT LINE »

Amis d'enfance de Kitchener, en Ontario, où vivent beaucoup de Canadiens d'origine allemande, le centre Milt Schmidt et les ailiers Woody Dumart et Bobby Bauer firent équipe à Boston pour la première fois le 21 mars 1937. Le prolifique trio, bientôt baptisé la « Kraut Line », contribua chez les Bruins aux conquêtes de la Coupe Stanley en 1939 et en 1941, avant de s'enrôler dans l'Aviation royale du Canada pendant la Deuxième Guerre mondiale.

▼ *Avant que Tim Thomas n'assure à son équipe la Coupe Stanley, ses parents vendirent leurs alliances afin de lui permettre de participer à un camp de gardien de but.*

FOI EN THOMAS

Les parents de Tim Thomas ont toujours cru en leur fils. Pour l'aider à payer son inscription au camp de gardien de but qui se tenait au Canada, ces gens de la classe ouvrière vendirent leurs alliances d'une valeur de 1500 $ pour la maigre somme de 200 $. Il put ainsi poursuivre son rêve au sein de nombreux clubs finlandais avant d'obtenir un succès considérable dans la LNH. En 2011, durant les séries qui menèrent les Bruins à la Coupe Stanley, il se mérita un deuxième trophée Vézina ainsi que le trophée Conn-Smythe.

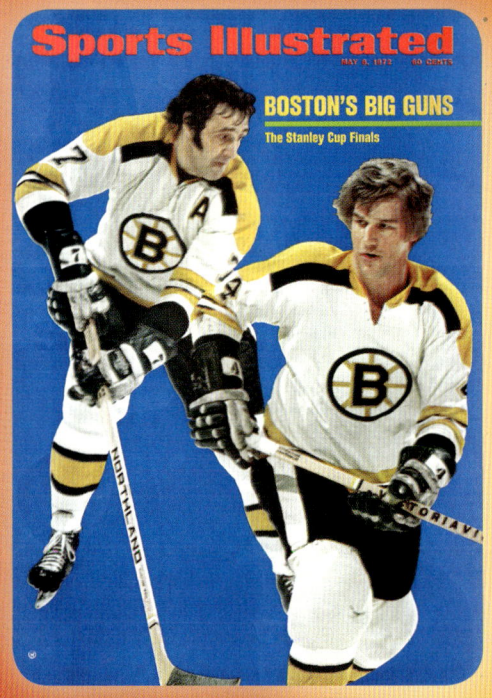

ORR ET ESPO METTENT FIN À LA DISETTE

Les Bruins connurent des difficultés dans les années 1960 et furent absents des éliminatoires huit ans de suite, de 1959-1960 à 1966-1967. L'arrivée de Bobby Orr en 1966 marqua le début d'une nouvelle ère. Un autre moment clé fut l'obtention, le 15 mai 1967, de Phil Esposito, Ken Hodge et Fred Stanfield dans un échange à six hommes avec Chicago. Après l'expansion, Orr et Esposito réécrirent le livre des records et aidèrent Boston à retrouver sa grandeur.

◀ *Phil Esposito et Bobby Orr menèrent les conquêtes de la Coupe Stanley des Bruins en 1970 et 1972. Les Bruins, une puissante équipe depuis des décennies, n'ont gagné la Coupe Stanley de nouveau qu'en 2011.*

1970-1971

Après leur coupe Stanley en 1970, les Bruins connurent une saison record en 1970-1971. Phil Esposito, Bobby Orr et John Bucyk établirent tous des records individuels, et le club établit 37 records d'équipe, y compris le plus grand nombre de victoires (57), de points (121) et de buts (399). En séries éliminatoires, toutefois, le brillant gardien recrue Ken Dryden et les Canadiens de Montréal défirent les Bruins en première ronde. Un an plus tard, le club rebondit et gagna la Coupe Stanley.

LE MASQUE DE CHEEVERS

Au cours des années 1970, Gerry Cheevers fut un brillant gardien de la LNH, qui aida Boston à gagner la Coupe Stanley en 1970 et en 1972 et à atteindre la finale en 1977 et en 1978. Il portait l'un des masques les plus distinctifs de l'histoire du hockey. Vers 1966, l'assistant entraîneur John « Frosty » Forristall commença à peindre sur son masque des points de suture, aux endroits où une rondelle l'atteignait pendant l'entraînement.

JOUEURS DES BRUINS À AVOIR ÉTÉ MEILLEUR MARQUEUR DE LA LNH

Nom	Saison	PJ	B	A	Pts
Cooney Weiland	1929-1930	44	43	30	73
Milt Schmidt	1939-1940	48	22	21	43
Bill Cowley	1940-1941	46	17	45	62
Herb Cain	1943-1944	48	36	46	82
Phil Esposito	1968-1969	74	49	77	126
Bobby Orr	1969-1970	76	33	87	120
Phil Esposito	1970-1971	78	76	76	152
Phil Esposito	1971-1972	76	66	67	133
Phil Esposito	1972-1973	78	55	75	130
Phil Esposito	1973-1974	78	68	77	145
Bobby Orr	1974-1975	80	46	89	135

◀ *Avec l'arrivée de Raymond Bourque, après Eddie Shore et Bobby Orr, les Bruins avaient trois des meilleurs défenseurs de l'histoire de la LNH.*

▲ *D'autres gardiens ont des statistiques plus grandioses, mais Gerry Cheevers savait faire des arrêts clés quand il le fallait.*

LES 50 BUTS ÉCLAIR DE CAM

Président des Bruins depuis 2010, Cam Neely fut un joueur très populaire pendant ses dix courtes saisons avec les Bruins de 1986 à 1996. Il fut le seul joueur des Bruins, à part Esposito, à marquer 50 buts deux saisons de suite en 1989-1990 et 1990-1991. Il répéta l'exploit en 1993-1994, réussissant le 50e à son 44e match de la saison (le 66e de l'équipe), rejoignant Mario Lemieux au 3e rang des marqueurs de 50 buts en 44 matchs.

L'EXCELLENCE D'ÉQUIPE

En tant que recrue en 1979-1980, le défenseur Raymond Bourque devint le seul autre gardien à recevoir le trophée Calder de la recrue de l'année et à faire partie de l'équipe des étoiles la même année. Bourque joua 21 saisons avec les Bruins ; il reçut le trophée Norris du meilleur défenseur de la LNH cinq fois et fut le meilleur marqueur des Bruins cinq fois. Il détient le record d'équipe du nombre de matchs joués (1 518), d'aides (1 111) et de points (1 506).

BUFFALO – LES SABRES

Après avoir raté l'expansion de 1967, Buffalo obtint un club de la LNH (en même temps que Vancouver) en 1970. Le nom « Sabres » fut choisi à la suite d'un concours. Grâce à un tirage au sort favorable, le club obtint le premier choix au repêchage de 1970. Buffalo choisit Gilbert Perreault, un joueur de premier plan qui devint immédiatement le meilleur de l'équipe. Il reçut le trophée Calder en 1970-1971 et évolua pendant toute sa carrière de 17 ans au sein des Sabres. L'attaque des Sabres fut ensuite menée par Pat LaFontaine et Alexander Mogilny. Les Sabres eurent en Dominik Hasek l'un des plus grands gardiens de l'histoire de la LNH.

DES DÉBUTS CONVAINCANTS

Les Sabres participèrent aux séries éliminatoires pour la première fois à leur troisième saison en 1972-1973. Ils en furent exclus l'année suivante, mais connurent une saison canon en 1974-1975. Ils terminèrent premiers de leur division avec une fiche de 49-16-15 pour 113 points, rejoignant Montréal et Philadelphie en tête de la LNH. Les Sabres éliminèrent les Canadiens en demi-finale, mais s'inclinèrent devant les Flyers en finale de la Coupe Stanley.

LA « FRENCH CONNECTION »

Le super trio des Sabres, composé de Gilbert Perreault, Rick Martin et René Robert, a brillé de 1972 à 1979. Baptisé la « French Connection » en raison du célèbre film et de l'origine québécoise des joueurs, ce trio fut le plus grand de l'histoire des Sabres. Perreault demeure le meneur de la franchise dans la plupart des catégories à l'attaque ; Martin fut le premier joueur du club à marquer 50 buts en une saison (1973-1974) et Robert, le premier à récolter 100 points (1974-1975).

▶ *Le trio de Gilbert Perreault (à gauche), Rick Martin et René Robert (numéro 14) de Buffalo fut l'un des plus exaltants des années 1970.*

LES MEILLEURS ATTAQUANTS DE TOUS LES TEMPS

Matchs :	Gilbert Perreault, 1 191
Buts :	Gilbert Perreault, 512
Aides :	Gilbert Perreault, 814
Points :	Gilbert Perreault, 1 326
Minutes de pénalité :	Rob Ray, 3 189
Buts gagnants :	Gilbert Perreault, 81
Buts en supériorité numérique :	Dave Andreychuk, 161
Buts en infériorité numérique :	Craig Ramsay, 27
Tours du chapeau :	Rick Martin, 21

▶ *Pat LaFontaine marqua 53 buts pour les Sabres en 1992-1993 et aida Alexander Mogilny à en marquer 76 cette saison-là.*

ÇA NE MARCHE PAS TOUJOURS

Rick Martin avait marqué 49 buts au début du dernier match de la saison 1973-1974. Il marqua trois fois contre St. Louis, pour 52 buts en une saison, un exploit qu'il répéta en 1974-1975. Dans la même situation au dernier match de la saison 1975-1976, Martin fut bloqué par les Maple Leafs de Toronto. En revanche, le même soir, Danny Gare, qui avait 47 buts, marqua trois fois contre Gord McRae pour atteindre 50 buts.

LES MEILLEURS ATTAQUANTS EN UNE SAISON

Buts :	76, Alexander Mogilny en 1992-1993
Aides :	95, Pat LaFontaine en 1992-1993
Points :	148, Pat LaFontaine en 1992-1993
Minutes de pénalité :	354, Rob Ray en 1991-1992
Buts gagnants :	11, Danny Gare en 1979-1980
	11, Alexander Mogilny en 1992-1993
Buts en supériorité numérique :	28, Dave Andreychuk en 1991-1992
Buts en infériorité numérique :	8, Don Luce en 1974-1975
Plus-moins :	+ 61, Don Luce en 1974-1975
Tours du chapeau :	7, Rick Martin en 1975-1976
	7, Alexander Mogilny en 1992-1993

UNE SOIRÉE ÉTOILÉE

Buffalo fut l'hôte du match des étoiles de la LNH une fois, le 24 janvier 1978. La conférence de Galles affronta la conférence Campbell à l'auditorium Memorial. Avec 1 minute 39 secondes à jouer, Rick Martin marqua le but égalisateur pour la conférence de Galles, provoquant une prolongation pour la première fois de l'histoire du match des étoiles. Gilbert Perreault marqua à 3 minutes 55 secondes en prolongation, assurant la victoire de 3-2 à la conférence de Galles.

MAY DAY!

Les Sabres n'avaient pas gagné une seule série éliminatoire depuis 1983 avant celle de 1993 contre les puissants Bruins de Boston, qui avaient 23 points d'avance sur eux (109-86) au classement. Buffalo gagna les trois premiers matchs, dont deux en prolongation. Le quatrième match alla aussi en prolongation. Brad May se défit de Raymond Bourque et déjoua le gardien Andy Moog à 4 minutes 48 secondes de la prolongation, offrant un balayage surprise aux Sabres.

 Brad May ne marqua que quatre buts en 84 matchs de séries éliminatoires, mais quiconque a entendu le commentaire du match ne pourra oublier son but gagnant des séries, pour les Sabres, en 1993.

PERFORMANCE DOMINANTE

Dominik Hasek, meilleur joueur de Tchécoslovaquie en 1987, en 1989 et en 1990, joua deux saisons partielles à Chicago avant de rallier les Sabres en 1992. Il devint le gardien numéro un de Buffalo en 1993-1994. Le « Dominator » récolta une moyenne de 1,95 buts alloués, la marque la plus faible depuis Bernard Parent (1,89 en 1973-1974). Son pourcentage d'arrêts (0,930) est le plus élevé depuis que la LNH tient ces statistiques (depuis le début des années 1980).

UN GARDIEN À NUL PAREIL

Dominik Hasek reçut le trophée Vézina du meilleur gardien de la LNH six fois en huit saisons, de 1993-1994 à 2000-2001. Il mérita le trophée Hart en 1996-1997 et en 1997-1998, seul gardien à recevoir cet honneur deux années de suite. Hasek établit des records d'équipe en 1997-1998 avec 13 blanchissages, et en 1998-1999 avec une moyenne de buts accordés de 1,87 et un pourcentage d'arrêts de 0,937. Il a mené les Sabres à leur deuxième finale de la Coupe Stanley en 1999.

 On dit que Dominik Hasek a une colonne vertébrale en forme de ressort. Son style est peu orthodoxe, mais les résultats parlent d'eux-mêmes.

 Ryan Miller s'est fait remarquer comme gardien de but tant auprès des Sabres de Buffalo que de l'équipe olympique des États-Unis.

L'ÈRE DE MILLER

Le 4 février 2012, fort de sa 235e victoire, Ryan Miller devint le gardien de but de l'équipe à en avoir cumulé le plus grand nombre. Son tir de fusillade permit à celle-ci de gagner à 4-3 contre les Islanders de New York. Ayant cumulé 35 arrêts, il se retrouva ex-aequo avec Dominik Hasek, six fois récipiendaire du trophée Vézina. Miller, qui a été repêché au cinquième tour en 1999, détient le record d'équipe de 40 matchs victorieux en une saison (2006-2007). Il a également été nommé « joueur jugé le plus utile à son équipe » aux Jeux olympiques de 2010 de Vancouver, menant les États-Unis à la médaille d'argent par la même occasion.

EN BONNE COMPAGNIE

Ancien capitaine des Sabres ayant joué à Buffalo plus de 9 ans en 12 ans de carrière, Lindy Ruff fut nommé entraîneur de l'équipe le 21 juillet 1997 et demeure à ce jour le plus grand entraîneur de l'histoire de la franchise. Le 6 janvier 2011, Ruff devint le 16e entraîneur de la LNH à avoir gagné 500 matchs et il est, avec Toe Blake, le seul entraîneur à avoir remporté toutes ses victoires avec la même équipe.

CALGARY – LES FLAMES

Nommé au départ les Flames d'Atlanta, le club accéda à la LNH (avec les Islanders de New York) en 1972-1973 et déménagea à Calgary le 24 juin 1980. Éternels perdants de la « bataille de l'Alberta » contre les Oilers d'Edmonton, les Flames surprirent leurs rivaux en finale de la division Smythe en 1986 pour accéder aux séries éliminatoires de la Coupe Stanley pour la première fois. En 1989, les Flames devinrent la première équipe de tous les temps à gagner la Coupe Stanley au Forum de Montréal contre les Canadiens. Lors de leur autre finale, qui souleva les fans partout au Canada, les Flames s'inclinèrent devant le Lightning de Tampa Bay en sept matchs.

« MAGIC MAN »

Le Suédois Kent Nilsson évolua deux saisons avec les Jets de Winnipeg dans l'Association mondiale de hockey et passa la saison 1979-1980 avec les Flames d'Atlanta avant de déménager à Calgary. En 1980-1981, le centre aux tirs magiques marqua 49 buts ; il termina deuxième de la LNH derrière Wayne Gretzky avec 82 aides, et troisième derrière Gretzky et Marcel Dionne avec 131 points. Les 82 aides et 131 points en une saison de Nilsson demeurent des records pour les Flames.

L'HOMME À LA MOUSTACHE

À leur deuxième saison (1981-1982), les Flames obtinrent Lanny McDonald des Rockies du Colorado. À sa première saison complète à Calgary (1982-1983), McDonald marqua 66 buts et établit un record d'équipe. Il passa le reste de sa carrière à Calgary et prit sa retraite en 1989, avec 500 buts et 506 aides pour 1 006 points en 1 111 matchs. McDonald marqua aussi le but qui donna l'avance aux siens dans le match décisif de la finale de la Coupe Stanley de 1989.

▲ Reconnaissable à sa grosse moustache rousse, Lanny McDonald fut une grande vedette et demeure l'un des joueurs les plus populaires de l'histoire des Flames.

▼ Avec 314 buts pour Calgary, Joe Nieuwendyk est l'un des trois joueurs (avec Jarome Iginla et Théo Fleury) à avoir dépassé le seuil des 300 buts avec les Flames.

▲ Kent Nilsson franchit la barre de 100 points deux fois en cinq saisons à Calgary, mais resta sur sa faim en 1985-1986 avec 99 points.

LES RECORDS EN UN MATCH

Le 11 janvier 1989, Joe Nieuwendy établit un record d'équipe avec cinq buts dans une victoire de 8-3 contre les Jets de Winnipeg. Le record d'équipe de points en un match est de sept, établi par Sergei Makarov, avec deux buts et cinq aides dans une victoire de 10-4 contre Edmonton le 25 février 1990. Le record d'aides en un match est de six, établi par Guy Chouinard le 25 février 1981 et égalé par Gary Suter le 4 avril 1986.

LES RECORDS D'ÉQUIPE EN UN MATCH

Le record d'équipe des Flames pour le nombre de buts en un match est de 13 dans une victoire de 13-1 contre San Jose, le 19 février 1993. L'écart de 12 buts constitue aussi un record, suivi de près par le plus grand blanchissage de l'équipe (11-0, contre les Rockies du Colorado le 1er avril 1982). La plus grande défaite par jeu blanc, 11-0, eut lieu à Vancouver le 1er mars 1992.

LE TROPHÉE DES PRÉSIDENTS

Les Flames terminèrent la saison régulière en tête du classement général de la LNH à deux reprises. En 1987-1988, avec une fiche de 48-23-9 pour 105 points, ils battirent Montréal par deux points seulement. Les 397 buts des Flames cette saison-là, un des totaux les plus élevés de l'histoire de la LNH, constituent aussi un record d'équipe, tout comme leurs 54 gains (54-17-9) et 117 points en 1988-1989, à nouveau deux points de plus que Montréal.

EXCELLENT EN TOUT

Calgary a laissé à Al MacInnis, choix de première ronde au repêchage de 1981 (15e position), le temps de se développer. Il n'accéda à la LNH qu'en 1984-1985, mais la puissance de son lancer frappé en fit rapidement l'un des meilleurs défenseurs offensifs de la LNH. MacInnis joua un rôle clé dans la conquête de la Coupe Stanley de Calgary en 1989. Il franchit la barre des 100 points en 1990-1991 (28 buts, 75 aides). Ses 609 aides en 13 ans au sein des Flames demeurent un record de franchise.

QUATRE FOIS 40

En 1987-1988, Joe Nieuwendyk des Flames fut la deuxième recrue de l'histoire de la LNH à marquer plus de 50 buts (51). Hakan Loob marqua aussi 50 buts pour Calgary la même année, tandis que Mike Bullard en marqua 48 et Joe Mullen, 40. Les Oilers sont le seul autre club de l'histoire de la LNH à produire quatre marqueurs de 40 buts la même saison, exploit réalisé quatre fois dans les années 1980.

50 ET 100

Huit joueurs différents des Flames (dont Joe Nieuwendyk et Jarome Iginla deux fois) ont marqué 50 buts, et huit (dont Kent Nilsson et Théo Fleury deux fois) ont produit 100 points, mais seuls deux joueurs de l'équipe ont dépassé ces deux seuils dans la même saison : Joe Mullen, avec 51 buts et 59 aides pour 110 points en 1988-1989, et Théo Fleury, avec 51 buts et 53 aides pour 104 points en 1990-1991.

LE 500E DE JAROME

Le but que marqua Jarome Iginla le 7 janvier 2012 était tout sauf esthétique, mais il n'eût pas à s'en excuser car c'était son 500e en carrière. Le capitaine des Flames devint le 42e joueur de la LNH à réussir cet exploit après qu'une passe destinée à l'un de ses coéquipiers ait dévié sur les patins de deux défenseurs des Wild du Minnesota pour déjouer le gardien Niklas Backstrom, au milieu de la troisième période. Iginia est le 15e joueur à avoir accompli cette prouesse au sein d'une seule équipe.

TOUT UN GARDIEN

Miikka Kiprusoff était pratiquement inconnu quand Calgary l'acquit de San Jose en 2003. Il obtint la moyenne de buts accordés la plus faible de la LNH depuis 1939-1940 (1,69) et mena l'équipe dans une étonnante course aux finales de la Coupe Stanley. Après avoir débuté la saison 2011-2012 en raflant à Mike Vernon le titre de joueur ayant procuré le plus de victoires à la franchise, il devint le 27e gardien de la LNH à cumuler 300 victoires. Vers la fin de la troisième période, il priva de la victoire Joe Pavelski et Logan Couture, et préserva l'avantage de 4-3 sur les Sharks.

▶ De nature plutôt tranquille, Miikka Kiprusoff s'est particulièrement illustré auprès du club de Calgary. En février 2012, le talentueux Finlandais remportait sa 300e victoire en carrière.

▲ Meilleur marqueur de tous les temps des Flames, Jarome Iginla franchit la barre des 1000 points grâce à son 2e but et 3e point dans une victoire de 3-2 contre St. Louis, le 1er avril 2011.

LA CLASSIQUE HÉRITAGE

Le 20 février 2011, les Flames défirent les Canadiens de Montréal 4-0 lors d'un match en plein air au stade McMahon, domicile des Stampeeders de Calgary. Les Flames portaient des jerseys conçus en l'honneur des Tigers de Calgary, premier club de sport professionnel de la ville, qui aida à former la Ligue de hockey de l'Ouest canadien en 1921. En 1924, les Tigers affrontèrent les Canadiens de Montréal en finale de la Coupe Stanley, mais furent balayés dans une série 2 de 3.

CAROLINE – LES HURRICANES

Les Hurricanes de la Caroline, à l'origine les Whalers de Nouvelle-Angleterre, furent l'une des meilleures franchises de l'Association mondiale de hockey. L'un de quatre clubs à se joindre à la LNH en 1979-1980 sous le nom de Whalers de Hartford, il déménagea en Caroline du Nord le 25 juin 1997. L'équipe évolua d'abord à Greensboro, avant de s'établir enfin dans un stade tout neuf à Raleigh le 29 octobre 1999. En 2002, les Hurricanes disputèrent la finale de la Coupe Stanley pour la première fois de leur histoire, mais s'inclinèrent devant les Red Wings de Detroit. La Caroline remporta la Coupe en 2006, défaisant les Oilers d'Edmonton en sept matchs.

LES MEILLEURS JOUEURS DE TOUS LES TEMPS

Pendant leur séjour dans la WHA, de très grands joueurs firent partie des Whalers, dont Dave Keon et Gordie Howe. En 1979-1980, Howe évolua en Caroline pour son retour dans la LNH, à 51 ans. Il termina sa 32e saison, la 26e dans la LNH, avec 15 buts, dont son 800e en saison régulière. La même année, les Whalers obtinrent un autre membre du Temple de la renommée du hockey, Bobby Hull, qui joua sur le même trio que Howe pendant neuf matchs.

DÉBUTS DANS L'ASSOCIATION MONDIALE DE HOCKEY

L'ancien centre des Canadiens Larry Pleau fut le premier Whaler embauché dans l'Association mondiale de hockey, suivi de Brad Selwood, Rick Ley et Jim Dorey des Maple Leafs. Le 27 juillet 1972, le défenseur des Bruins Ted Green devint capitaine des Whalers. Le 12 octobre 1972, les Whalers jouèrent leur premier match à domicile au Garden de Boston devant une foule de 14 442 spectateurs, défaisant les Blazers de Philadelphie 4-3. Les Whalers remportèrent la coupe AVCO de la WHA.

Ron Francis fut une étoile de la LNH de 18 à 41 ans. Il évolua pendant 14 saisons complètes et 2 incomplètes au sein de la franchise Hurricanes/Whalers.

DÉBUTS DANS LA LNH

Le 11 octobre 1979, les Whalers jouèrent leur premier match de saison régulière dans la LNH contre les North Stars du Minnesota, devant lesquels ils s'inclinèrent 4-1. C'est Gordie Roberts (ainsi baptisé en l'honneur de Gordie Howe) qui marqua le premier but des Whalers, à 14 minutes 15 secondes de la troisième période. La fiche record de Hartford (27-34-19, pour 73 points en 80 matchs) fut suffisante pour que l'équipe passe en séries éliminatoires, mais les Whalers furent balayés par Montréal en trois parties d'une série 3 de 5.

STOUGHTON ÉTABLIT LA NORME

Blaine Stoughton eut un succès mitigé à ses trois premières saisons dans la LNH, avant d'exploser dans la WHA en 1976-1977. De retour dans la LNH avec Hartford en 1979-1980, Stoughton marqua 56 buts, le record d'équipe des Whalers/Hurricanes à ce jour, égalant la marque de Danny Gare des Sabres et de Charlie Simmer des Kings, qui étaient en tête des marqueurs cette saison-là. Stoughton est le seul joueur de l'histoire du club à marquer 50 buts, exploit qu'il répéta avec 52 buts en 1981-1982.

LES MARQUEURS DE 100 POINTS

Mike Rogers établit le record d'équipe de 105 points (44 buts, 61 aides) en 1979-1980 et répéta l'exploit en 1980-1981 (40 buts, 65 aides). Aucun autre joueur de l'histoire de la franchise n'a surpassé cette marque. Ron Francis (101 points en 1989-1990) et Eric Staal (100 points en 2005-2006) sont les deux seuls autres joueurs du club à avoir franchi la barre des 100 points. John Cullen récolta 110 points en 1990-1991, dont 94 avec les Penguins, avant d'être échangé à Hartford.

RON FRANCIS

Choisi par Hartford en quatrième position du repêchage d'entrée de la LNH en 1981, Ron Francis rallia l'équipe en 1981-1982, à 18 ans. Après 10 saisons au sein des Whalers, il évolua sept saisons complètes à Pittsburgh avant de revenir à sa franchise originale en 1998 à titre d'agent libre. À la fin de sa carrière de 23 ans, Francis avait cumulé 1 249 aides, deuxième de l'histoire de la LNH derrière Wayne Gretzky, et 1 798 points, au quatrième rang de la LNH.

LES MEILLEURS ATTAQUANTS DE TOUS LES TEMPS

Saisons : Ron Francis, 16
Matchs : Ron Francis, 1186
Buts : Ron Francis, 382
Aides : Ron Francis, 793
Points : Ron Francis, 1175
Minutes de pénalité : Kevin Dineen, 1439

LES MEILLEURS ATTAQUANTS EN UNE SAISON

Buts : 56, Blaine Stoughton en 1979-1980 (Hartford)
45, Eric Staal en 2005-2006 (Caroline)
Aides : 69, Ron Francis en 1989-1990 (Hartford)
56, Rod Brind'Amour en 2006-2007 (Caroline)
Points : 105, Mike Rogers en 1979-1980, 1980-1981 (Hartford)
100, Eric Staal en 2005-2006 (Caroline)
Minutes de pénalité : 358, Torrie Robertson en 1985-1986 (Hartford)
204, Stu Grimson en 2003-2004 (Caroline)

LE PLUS GRAND NOMBRE DE BUTS EN UNE PARTIE

Le record de buts de la franchise fut atteint trois fois : deux fois à Hartford et une fois en Caroline. Jordy Douglas marqua quatre buts pour Hartford dans un gain de 5-3 contre les Islanders de New York, le 3 février 1980, et Ron Francis quatre buts dans un blanchissage de 11-0 des Whalers contre les Oilers, le 12 février 1984. Eric Staal marqua quatre buts pour les Hurricanes dans une victoire de 9-3 contre Tampa Bay, le 7 mars 2009.

LES MARQUEURS DE LA COUPE STANLEY

Eric Staal, meilleur marqueur de la conquête de la Coupe Stanley des Hurricanes en 2006, récolta des points dans 20 des 25 matchs d'après-saison, en tête de la LNH avec 19 aides et 28 points. Rod Brind'Amour marqua 12 buts en séries, un record. Dans le septième match de la finale contre Edmonton, Aaron Ward et Frantisek Kaberle donnèrent à la Caroline une avance de 2-0, avant que Justin Williams n'assure la victoire (3-1) en marquant dans un filet désert à 1 minute 1 seconde de la fin.

▶ Le capitaine Rod Brind'Amour soulève la Coupe Stanley devant ses coéquipiers après la victoire des Hurricanes à domicile, au septième match de la finale de 2006.

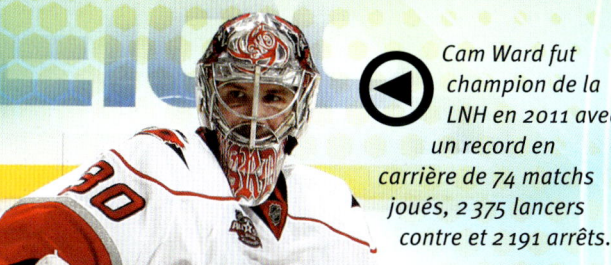

◀ Cam Ward fut champion de la LNH en 2011 avec un record en carrière de 74 matchs joués, 2 375 lancers contre et 2 191 arrêts.

WARD « MARQUE » UN BUT

L'histoire retiendra que Cam Ward fut le 10e gardien de la LNH a marquer un but, tel que le décompte le lui attribua le 26 décembre 2011 lors de la victoire de 4-2 des Hurricanes sur les Devils du New Jersey. Cependant, ce que les spectateurs virent plutôt c'est qu'Ilya Kovalchuk du New Jersey rata une passe et rentra la rondelle dans son propre but. Mais Ward avait été le dernier des Hurricanes à la toucher officiellement. Il devint ainsi le premier gardien à marquer un but depuis celui de Chris Mason de Nashville en 2006.

Tout de suite, la Coupe Stanley

En 2006, Cam Ward devint le premier gardien recrue, depuis Patrick Roy 20 ans plus tôt, à mener les siens à la conquête de la Coupe Stanley. Après Roy (1986), Ron Hextall (1987) et Ken Dryden (1971), il est le quatrième gardien recrue récipiendaire du trophée Conn-Smythe remis au joueur par excellence des séries. Depuis lors, Ward a battu presque tous les records de la franchise et a établi un record d'équipe avec 39 victoires en 2008-2009.

CHICAGO – LES BLACKHAWKS

Deux groupes s'affrontaient pour obtenir une franchise de la LNH à Chicago quand l'équipe fut octroyée à celui du baron du café, le major Frederic McLaughlin, le 25 septembre 1926. Selon la légende, l'homme, qui avait appartenu à la 86e Division Blackhawk pendant la Première Guerre mondiale, nomma son équipe en son honneur (on épela son nom en deux mots, Black Hawks, jusqu'en 1985-1986). Au cours de ses 12 premières années, le club remporta la Coupe Stanley deux fois, mais il connut une longue disette jusqu'au début des années 1960, quand Bobby Hull et Stan Mikita le remirent sur la voie du succès... comme le firent Jonathan Toews et Patrick Kane, plus de 40 ans plus tard.

Bill Mosienko (à gauche) formait, avec les frères Max (au centre) et Doug Bentley, un trio très efficace connu sous le nom de « Pony Line » dans les années 1940.

LES DÉBUTS

Nombre des joueurs de l'alignement original de Chicago, en 1926–1927, venaient des Rosebuds de Portland de la Ligue de hockey de l'Ouest, de même que l'entraîneur Pete Muldoon et la première vedette du club, Dick Irvin. Malgré la présence de l'équipe en séries éliminatoires dès sa première saison, le propriétaire des Blackhawks congédia Pete Muldoon. Il continua à brûler les entraîneurs à un rythme effarant pendant ses 18 ans à la barre de la concession.

LA MALÉDICTION DE MULDOON

Bien que ce soit un mythe (le journaliste sportif Jim Coleman, qui en avait parlé en 1943, avoua l'avoir inventé), on a dit que Pete Muldoon, après avoir été congédié en 1927, avait lancé aux Blackhawks un sort qui les empêchait de finir au premier rang. Chicago remporta la Coupe Stanley en 1934, en 1938 et en 1961, mais il lui fallut attendre à la saison 1966-1967 avant de terminer la saison régulière en tête du classement.

LA MAISON DE FOUS SUR MADISON

Les Blackhawks jouèrent trois saisons au Colisée de Chicago, un amphithéâtre de 6 000 places. Le Chicago Stadium ne fut terminé qu'en 1929, et le club y joua son premier match le 15 décembre 1929. Ce fut son domicile jusqu'à l'inauguration du United Center, le 25 janvier 1995. Il arrivait que 20 000 personnes s'entassent dans le stade, qui pouvait en accueillir environ 18 000. Le bruit de la foule et le son de l'énorme orgue en faisaient le stade le plus bruyant de la LNH.

Ed Belfour évolua à Chicago pendant les sept premières années de sa carrière de 17 ans et remporta 484 victoires. Seuls Martin Brodeur et Patrick Roy le devancent.

« GARDINER » DE BUT

Au début, les Blackhawks étaient faibles à l'attaque, mais leur gardien Charlie Gardiner les gardait dans la course. Gardiner rallia le club à sa deuxième saison en 1927-1928. Il mena dans la LNH avec 12 blanchissages en 1930-1931 et aida Chicago à atteindre sa première finale de la Coupe Stanley. En 1931-1932, Gardiner reçut le trophée Vézina. Il réitéra ses succès en 1933-1934, établissant un record d'équipe qui n'a jamais été battu, avec une moyenne de buts accordés de 1,63.

D'AUTRES RECORDS DEVANT LES BUTS

Ed Belfour établit un record d'équipe pour Chicago avec 43 victoires en tant que recrue en 1990-1991. Les 15 blanchissages de la recrue Tony Esposito, en 1969-1970, constituent aussi un record de franchise, tout comme ses 413 victoires et 74 blanchissages. En deux saisons à Detroit et plus de cinq à Chicago, Glenn Hall joua 502 matchs complets consécutifs devant le filet, de 1955 au 7 novembre 1962, établissant l'un des records les plus incroyables du hockey.

LE PLUS GRAND NOMBRE DE BUTS EN UNE SAISON

Buts	Joueur
58	Bobby Hull, 1968-1969 (74 PJ)
54	Bobby Hull, 1965-1966 (65 PJ)
54	Al Secord, 1982-1983 (80 PJ)
53	Jeremy Roenick, 1991-1992 (80 PJ)
52	Bobby Hull, 1966-1967 (66 PJ)
50	Bobby Hull, 1961-1962 (70 PJ)
50	Bobby Hull, 1971-1972 (78 PJ)
50	Jeremy Roenick, 1992-1993 (84 PJ)

LE PLUS GRAND NOMBRE DE POINTS EN UNE SAISON

Points	Joueur
131	Denis Savard, 1987-1988 (44 B-87 A en 80 PJ)
121	Denis Savard, 1982-1983 (35 B-86 A en 78 PJ)
119	Denis Savard, 1981-1982 (32 B-87 A en 80 PJ)
116	Denis Savard, 1985-1986 (47 B-69 A en 80 PJ)
107	Bobby Hull, 1968-1969 (58 B-49 A en 74 PJ)
107	Jeremy Roenick, 1992-1993 (50 B-57 A en 84 PJ)
107	Jeremy Roenick, 1993-1994 (46 B-61 A en 84 PJ)
105	Denis Savard, 1984-1985 (38 B-67 A en 79 PJ)
103	Jeremy Roenick, 1991-1992 (53 B-50 A en 80 PJ)
101	Steve Larmer, 1990-1991 (44 B-57 A en 80 PJ)

LES FRÈRES BENTLEY

Les Blackhawks avaient eu de grands joueurs, comme Dick Irvin, Babe Dye, John Gottselig et Paul Thompson, mais les frères Doug et Max Bentley furent les premiers attaquants-vedettes du club au milieu des années 1940. Doug Bentley, avec 73 points en 1942-1943, égalait le record de Cooney Weiland établi 13 ans auparavant, ce qui fit de lui le premier joueur de Chicago à devenir champion des marqueurs de la LNH en 1945-1946 et en 1946-1947.

UNE 600ᵉ VICTOIRE POUR QUENNEVILLE

Le 18 décembre 2011, Joel Quenneville devint le 10ᵉ entraîneur de la LNH à gagner 600 parties alors que les Blackhawks remportaient une victoire de 4-2 contre les Flames de Calgary. L'ironie de la chose c'est que, le 26 octobre 2007, Calgary était aussi son adversaire lors de sa 400ᵉ victoire comme entraîneur alors qu'il marquait pour les Avalanche du Colorado. Presqu'un an plus tard, il remplaçait Denis Savard comme entraîneur principal des Blackhawks et, en 2010, menait son équipe à la Coupe Stanley.

 Sous l'oeil vigilant de l'entraîneur Joel Quenneville, les Blackhawks ont connu de grands succès.

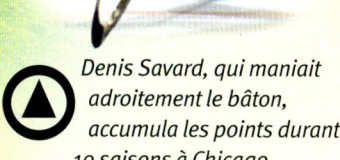 *Bobby Hull marqua son 200ᵉ but en carrière et Stan Mikita, son 100ᵉ dans une victoire de 6-2 contre les Rangers de New York le 11 décembre 1963.*

HULL, MIKITA... ET MULVEY

Bobby Hull établit un record d'équipe avec 604 buts en 15 saisons à Chicago. Stan Mikita établit les marques pour le nombre de saisons (22), de matchs (1 394), d'aides (926) et de points (1 467). Hull détient aussi le record de tours du chapeau avec 28, dont 24 matchs de trois buts et quatre de quatre buts. Le seul joueur de l'histoire de Chicago à marquer cinq buts en un match est Grant Mulvey, dans une victoire de 9-5 contre St. Louis le 3 février 1982.

 *Denis Savard, qui maniait adroitement le bâton, accumula les points durant 10 saisons à Chicago.*

Duncan Keith, Jonathan Toews et Patrick Kane (numéro 88) festoient après un but de Chicago en 2010. Ces trois joueurs tinrent des rôles clés dans la première conquête de la Coupe Stanley des Blackhawks depuis 1961.

KANE, KEITH ET TOEWS

En 2010, Duncan Keith et Patrick Kane furent les premiers joueurs de Chicago à faire partie de la première équipe d'étoiles de la LNH depuis Chris Chelios en 1996. Pour avoir mené Chicago à sa première victoire de la Coupe Stanley en 49 ans, Jonathan Toews fut le premier joueur des Blackhawks à mériter le trophée Conn-Smythe du joueur par excellence des séries. Il égalisa le record d'équipe de Denis Savard de 29 points en séries, avec 7 buts et 22 aides.

COLORADO – L'AVALANCHE

Les Nordiques de Québec évoluèrent pendant 23 saisons – sept dans la Ligue mondiale de hockey et 16 dans la LNH, à compter de 1979-1980 – avant de déménager à Denver le 21 juin 1995, où ils devinrent l'Avalanche. Les Nordiques connurent un bel essor dans les années 1980, grâce à des vedettes comme Peter Stastny et Michel Goulet. Ils connurent des déboires dans les années 1990, mais le repêchage permit à l'équipe de se reconstruire. Dès la première saison au Colorado, Joe Sakic et Peter Forsberg menèrent le club à la Coupe Stanley. À leur dernière saison à Québec et jusqu'en 2002-2003, les Nordiques/l'Avalanche remportèrent neufs titres de division consécutifs, un record, et la Coupe Stanley de nouveau en 2001.

 Paul Stastny suivit l'exemple de son père Peter et de ses oncles Anton et Marian à sa première saison en 2006-2007.

LA BATAILLE DE QUÉBEC

L'arrivée des Nordiques de Québec dans la LNH en 1979 offrit au club de Montréal sa première véritable rivalité locale depuis la fin des Maroons en 1938. La « bataille de Québec » fut féroce – sur la glace, dans les journaux et dans les salons. En 1982, l'élimination surprise des Canadiens haussa la rivalité d'un cran et mena à la tristement célèbre « bagarre du Vendredi Saint », le 20 avril 1984, à la suite de laquelle 11 joueurs furent chassés du match.

PETER LE GRAND

Après s'être joint aux Nordiques en 1980-1981 avec son frère Anton (Marian arriva la saison suivante), Peter Stastny devint l'un des attaquants dominants du hockey. Seul Wayne Gretzky accumula plus de points dans les années 1980 (de 1980-1981 à 1989-1990) que les 1 059 de Stastny. Il atteignit les 100 points à sept reprises au cours de la décennie, établissant même un record de franchise de 139 points (46 buts, 93 aides) en 1981-1982.

LANDESKOG FAIT DES ÉMULES

Après avoir récolté 22 buts et 30 aides durant sa saison 2011-2012 comme recrue, Gabriel Landeskog devint le premier joueur de Colorado depuis Chris Drury à remporter le trophée Calder. Repêché en deuxième position, le jeune homme de 19 ans provoqua, malgré lui, un étonnant engouement. Le 12 mars, après avoir marqué en période de prolongation le but gagnant contre Anaheim et alors qu'il était épuisé par un accès de grippe, il tomba de tout son haut en tenant ses poings serrés près de la tête. Depuis, ce geste est régulièrement repris par les amateurs.

LE PLUS GRAND NOMBRE DE BUTS

Michel Goulet détient les trois records de buts en une saison de la franchise avec 57 (1982-1983), 56 (1983-1984) et 55 (1984-1985). Milan Hejduk est le seul joueur de l'histoire de la franchise à devenir champion buteur de la LNH. Hejduk reçut le trophée Maurice-Richard grâce à ses 50 buts en 2002-2003. Les autres marqueurs de 50 buts de la franchise sont : Goulet (53 en 1985-1986), Joe Sakic (54 en 2000-2001 ; 51 en 1995-1996) et Jacques Richard (52 en 1980-1981).

▶ Joe Sakic évolua au sein de la franchise Nordiques/Avalanche pendant 20 ans. Il termina parmi les 10 meilleurs marqueurs de la LNH à 10 reprises et, grâce à ses 1 641 points en carrière, il arrive au 8e rang des marqueurs de l'histoire de la LNH.

LES PLUS GRANDS PRODUCTEURS DE POINTS

Six joueurs différents de l'histoire de la franchise se sont unis pour inscrire 21 saisons de 100 points : Peter Stastny (sept fois), Joe Sakic (six fois), Michel Goulet (quatre fois), Peter Forsberg (deux fois), Jacques Richard et Mats Sundin. Forsberg est le seul joueur de l'histoire du club à être champion marqueur de la LNH, coiffant Markus Naslund, natif comme lui de Örnsköldsvik, en Suède, durant le dernier match de la saison 2002-2003, pour remporter le trophée Art-Ross avec 106 points.

▶ *Bien que le nombre de ses offensives ait chuté en 2011-2012, Milan Hejduk, ancien détenteur du trophée Maurice Richard, se montra bon meneur durant la période où il agit comme capitaine auprès des Avalanche.*

HEJDUK: LE CHOIX NATUREL

Quand Adam Foote annonça qu'il prenait sa retraite, l'équipe n'eut pas à chercher bien loin pour trouver son prochain capitaine. Le vétéran Milan Hejduk accepta volontiers l'honneur de devenir le troisième capitaine, à la suite de Joe Sakic (199-2009) et de Foote (2009-2011), depuis le départ du club de Québec. Le Tchèque d'origine a passé toute sa carrière avec les Avalanche/Nordiques et en est le quatrième plus grand marqueur.

METTEZ-Y DU HART

Premier joueur suédois champion marqueur de la LNH (2002-2003), Peter Forsberg fut aussi le premier Suédois à recevoir le trophée Hart du joueur le plus utile à son équipe. Deux ans auparavant, Joe Sakic avait été le premier joueur de l'Avalanche à recevoir le trophée Hart, rejoignant Bobby Clarke, Wayne Gretzky et Mark Messier dans le club sélect des capitaines ayant, la même saison, mené leur équipe à la conquête de la Coupe Stanley et reçu le trophée Hart.

▼ *Peter Forsberg eut une saison record la première année de l'Avalanche au Colorado, avec 30 buts et 86 aides pour un total de 116 points en 1995-1996.*

LE PLUS DE BUTS EN UN MATCH

Le record de franchise de cinq buts en une partie fut établi à Québec, lorsque Mats Sundin marqua cinq fois dans une victoire de 10-4 contre Hartford le 5 mars 1992, bientôt rejoint par Mike Ricci dans une victoire de 8-2 contre San Jose le 17 février 1994. Ricci est en outre l'un des six joueurs de l'histoire de la franchise à récolter cinq aides en un match; Peter Forsberg réalisa l'exploit à trois reprises.

SAINT PATRICK

Acquis par l'Avalanche le 5 décembre 1995, Patrick Roy établit le plus grand nombre de records de l'histoire de la franchise, en une saison et de tous les temps. Roy détient les records de franchise du nombre de matchs joués (478), de minutes de jeu (28 317) et de victoires (262), de la meilleure moyenne de buts accordés (2,27), du meilleur pourcentage d'arrêts (0,918), et du nombre de blanchissages (37), et les records en une saison (2000-2001) du nombre de victoires (40) et de blanchissages (9), de la meilleure moyenne de buts accordés (1,94) et du meilleur pourcentage d'arrêts (0,925), ces 3 derniers établis en 2001-2002.

LES RECORDS D'ÉQUIPE

En 2000-2001, l'Avalanche établit des records de franchise avec 52 victoires et 118 points. Le record de l'équipe de 360 buts en une saison fut établi à Québec en 1983-1984. La marque des 12 buts en un match fut atteinte trois fois, notamment dans une victoire de 12-2 contre San Jose le 12 décembre 1995, un écart de points record. Une défaite de 12-2 aux mains des Capitals, le 6 février 1990, est la pire de la franchise.

◀ *Patrick Roy est l'un des principaux artisans des conquêtes de la Coupe Stanley du Colorado, en 1996 et en 2001. L'Avalanche a atteint au moins la 3ᵉ ronde des séries éliminatoires à cinq reprises durant ses huit saisons avec le club.*

COLUMBUS – LES BLUE JACKETS

L'ajout des Blue Jackets de Columbus et du Wild du Minnesota à la LNH pour la saison 2000-2001 fit de la ligue un circuit de 30 clubs, bouclant une vague d'expansion entreprise le 25 juin 1997, quand ces deux villes furent admises en même temps que Nashville et Atlanta. Le choix du nom des Blue Jackets a été annoncé par l'actionnaire majoritaire John H. McConnell le 11 novembre 1997, en hommage à la place qu'occupe l'Ohio dans l'histoire américaine et à la grande fierté et au patriotisme dont ont fait preuve ses citoyens, pendant la Guerre civile particulièrement. Or, les citoyens de l'Ohio et de la ville de Columbus portaient l'uniforme bleu de l'armée de l'Union.

LE REPÊCHAGE D'EXPANSION

Le repêchage d'expansion visant à garnir les rangs des Blue Jackets et du Wild eut lieu à Calgary le 23 juin 2000, la veille du repêchage d'entrée. Des 26 joueurs choisis par Columbus, un grand nombre n'évolueraient jamais au sein de l'équipe. Lyle Odelein en devint toutefois le premier capitaine, et Geoff Sanderson, qui marqua 30 buts en 68 matchs à la première saison du club, en fut le meneur avec 56 points.

LA NAISSANCE DES BLUE JACKETS

L'histoire de la franchise débuta le 1er novembre 1996, quand Columbus Hockey Limited, un partenariat de cinq investisseurs intéressés à attirer un club d'expansion, soumit une demande et fit un dépôt de 100 000 $ au bureau de la LNH. La présentation formelle fut faite le 13 janvier 1997, et le projet de construction d'un stade fut déposé le 31 mai. Doug MacLean fut embauché comme directeur général du club le 11 février 1998 et devint bientôt également son président.

LE REPÊCHAGE D'ENTRÉE

Le premier choix des Blue Jackets à leur repêchage d'entrée initial fut Rostislav Klesla, sélectionné en quatrième position en 2000. Natif de la République tchèque, Klesla joua au hockey junior aux États-Unis et au Canada. Il évolua à Columbus en 2000-2001 et fit partie de l'équipe de recrues de 2001-2002. Au début de la saison 2010-2011, Klesla était le seul joueur de Columbus à avoir participé à toutes les saisons du club.

▲ *Lyle Odelein était un défenseur robuste qui aida les Blue Jackets à vaincre une équipe concurrente lors de la saison inaugurale.*

◄ *Dernier joueur de l'alignement de la saison inaugurale, Rostislav Klesla fut échangé par Columbus aux Coyotes de Phoenix à la date limite.*

LE PREMIER MATCH ET LA PREMIÈRE VICTOIRE

À leur premier match dans la LNH le 7 octobre 2000, les Blue Jackets reçurent les Blackhawks de Chicago et s'inclinèrent 5-3. Bruce Gardiner marqua le premier but à 7 minutes 34 secondes de la première période. Le club récolta sa première victoire par la marque de 3-2 à Calgary le 12 octobre, à sa troisième partie. Ce fut la première de 22 victoires cette saison-là pour Ron Tugnutt, qui établit un nouveau record pour un gardien recrue.

D'AUTRES PREMIÈRES

Robert Kron gagna la première mise au jeu contre Alexei Zhamnov, au départ du match inaugural du club, et Kevyn Adams réalisa le premier tir au but à 1 minute 41 secondes de la première période. Serge Aubin récolta la première pénalité à 10 minutes 59 secondes. Ron Tugnutt réussit le premier blanchissage des Blue Jackets dans une victoire de 2-0 à Montréal le 18 décembre 2000, et Geoff Sanderson accomplit le premier tour du chapeau dans une victoire de 3-2 contre Nashville le 10 février 2001.

LES RECORDS EN UN MATCH

Geoff Sanderson établit le record des Blue Jackets de quatre buts en un match le 29 mars 2003, dans une victoire de 6-4 contre Calgary. Avec une aide dans le même match, Sanderson et Andrew Cassels (un but, quatre aides) égalèrent le record d'équipe de cinq points d'Espen Knutsen, exploit répété le 28 février 2004 par David Vyborny (un but, quatre aides). Knutsen avait récolté ses cinq points et établi un record de cinq aides le 24 mars 2001.

MENEUR DE LA LIGUE

En 2003, Rick Nash termina troisième dans la course au trophée Calder de la recrue de l'année, derrière Barret Jackman de St. Louis et Henrik Zetterberg de Detroit. En 2003-2004, Il établit un record de franchise avec 41 buts et remporta le trophée Maurice-Richard, avec Jarome Iginla de Calgary et Ilya Kovalchuk d'Atlanta. À l'âge de 19 ans, Nash était le plus jeune joueur de l'histoire de la LNH à arriver en tête des buteurs de la LNH.

UN DÉPART CANON

Deuxième au repêchage d'entrée de 2002, Columbus fit un échange avec la Floride pour obtenir le premier choix et Rick Nash. Benjamin des joueurs de la LNH en 2002-2003, Nash devint le huitième premier choix au repêchage à marquer un but à son premier match dans la LNH (contre Jocelyn Thibault de Chicago, le 10 octobre 2002), et le premier depuis Mario Lemieux en 1984 à le faire l'année où il a été repêché.

Geoff Sanderson franchit la barre des 30 buts deux fois en trois saisons à Columbus. Il est, avec Rick Nash, l'un des deux joueurs de la franchise à avoir marqué 30 buts en une saison.

UNE RECRUE SENSATIONNELLE

En 2008-2009, Steve Mason inscrivit une fiche de 33-20-7, une moyenne de buts accordés de 2,29 et le plus grand nombre de blanchissages (10) de la LNH. Il obtint 121 votes de première place sur 132, remportant facilement le trophée Calder de recrue de l'année. Mason termina deuxième derrière Tim Thomas de Boston dans la course au trophée Vézina, et quatrième aux votes pour le trophée Hart du joueur le plus utile à son équipe. Il fut choisi dans la deuxième équipe d'étoiles.

Rick Nash marqua le plus grand nombre de buts pour les Blue Jackets pour la septième saison consécutive, avec 32 en 2010-2011. Il obtint aussi le plus de points, pour la cinquième fois en sept ans.

Les 10 blanchissages de Steve Mason en 2008-2009, un record d'équipe, représentent le plus grand nombre pour une recrue de la LNH depuis les 15 de Tony Esposito pour Chicago en 1968-1969.

PROSPAL PERSISTE ET SIGNE

Le 25 novembre 2011, lors du match qui assura la victoire de 5-1 de l'équipe de Colombus contre les Sabres de Buffalo, Vaclav «Vinny» Prospal devint le sixième Tchèque à avoir joué dans 1000 matchs. Repêché au second tour par les Flyers de Philadelphie en 1993, il a joué pour sept différentes équipes – et deux clubs en de multiples occasions – au cours de sa carrière. Bien que moins menaçant pour ses opposants qu'il ne l'a déjà été, il cumula 39 aides en 2011-2012, soit le record des Blue Jackets.

LES RECORDS D'ÉQUIPE

En 2008-2009, les Blue Jackets établirent des records d'équipe avec 41 victoires et 92 points, et obtinrent leur premier laissez-passer pour les séries éliminatoires. Cette saison-là, le club établit un record de franchise avec 226 buts; Rick Nash aussi, avec 79 points (40 buts, 39 aides). Le premier match en séries éliminatoires eut lieu à Detroit le 16 avril 2009, et le premier à domicile, le 21 avril, contre les Red Wings.

DALLAS – LES STARS

Véritable pépinière du hockey américain, il allait de soi que le Minnesota obtienne un club de la LNH lors de l'expansion de 1967. Toutefois, le 9 juin 1993, après 26 ans, le Minnesota perdit sa première franchise de la LNH quand les North Stars déménagèrent au Texas. Le mot « North » fut retranché du nom, et les Stars de Dallas virent le jour. À leur quatrième saison, les Stars étaient devenus l'une des puissances de la LNH, remportant cinq titres de division consécutifs de 1996-1997 à 2000-2001, et la Coupe Stanley en 1999. Les Stars se hissèrent parmi les meilleurs clubs, jusqu'au milieu des années 2000.

LA PREMIÈRE STAR DES NORTH STARS

Comme pour tant de joueurs de l'époque, l'ajout de six clubs d'expansion relança en 1967 la carrière de Wayne Connelly, qui n'avait marqué que 25 buts en cinq saisons écourtées avec les Canadiens de Montréal et les Bruins de Boston. Il explosa et en marqua 35 pour les North Stars en 1967-1968. Seuls Bobby Hull (44), Stan Mikita (40) et Gordie Howe (39) marquèrent plus de buts cette saison-là, mais Connelly ne connut plus jamais une telle saison dans la LNH.

LES SAISONS DE 100 POINTS

En 1981-1982, Dino Ciccarelli récolta 106 points, au deuxième rang de l'histoire de la franchise derrière Bobby Smith, qui marqua 43 buts et accumula 71 aides pour 114 points la même saison. Neal Broten, avec 105 points (29 buts, 76 aides) en 1985-1986 et à nouveau Ciccarelli, quand il récolta 103 points (52 buts, 51 aides) en 1986-1987, sont les seuls joueurs de l'histoire de la concession à dépasser le seuil des 100 points.

Jamie (14 ans), le jeune frère de Jordie Benn (28 ans), se joignit à ce dernier lorsqu'il fit ses débuts à la LNH le 3 janvier 2012. Ils ne tardèrent pas à unir leurs forces pour aider à marquer un but en première période.

LE CÉLÈBRE « GOLDY SHUFFLE »

Bill Goldsworthy, le meilleur marqueur des éliminatoires de la LNH de 1968 avec 15 points, connut sa première grande saison en marquant 36 buts en 1969-1970. Il arriva en tête du Minnesota six fois en sept saisons, soit jusqu'en 1975-1976, dont une campagne de 48 buts en 1973-1974, record d'équipe qui ne fut battu que huit ans plus tard. Goldsworthy célébrait ses buts en exécutant une danse, qui devint le célèbre « Goldy Shuffle ».

La carrière de Mike Modano dans la LNH débuta en 1989-1990 quand la franchise était au Minnesota. Après quatre saisons en tant que « North » Star, il devint joueur des Stars de Dallas en 1993-1994 et le demeura jusqu'à la saison 2009-2010.

LES FRÈRES BENN FONT FRONT COMMUN

Quand Jordie Benn fut rappelé de l'équipe texane de l'American Hockey League le 3 janvier 2012, il fut réuni à son jeune frère, Jamie. Ensemble, ils aidèrent Loui Eriksson à marquer un but durant la première période du match que les Blue Jackets remportèrent à 5-4 contre les Red Wings de Detroit. Jamie, qui ferait partie de l'équipe des étoiles plus tard, termina le match en marquant un but et deux aides. Jordie, qui ne participa pas au pointage lors de la partie suivante, fut réassigné à la AHL.

LES MEILLEURS ATTAQUANTS DE TOUS LES TEMPS

Saisons :	Mike Modano, 21
Matchs :	Mike Modano, 1 459
Buts :	Mike Modano, 557
Aides :	Mike Modano, 802
Points :	Mike Modano, 1 359
Minutes de pénalité :	Shane Churla, 1 883

LE TROPHÉE DES PRÉSIDENTS

En 1996-1997, les Stars de Dallas obtinrent la première saison de 100 points de l'histoire de la franchise, terminant deuxièmes au classement général de la LNH, derrière l'Avalanche du Colorado (104 points). Un an plus tard, Dallas remporta le Trophée des présidents pour la première fois, menant la LNH avec 109 points. En 1998-1999, les Stars établirent un record de franchise en récoltant 114 points, reçurent le Trophée des présidents et remportèrent la Coupe Stanley.

CONQUÊTES DE LA COUPE STANLEY

Après 10 brillantes saisons à St. Louis, Brett Hull signa un contrat avec les Stars en 1998-1999. Blessé et soumis au système défensif des Stars, ses 58 points (32 buts, 26 aides) furent le pire résultat de sa carrière, mais il marqua le but gagnant de la finale de la Coupe Stanley pour Dallas contre Buffalo en troisième prolongation. Joe Nieuwendyk fut le meilleur marqueur des séries éliminatoires avec 11 buts, et il reçut le trophée Conn-Smythe.

◀ *Dave Reid de Dallas se réjouit du but gagnant de Joe Nieuwendyk en troisième période du troisième match de la finale de la Coupe Stanley de 1999, remporté 2-1 contre Buffalo. Dallas enleva la série en six matchs.*

▼ *Au cours de ses neuf saisons avec le club de 2000 à 2010, Marty Turco devint le champion de tous les temps de la franchise, jouant 502 matchs, dont 262 victoires et 40 blanchissages.*

BELFOUR À SON MEILLEUR

Le gardien Ed Belfour rallia les Stars de Dallas en 1997-1998 et fut un facteur clé de leur transformation en club d'élite. Belfour, récipiendaire du trophée Jennings avec le deuxième gardien Roman Turek, l'emporta sur Patrick Roy, et les Stars défirent l'Avalanche en sept matchs pour le titre de la conférence de l'Ouest. Belfour prit la mesure de Hasek en finale de la Coupe Stanley, et Dallas remporta le premier titre de la franchise en six matchs.

TALENT DOUBLE

Jere Lehtinen remporta le trophée Selke du meilleur attaquant défensif de la LNH trois fois en carrière (1998, 1999 et 2003), égalant le record de son ancien coéquipier des Stars, Guy Carbonneau (trois fois avec Montréal). Le seul à l'avoir reçu quatre fois (avec les Canadiens) est Bob Gainey, longtemps directeur général des Stars. À l'attaque, les sept saisons de 20 buts de Lehtinen en font le troisième joueur de l'histoire des Stars, derrière Brian Bellows (10) et Mike Modano (16).

LE TOUR DE TURCO

Marty Turco joua 26 matchs à Dallas en 2000-2001, et sa moyenne de buts accordés de 1,90 le plaça au deuxième rang des gardiens de l'ère «moderne» depuis 1943-1944, derrière Al Rollins et sa moyenne de 1,77 en 1950-1951. Il égala les records d'équipe d'Ed Belfour avec 37 victoires et 9 blanchissages en 2002-2003, et établit un nouveau record de moyenne, 1,72. Turco détient le record de franchise de 41 victoires en 2005-2006, année où le club remporta 53 matchs, un sommet.

DETROIT – LES RED WINGS

En 1936, au cours de leur dixième saison dans la LNH, les Red Wings gagnent la Coupe Stanley pour la première fois. Bien que Detroit soit la dernière des quatre concessions américaines à faire partie des six équipes originales à gagner la Coupe Stanley, les Red Wings ont depuis remporté plus de championnats que n'importe quel autre club de hockey américain. Detroit fait son entrée dans la LNH en 1926-1927, avec un effectif provenant en grande partie de l'achat des Cougars de Victoria de la Ligue de hockey de l'Ouest du Canada. Jusqu'en 1930, l'équipe de Detroit est connue sous le nom des Cougars avant de prendre celui de Red Wings en 1932.

Le directeur général Jack Adams sourit alors que le capitaine Ted Lindsay embrasse la Coupe Stanley après avoir défait les Canadiens en 1954.

« HOME SWEET HOME »

L'équipe de Detroit passera sa première saison dans la LNH à jouer des matchs de l'autre côté de la frontière, à Windsor, en Ontario. Lors de son premier match contre Boston le 18 novembre 1926, Detroit doit s'incliner 2-0. L'Olympia de Detroit accueille leur premier match du 22 novembre 1927 (qu'ils perdront 2-1 contre Ottawa) et restera le domicile des Red Wings jusqu'au 15 décembre 1979. Le 27 décembre 1979, l'équipe joue sa première partie à l'aréna Joe Louis, perdant 3-2 contre les Blues de St. Louis.

LES MEILLEURS BUTEURS EN UNE SEULE SAISON

65	Steve Yzerman	1988-1989 (80 PJ)
62	Steve Yzerman	1989-1990 (79 PJ)
58	Steve Yzerman	1992-1993 (84 PJ)
56	Sergei Fedorov	1993-1994 (82 PJ)
55	John Ogrodnick	1984-1985 (79 PJ)
52	Mickey Redmond	1972-1973 (76 PJ)
	Ray Sheppard	1993-1994 (82 PJ)
51	Mickey Redmond	1973-1974 (76 PJ)
	Steve Yzerman	1990-1991 (80 PJ)
50	Danny Grant	1974-1975 (80 PJ)
	Steve Yzerman	1987-1988 (64 PJ)
49	Gordie Howe	1952-1953 (70 PJ)
	Frank Mahovlich	1968-1969 (76 PJ)
47	Gordie Howe	1951-1952 (70 PJ)
	Marcel Dionne	1974-1975 (80 PJ)
46*	Brendan Shanahan	1996-1997 (79 PJ)
45	Steve Yzerman	1991-1992 (79 PJ)

* A aussi marqué un but en deux matchs avec les Whalers de Hartford cette saison-là.

Steve Yzerman est le capitaine d'équipe qui a le plus longtemps servi dans l'histoire de la LNH, portant le C dès l'âge de 21 ans en 1986-1987 jusqu'à sa saison finale en 2005-2006.

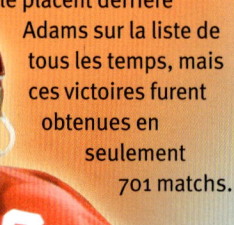

DERRIÈRE LE BANC

Jack Adams devient entraîneur et directeur général de l'équipe de Detroit en 1927-1928. Il occupera ces deux postes durant les 20 saisons suivantes, jusqu'en 1946-1947, et demeurera directeur général jusqu'en 1961-1962. Avec ses 964 matchs derrière le banc des Red Wings et une fiche de 413-390-161, Jack Adams établit un record de concession. Les 410 victoires de Scotty Bowman comme entraîneur des Red Wings le placent derrière Adams sur la liste de tous les temps, mais ces victoires furent obtenues en seulement 701 matchs.

MEILLEURS BUTEURS DE LA LNH

Nels Stewart est le premier joueur des Red Wings à se distinguer, avec 23 buts marqués en 1936-1937. Les seuls autres Red Wings à mener dans la LNH pour le nombre de buts marqués sont Ted Lindsay (avec 33 buts en 1947-1948), Sid Abel (qui mena avec 28 buts la saison suivante) et Gordie Howe (meilleur buteur de la LNH à cinq reprises entre 1950-1951 et 1962-1963).

GAGNANTS DU TROPHÉE ART-ROSS

Ted Lindsay est le premier des Red Wings à détenir le titre du meilleur compteur à la LNH, en cumulant 78 points (23 buts, 55 aides) en 1949-1950. Ses acolytes de la « Production Line » Sid Abel (34-35-69) et Gordie Howe (35-33-68) finissent deuxième et troisième compteurs cette saison-là. Howe mène la LNH durant les quatre saisons suivantes et remporte à nouveau le trophée Art-Ross en 1956-1957 et en 1962-1963. Aucun autre joueur des Red Wings n'a remporté, depuis, le titre du meilleur compteur de la ligue.

MEILLEURS POINTEURS EN UNE SEULE SAISON

155	Steve Yzerman (80 PJ : 65 B, 90 A)	1988-1989
137	Steve Yzerman (84 PJ : 58 B, 79 A)	1992-1993
127	Steve Yzerman (79 PJ : 62 B, 65 A)	1989-1990
120	Sergei Fedorov (82 PJ : 56 B, 64 A)	1993-1994
121	Marcel Dionne (80 PJ : 47 B, 74 A)	1974-1975
108	Steve Yzerman (80 PJ : 51 B, 57 A)	1990-1991
107	Sergei Fedorov (78 PJ : 39 B, 68 A)	1995-1996
105	John Ogrodnick (79 PJ : 55 B, 50 A)	1984-1985
103	Gordie Howe (76 PJ : 44 B, 59 A)	1968-1969
	Steve Yzerman (79 PJ : 45 B, 58 A)	1991-1992
102	Steve Yzerman (64 PJ : 50 B, 52 A)	1987-1988

MENEURS DE TOUS LES TEMPS EN CARRIÈRE

Le plus de saisons	25	Gordie Howe
Le plus de matchs	1687	Gordie Howe
Le plus de buts	786	Gordie Howe
Le plus d'assistances	1063	Steve Yzerman
Le plus de points	1809	Gordie Howe (786 B, 1023 A)
Le plus de victoires	351	Terry Sawchuk
Le plus de blanchissages	85	Terry Sawchuk
Le plus de minutes de pénalité	2090	Bob Probert

AUCUNE PARENTÉ...

Le 23 janvier 1944, Syd Howe réussit un tour du chapeau dans la victoire de 15-0 des Red Wings contre les Rangers. Ses trois buts cette soirée-là lui donneront 149 buts dans l'uniforme des Red Wings. Il bat ainsi le record d'équipe de 148 buts détenu par Herbie Lewis. Onze jours plus tard, le 3 février 1944, les Red Wings écrasent à nouveau les Rangers, 12-2 ; avec ses 6 buts sur les 12 marqués durant la rencontre, Howe devient le premier joueur de l'équipe à marquer autant de buts en un seul match depuis 23 ans.

TROIS FOIS SEPT

Don Grosso cumule un but et six passes dans le même match où Sidney Howe compte six buts contre les Rangers. Les sept points de Grosso égalisent la marque du club établie par Carl Liscombe qui compta trois buts et fait quatre passes dans la victoire de 12-5 aux dépens des Rangers le 5 novembre 1942. Billy Taylor compte lui aussi sept points pour Detroit lorsqu'il établit un record de la LNH, avec sept passes dans la victoire de 10-6 contre Chicago le 16 mars 1947.

 Gordie Howe des Red Wings déjoue Johnny Bower des Maple Leafs et marque un but au Maple Leaf Gardens au début des années 1960.

MEILLEURS POINTEURS CHEZ LES DÉFENSEURS

Nicklas Lidstrom établit un record de points en une seule saison en tant que défenseur des Red Wings, avec 64 passes et un total de 80 points en 2005-2006. Il surpasse tous les défenseurs des Red Wings, par le nombre de buts, de passes et de points en carrière, suivant de près Gordie Howe (1809), Steve Yzerman (1755) et Alex Delvecchio (1281) sur la liste des meilleurs pointeurs d'équipe de tous les temps. Le 15 octobre 2009, Lidstrom atteint la marque de 1000 points en carrière. Quant aux 27 buts comptés par Reed Larson en une seule saison (1980-1981), cela demeure une marque jusqu'ici inégalée pour les défenseurs des Red Wings.

L'HOMME DE FER

Le moins qu'on puisse dire c'est que Nicklas Lidstrom cumule les honneurs. En plus d'avoir remporté le trophée Norris à sept reprises, il s'illustra le 12 février 2012 en établissant le record de la LNH du plus grand nombre de parties jouées (1550) pour une seule franchise, battant celui qu'avait établi Alex Delvecchio des Red Wings. Cependant, si le Suédois de 41 ans compte pulvériser le record de 1687 matchs au sein d'une équipe - ou celui de tous les temps de 1767 - de Gordie Howe, il a encore du pain sur la planche...

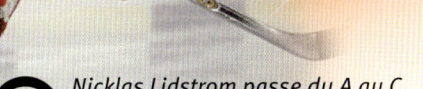 Nicklas Lidstrom passe du A au C sur son chandail en 2006-2007. L'année suivante, il devient le premier capitaine d'origine européenne à mener son équipe à la Coupe Stanley.

EDMONTON – LES OILERS

Connue à l'origine sous le nom des Oilers d'Alberta pour la saison inaugurale de l'Association mondiale de hockey en 1972-1973, l'équipe prend le nom des Oilers d'Edmonton avant la saison 1973-1974. Ce sera l'une des quatre équipes de l'AMH admises dans la LNH en 1979-1980. Wayne Gretzky se joint à l'équipe alors qu'il est âgé de 17 ans, en 1978-1979. Avec de jeunes vedettes comme Wayne Gretzky, Mark Messier, Jari Kurri, Paul Coffey et Grant Fuhr, les Oilers s'améliorent rapidement. Ils gagnent la Coupe Stanley pour la première fois à leur cinquième saison, en 1983-1984, et la remporteront à quatre reprises durant les six années suivantes.

VICTOIRES ET POINTS

Avec 69 points à leur première saison dans la LNH, en 1979-1980, et 74 à leur deuxième, les Oilers établissent une fiche de 48-17-15 et 111 points à leur troisième saison en 1981-1982 et remportent le premier de six titres de division consécutifs. En 1983-1984, les Oilers établissent des records d'équipe avec 57 victoires (57-18-5) et 119 points et gagnent leur première Coupe Stanley. En 1985-1986, ils égaliseront leur propre record avec 119 points (56-17-7).

Wayne Gretzky est entouré de Mark Messier (à gauche), de Kevin Lowe (à droite) et de ses autres coéquipiers, après avoir remporté la Coupe Stanley pour la quatrième fois, en 1988.

SEPT AIDES EN UN MATCH

Le 15 février 1980, après seulement 57 matchs en carrière dans la LNH, Wayne Gretzky égalise le record de Billy Taylor de sept passes en un seul match et mène les Oilers à une victoire de 8-2 contre les Capitals de Washington. Il réussira cet exploit de nouveau le 11 décembre 1985, dans une victoire de 12-9 contre les Blackhawks de Chicago. Plus tard dans la même saison, le 14 février 1986, il refait le même exploit lorsque les Oilers battent les Nordiques 8-2.

Le défenseur Kevin Lowe a été le premier joueur sélectionné par les Oilers (21ᵉ choix) à leur premier repêchage d'entrée en 1979. Il devient entraîneur de l'équipe en 1999.

MENEURS EN CARRIÈRE DE TOUS LES TEMPS

Le plus de saisons	15	Kevin Lowe
Le plus de matchs	1037	Kevin Lowe
Le plus de buts	583	Wayne Gretzky
Le plus d'assistances	1086	Wayne Gretzky
Le plus de points	1669	Wayne Gretzky
Le plus de victoires	226	Grant Fuhr
Le plus de blanchissages	23	Tommy Salo
Le plus de minutes de pénalité	1747	Kelly Buchberger

MENEURS EN UNE SEULE SAISON

Le plus de buts	*92	Wayne Gretzky (1981-1982)
Le plus d'assistances	*163	Wayne Gretzky (1985-1986)
Le plus de points	*215	Wayne Gretzky (1985-1986 ; 52 B, 163 A)
Le plus de points, ailier droit	135	Jari Kurri (1984-1985 ; 71 B, 64 A)
Le plus de points, ailier gauche	106	Mark Messier (1982-1983 ; 48 B, 58 A)
Le plus de points, défenseur	138	Paul Coffey (1985-1986 ; 48 B, 90 A)
Le plus de points, recrue	75	Jari Kurri (1980-1981 ; 32 B, 43 A)
Le plus de victoires	40	Grant Fuhr (1987-1988)
Le plus de blanchissages	8	Curtis Joseph (1997-1998)
		Tommy Salo (2000-2001)
Le plus de minutes de pénalité	286	Steve Smith (1987-1988)

* Record de la LNH.

ATTEINDRE LA CIBLE

Il faudra 12 ans pour qu'un joueur de la LNH franchisse de nouveau la barre des 40 buts. Durant la première saison où la passe avant est permise dans toutes les zones (offensive, défensive et neutre) en 1929-1930, Howie Morenz (40) des Canadiens, Dit Clapper (41) et Cooney Weiland (43) des Bruins, se sont tous approchés de la marque dans un calendrier de 44 matchs, sans l'égaliser. Toutefois, Weiland établira un nouveau record avec 73 points pulvérisant celui de Morenz (51 points).

CINQ BUTS EN UN MATCH

Wayne Gretzky a marqué cinq buts dans les matchs victorieux suivants : 9-2 contre les Blues de St. Louis le 18 février 1981, 7-5 contre les Flyers de Philadelphie le 30 décembre 1981, 8-2 contre les Blues de St. Louis le 15 décembre 1984 et 10-4 contre les North Stars du Minnesota le 6 décembre 1987. Jari Kurri marque cinq buts dans un match victorieux de 13-4 contre les Devils du New Jersey le 19 novembre 1983, tandis que Pat Hughes réussit l'exploit dans la victoire de 10-5 contre les Flames de Calgary le 3 février 1984.

HUIT POINTS EN UN SEUL MATCH

Wayne Gretzky établit un record d'équipe avec huit points (trois buts, cinq aides) dans le match victorieux de 13-4 contre les Devils du New Jersey le 19 novembre 1983. Il répétera l'exploit (quatre buts, quatre aides) dans un match victorieux de 12-8 contre le Minnesota le 4 janvier 1984. Paul Coffey égalise le record du club ainsi que la marque de la LNH pour les défenseurs avec huit points (deux buts, six aides) dans le match victorieux de 12-3 contre les Red Wings de Detroit le 14 mars 1986.

▼ *Ryan Smith a été à sept reprises le meilleur buteur des Oilers, entre 1996-1997 et 2006-2007. Seul Wayne Gretzky aura accompli cet exploit autant de fois que Ryan Smith.*

LES SAISONS DE 100 POINTS

Sept joueurs de l'histoire des Oilers ont réussi à produire ensemble 28 fois 100 points en une saison. Wayne Gretzky franchit la barre des 100 points à chacune de ses 9 saisons avec l'équipe, tandis que Jari Kurri réussit 6 fois l'exploit et Mark Messier, 5. Glenn Anderson et Paul Coffey ont tous deux dépassé la barre des 100 points en une saison 3 fois, Jimmy Carson et Doug Weight, 1 fois chacun.

BUTEURS DE 50 BUTS

Wayne Gretzky, Jari Kurri, Glenn Anderson et Mark Messier sont les seuls joueurs de l'histoire des Oilers à avoir marqué 50 buts ou plus en une saison. Combinés, ils le feront à 15 reprises. Gretzky a connu 8 saisons où il a marqué 50 buts ou plus, incluant les saisons avec 92, 87, 73, 71 et 62 buts. Kurri passe la barre des 50 buts 4 fois, incluant des saisons avec 71 et 68 buts. Anderson a connu 2 saisons de 50 buts ou plus et Messier, 1 saison.

MEILLEURS BUTEURS DE TOUS LES TEMPS

Wayne Gretzky	583
Jari Kurri	474
Glenn Anderson	417
Mark Messier	392
Ryan Smyth	265
Paul Coffey	209
Craig Simpson	185
Esa Tikkanen	178
Doug Weight	157
Craig MacTavish	155

UN INCROYABLE HUIT

La soirée du 2 février 2012 en fut toute une pour Sam Gagner, centre de l'équipe d'Edmonton. Récoltant quatre buts et quatre aides, il devint le 13e joueur de la LNH à compter huit points en une seule partie. Il égala ainsi le record d'équipe codétenu par Wayne Gretzky et Paul Coffey, tous deux inscrits au Temple de la renommée, et manqua par deux points d'égaler celui de dix que détenait Darryl Sittler, de Toronto. La performance fut d'autant plus marquante que Gagner avait entrepris la partie avec un cumul de cinq buts et neufs aides au cours de la saison.

SÉQUENCES D'ÉQUIPE

Les Oilers de 1984-1985 établissent un record lorsqu'ils entament la saison avec une séquence de 15 matchs sans défaite : 12 victoires et 3 nulles du 11 octobre au 9 novembre 1984 (c'est aussi la séquence la plus longue sans défaite de l'histoire de l'équipe). La séquence gagnante la plus longue de l'histoire des Oilers s'est produite en 2000-2001, lorsque le club gagne neuf matchs consécutifs entre le 20 février et le 13 mars 2001.

▶ *Le 2 février 2012, Sam Gagner enregistrait la première partie de huit points au sein de la LNH depuis 1988, comptant quatre buts et quatre aides contre les Blackhawks de Chicago, et assurant une victoire de 8-4. Âgé de 22 ans, Gagner termina la saison en ayant cumulé 18 buts et 29 aides.*

FLORIDE – LES PANTHERS

Le 10 décembre 1992, les propriétaires de la LNH approuvent l'ajout de nouvelles équipes à Anaheim et à Miami, portant le nombre de concessions de la LNH à 26 pour la saison 1993-1994. Puis le 19 avril 1993, l'équipe de la région de Miami reçoit officiellement le nom des Panthers de la Floride, en partie parce que la panthère de la Floride est l'animal officiel de l'État – bien qu'il n'en reste guère dans la nature. Le premier président de l'équipe est Bill Torrey, qui avait été l'artisan de l'expansion des Islanders de New York. Bob Clarke, l'ancienne étoile des Flyers de Philadelphie, occupe le poste de directeur général et Roger Neilson, celui d'entraîneur en chef.

PREMIERS JOUEURS

Le 23 juin 1993, les Panthers choisissent l'ancien gardien de but des Rangers de New York, John Vanbiesbrouck, au premier choix du repêchage de l'expansion de la LNH. Deux jours plus tard, au repêchage d'entrée, la Floride choisit au premier tour (5e choix) le joueur de centre Rob Niedermayer, jeune frère du défenseur des Devils du New Jersey, Scott Niedermayer. Dave Tomlinson (qui avait été obtenu des Maple Leafs) est envoyé à Winnipeg en échange de Jason Citrone le 3 août 1993 et constitue le premier échange des Panthers.

▶ *John Vanbiesbrouck joint les Panthers après 11 ans avec les Rangers de New York et sera un élément clé de la réussite hâtive du club.*

LA PREMIÈRE SAISON

Les Panthers et les Mighty Ducks d'Anaheim ont tous deux remporté 33 victoires en 1993-1994, établissant ainsi un record de la LNH pour le plus de victoires par un club d'expansion. Les Panthers ont obtenu une fiche de 33-34-17 et inscriront un nouveau record avec 83 points. Ils étaient dans la course pour les séries éliminatoires jusqu'à la dernière semaine de la saison. Leur pourcentage de victoires de 0,494 est le meilleur pour une équipe dans sa première année, dans les annales des sports professionnels modernes. John Vanbiesbrouck finira deuxième derrière Dominik Hasek pour l'obtention du trophée Vézina.

UNE PERCÉE REMARQUABLE

Sous la houlette du nouvel entraîneur en chef, Doug MacLean, les Panthers connaissent une bonne troisième saison en 1995-1996. Après 50 matchs, le club présente une fiche de 31-14-5 et se trouve parmi l'élite de la LNH. Bien qu'une dégringolade suivra, les Panthers finiront la saison avec une fiche de 41-31-10 et 92 points, et se qualifieront pour les éliminatoires. Contre toute attente, les Panthers éliminent Boston, Philadelphie et Pittsburgh pour se rendre en finale de la Coupe Stanley, mais seront balayés en quatre matchs par l'Avalanche du Colorado.

LE PREMIER MATCH

Le 6 octobre 1993, les Panthers de la Floride jouent leur premier match en saison régulière au sein de la LNH contre les Blackhawks à Chicago. Le match est radiodiffusé en espagnol sur les ondes de la radio WCMQ. Le capitaine de l'équipe, Brian Skrudland, exécute le premier tir au but à 1 minute 07 secondes de la première période, mais Ed Belfour réussit l'arrêt. L'ailier droit Scott Mellanby marque le premier but des Panthers à 12 minutes 31 secondes. Le match se termine 4-4.

PREMIÈRE VICTOIRE

Après avoir perdu à St. Louis le 7 octobre 1993, les Panthers se rendent à Tampa Bay pour disputer un match, deux jours plus tard, le samedi 9 octobre. Une foule record de 27 227 personnes assistent à la rencontre entre les deux équipes de Floride au ThunderDome et voient les Panthers obtenir leur première victoire (2-0) et John Vanbiesbrouck remporter son premier jeu blanc. Scott Levins marque le but gagnant à 2 minutes 19 secondes de la première période tandis que Tom Fitzgerald envoie la rondelle dans un filet désert à 19 minutes 33 secondes de la troisième période.

ÉMINENTE PANTHÈRE

Le 23 février 2012, lors de son 614e match, Stephen Weiss devint le joueur de la franchise ayant joué le plus grand nombre de parties, se plaçant ainsi devant Radek Dvorak. il aida Mikael Samuelsson à compter un premier but au milieu de la première période, mais les Wild de Minesota ruinèrent ses espoirs en obtenant une victoire de 3-2 en fusillade. Quatrième recrue lors du repêchage de 2001, Weiss a participé à plus de 70 parties dans sept de ses dix saisons au sein de la ligue.

▼ *En 2011-2012, Stephen Weiss inscrivit sa troisième saison consécutive de 20 buts, et sa quatrième en carrière, affichant une excellente performance.*

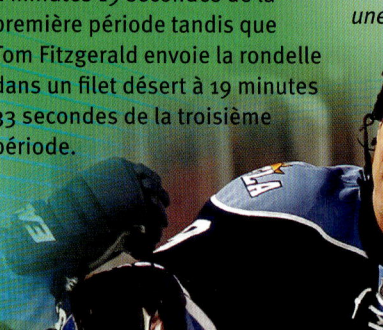

 Les employés de l'aréna de Miami retirent les rats en caoutchouc de la glace. Les rats sont devenus un étrange symbole du succès des Panthers en 1995-1996.

« RAT TRICK »

Scott Mellanby se servit de son bâton pour tuer un rat dans le vestiaire des Panthers avant le deuxième match de la saison de 1995-1996, où il enfila deux buts dans une victoire de 4-3 contre les Flames de Calgary. John Vanbiesbrouck fit alors un jeu de mots avec « hat trick » (tour du chapeau). Les journaux mentionnèrent l'anecdote et bientôt les partisans des Panthers prirent l'habitude de saluer chaque but de leur équipe en lançant sur la patinoire des rats en plastique et en caoutchouc. Cette nouvelle lubie fera les délices de la presse internationale durant la surprenante ascension des Panthers à la finale de la Coupe Stanley.

« ROCKET » RUSSE

Le 17 janvier 1999, les Panthers font l'acquisition de Pavel Bure des Canucks de Vancouver dans une transaction de plusieurs joueurs. Durant sa première saison complète avec les Panthers, en 1999-2000, Bure établit des records d'équipe avec 58 buts et 94 points. Il remporte le trophée Maurice-Richard et finit deux points derrière Jaromir Jagr pour le trophée Art-Ross. En 2000-2001, Bure réussit un nouveau record d'équipe avec 59 buts et remporte le trophée Maurice-Richard une seconde année d'affilée.

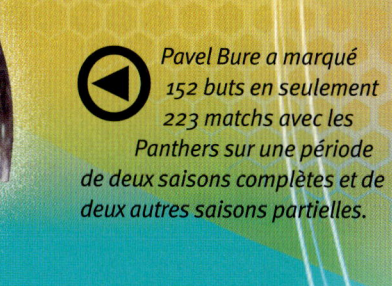

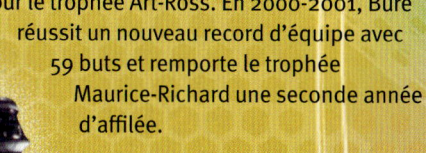 *Pavel Bure a marqué 152 buts en seulement 223 matchs avec les Panthers sur une période de deux saisons complètes et de deux autres saisons partielles.*

BUTS EN UN MATCH

Le 23 janvier 1996, Johan Garpenlov devient le premier joueur de l'histoire des Panthers à réussir un tour du chapeau dans la victoire de 5-4 contre Washington. Le 30 octobre 1998, Mark Parrish établit un record d'équipe avec quatre buts dans un match victorieux de 7-3 contre Chicago. Pavel Bure égalise le record à deux reprises ; aux dépens de Tampa Bay le 1er janvier 2000 et d'Atlanta le 10 février 2001 (victoires de 7-5 et 7-3).

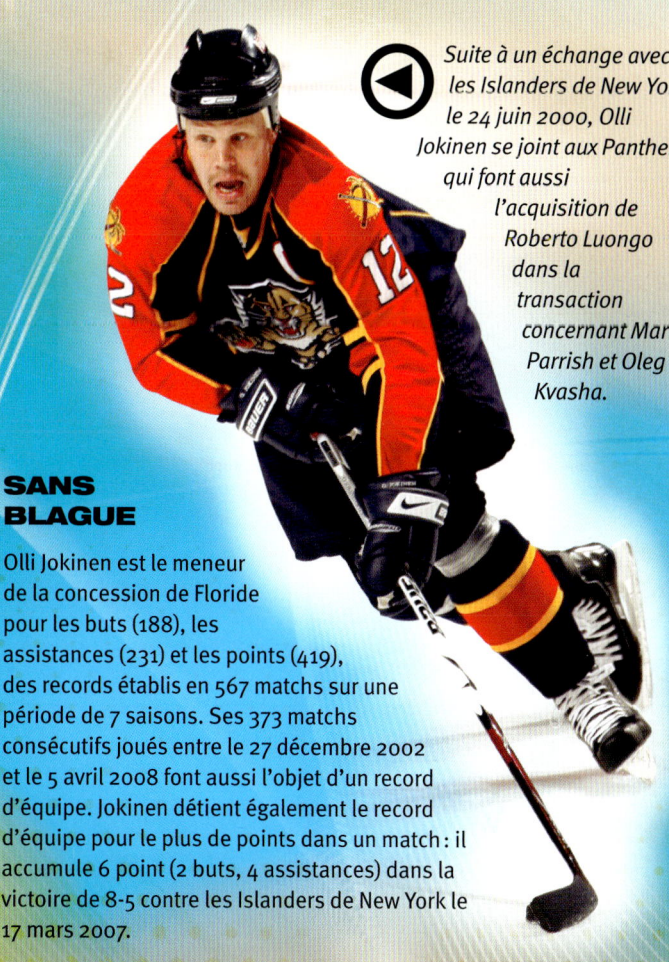

Suite à un échange avec les Islanders de New York le 24 juin 2000, Olli Jokinen se joint aux Panthers qui font aussi l'acquisition de Roberto Luongo dans la transaction concernant Mark Parrish et Oleg Kvasha.

SANS BLAGUE

Olli Jokinen est le meneur de la concession de Floride pour les buts (188), les assistances (231) et les points (419), des records établis en 567 matchs sur une période de 7 saisons. Ses 373 matchs consécutifs joués entre le 27 décembre 2002 et le 5 avril 2008 font aussi l'objet d'un record d'équipe. Jokinen détient également le record d'équipe pour le plus de points dans un match : il accumule 6 point (2 buts, 4 assistances) dans la victoire de 8-5 contre les Islanders de New York le 17 mars 2007.

ROBERTO ET LE CAOUTCHOUC

En 2005-2006, Roberto Luongo a joué 75 matchs pour les Panthers et a gagné un nombre record de 35 matchs. Il a fait face à 2488 tirs au but cette saison-là, plus que tout autre gardien de but de l'histoire de la LNH, et il a réalisé 2275 arrêts. Le deuxième total le plus haut de tirs au but contre un gardien en une seule saison est celui de 2475 tirs au but auxquels Luongo doit faire face en 2003-2004. Il établira un nouveau record de la LNH cette année-là, avec 2303 arrêts et un record d'équipe avec un pourcentage d'arrêts de 0,930.

FIN DE LA DISETTE

Le 15 avril 2012, les Panthers mettaient fin à une suite de neuf défaites aux séries éliminatoires en inscrivant une victoire de 4-2 contre les Devils du New Jersey dans le deuxième match des quarts de finale de la Conférence de l'Est. Cette victoire à domicile était la première de l'équipe en 15 ans, plus précisément en 5478 jours, soit depuis le 17 avril 1997. Le vétéran Stephen Weiss établit le record de la franchise pour le but le plus rapide, qu'il marqua 23 secondes après le début du match. Il compta un autre but, mais les Devils gagnèrent tout de même la série en sept matchs.

LOS ANGELES – LES KINGS

Le hockey professionnel mineur en Californie remonte aux années 1920 et connaît un grand essor durant les années 1940 et 1950. Lorsque, le 9 février 1966, la LNH annonce son intention ferme de prendre de l'expansion, Los Angeles fait partie des six nouvelles équipes qui joueront en 1967-1968. L'entrepreneur d'origine canadienne Jack Kent Cooke déboursera les 2 millions de dollars requis pour la concession et nommera son équipe les Kings. Il bâtit un aréna ultramoderne, surnommé « le fabuleux forum ». Bien que l'équipe ait accueilli certains des meilleurs joueurs de l'histoire du hockey, dont Wayne Gretzky et Marcel Dionne, il faudra attendre 2012 avant que les Kings ne remportent la Coupe Stanley.

MARCEL DIONNE

En 1975-1976, Marcel Dionne des Red Wings se joint aux Kings et établit de nouveaux records d'équipe cette saison-là, en accumulant 40 buts et 94 points. Un an plus tard, il devient le premier joueur de l'équipe à passer à la fois la barre des 50 buts et des 100 points, marquant 53 fois et réalisant 69 assistances pour un total de 122 points. En 1979-1980, Dionne devient le premier King à remporter le trophée Art-Ross avec 137 points, 53 buts et 84 assistances.

ROGATIEN VACHON

Le 4 novembre 1971, les Kings de Los Angeles font l'acquisition de Rogatien Vachon, des Canadiens de Montréal. Il y brille jusqu'en 1977-1978. Vachon a été sélectionné dans la deuxième équipe d'étoiles en 1974-1975 et *The Hockey News* l'a consacré « joueur de l'année » cette saison-là, où il mène l'équipe à un record de 105 points ; sa moyenne de buts alloués de 2,24 est sa meilleure en carrière. Vachon est de nouveau sélectionné dans la deuxième équipe d'étoiles en 1976-1977 lorsqu'il établit un record d'équipe avec huit blanchissages.

◄ Rogatien Vachon et son masque souriant ont été le visage de l'équipe durant les années 1970. Il est toujours le meneur de la concession avec 171 victoires.

▼ Après avoir été coéquipiers à Philadelphie, Mike Richards, à gauche, et Jeff Carter furent à nouveau réunis à Los Angeles durant la saison 2011-2012 et pilotèrent les Kings vers leur première Coupe Stanley.

MENEUR D'ÉQUIPE

Considéré comme un piètre patineur avec peu d'avenir au sein de la LNH, Luc Robitaille ne sera sélectionné au repêchage d'entrée de 1984 qu'à la 9e ronde, au 171e rang par les Kings de Los Angeles. Lorsqu'il fait ses débuts dans la LNH en 1986-1987, Robitaille marque 45 buts et remporte le trophée Calder remis à la meilleure recrue. Il jouera 14 de ses 19 saisons dans la LNH avec les Kings de Los Angeles et deviendra le meilleur buteur de l'équipe avec 557 buts.

LA « TRIPLE CROWN LINE »

La « Tripe Crown Line » des Kings devient le premier trio de l'histoire de la LNH à passer la barre des 100 points, durant la saison de 1980-1981. Le centre Marcel Dionne mène le bal avec 135 points (58 buts, 77 assistances) tandis que l'ailier droit Dave Taylor a 112 points à son crédit (47-65) et l'ailier gauche Charlie Simmer, 105 (56-69). Avant de faire équipe avec Dionne en 1978-1979, Simmer était un bon compteur de la ligue mineure alors que Taylor était pratiquement inconnu.

LE «KING» JONATHAN

Jonathan Quick n'était même pas né la dernière fois qu'un gardien de but de Los Angeles fut invité au match des étoiles. En 2011-2012, l'homme de 26 ans reçut cet honneur, à l'instar de Mario Lessard, en 1981. Quick, qui remporta plus tard le trophée Conn-Smythe, tira parti d'un style de jeu agressif pour sortir d'affaire les Kings. Ses 10 blanchissages – un record de ligue – contribuèrent à leur assurer la Coupe Stanley.. Terry Sawchuk (1968) et Rogie Vachon (1973, 1975 et 1978) sont les deux autres gardiens de Los Angeles à avoir participé à un match des étoiles.

 Bien que recevant rarement d'aide offensive, Jonathan Quick garda la tête haute et mena les Kings aux éliminatoires, ce qui valut à ce natif du Connecticut de participer au match des étoiles.

MEILLEURS COMPTEURS EN UNE SEULE SAISON

168	Wayne Gretzky (54 B, 114 A)	en 1988-1989
163*	Wayne Gretzky (41 B, 122 A)	en 1990-1991
150	Bernie Nicholls (70 B, 80 A)	en 1988-1989
142*	Wayne Gretzky (40 B, 102 A)	en 1989-1990
137*	Marcel Dionne (53 B, 84 A)	en 1979-1980
135	Marcel Dionne (58 B, 77 A)	en 1980-1981
130	Marcel Dionne (59 B, 71 A)	en 1978-1979
130*	Wayne Gretzky (38 B, 92 A)	en 1993-1994
126	Marcel Dionne (46 B, 80 A)	en 1984-1985
125	Luc Robitaille (63 B, 62 A)	en 1992-1993

* Meneur de la LNH.

CONTRE LA MONTRE

Le 11 février 1999, Jozeph Stumpel marque à 0,3 seconde de la fin de la troisième période et donne aux Kings une victoire de 4-3 sur les Flyers de Philadelphie (les Kings tiraient de l'arrière 3-1 à 3 minutes 8 secondes de la fin du match). Ross Lonsberry marque le but gagnant à 19 minutes 59 secondes de la troisième période contre les Rangers le 28 janvier 1970, et Steve Kasper contre Vancouver, le 13 octobre 1989. Warren Rychel marque un but gagnant en prolongation en saison régulière à 1 seconde de la fin (4 minutes 59) contre Calgary le 20 décembre 1993.

Luc Robitaille surpasse ou partage à huit reprises la marque des Kings au chapitre des buts comptés dans sa carrière, une marque égalisée seulement par Marcel Dionne dont le total de 550 buts est un record des Kings pulvérisé par Robitaille.

Seuls Wayne Gretzky, Mario Lemieux, Steve Yzerman et Phil Esposito ont eu plus de points en une saison que les 150 points récoltés par Bernie Nicholls en 1988-1989.

ROB BLAKE

Durant sa carrière de 20 ans dans la LNH, Rob Blake a joué plus de 13 saisons en 2 séjours avec les Kings. En 1997-1998, il remporte le trophée Norris du meilleur défenseur de la LNH en plus d'être le meneur de l'équipe parmi les défenseurs pour le nombre de parties jouées (805), de buts (161), d'assistances (333), de points (494) et de buts en supériorité numérique (92). Ses 23 buts en 1997-1998 sont un record en carrière, mais il se classe derrière Steve Duchesne, 25 buts en 1988-1989, la meilleure marque en une seule saison pour un défenseur des Kings.

Rob Blake succède à Wayne Gretzky comme capitaine de l'équipe en 1995-1996 et le demeurera jusqu'à ce qu'il soit échangé en 2001. Il redevient capitaine en 2007-2008.

LA SOIRÉE DE BERNIE

Le 1er décembre 1988, Bernie Nicholls marque deux buts et effectue six passes pour mener les Kings à la victoire de 9-3 contre Toronto. Ses six aides et huit points pulvérisent les records d'équipe de cinq aides et six points obtenus par plusieurs joueurs, dont Wayne Gretzky qui avait marqué un but et cinq passes contre Detroit huit jours plus tôt. Les six assistances de Nicholls seront égalisées par Tomas Sandstrom dans une victoire de 10-3 contre Detroit le 9 octobre 1993.

RECORDS D'ÉQUIPE

Le plus de victoires en une saison pour les Kings est de 46. Ce record a été établi en 1990-1991 (46-24-10, 102 points) et de nouveau en 2009-2010 (46-27-9, 101 points). Le plus de points est de 105 (42-17-21) en 1974-1975 et le plus de défaites est de 52 (14-52-10) en 1969-1970. Le record d'équipe pour le plus de buts en une saison est de 376 (1988-1989), et en un seul match, la victoire de 12-1 contre les Canucks de Vancouver, le 29 novembre 1984.

MINNESOTA – LE WILD

La LNH annonce son retour à Minneapolis-St. Paul le 25 juin 1997, ainsi que dans les villes de Nashville, Atlanta et Columbus. Cette région chaude du hockey collégial et universitaire américain avait perdu sa concession de la LNH lorsque les North Stars du Minnesota déménagèrent à Dallas en 1993. Le 22 janvier 1998, on dévoile le nom de la nouvelle équipe : le Wild du Minnesota. Durant sa première saison, le club attire des foules records pour une équipe d'expansion, jouant à guichets fermés pour tous les matchs disputés au Xcel Energy Center. Il en sera ainsi durant 409 matchs en pré-saison, en saison régulière et durant les séries éliminatoires, jusqu'au 22 septembre 2010.

Le Slovaque Marian Gaborik devient rapidement un compteur-vedette au Minnesota.

PREMIER MATCH

Le 6 octobre 2000, le Wild du Minnesota joue son premier match de la LNH en saison régulière à Anaheim. Les Ducks l'emportent 3-1. Marian Gaborik marque le premier but de l'équipe à 18 minutes 59 secondes de la deuxième période. Après une défaite de 4-1 contre les Coyotes de Phoenix le lendemain, le Wild revient disputer un match devant ses partisans au Xcel Energy Center le 11 octobre 2000 et recueille son premier point dans une partie nulle de 3-3 contre Philadelphie.

LE PREMIER CHOIX AU REPÊCHAGE

Le club du Minnesota gagne à pile ou face aux dépens de Columbus et décide de prendre le troisième choix au repêchage d'entrée de la LNH de 2000, laissant Columbus choisir le premier au repêchage d'expansion du 23 juin 2000. Le lendemain, le Wild sélectionne Marian Gaborik comme premier choix de l'équipe au repêchage d'entrée de la LNH. Gaborik fait ses débuts à la LNH à 18 ans, en 2000, et devient rapidement le meneur de l'équipe à la défense.

PREMIÈRE VICTOIRE DU WILD

La première victoire du Wild a lieu à son sixième match, le 18 octobre 2000. Marian Gaborik marque son deuxième but à 2 minutes 28 secondes de la fin de la troisième période, donnant la victoire au Wild contre le Lightning de Tampa Bay. Son premier but à 17 minutes 32 secondes de la troisième période brise l'égalité 4-4. Il marque le premier but dans un filet désert de l'histoire de l'équipe à 57,6 secondes de la fin du match, but important puisque le Lightning inscrira un but pour porter la marque finale à 6-5.

PREMIÈRE SAISON

Suivant la stratégie défensive de l'entraîneur Jacques Lemaire, le Wild n'accorde que 210 buts (12e de la LNH) en 2000-2001, et le gardien de but Manny Fernandez établit un record d'équipe d'expansion avec une moyenne de 2,24 buts accordés par match (Doug Favell détenait la marque de 2,27 avec Philadelphie, en 1967-1968). Les attaquants Wes Walz, Darby Hendrickson et Marian Gaborik sont les meneurs de l'équipe avec 18 buts chacun. Gaborik réalise également 18 passes pour un total de 36 points.

PREMIÈRE PARTICIPATION AUX SÉRIES ÉLIMINATOIRES

Jacques Lemaire a mérité le trophée Jack-Adams pour avoir mené le Wild à sa première participation aux séries éliminatoires à sa troisième saison, en 2002-2003. Durant la première ronde, le Wild tire de l'arrière sur l'Avalanche du Colorado 3-1, mais remonte la pente et gagne la série 4 de 7. Aucune équipe dans l'histoire de la LNH n'a réussi une telle remontée deux fois dans les mêmes séries. Or, après que Vancouver a pris l'avance 3-1 dans la deuxième ronde, le Wild gagne de nouveau le 4 de 7.

WES WALZ

Des 18 buts marqués par Wes Walz durant la première saison du Wild, 7 le seront en infériorité numérique, ce qui établit un record de la LNH pour une équipe d'expansion, une marque qui demeure inégalée dans l'histoire de la concession. Walz est un joueur d'exception qui cadre avec l'approche défensive de l'équipe. Il devient le premier joueur du Wild à se qualifier pour l'obtention d'un trophée individuel en 2003, lorsqu'il est en lice pour le trophée Selke qui récompense le meilleur avant à caractère défensif.

En six saisons, Wes Walz a endossé tour à tour l'uniforme des Bruins, des Flyers, des Flames et des Red Wings avant que le Wild ne le mette sous contrat en tant que joueur autonome, le 28 juin 2000. Il jouera six saisons avec le Wild avant de prendre sa retraite en 2007.

BIENVENUE MATT

Le 10 janvier 2012, lors de sa 1000e partie au sein de la LNH, le centre vétéran Matt Cullen marqua en troisième période le but qui semblait vouloir assurer la victoire sur les Sharks de San Jose. Moins bon marqueur que dans le passé, Cullen n'en était qu'à son troisième but en 24 matchs. Suite à la riposte des Sharks, il marqua en première ronde de la fusillade après que la rondelle qu'il avait lancée ait dévié sur le bâton d'Antti Niemi avant de se retrouver dans le but, assurant aux Wild une victoire de 5-4.

MARIAN GABORIK

Après une impressionnante première saison, à 18 ans, en 2000-2001, Marian Gaborik marque 30 buts durant la deuxième saison de l'équipe. Il refera cet exploit à cinq reprises durant ses huit saisons avec le Wild, incluant la saison de 2007-2008 où il établit des records d'équipe avec 42 buts et 83 points. Gaborik marque cinq buts dans le match victorieux de 6-3 qui oppose le Wild aux Rangers, le 20 décembre 2007, et devient le premier joueur de la LNH en 11 ans à avoir marqué 5 buts dans un match.

▲ La 1000e partie de Matt Cullen au sein de la LNH fut certainement mémorable. Le natif du Minnesota, qui a également joué pour St. Cloud State, marqua un but en fin de période de jeu réglementaire et un autre en fusillade.

▲ Manny Fernandez a fourni de solides prestations de gardien de but durant les premières années du Wild et a souvent partagé la tâche avec Dwayne Roloson.

RECORDS DE GARDIENS DE BUT

Nicklas Backstrom devient le meneur en carrière de l'équipe pour le nombre de victoires et de blanchissages ; il détient également les marques dans ces catégories pour une seule saison. Ses 33 victoires en 2007-2008 brisent le record d'équipe de Manny Fernandez de 30 en 2005-2006, avant que Backstrom ne pulvérise son propre record avec 37 victoires en 71 matchs en 2008-2009. Ses huit jeux blancs cette saison-là brisent le record de cinq, détenu jusque-là par Dwayne Roloson.

▶ Mikko Koivu fut le premier choix du Wild (sixième position) au repêchage d'entrée de la LNH en 2001. Après quatre années dans son pays d'origine, la Finlande, et une année dans les mineurs, Koivu fit ses débuts dans la LNH en 2005-2006.

NICK SHULZ

Depuis qu'il s'est joint à l'équipe du Wild dans sa deuxième saison en 2001-2002, le défenseur Nick Shulz jouera le plus grand nombre de matchs durant le plus de saisons que tout autre joueur de l'histoire de la concession. En 2006-2007, il devient le premier défenseur du Wild à disputer les 82 matchs du calendrier. Cette année-là, il joue pour l'Équipe Canada au championnat du monde et remporte la médaille d'or. Shulz a participé au Championnat junior du monde en 2000 et en 2002.

CAPITAINE KOIVU

L'équipe du Wild a, au cours de son histoire, institué un système de rotations. Parfois, jusqu'à cinq joueurs portent l'insigne du capitaine certaines saisons. Mikko Koivu, l'un des trois capitaines de 2008-2009, sera nommé capitaine de l'équipe à plein temps le 20 octobre 2009. Son frère aîné, Saku Koivu, a porté le « C » pour les Canadiens de Montréal de 1999 à 2009, égalisant la marque de 10 ans de Jean Béliveau comme titulaire du titre de capitaine.

MINNESOTA – LE WILD

MONTRÉAL – LES CANADIENS

Les Canadiens de Montréal ont vu le jour le 4 décembre 1909 pour la saison inaugurale de l'Association nationale de hockey (le précurseur de la LNH). Non seulement sont-ils l'équipe la plus ancienne du hockey professionnel, mais aussi celle qui a remporté le plus grand nombre de victoires de la Coupe Stanley (24). De Georges Vézina à Howie Morenz, en passant par Maurice Richard et Guy Lafleur sans oublier Patrick Roy, l'héritage d'excellence des Canadiens se transmet de génération en génération. En fait, ces mots du poème *Au champ d'honneur*, datant de la Première Guerre mondiale, sont gravés sur le mur de leur vestiaire : « Nos bras meurtris vous tendent le flambeau, à vous toujours de le porter bien haut. »

LE CONCOMBRE DE CHICOUTIMI

Georges Vézina se joignit aux Canadiens en 1910-1911 et participa à tous les matchs, tant en saison régulière qu'en séries éliminatoires, jusqu'à ce que la tuberculose mette fin à sa carrière en 1925. Il en mourut l'année suivante. Connu sous le sobriquet du « Concombre de Chicoutimi » pour sa capacité à garder son sang-froid sous la pression, Vézina conduisit les Canadiens à la victoire de la Coupe Stanley en 1916 et en 1924. À sa mort en 1926, la direction des Canadiens offrit à la LNH le trophée Vézina pour honorer sa mémoire.

 Légende des Canadiens, Georges Vézina enregistre le premier blanchissage de l'histoire de la LNH le 18 février 1918, lorsque Montréal l'emporte 9-0 sur les Maple Leafs.

HÉROS TRAGIQUE

Howie Morenz se joignit aux Canadiens en 1923-1924. L'équipe remporta la Coupe Stanley cette année-là. D'une vitesse foudroyante, il gagna deux championnats en tant que meilleur buteur, reçut à trois reprises le trophée Hart du joueur le plus utile à son équipe et aida les Canadiens à gagner la Coupe Stanley de nouveau en 1930 et en 1931. Il mourut le 8 mars 1937, peu après s'être fracturé la jambe durant un match. Plus de 10 000 partisans défilèrent sur la glace du Forum de Montréal pour lui rendre un dernier hommage.

 Patrick Roy fête la victoire de la Coupe Stanley avec les Canadiens en 1993.

ÉPANOUISSEMENT TARDIF

À son arrivée en 1971, Guy Lafleur était considéré comme le digne successeur du héros de sa jeunesse, Jean Béliveau. Il prit finalement son envol avec 53 buts et 119 points en 1974-1975. En 1975-1976, il remporta son premier de trois titres d'affilée comme meilleur buteur et conduisit son équipe à la première de quatre victoires consécutives de la Coupe Stanley. Sa vitesse, son style et son habileté à marquer des buts en font le joueur le plus spectaculaire de la LNH et la plus grande vedette de la dynastie des Canadiens.

MENEURS EN CARRIÈRE DE TOUS LES TEMPS

Le plus de saisons :	20	Henri Richard, Jean Béliveau
Le plus de matchs :	1256	Henri Richard
Le plus de buts :	544	Maurice Richard
Le plus d'assistances :	728	Guy Lafleur
Le plus de points :	1246	Guy Lafleur (518 B, 728 A)
Le plus de victoires :	314	Jacques Plante
Le plus de blanchissages :	75	George Hainsworth
Le plus de minutes de pénalité :	2248	Chris Nilan

Guy Lafleur marqua 50 buts et plus en six saisons consécutives avec les Canadiens dans les années 1970. Son total de 518 buts avec l'équipe suit de près la marque de tous les temps de Maurice Richard.

BUTEUR LÉGENDAIRE

Le joueur le plus adulé par ses partisans de l'histoire des Canadiens, Maurice Richard surmonta des blessures subies au début de sa carrière pour devenir le premier joueur de la LNH à marquer 50 buts en une saison (en seulement 50 matchs, en 1944-1945) et 500 buts en carrière. Le « Rocket » était à son meilleur dans les moments cruciaux, et son ardeur aida les Canadiens à remporter la Coupe Stanley à huit reprises pendant ses 18 années de carrière.

LE MEA CULPA DE GAUTHIER

Le 2 janvier 2012, le directeur général Pierre Gauthier faisait ses excuses aux supporters de l'équipe pour avoir embauché l'entraîneur unilingue anglophone Randy Cunneyworth. « Si nous avons offusqué des gens, j'en suis sincèrement désolé », dit-il, insistant sur le fait que Cunneyworth avait été engagé à titre intérimaire et promettant que l'entraîneur de la prochaine saison serait bilingue. Pierre Gauthier fut relevé de ses fonctions de directeur général le 29 mars.

 *Maurice Richard a été sous les projecteurs tout au long de sa carrière. Malgré son tempérament bouillant, l'excellence au jeu lui a valu l'admiration des partisans des Canadiens.*

 Le directeur général Pierre Gauthier tenta bien de s'excuser auprès des supporters du club, mais en vain.

PATRICK ROY

Recrue des Canadiens en 1985-1986, Patrick Roy conduisit son équipe vers une victoire inattendue de la Coupe Stanley et devint le plus jeune récipiendaire du trophée Conn-Smythe, remis au joueur le plus utile à son équipe en séries éliminatoires. Au fil des six saisons suivantes, Roy s'imposa comme l'un des meilleurs gardiens de but de la LNH. En 1993, il établit un record en séries de 16-4 (dont 10 victoires en prolongation), pour mériter de nouveau le trophée Conn-Smythe après une autre victoire de la Coupe Stanley.

HAINSWORTH ET LES BLANCHISSAGES

George Hainsworth établit un record de la LNH qui risque peu d'être brisé : 22 blanchissages en 1928-1929. Il accomplit cet exploit en une saison de 44 matchs seulement ! Bien que le nombre de buts marqués soit le plus bas de tous les temps, Hainsworth a tout de même réussi 9 jeux blancs de plus que quiconque dans la LNH ; à son poste durant tous les matchs, il accorda 43 buts pour une moyenne de 0,92. Les règles concernant les passes avant furent modifiées la saison suivante, pour ouvrir le jeu.

LA DYNASTIE DES ANNÉES 1950

Des vedettes comme Maurice Richard, Doug Harvey, Jean Béliveau et Bernard Geoffrion sont parmi les plus grands, toutes époques confondues. Durant 10 années consécutives, de 1951 à 1960, les Canadiens atteignirent la finale de la Coupe Stanley. Les cinq dernières années de cette séquence, ils furent les champions de la Coupe Stanley et couronnèrent la saison 1959-1960 avec huit victoires consécutives qui les menèrent aux honneurs.

ÉTOILES DES ANNÉES 1970

De 1976 à 1979, les Canadiens gagnèrent quatre Coupes Stanley consécutives et vécurent des saisons parmi les plus palpitantes de l'histoire de la LNH (en 1976-1977, ils inscrivirent une fiche de 60-8-12 et un record de 132 points). Grâce à des vedettes comme Guy Lafleur, Steve Shutt, Larry Robinson et Ken Dryden, les Canadiens dominaient à l'attaque comme en défense, et cumulent 19 trophées individuels et 16 sélections pour les matchs des étoiles pendant cette période. Quinze joueurs ont participé à chacun de ces quatre championnats.

JACQUES PLANTE ET LE PORT DU MASQUE

Jacques Plante commença à porter un masque durant les entraînements à la saison 1957-1958, après une opération aux sinus. Comme tous les gardiens, Plante avait subi de multiples blessures, et lorsqu'il fut gravement coupé au visage au cours d'un match, le 1er novembre 1959, il informa son entraîneur, Toe Blake, qu'il ne jouerait plus sans son masque. Son jeu fut particulièrement brillant durant le reste de cette saison-là, ce qui contribua à inciter les autres gardiens de but à l'imiter.

Jacques Plante a été un grand gardien de but et un grand innovateur qui a littéralement changé la face du hockey.

NASHVILLE – LES PREDATORS

Nashville fit son entrée à la LNH en même temps qu'Atlanta, Minnesota et Columbus, le 25 juin 1997, et fut le premier de ces clubs d'expansion à inaugurer la saison 1998-1999. David Poile fut embauché à titre de directeur général le 9 juillet 1997, et Barry Trotz devint entraîneur le 6 août. Tous deux servent toujours l'équipe à ces postes respectifs aujourd'hui. Les partisans de Nashville choisirent le nom de Predators le 13 novembre 1997. « Un prédateur, c'est quelqu'un qui réussit et qui gagne, dira le président du club, Jack Diller, et on espère que c'est ce que notre équipe fera, et souvent ! »

PREMIERS JOUEURS

Le 1er juin 1998, les Predators firent l'acquisition de leur premier joueur lorsqu'ils obtinrent Marian Cisar des Kings de Los Angeles, pour compensations futures. Les joueurs autonomes Jayson More, Rob Valicevic et Mark Mowers furent mis sous contrat par la suite. La composition de l'équipe alla bon train lors du repêchage d'expansion qui eut lieu le 26 juin 1998 à Buffalo. Greg Johnson et Andrew Brunette, ainsi que les gardiens de but Mike Dunham et Tomas Vokoun y furent aussi sélectionnés et devinrent des membres clés du club inaugural.

PREMIER REPÊCHAGE D'ENTRÉE

Un échange avec les Sharks de San Jose permit à Nashville de se retrouver au deuxième rang du repêchage d'entrée de 1998. Les Predators choisirent David Legwand, joueur junior qui avait évolué en 1998-1999 dans la Ligue de hockey de l'Ontario avec les Whalers de Plymouth. Il fit ses débuts à la LNH dans un match contre les Devils du New Jersey le 17 avril 1999. Legwand est le meneur de l'équipe pour le plus grand nombre de matchs, de buts, d'aides et de points.

PREMIER MATCH ET PREMIÈRE VICTOIRE

Les Predators disputèrent leur premier match en saison régulière de la LNH le 10 octobre 1998, contre les Panthers de la Floride. Ray Whitney des Panthers marqua le seul but de la rencontre, et son coéquipier Kirk McLean réussit un jeu blanc (1-0). Trois jours plus tard, à leur deuxième match, les Predators battaient les Hurricanes de la Caroline 3-2 et enregistraient la première victoire de l'histoire de la concession. Andrew Brunette marqua le premier but de l'histoire de l'équipe, à 5 minutes 12 secondes de la première période ; Mike Dunham marqua le but victorieux.

▶ *David Legwand eut sa meilleure saison à l'offensive en 2006-2007, établissant des records en carrière avec 27 buts, 36 aides et 63 points. Son ratio de + 23 établit un record d'équipe.*

LA PREMIÈRE SAISON

Les Predators terminèrent leur première saison avec une fiche de 28-47-7 et 63 points. Cliff Ronning, des Coyotes de Phoenix, fut acquis par Nashville le 31 octobre 1998. Il fut le meneur de l'équipe cette année-là, avec 35 aides et 53 points. Sergei Krivokrasov (25 buts) fut aussi un des meneurs. Parmi les moments forts de cette première saison, notons l'unique visite à Nashville de Wayne Gretzky, qui enregistra cinq assistances dans cette victoire de 7-4 des Rangers de New York contre les Predators.

LA PREMIÈRE QUALIFICATION AUX SÉRIES ÉLIMINATOIRES

En 2003-2004, Tomas Vokoun s'imposa comme l'un des meilleurs gardiens de but de la LNH. Il fut deuxième avec 73 matchs joués, et troisième avec 34 victoires, alors qu'il mena les Predators à leurs premières séries éliminatoires. En deux premières défaites en séries aux mains des Red Wings de Detroit, Vokoun effectua 82 arrêts sur les 83 tirs au but des Red Wings, dans des matchs victorieux de 3-1 et de 3-0 à domicile. Les Predators furent néanmoins éliminés en six rencontres.

▶ *Avant de devenir la vedette qu'il fut à Nashville, Tomas Vokoun avait été choisi par les Canadiens de Montréal (226e choix) au repêchage d'entrée de la LNH en 1994.*

DES PERFORMANCES QUI BATTENT DES RECORDS

La saison 2005-2006 a été une saison charnière pour le club de Nashville. Tomas Vokoun pulvérisa le record d'équipe avec 36 victoires, et les Predators inscrivirent une fiche de 49-25-8, dépassant ainsi pour la première fois la barre des 100 points (106). Paul Kariya se joignit à eux en tant que joueur autonome, et Steve Sullivan devint le premier joueur de l'histoire de la concession à franchir la barre des 30 buts (31). Kariya établit également un record d'équipe, avec 54 aides et 85 points.

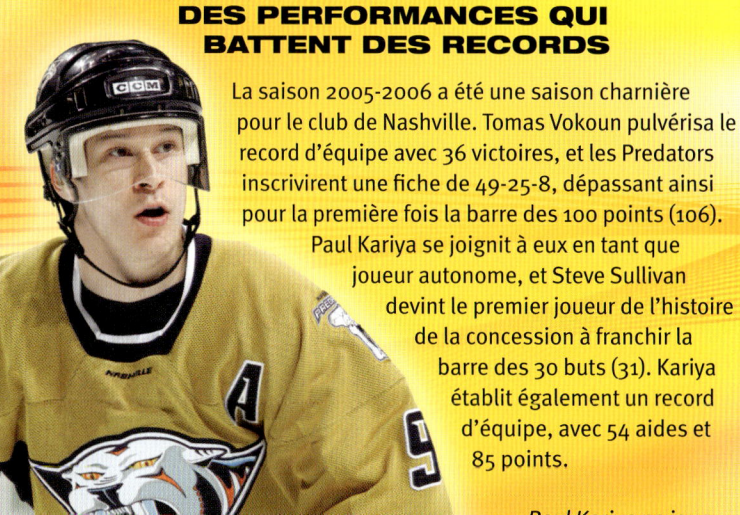

◀ *Paul Kariya ne joua que deux saisons avec les Predators (2005-2006 et 2006-2007), mais ses performances de 85 et de 76 points demeurent les deux totaux les plus élevés de l'histoire de l'équipe.*

SAISON RECORD

Durant la saison 2006-2007, il ne faisait pas de doute que Nashville finirait bon premier de la division centrale. Toutefois, bien qu'ils aient établi un record d'équipe avec 51 victoires et 110 points, à cause de blessures et d'une débandade en fin de saison, les Predators finirent trois points derrière les Red Wings. Peu de temps avant la date limite des échanges, Nashville fit l'acquisition de Peter Forsberg des Flyers de Philadelphie, tablant sur son expérience en séries éliminatoires. Les Predators seront pourtant éliminés dès la première ronde par les Sharks de San Jose, pour une deuxième saison d'affilée.

LE PLUS DE POINTS EN UN MATCH

Le 18 février 2004, Marek Zidlicky établit un record d'équipe avec cinq aides dans une victoire de 7-3 contre les Sharks de San Jose. Seulement deux autres joueurs, dans toute l'histoire des Predators, ont amassé cinq points en un seul match : Dan Hamhuis, un but et quatre aides dans une victoire de 9-4 contre Pittsburgh le 4 mars 2004 (huit matchs seulement après la performance de Zidlicky), tandis que J.P. Dumont obtint également un but et quatre aides dans une victoire de 6-5 en prolongation contre les Sénateurs d'Ottawa, le 22 octobre 2009.

EN MODE RINNE

Au cours de sa première saison en 2008-2009, la recrue Pekka Rinne réalisa une fiche de 29-15-4 et établit un nouveau record d'équipe pour le plus grand nombre de blanchissages (7), ce qui le plaça en quatrième position dans la LNH. Il était 6e avec sa moyenne de 2,38 buts accordés, et 10e avec son pourcentage d'arrêts de 0,917. En 2009-2010, il obtint une fiche de 32-16-5, ce qui lui permit d'égaliser son propre record avec sept blanchissages. Il atteignit la 3e position de la LNH cette saison-là.

WEBER ET SUTER : UN SOLIDE DUO

Les Predators apprécièrent certainement les talents des défenseurs Shea Weber et Ryan Suter puisqu'ils les sélectionnèrent tous les deux lors du repêchage de 2003. Weber sera plus tard nommé cinquième capitaine de la franchise et Suter, capitaine adjoint. Les deux participeront ensuite au match des étoiles de la LNH, quoique dans des camps opposés, tout comme ce fut le cas en 2010 lors du match pour la médaille d'or des Jeux Olympiques de Vancouver. Cette fois, l'Américain Suter l'emporta sur le Canadien Weber.

◀ *Pour tenir les opposants des Predators en échec, les défenseurs Shea Weber (à gauche) et Ryan Suter n'hésitent pas à avoir recours à un jeu robuste. Ils ont aidé Pekka Rinne à établir un record de 43 victoires durant la saison 2011-2012.*

▲ *La moyenne de buts accordés de Pekka Rinne est de 2,12 en 2010-2011, ce qui le place en troisième position dans la LNH et constitue un record d'équipe.*

GRAND SAUT

Après n'avoir marqué que deux buts en 28 matchs en tant que recrue en 2008-2009, Patric Hornqvist marqua 30 buts pour les Predators en 2009-2010, ce qui le plaça quatrième de l'histoire de la concession. Il est le premier des joueurs choisis au repêchage par Nashville à marquer plus de 30 buts pour son équipe. Hornqvist établit un nouveau record d'équipe avec ses 275 tirs au but, et, grâce à ses 8 buts vainqueurs, égalise la marque d'équipe détenue par Scott Hartnell (2005-2006) et J.P. Dumont (2007-2008).

NEW JERSEY – LES DEVILS

Les Devils du New Jersey virent le jour au Missouri en 1974, sous le nom de Scouts de Kansas City. Deux ans plus tard, l'équipe fut relocalisée à Denver et joua six saisons sous le nom de Rockies du Colorado, avant d'être transférée au New Jersey le 30 juin 1982. Jusqu'en 1986-1987, au cours de ses 13 premières saisons dans trois villes différentes, la concession n'a accédé qu'une seule fois aux séries éliminatoires, et fut qualifiée de « Mickey Mouse organization » (organisation amateur) par Wayne Gretzky après que les Oilers l'eurent battue 13-4 en 1983. Les Devils purent laver leur honneur durant les années 1990, et remportèrent la Coupe Stanley en 1995, en 2000 et en 2003.

LES DÉBUTS DES DEVILS

Les Devils firent leurs débuts dans les Meadowlands du New Jersey, dans un match pré-saison, le 21 septembre 1982 (ils perdirent 3-2 aux mains des Rangers de New York). Leur premier match en saison régulière, le 5 octobre, les opposait aux Penguins de Pittsburgh et se termina par une marque nulle (3-3). Don Lever marqua le premier but des Devils. La première victoire des Devils aura lieu le 8 octobre 1982 devant une foule de 19 023 personnes au New Jersey, où ils battront les Rangers de New York par la marque de 3-2.

VERS LES SÉRIES ÉLIMINATOIRES

L'entraîneur Jim Schoenfeld et le gardien de but Sean Burke se joignirent aux Devils au milieu de la saison 1987-1988 et les transformèrent en une équipe solide en séries. Après avoir participé aux Olympiques de Calgary en 1988, Burke rallia les Devils. Grâce à son excellence, ils accéderont aux séries éliminatoires pour la première fois depuis leur transfert au New Jersey. C'est John MacLean qui marqua en prolongation contre les Blackhawks de Chicago au dernier match de la saison, une victoire de 4-3.

MEILLEURS BUTEURS EN UNE SEULE SAISON

48	Brian Gionta	2005-2006 (82 PJ)
46	Pat Verbeek	1987-1988 (73 PJ)
45	John MacLean	1990-1991 (78 PJ)
	Zach Parise	2008-2009 (82 PJ)
43	Alexander Mogilny	2000-2001 (75 PJ)
42	John MacLean	1988-1989 (74 PJ)
41	Wilf Paiement	1976-1977 (78 PJ)
	John MacLean	1989-1990 (80 PJ)
	Claude Lemieux	1991-1992 (74 PJ)
40	Patrik Elias	2000-2001 (82 PJ)

MENEUR DE TOUS LES TEMPS

Durant la saison 2008-2009, Patrick Elias devint le meneur de tous les temps en ce qui concerne les aides et les points. Sa 365e assistance en carrière, obtenue le 18 octobre 2008, le plaça devant Scott Niedermayer. Il surpassa John MacLean avec son 702e point en carrière, une aide, le 17 mars 2009. Elias fait aussi partie des six joueurs de l'histoire des Devils à avoir marqué quatre buts en un match, et ses 96 points (40 buts, 56 aides) en 2000-2001 le placent en tête des meilleurs pointeurs de l'équipe en une saison.

LOU À LA RESCOUSSE

Tout allait de mieux en mieux pour les Devils lorsque Lou Lamoriello fut nommé président du club le 30 avril 1987. Il devint aussi directeur général de l'équipe juste avant le camp d'entraînement pour la saison 1987-1988 qui verrait les Devils accéder aux séries éliminatoires pour la deuxième fois de l'histoire de la concession. Lamoriello avait été précédemment le moteur de la réussite du programme de hockey du Providence College durant plus de 20 ans.

1000 RAISONS DE SOURIRE

Patrik Elias a célébré avec style sa 1000e partie en carrière au sein de la LNH. Le 6 janvier 2012, près de trois semaines après avoir raflé à John MacLean le record de buts de la franchise, il en marqua deux, menant les Devils à une victoire de 5-2 contre les Panthers de la Floride. Il compta le premier en deuxième période, donnant une avance de 2-1 au New Jersey, puis contribua, avec Ilya Kovalchuk et le capitaine Zach Parise, à en marquer trois autres en troisième période. Deux mois plus tard, son coéquipier Petr Sykora jouait sa 1000e partie.

Patrik Elias ne laisse pas l'âge le ralentir. Au cours de la saison 2011-2012, il inscrivait pour la seconde fois depuis la campagne de 2003-2004 son plus grand nombre de buts (26), dont certains mémorables.

CAPITAINE KIRK

Les Devils ont sélectionné Kirk Muller au deuxième rang, derrière Mario Lemieux, au repêchage d'entrée de la LNH en 1984. Âgé de 18 ans, il fit ses débuts dans la LNH en 1984-1985 et devint rapidement un solide attaquant. Ses six points (trois buts, trois aides), qu'il accumule dans un match victorieux de 8-6 contre Pittsburgh le 29 octobre 1986, constituent un record d'équipe. Nommé capitaine en 1987-1988, ses 94 points (37 buts, 57 aides) avec les Devils cette année-là demeurent à ce jour une marque d'équipe pour un joueur de centre.

« HOME SWEET HOME »

Quelques semaines après que le numéro 4 du chandail de Scott Stevens a été retiré le 3 février 2006, les Devils retirent le numéro 3 de Ken Daneyko le 24 mars 2006. Daneyko a passé les 20 années de sa carrière dans la LNH à porter l'uniforme des Devils, de 1983-1984 à 2002-2003, établissant des records d'équipe tant pour le nombre de saisons jouées que pour le nombre de matchs joués, soit 1283 matchs. Daneyko, un défenseur solide, a remporté le trophée Masterton remis au joueur qui fait montre de persévérance et d'esprit d'équipe, en 2000.

LES DÉBUTS DE MARTIN BRODEUR

Les Devils sélectionnent Martin Brodeur en 20e position au repêchage d'entrée de la LNH de 1990. Appelé d'urgence à remplacer les gardiens de but des Devils Chris Terreri et Craig Billington, tous deux blessés, il fera ses débuts dans la LNH le 26 mars 1992. Ce soir-là, les Devils battent les Bruins 4-2. Brodeur passe sa première saison dans la LNH en 1993-1994 et remporte le trophée Calder de la recrue de l'année.

 *Kirk Muller a été sélectionné au repêchage d'entrée de la LNH en 1984, après une belle carrière au hockey junior et une participation à l'équipe nationale du Canada aux Olympiques de Sarajevo.*

DÉFENSEUR DES DEVILS

Le défenseur Scott Stevens a passé 13 saisons avec les Devils, de 1991-1992 à 2003-2004. Capitaine de son équipe, il mena les Devils à la victoire de la Coupe Stanley en 1995, en 2000 et en 2003. En 2006, il devint le premier joueur de l'histoire de la concession à voir son numéro retiré. Bien qu'on se rappelle de lui pour son jeu vigoureux, ses 60 aides en 1993-1994 demeurent un record d'équipe, et ses 18 buts et 78 points cette saison-là sont les totaux les plus élevés jamais atteints par un défenseur des Devils.

 Capitaine des Devils du New Jersey, Scott Stevens a eu le bonheur de soulever la Coupe Stanley à trois reprises.

Martin Brodeur a mené la LNH pour le nombre de victoires en une saison à neuf occasions, de matchs joués à six occasions, et de blanchissages, à cinq reprises.

MENEUR D'ÉQUIPE EN CARRIÈRE

Martin Brodeur a à son actif plus de victoires que tout autre gardien de but de l'histoire de la LNH. Il établit un nouveau record d'équipe le 15 février 1997 lorsque les Devils battirent Montréal 4-1, sa 107e victoire, une de plus que Chris Terreri à l'époque. Brodeur, meneur en blanchissages de tous les temps à la LNH, délogea Terreri de la première position de l'histoire des Devils, avec le septième blanchissage seulement de sa carrière, une victoire de 4-0 contre les Panthers de la Floride, le 7 octobre 1995.

NEW YORK – LES ISLANDERS

Le président de la LNH, Clarence Campbell, disait que la Ligue avait peu de chances de prendre de l'expansion avant 1973, mais le 8 novembre 1971, on annonça que des équipes de Long Island et d'Atlanta seraient ajoutées pour la saison 1972-1973. Malgré une fiche pitoyable de 12-60-6 à leur première saison, les Islanders de New York améliorèrent rapidement leur jeu. Dès leur troisième saison, ils participèrent aux séries éliminatoires, à leur quatrième, atteignirent la barre des 100 points, et gagnèrent la première de quatre Coupes Stanley d'affilée en 1980. Le directeur général Bill Torrey bâtit son équipe en faisant des choix judicieux au repêchage de la LNH, comme Denis Potvin, Clark Gillies, Bryan Trottier et Mike Bossy, entre 1973 et 1977.

LES DÉBUTS

Les Islanders et les Flames d'Atlanta sélectionnèrent 21 joueurs chacun au repêchage d'expansion du 7 juin 1972. Parmi les joueurs clés acquis par les Islanders, notons le gardien de but Billy Smith, le défenseur Garry Hart et l'attaquant Ed Westfall. Le lendemain, les Islanders choisissaient Billy Harris au premier rang du repêchage amateur de la LNH. Ils reçurent les Flames lors de leur premier match en saison régulière le 7 octobre 1972, match qu'ils perdirent 3-2. Westfall marqua le premier but de l'équipe.

UN NOUVEL ENTRAÎNEUR ET UN FUTUR CAPITAINE

Le 10 juin 1973, Al Arbour devint l'entraîneur des Islanders à leur deuxième saison. Il inculqua de l'endurance et de la discipline à l'équipe, qui s'améliora grandement sous sa houlette. Une semaine après avoir embauché Arbour, les Islanders choisirent, au premier rang du repêchage amateur, Denis Potvin, qui a brisé le record de buts marqués (détenu par Bobby Orr) dans l'Association de hockey junior de l'Ontario. Son influence se fit immédiatement sentir à la LNH, et il devint capitaine des Islanders en 1979.

Billy Smith s'est joint aux Islanders après avoir joué cinq matchs avec les Kings de Los Angeles en 1971-1972. Il demeura avec les Islanders durant 17 ans et il fut un élément clé de leur mainmise de la Coupe Stanley.

Denis Potvin fut capitaine des Islanders durant neuf saisons, de 1979-1980 jusqu'à sa retraite, à la fin de la saison 1987-1988.

PREMIÈRE PRÉSENCE EN SÉRIES ÉLIMINATOIRES

Après avoir participé aux séries en 1974-1975, les Islanders irritèrent leurs grands rivaux, les Rangers de New York, au match final de la première ronde, en gagnant grâce au but de J. P. Parise à 11 secondes du début de la prolongation. Dans la deuxième ronde contre les Penguins de Pittsburgh, les Islanders devinrent la première équipe, depuis les Maple Leafs de Toronto en 1942, à gagner après avoir tiré de l'arrière 3-0. Faisant face aux Flyers de Philadelphie à la demi-finale, les Islanders refirent un coup similaire, mais furent battus à la septième rencontre.

RECRUES DE L'ANNÉE

Les Islanders qui ont gagné le trophée Calder sont : Denis Potvin (1974), Bryan Trottier (1976) et Bryan Berard (1997). Denis Potvin mérita le trophée Norris du meilleur défenseur de la LNH en 1976, en 1978 et en 1979. Bryan Trottier gagna à la fois le trophée Art-Ross (meilleur buteur) et le trophée Hart du joueur le plus utile à son équipe en 1979, tandis que Mike Bossy reçut le trophée Conn-Smythe du joueur le plus utile en séries en 1982 et le trophée Lady-Byng de l'esprit sportif en 1983, en 1984 et en 1986.

MENEURS DE TOUS LES TEMPS EN CARRIÈRE

Le plus de saisons :	17	Billy Smith
Le plus de matchs :	1123	Bryan Trottier
Le plus de buts :	573	Mike Bossy
Le plus d'assistances :	853	Bryan Trottier
Le plus de points :	1353	Bryan Trottier (500 B, 853 A)
Le plus de victoires :	304	Billy Smith
Le plus de blanchissages :	25	Glenn Resch
Le plus de minutes de pénalité :	1879	Mick Vukota

MENEURS EN UNE SAISON

Le plus de buts :	69	Mike Bossy (1978-1979)
Le plus d'assistances :	87	Bryan Trottier (1978-1979)
Le plus de points :	147	Mike Bossy (1981-1982 ; 64 B, 83 A)
Le plus de points, centre :	134	Bryan Trottier (1978-1979 ; 47 B, 87 A)
Le plus de points, ailier gauche :	100	John Tonelli (1984-1985 ; 42 B, 58 A)
Le plus de points, défenseur :	101	Denis Potvin (1978-1979 ; 31 B, 70 A)
Le plus de points, recrue :	95	Bryan Trottier (1975-1976 ; 32 B, 63 A)
Le plus de victoires :	32	Billy Smith (1981-1982)
		Chris Osgood (2001-2002)
		Rick DiPietro (2006-2007)
Le plus de blanchissages :	7	Glenn Resch (1975-1976)
Le plus de minutes de pénalité :	356	Brian Curran (1986-1987)

UNE 300e VICTOIRE POUR NABOKOV

Le 14 janvier 2012, Evgeni Nabokov devint le 26e gardien de but à inscrire une 300e victoire au sein de la LNH. Lors du match qui assura aux Sharks une victoire de 4-2 contre les Sabres de Buffalo, il détourna 23 tirs au but. Bien que le Russe de 36 ans ait obtenu 293 de ces victoires auprès de l'équipe de San Jose, il célébra sa 300e avec autant de passion qu'une nouvelle recrue. Il reçut une aide inattendue quand Thomas Vanek frappa le poteau lors d'un tir de pénalité, 1 minute 24 secondes avant la fin. Le 11 mars, Nabokov jouait sa 600e partie en carrière.

Bryan Trottier fit équipe avec, à sa droite, le franc-tireur Mike Bossy et, à sa gauche, le rude mais talentueux Clark Gillies. Le trio a contribué à hisser les Islanders au sommet.

SAISON DE 100 POINTS ET PLUS

Ensemble, sept Islanders ont cumulé un total de 18 saisons de 100 points et plus. Miwke Bossy a dépassé la barre des 100 points à sept reprises, tandis que Bryan Trottier a réussi l'exploit six fois. En plus de Denis Potvin et John Tonelli (voir les meneurs en une seule saison, plus haut) les autres joueurs de 100 points et plus sont :

	PJ	B	A	Pts
Brent Sutter, 1984-1985	72	42	60	102
Pat LaFontaine, 1989-1990	74	54	51	105
Pierre Turgeon, 1992-1993	83	58	74	132

DES MATCHS QUI RAPPORTENT GROS

Bryan Trottier établit un record d'équipe avec huit points (cinq buts, trois aides) lors d'une victoire de 9-4 aux dépens des Rangers le 23 décembre 1978 ; il marqua aussi cinq buts dans un gain de 8-2 contre Philadelphie le 13 février 1982. John Tonelli est le seul autre joueur des Islanders à avoir marqué cinq buts, dans un match victorieux de 6-3 contre Toronto qui s'est tenu le 6 janvier 1981. Mike Bossy établit un record d'équipe avec six aides ce soir-là.

NUMÉROS RETIRÉS

Denis Potvin (5), Clark Gillies (9), Bryan Trottier (19), Mike Bossy (22), Bob Nystrom (23), et Billy Smith (31) ont tous vu leur numéro retiré par les Islanders. La bannière d'Al Arbour sur laquelle est inscrit le chiffre 739 (le nombre de ses victoires en tant qu'entraîneur) sera retirée en 1997. Le 3 novembre 2007, la LNH donna aux Islanders le feu vert afin que Al Arbour fasse un retour derrière le banc, ce qui lui permit de disputer son 1500e match en tant qu'entraîneur de l'équipe. Les Islanders remporta ce match final.

Mike Bossy a marqué 573 buts en seulement 752 matchs en carrière, pour une moyenne de but par match de 0,762. Il est en première position parmi les joueurs qui ont marqué plus de 200 buts.

SAISONS DE 50 BUTS ET PLUS

Durant les dix saisons qu'il passa avec les Islanders, Mike Bossy atteignit la barre des 50 buts à neuf reprises. Il ne la manqua qu'à sa dernière saison, en 1986-1987 ; il souffrait alors d'une blessure au dos qui le limita à 38 buts en 63 matchs. Seuls deux autres joueurs de l'histoire des Islanders ont dépassé la barre des 50 buts : Pat LaFontaine (54 buts en 1989-1990) et, en 1992-1993 Pierre Turgeon, acquis des Sabres de Buffalo en échange de LaFontaine en 1991 (58 buts).

LE MATCH LE PLUS LONG

Les 18 et 19 avril 1987 au Capital Centre à Landover, au Maryland, se joua le match le plus long de l'histoire des Islanders. C'était le septième match de la première ronde des éliminatoires qui les opposait aux Capitals de Washington, et le score était de 2-2 jusqu'à 8 minutes 47 secondes de la quatrième période de prolongation. Pat LaFontaine déjoua le gardien de but Bob Mason quelques secondes avant 2 h du matin et marqua le but vainqueur. À l'époque, ce match arrivait au cinquième rang des parties les plus longues de l'histoire de la LNH. Aucune septième rencontre n'a été aussi longue que celle-ci.

Après son but en prolongation en 1987, Pat LaFontaine fut le meilleur buteur des Islanders au cours des quatre saisons suivantes.

NEW YORK – LES RANGERS

Tablant sur le succès des Americans de New York au Madison Square Garden en 1925, Tex Rickard et la Madison Square Garden Corporation firent la demande officielle d'une concession de la LNH le 17 avril 1926. Leur demande fut acceptée le 15 mai suivant. On embaucha Conn Smythe pour réunir l'équipe originale, mais c'est l'entraîneur et directeur général Lester Patrick qui guida les Rangers de New York vers le succès. Après avoir remporté la Coupe Stanley en 1928, en 1933 et en 1940, les Rangers connurent des temps durs jusqu'à l'expansion de 1967, et durent subir une longue traversée du désert de 54 ans avant de gagner de nouveau la Coupe Stanley, en 1994.

▶ *Vic Hadfield, Jean Ratelle et Rod Gilbert étaient les défenseurs étoiles des Rangers dans les années 1970.*

▲ *L'équipe d'origine : Bun Cook, Ching Johnson, Bill Cook, Lester Patrick, Taffy Abel et Frank Boucher, tous réunis en 1947 pour célébrer l'intronisation de Lester Patrick au Temple de la renommée du hockey.*

PREMIERS HÉROS

Avec un trio d'étoiles à l'attaque, comprenant Frank Boucher et les frères Bill et Bun Cook, ainsi que les défenseurs de haut calibre Ching Johnson et Taffy Abel, les Rangers finirent leur première saison (1926-1927) avec le troisième meilleur record d'ensemble dans la LNH, qui comptait 10 équipes à cette époque, et étaient premiers dans la division de la ligue américaine. Bill Cook était alors le meilleur compteur de la LNH avec 33 buts et 4 aides durant une saison de 44 matchs. Cook gagna de nouveau ce titre en 1932-1933.

LA PREMIÈRE COUPE STANLEY

Les Rangers gagnèrent la Coupe Stanley à la fin de leur deuxième saison, en 1927-1928. Après que les Rangers eurent perdu le premier match de la finale aux mains des Maroons de Montréal, leur gardien de but Lorne Chabot fut blessé à l'œil au cours du deuxième match. L'entraîneur Lester Patrick le remplaça devant le filet et mena son équipe à une victoire de 2-1 en prolongation. Le lendemain, les Rangers engageaient le gardien de but des Americans de New York, Joe Miller, qui les conduisit à une victoire de 3-2, dans la série 3 de 5.

AU-DELÀ DE LA MARQUE DE 33

Les 33 buts de Bill Cook en 1926-1927 (record qu'il égalisera en 1931-1932) constituèrent un record des Rangers jusqu'à la saison 1958-1959. Andy Bathgate devint alors le premier joueur de l'histoire de l'équipe à marquer 40 buts. En 1971-1972, Vic Hadfield devint le premier Ranger à marquer 50 buts. Les autres joueurs des Rangers à avoir marqué 50 buts et plus sont Adam Graves (52 en 1993-1994) et Jaromir Jagr (54 en 2005-2006).

DOUBLE PROLONGATION

Bill Cook est le premier joueur de l'histoire de la LNH à avoir compté le but vainqueur de la Coupe Stanley en prolongation; les Rangers battirent les Maple Leafs 1-0, le 13 avril 1933. Les Leafs avaient deux hommes en moins. Cook demeure à ce jour le seul joueur à avoir marqué le but vainqueur de la Coupe Stanley en prolongation et en supériorité numérique. En 1940, les Rangers défirent les Leafs en prolongation et remportèrent de nouveau la Coupe Stanley. Cette fois, c'est Bryan Hextall qui marqua le but vainqueur.

MENEURS DE TOUS LES TEMPS EN CARRIÈRE

Le plus de saisons :	18	Rod Gilbert
Le plus de matchs :	1160	Harry Howell
Le plus de buts :	406	Rod Gilbert
Le plus d'assistances :	741	Brian Leetch
Le plus de points :	1021	Rod Gilbert (406 B, 615 A)
Le plus de victoires :	301	Mike Richter
Le plus de blanchissages :	49	Ed Giacomin
Le plus de minutes de pénalité :	1226	Ron Greschner

LA PAIRE DES 100 POINTS

Le joueur de centre Jean Ratelle est le premier joueur de l'histoire des Rangers à avoir atteint le plateau des 100 points en une saison (18 février 1972). Il termina la saison 1971-1972 avec 46 buts et 63 aides pour 109 points, en seulement 63 parties jouées. Vic Hadfield (50 buts, 56 aides) atteignit aussi la barre des 100 points cette saison-là. Ratelle et Hadfield ont joué avec Rod Gilbert sur le trio des Rangers connu sous le nom de « GAG Line » (« goal-a-game », soit un but par match).

LE CAPITAINE CALLAHAN DÉVOILE SON JEU

Le 25 février 2012, Ryan Callahan, dont c'était la première saison comme capitaine, compta son 100e but avec la LNH à 2 minutes 59 secondes de la période de prolongation, assurant aux Rangers une victoire de 3-2 contre les Sabres. Le 21 mars, le 5e plus jeune capitaine de l'équipe célébra son 27e anniversaire en beauté en comptant à 2 minutes 42 secondes de la période de prolongation contre les Red Wings. Il termina la saison avec 29 buts, son meilleur score en carrière.

◀ *Ryan Callahan a certainement le don d'intervenir au bon moment. Le capitaine des Rangers démontra ce talent de manière spectaculaire quand il compta son 100e but en carrière.*

MESSIER OPÈRE

Au cours de sa première saison avec les Rangers en 1991-1992, Mark Messier récolta 107 points (35 buts, 72 aides) et conduisit son équipe à la première position au classement général de la LNH ; il remporta le trophée Hart du joueur le plus utile à son équipe. Messier réussit un tour du chapeau après avoir « garanti » une victoire contre les Devils du New Jersey lors du sixième match de la finale de la conférence de l'Est de 1994. Après avoir éliminé les Devils, les Rangers battirent les Canucks de Vancouver et remportèrent la Coupe Stanley pour la première fois depuis 1940.

HENRIK, LE « KING »

Henrik Lundqvist devint le premier gardien de la LNH à inscrire un record de 30 victoires au cours de chacune de ses sept premières saisons au sein de la ligue. Le 27 février 2012, le détenteur du trophée Vezina de 2012 réussit cet exploit en blanchissant les Devils du New Jersey à 2-0. Les blanchissages ne sont pas chose nouvelle pour Lundqvist, qui en récolta 10 en 2007-2008, la meilleure performance de la LNH durant cette saison. C'était le premier gardien des Rangers à se placer en tête de la ligue depuis Ed Giacomin (huit), en 1970-1971.

◀ *Mark Messier était déjà une vedette lorsqu'il arriva à New York mais il devint carrément une légende en 1994 lorsqu'il mena son équipe à sa première victoire de la Coupe Stanley en 54 ans.*

CINQ EN UN MATCH

Don Murdoch établit un record des Rangers avec cinq buts dans une victoire de 10-4 contre les North Stars du Minnesota, le 12 octobre 1976. Seul joueur recrue à avoir marqué cinq buts en un match, il rejoint avec cet exploit Howie Meeker (en 1947) des Maple Leafs de Toronto. Mark Pavelich est le seul autre joueur des Rangers à avoir marqué cinq buts en un match : il conduisit son équipe à la victoire de 11-3 contre les Whalers de Hartford le 23 février 1983.

▲ *Henrik Lundqvist mena de nouveau à la LNH pour le nombre de blanchissages en 2010-2011, avec un sommet en carrière de 11 jeux blancs.*

POUR LA DÉFENSE

Doug Harvey fut le premier joueur des Rangers à recevoir le trophée Norris du meilleur défenseur de la LNH. Il gagna le trophée en 1961-1962, après l'avoir remporté à six reprises au cours des sept saisons précédentes avec les Canadiens de Montréal. Harry Howell remporta le trophée Norris pour les Rangers en 1966-1967, juste avant que Bobby Orr, des Bruins, ne s'en empare durant huit saisons d'affilée.

OTTAWA – LES SÉNATEURS

La renaissance du hockey professionnel à Ottawa s'amorça officiellement le 12 juin 1989, lorsqu'une lettre d'intention concernant une équipe d'expansion fut déposée à la LNH. Le 6 décembre 1990, on annonça qu'Ottawa et Tampa Bay se verraient accorder une concession pour la saison 1992-1993. La fiche des Sénateurs cette saison-là, 10-70-4, est l'une des pires de l'histoire, et l'équipe ne s'améliora que très lentement. Ce ne fut qu'à sa cinquième saison (1996-1997) que l'équipe se qualifia pour les séries éliminatoires. Depuis, les Sénateurs figurent parmi les meilleures équipes de la LNH, franchissant la barre des 100 points six fois en huit saisons (de 1998-1999 à 2006-2007), remportant quatre championnats de division et participant à la finale de la Coupe Stanley en 2007.

PREMIERS JOUEURS

Le gardien de but Peter Sidorkiewicz a été le premier joueur à être choisi par les Sénateurs au repêchage d'expansion du 18 juin 1992. Deux jours plus tard, Ottawa arrêta son choix sur Alexei Yashin (deuxième), mais celui-ci ne se joignit aux Sénateurs que l'année suivante. Norm MacIver fut obtenu des Oilers d'Edmonton par le biais du ballotage, le 4 octobre 1992. Il mena l'équipe avec 63 points (17 buts, 46 assistances) dès sa première saison.

ALEXEI & ALEXANDRE

Alexei Yashin rallia les Sénateurs en 1993-1994 et mena l'équipe avec une fiche de 30 buts, 49 aides et 79 points. Il fut sélectionné pour jouer au match des étoiles de la LNH cette saison-là et finit en quatrième position au scrutin pour l'obtention du trophée Calder de la meilleure recrue de l'année. Alexandre Daigle, qui avait été le premier choix de l'équipe au repêchage d'entrée de 1993, a 20 buts et 31 aides à son actif, mais n'a jamais comblé les attentes.

L'ANNÉE DE YASHIN

De 1993 à 2001, Alexei Yashin a passé sept saisons avec les Sénateurs d'Ottawa. Il est le meilleur buteur et pointeur de l'équipe toutes ces saisons, sauf en 1995-1996. Sa meilleure saison a été 1998-1999, avec 44 buts, 50 aides et 94 points. Yashin est au sixième rang des pointeurs de la LNH, et ses 44 buts le placent à égalité avec Jaromir Jagr et Tony Amonte, et juste derrière Teemu Selanne et ses 47 buts. Il termina second derrière Jagr qui remporta cette année-là le trophée Hart du joueur le plus utile à son équipe.

Alexei Yashin a été la première vedette des Sénateurs, bien que ses démêlés avec la direction du club ont considérablement refroidi les ardeurs de ses partisans.

HOSSA BRISE DES RECORDS

Marian Hossa était recrue chez les Sénateurs en 1998-1999 et finit bon deuxième, derrière Chris Drury, pour l'obtention du trophée Calder cette saison-là. Il marqua 30 buts pour la première fois en 2000-2001 et pulvérisa le record d'équipe d'Alexei Yashin après avoir marqué 45 buts en 2002-2003, pour se hisser en quatrième position de la LNH. Les Sénateurs établirent un record d'équipe en 2002-2003 avec 52 victoires et 113 points. Ils égalisèrent cette marque en 2005-2006.

PREMIER MATCH

Les Sénateurs accueillirent les Canadiens de Montréal pour leur premier match en saison régulière, le 8 octobre 1992. Sous les regards de millions de téléspectateurs, Ottawa défit Montréal 5-3. Le premier but des Sénateurs en supériorité numérique fut marqué par Neil Brady qui déjoua Patrick Roy à 26 secondes du début de la deuxième période. Le but gagnant fut compté par Sylvain Turgeon, et Doug Smail marqua dans un filet désert à 19 minutes 46 secondes de la troisième période.

50 ET 100

Le 23 août 2005, Marian Hossa était échangé aux Trashers d'Atlanta en retour de Dany Heatley. À sa première saison avec les Sénateurs, en 2005-2006, Heatley marqua 50 buts et devint le premier joueur de l'histoire de la concession à avoir atteint cette marque. Daniel Alfredsson (43 buts, 60 aides) et lui ont récolté 103 points chacun, devenant ainsi les premiers joueurs d'Ottawa à franchir la barre des 100 points. Heatley a inscrit une fiche de 50 buts et 55 aides, pour un record d'équipe de 105 points en 2006-2007.

LA SAISON COLOSSALE DE KARLSSON

Le 22 février 2012, lors du match assurant une victoire de 5-2 contre Washington, Erik Karlsson établit un record de franchise pour le nombre d'aides effectuées par un défenseur, C'était sa 47ᵉ, nombre qu'il porta ensuite à 59, se plaçant ainsi devant Nom Maciver. Lauréat du trophée Norris, Karlsson a récolté 25 points de plus que tout autre défenseur de la ligue. Il a également égalé le record de Steve Duchesne pour le plus grand nombre de buts (19) comptés par un défenseur.

MENEUR DE TOUS LES TEMPS CHEZ LES SÉNATEURS

Daniel Alfredsson remporta le trophée Calder de la recrue de l'année en 1995-1996, cumulant 26 buts et 35 assistances pour un total de 61 points durant sa première saison dans la LNH. Il a passé toute sa carrière à Ottawa et est devenu le meneur de tous les temps des Sénateurs pour le nombre de matchs joués, de buts marqués, d'aides et de points. Le 6 avril 2010, il a joué son 1000e match, et il a réussi un tour du chapeau contre les Sabres de Buffalo le 22 octobre 2010, atteignant ainsi la barre des 1000 points.

◀ Le capitaine Daniel Alfredsson reste un modèle. En 2011–12, le vétéran suédois inscrivait son plus grand nombre de buts (27) depuis son record de 40 en 2007–2008.

▼ Marian Hossa a marqué 188 buts durant les six saisons complètes qu'il a passé à Ottawa. Seuls Daniel Alfredsson, Alexei Yashin et Jason Spezza ont marqué plus de buts pour les Sénateurs.

UN 400ᵉ POUR ALFIE

Après avoir manqué une partie de la saison précédente en raison de maux de dos, Daniel Alfredsson est revenu au jeu avec la vigueur d'un jeune homme. Le 30 décembre 2011, le Suédois de 39 ans compta son 400ᵉ but à 3 minutes 31 secondes de la période de prolongation, menant les Sénateurs à une victoire de 4-3 contre les Flames de Calgary. Lancé depuis l'aile gauche, le tir du plus ancien capitaine de la LNH déjoua Leland Irving, suscitant un vif émoi à la Scotiabank Place. C'était son 1050ᵉ point, un record d'équipe.

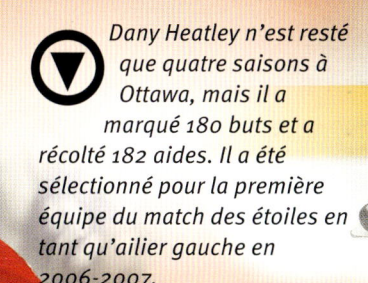

▼ Dany Heatley n'est resté que quatre saisons à Ottawa, mais il a marqué 180 buts et a récolté 182 aides. Il a été sélectionné pour la première équipe du match des étoiles en tant qu'ailier gauche en 2006-2007.

▲ Jason Spezza atteint la barre des 30 buts durant trois saisons consécutives, de 2006-2007 à 2008-2009. Il récolte 92 points (34 buts, 58 aides) en 2007-2008, un record en carrière.

PARTIES IMPORTANTES

Le record du plus grand nombre de points en un seul match pour les Sénateurs est de sept. Il a été établi par Daniel Alfredsson le 24 janvier 2008, lorsqu'il marqua trois buts et récolta quatre aides dans une victoire de 8-4 qui les opposait au Lightning de Tampa Bay. Marian Hossa établit un record d'équipe de 5 aides dans une victoire de 8-3 contre Tampa Bay le 4 janvier 2001. Hossa est aussi le premier joueur de l'histoire de la concession à marquer 4 buts dans un match (victoire de 8-1 contre les Trashers d'Atlanta, 2 janvier 2003).

LE RECORD EN UNE SAISON DE SPEZZA

Jason Spezza devint, le 15 févrirer 2011, le deuxième joueur de l'histoire des Sénateurs à avoir accumulé 500 points avec l'équipe. Spezza franchit la barre des 500 points (181 buts, 319 assistances) grâce à une passe sur un but de Bobby Butler, durant une défaite de 4-3 aux mains des Islanders de New York, son 501ᵉ match en carrière. En 2005-2006, il avait établi un record d'équipe pour les Sénateurs en récoltant 71 assistances en une saison.

PREMIER TIR DE FUSILLADE

En 2005-2006, la LNH se montra en faveur du recours aux tirs de fusillade afin de briser l'égalité. On en fit l'usage au cours du premier match de la saison, opposant les Sénateurs aux Maple Leafs, un match nul de 2-2 après prolongation. Le capitaine des Sénateurs, Daniel Alfredsson, lança la première rondelle, mais le gardien des Leafs, Ed Belfour, la bloqua. Après un tir raté des Maple Leafs, Martin Havlat des Sénateurs devint le premier joueur de l'histoire de la LNH à marquer en tir de fusillade. Lorsque Toronto rata de nouveau, Dany Heatley assura la victoire aux Sénateurs.

PHILADELPHIE – LES FLYERS

La LNH était, au départ, plutôt sceptique à l'idée d'installer une équipe d'expansion à Philadelphie, à cause du manque historique de soutien de la ville envers les diverses équipes de ligues mineures qui y ont évolué au fil des ans. Plus d'un ont été surpris d'apprendre, le 9 février 1966, que Philadelphie faisait partie des six villes choisies pour se joindre à la LNH pour la saison 1967-1968, et encore plus lorsqu'il devint évident que les partisans affluaient pour voir les Flyers. L'équipe, surnommée les « Broad Street Bullies », devint vite célèbre pour son jeu tout en rudesse et fut la première équipe d'expansion à remporter la Coupe Stanley en 1974. Ils la gagnèrent de nouveau en 1975 et firent partie de l'élite de la LNH durant la majeure partie de leur histoire.

BOBBY CLARKE EN CHIFFRES

De 1970-1971 à 1975-1976, Bobby Clarke fut le meilleur buteur des Flyers durant six saisons consécutives et huit fois en tout. Il est le premier Flyer à avoir gagné des trophées d'importance ; il remporta le trophée Masterton en 1972 et le trophée Hart du joueur le plus utile en 1973, en 1975 et en 1976. Ses 89 aides en 1974-1975 établirent à l'époque un nouveau record pour les joueurs de centre de la LNH, et demeure jusqu'ici le nombre le plus élevé d'aides pour un joueur de centre en une seule saison dans toute l'histoire des Flyers.

PREMIÈRES TOUS AZIMUTS

Le 11 octobre 1967, les Flyers jouèrent leur premier match en saison régulière de la LNH à Oakland. Ils perdirent 5-1 contre les Seals (leur première victoire de 2-1 sera contre les Blues de St. Louis, le 18 octobre). Le lendemain, ils disputèrent leur premier match à domicile et battirent les Penguins de Pittsburgh 1-0. Bill Sutherland marqua le but vainqueur et le gardien de but Doug Favell réussit le premier jeu blanc de l'équipe. Léon Rochefort effectua le premier tour du chapeau dans une victoire de 4-1 contre les Canadiens, à Montréal, le 4 novembre 1967.

BOBBY CLARKE : LES DÉBUTS

Bien que Clarke ait été une sensation lorsqu'il évoluait dans les ligues juniors, 10 équipes sur 12 ne le choisirent pas au repêchage amateur de 1969 (et certaines, plus d'une fois) parce qu'on avait diagnostiqué chez lui un diabète. Philadelphie prit le risque et le sélectionna en deuxième choix (17ᵉ rang), au milieu de la deuxième ronde. Dès sa deuxième saison (1970-1971), Clarke fut le meilleur buteur des Flyers. Il devint capitaine de son équipe durant la saison 1972-1973, et il fut sans conteste le grand meneur de son équipe.

▲ Bobby Clarke célèbre un but des Flyers contre Glenn Resch des Islanders de New York, au septième match de la demi-finale des séries 1975.

PREMIERS 50 ET 100

Le 23 mars 1973, Bobby Clark devint le premier Flyer (et le neuvième joueur de la LNH) à atteindre la marque de 100 points en une saison, avec un but en troisième période dans une victoire de 4-2 contre les Flames d'Atlanta. Trois jours plus tard, Rick MacLeish devint le premier Flyer (et le huitième joueur de la LNH) à enregistrer 50 buts en une saison, durant une défaite de 5-4 à Pittsburgh. Le but était également le 100ᵉ point de MacLeish pour la saison 1972-1973.

MENEURS EN CARRIÈRE DE TOUS LES TEMPS

Le plus de saisons :	15	Bobby Clarke
Le plus de matchs :	1144	Bobby Clarke
Le plus de buts :	420	Bill Barber
Le plus d'assistances :	852	Bobby Clarke
Le plus de points :	1210	Bobby Clarke (358 B, 852 A)
Le plus de victoires :	240	Ron Hextall
Le plus de blanchissages :	50	Bernie Parent
Le plus de minutes de pénalité :	1817	Rick Tocchet

MEILLEURS BUTEURS EN UNE SAISON

61	Reggie Leach	1975-1976 (80 PJ)
58	Tim Kerr	1985-1986 (76 PJ)
	Tim Kerr	1986-1987 (75 PJ)
54	Tim Kerr	1983-1984 (79 PJ)
	Tim Kerr	1984-1985 (74 PJ)
53	Mark Recchi	1992-1993 (84 PJ)
51	John LeClair	1995-1996 (82 PJ)
	John LeClair	1997-1998 (82 PJ)
50	Reggie Leach	1979-1980 (76 PJ)
	Bill Barber	1975-1976 (80 PJ)
	John LeClair	1996-1997 (82 PJ)
	Rick MacLeish	1972-1973 (78 PJ)

▶ *Tim Kerr a marqué 363 buts en 601 matchs, en 11 saisons à Philadelphie. Il se place au troisième rang du plus grand nombre de buts en carrière de toute l'histoire des Flyers.*

« MAÎTRE » JAGR

Après avoir manqué trois saisons de la LNH pour jouer en Russie, Jaromir Jagr se rattrapa en marquant son 1600e point lors de ses débuts avec les Flyers. Le 6 octobre 2011, l'homme de 39 ans aida son coéquipier d'alignement à compter un but en supériorité numérique contre les Bruins, devenant ainsi le 9e joueur de la LNH à réussir cet exploit. Le 25 février 2012, une autre aide lui permit de marquer son 1642e point, le plaçant, devant Joe Sakic, en 8e position sur la liste de tous les temps de la LNH.

BERNIE EN CHIFFRES

Son total en carrière de 232 victoires pour les Flyers a été dépassé par Ron Hextall, mais Bernie Parent détient toujours plusieurs records de gardiens de but de l'équipe de Philadelphie. Ses 47 victoires de 1973-1974 ont été un record de la LNH durant plusieurs années et le sont toujours pour les Flyers, bien que ses 29 défaites en 1969-1970 (contre-performance égalisée par Antero Niittymaki en 2006-2007) figurent toujours dans les annales de l'équipe. Parent établit un record d'équipe avec 12 blanchissages en 1973-1974, et répéta l'exploit en 1974-1975.

◀ *Bernie Parent a joué de façon exceptionnelle durant les saisons où les Flyers ont remporté la Coupe Stanley, en 1973-1974 et 1974-1975. Il a remporté le trophée Vézina et le trophée Conn-Smythe ces deux saisons-là.*

COUPE STANLEY

Les Flyers devinrent la première équipe d'expansion, cuvée 1967, à s'être qualifiée pour la finale de la Coupe Stanley, lorsque Bobby Clarke marqua en prolongation contre les Bruins de Boston dans le deuxième match de la finale de 1974 (3-2). Ils réussirent à l'emporter en six matchs, défaisant les Bruins 1-0, un but de Rick MacLeish, au sixième match. Un an plus tard, Philadelphie fit face à Buffalo lors de la première finale entre deux équipes d'expansion, et les Flyers remportèrent de nouveau la Coupe Stanley en six matchs.

▶ *Eric Lindros marque 290 buts, récolte 369 aides pour un total de 659 points en seulement 468 matchs au cours de ses huit saisons avec les Flyers de Philadelphie. Sa moyenne de 1,36 points par match est de loin la meilleure marque de l'histoire de la concession.*

LE GRAND ERIC

Eric Lindros est le seul joueur des Flyers à figurer parmi les meilleurs compteurs de la LNH sans avoir gagné le trophée Art-Ross. Durant la saison 1994-1995 (réduite à 48 matchs à cause d'un lock-out), Lindros est meilleur compteur de la ligue (ex æquo avec Jaromir Jagr des Penguins de Pittsburgh) avec 70 points, mais comme Jagr avait à son actif 32 buts et Lindros, 29, c'est Jagr qui reçut le trophée Art-Ross. Eric Lindros reçut néanmoins le trophée Hart du joueur le plus utile de la LNH cette année-là.

RECORDS EN UN SEUL MATCH

Neuf joueurs des Flyers ont réussi à marquer 4 buts en un match à 16 reprises, avec en tête Tim Kerr, qui a marqué 4 buts en un match à quatre occasions. Tom Bladon a marqué 4 buts dans une victoire de 11-1 contre les Barons de Cleveland, le 11 décembre 1977, et réalisa 4 aides, pour un record d'équipe de 8 points en un match. Le record des Flyers pour le nombre d'aides en un match est de 6, établi par Eric Lindros dans une victoire de 8-5 contre les Sénateurs d'Ottawa, le 26 février 1997.

PHOENIX – LES COYOTES

Les Coyotes de Phoenix furent d'abord les Jets de Winnipeg dans l'Association mondiale de hockey. Avec Bobby Hull, ils remportèrent trois fois le championnat de l'AMH pendant ses sept années d'existence. À la saison 1979-1980, ils furent l'une des quatre équipes de l'AMH admises dans la LNH. Pendant l'âge d'or des Oilers d'Edmonton dans les années 1980, les Jets battirent de solides équipes, mais sans jamais se rendre aux éliminatoires hors de leur division. Au début des années 1990, ils étaient devenus un club évoluant dans un petit marché. Les nouveaux propriétaires de l'équipe déménagèrent officiellement celle-ci à Phoenix le 1er juillet 1996.

▲ Bobby Hull donna instantanément de la crédibilité à l'Association mondiale de hockey lorsqu'il signa un contrat avec les Jets de Winnipeg en 1972. Hull inscrivit 303 buts et 335 aides pour 638 points, en 411 matchs en carrière dans l'AMH.

LE RECORD EN UN MATCH

Le record de franchise de cinq buts en un match est détenu par Willy Lindstrom, qui l'établit lors d'une victoire de 7-6 de Winnipeg contre Philadelphie le 2 mai 1982. Alex Zhamnov l'égala lors d'un match nul de 7-7 contre Los Angeles, le 1er avril 1995. Lindstrom ajouta aussi une aide lors de ce match et devint le premier de quatre joueurs à récolter six points en un match, les autres étant Dale Hawerchuk (qui le fit trois fois), Thomas Steen et Ed Olcyzk.

LES DÉBUTS DE L'AMH

Les Jets de Winnipeg rallièrent l'AMH (qui comptait 12 équipes) en 1971, en vue de la saison 1972-1973. D'aucuns doutaient que cette ligue réussisse, mais l'AMH montra qu'elle entendait percer. Le 27 juin 1972, Winnipeg signa avec Bobby Hull un contrat de 10 ans d'une valeur de 2,75 millions $. En 1972-1973, Hull termina sa première saison avec 51 buts et 52 aides en 63 matchs. Ses 77 buts en 1974-1975 établirent à l'époque un record non officiel en hockey professionnel.

UNE RECRUE REMARQUABLE

En 1981-1982, la recrue Dale Hawerchuk marqua 45 buts et cumula 58 aides pour les Jets, pour un total de 103 points. Il fut le premier joueur de 18 ans à marquer 100 points comme recrue (et le premier à passer directement du hockey junior à la LNH). Hawerchuk allait marquer 100 points pendant cinq saisons d'affilée, entre 1983-1984 et 1987-1988, et il fut le premier joueur des Jets à marquer 50 buts dans la LNH, avec 53 buts en 1984-1985.

TROIS BUTS, DEUX RECORDS

Le 2 mars 1993, Teemu Selanne marqua deux buts pour les Jets, qui perdirent 7-4 contre les Nordiques de Québec. Lors de ce match, Selanne marqua son 54e but de la saison 1992-1993 et fracassa le record de franchise de Dale Hawerchuk et le record de recrue de Mike Bossy dans la LNH. Selanne termina la saison avec 76 buts et 132 points, et remporta le trophée Calder de la recrue de l'année (Hawerchuk l'avait aussi gagné en 1981-1982).

▶ En neuf saisons avec les Jets (de 1981-1982 à 1989-1990), Dale Hawerchuk marqua 40 buts ou plus à sept reprises et dépassa la barre des 100 points à six reprises.

LES DÉBUTS DANS LA LNH

Lors de leur premier match dans la LNH le 10 octobre 1979, les Jets essuyèrent une défaite de 4-2 à Pittsburgh. Morris Lukowich, qui domina l'équipe comme marqueur en 1979-1980 avec 35 buts, 39 aides et 74 points, marqua le premier but des Jets dans la LNH. Après avoir obtenu une fiche de 20-49-11 à leur première saison, les Jets inscrivirent 9-57-4 en 1980-1981, mais grâce à cette triste fiche, qui leur valut la dernière place, ils purent choisir Dale Hawerchuk en première ronde au repêchage de la LNH, en 1981.

DOAN RÉUSSIT ENFIN

Durant ses 16 années auprès des Jets de Winnipeg/Coyotes de Phoenix, Shane Doan a beaucoup accompli. Cependant, le tour du chapeau manquait à son tableau de chasse, exploit qu'il accomplit finalement le 7 janvier 2012. Il marqua un but à chacune des trois périodes, le dernier à une seconde de la fin, menant les Coyotes à une victoire de 5-1 contre les Islanders de New York. S'il avait été un peu moins rapide sur la gâchette, Doan, qui jouait sa 1161e partie au sein de la LNH, aurait cumulé 39 matchs de deux buts en carrière, établissant ainsi un record de ligue.

 Shane Doan a accompli de grandes choses depuis ses débuts avec les Jets de Winnipeg en 1995. Le 7 janvier 2012, il compléta finalement un tour du chapeau, le premier en 16 ans de carrière.

BUTS GAGNANTS

Jeremy Roenick établit un record de franchise pour les buts gagnants en une saison, avec 12 buts gagnants pour les Coyotes en 1999-2000. Shane Doan détient celui des buts gagnants en carrière : il égala Keith Tkachuk comme meneur de l'équipe avec son 40e but gagnant lors d'un match contre Dallas le 5 mars 2008 et grimpa au sommet en marquant le but gagnant contre Pittsburgh le 30 octobre 2008. Le 4 janvier 2011, il inscrivit son 50e but gagnant en carrière contre Columbus.

LES DÉBUTS À PHOENIX

Devenue les Coyotes de Phoenix, l'équipe joua son premier match à Hartford le 5 octobre 1996. Elle le perdit 1-0. Deux soirs plus tard, elle connut sa première victoire, de 5-2, à Boston. Mike Gartner marqua le premier but et réussit un tour du chapeau. Le premier match des Coyotes à Phoenix eut lieu le 10 octobre 1996 : ils battirent San Jose par la marque de 4-1. Keith Tkachuk avait marqué 50 buts pour Winnipeg en 1995-1996 ; en 1996-1997, il en marqua 52 pour Phoenix.

DERRIÈRE LE BANC

Wayne Gretzky, qui avait était en partie propriétaire du club, fut nommé entraîneur des Coyotes le 8 août 2005. Il fit ses débuts comme entraîneur en saison régulière le 5 octobre 2005 et essuya une défaite de 3-2 contre Vancouver. Il remporta sa première victoire comme entraîneur principal lorsque Phoenix l'emporta 2-1 sur le Wild du Minnesota, lors d'un match à domicile le 8 octobre de la même année. Gretzky fut entraîneur de l'équipe pendant quatre saisons, jusqu'en 2008-2009.

MENEURS DE LA FRANCHISE

Dale Hawerchuk est le meneur de la franchise Jets/Coyotes pour les buts (379) et les points (929) en 713 matchs et 9 saisons à Winnipeg. Ses 550 aides le placent en deuxième position de tous les temps, derrière Thomas Steen, qui en a obtenu 553. En 2010-2011, Shane Doan (qui joua une saison à Winnipeg avant le déménagement de l'équipe) égala le record de 15 saisons de Teppo Numminen et dépassa son record de 1098 matchs joués.

En 1996-1997, les 52 buts de Keith Tkachuk pour Phoenix, un sommet dans la LNH, firent de lui le premier joueur né aux États-Unis à dominer la LNH au chapitre du nombre de buts marqués.

RECORDS EN UNE SAISON

En 2009-2010, les Coyotes établirent des records d'équipe de 50 victoires et 107 points. Le gardien Ilya Bryzgalov joua un rôle clé dans ce succès : il gagna 42 matchs et fracassa le record de franchise de 33 matchs, que partageaient Brian Hayward (1984-1985), Bob Essensa (1992-1993) et Sean Burke (2001-2002). Avec huit blanchissages, il égala le record d'équipe de Nikolai Khabibulin (1998-1999). Sa moyenne de 2,29 buts accordés et son pourcentage d'arrêts de 0,920 sont parmi les meilleurs de l'histoire du club.

Ilya Bryzgalov, qui fut un gardien substitut à Anaheim, émergea pour devenir l'un des meilleurs gardiens de la LNH quand Phoenix le réclama par droit de repêchage, au début de la saison 2007-2008.

TKACHUK ET ROENICK HONORÉS

Durant la saison 2011-2012, les Coyotes de Phoenix ont honoré les joueurs de grand talent Keith Tkachuk et Jeremy Roenick pour leur remarquable contribution au succès de la franchise. Ils retirèrent le n° 7 de Tkachuk le 23 décembre 2011 et le n° 97 de Roenick près de deux mois plus tard. Les deux joueurs ont rejoint Wayne Gretzky (99), Bobby Hull (9), Thomas Steen (25), Dale Hawerchuk (10) et Teppo Numminen (27) sur le tableau d'honneur de l'équipe.

PITTSBURGH – LES PENGUINS

L'histoire du hockey professionnel à Pittsburgh remonte au début des années 1900, mais la première franchise de la LNH dans cette ville ne dura que de 1925 à 1929. Pittsburgh réintégra la LNH lors de l'expansion de 1967. Le succès se fit attendre, jusqu'à ce que les Penguins recrutent Mario Lemieux comme premier choix au repêchage de 1984. Lemieux mena l'équipe à la victoire de la Coupe Stanley deux fois de suite, en 1991 et en 1992, et en devint un des propriétaires en 1999. L'équipe était de nouveau en difficulté lorsqu'elle recruta Sidney Crosby au repêchage de 2005. En 2009, elle remporta la Coupe Stanley.

50 X 2 = 100

Le 24 mars 1976, lors d'un match nul de 5-5 contre Boston, Jean Pronovost devint le premier joueur des Penguins à marquer 50 buts. Lors du même match, Pierre Larouche devint le premier joueur de Pittsburgh à franchir la barre des 100 points. Lors d'une défaite de 5-4 contre Washington le 3 avril 1976, Pronovost franchit le cap des 100 points, tandis que Larouche marqua son 50e but. Pronovost termina la saison avec 50 buts et 52 aides, tandis que Larouche établit des records de club avec 53 buts et 111 points.

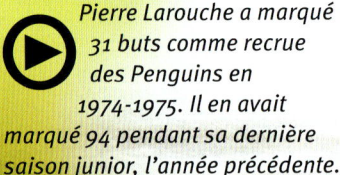

▶ Pierre Larouche a marqué 31 buts comme recrue des Penguins en 1974-1975. Il en avait marqué 94 pendant sa dernière saison junior, l'année précédente.

UNE SOIRÉE CHARGÉE

Durant sa carrière, Mario Lemieux marqua cinq buts en un match, en saison régulière, à trois reprises avec les Penguins. Il accomplit cet exploit une première fois le 31 décembre 1988, lors d'une victoire de 8-6 contre le New Jersey. Il marqua un but en supériorité numérique, un but en infériorité numérique, un à forces égales, un sur un tir de pénalité et un dans un filet désert. Il inscrivit aussi trois aides, égalant son propre record d'équipe de huit points en un match.

LA « CENTURY LINE »

Syl Apps Jr fut épaulé par l'ailier droit Jean Pronovost et l'ailier gauche Lowell McDonald pendant quatre saisons, de 1972-1973 à 1975-1976. Le trio, baptisé la « Century Line », récolta 200 points au cours de chacune de ces saisons et passa deux fois la barre des 100 buts. Apps domina les aides au sein des Penguins à cinq reprises, en six saisons à Pittsburgh, notamment en 1975-1976, saison durant laquelle il établit ce qui était alors un record d'équipe : 67 aides, et un sommet en carrière de 99 points.

LEMIEUX EST LE MEILLEUR

Comme recrue en 1984-1985, Mario Lemieux inscrivit 43 buts et 57 aides pour un total de 100 points. Un an plus tard, il marqua 48 buts et établit de nouveaux records de club avec 93 aides et 141 points. Rick Kehoe avait battu le record de 53 buts de Pierre Larouche en marquant 55 buts en 1980-1981, mais Lemieux fracassa ce record avec 70 buts en 1987-1988, tout en poussant les records en une saison vers de nouveaux sommets.

MENEURS EN UNE SAISON

Le plus de buts :	85	Mario Lemieux (1988-1989)
Le plus d'aides :	114	Mario Lemieux (1988-1989)
Le plus de points :	199	Mario Lemieux (1988-1989)
Le plus de points, ailier droit :	*149	Jaromir Jagr (1995-1996 ; 62 B, 87 A)
Le plus de points, ailier gauche :	123	Kevin Stevens (1991-1992 ; 54 B, 69 A)
Le plus de points, défenseur :	113	Paul Coffey (1988-1989 ; 30 B, 83 A)
Le plus de points, recrue :	102	Sidney Crosby (2005-2006 ; 39 B, 63 A)
Le plus de victoires :	43	Tom Barrasso (1992-1993)
Le plus de blanchissages :	7	Tom Barrasso (1997-1998)
Le plus de minutes de pénalité :	409	Paul Baxter (1981-1982)

*Record de la LNH.

MENEURS EN CARRIÈRE, DE TOUS LES TEMPS

Le plus de saisons :	17	Mario Lemieux
Le plus de matchs :	915	Mario Lemieux
Le plus de buts :	690	Mario Lemieux
Le plus d'aides :	1033	Mario Lemieux
Le plus de points :	1723	Mario Lemieux
Le plus de victoires :	226	Tom Barrasso
Le plus de blanchissages :	22	Tom Barrasso
Le plus de minutes de pénalité :	1048	Kevin Stevens

◀ Grâce à l'aide d'Evgeni Malkin, Marc-Andre Fleury n'eut pas à déployer de grands efforts pour assurer sa 200ᵉ victoire.

COUP DE CHAPEAU À MALKIN ET FLEURY

Evgeni Malkin a largement contribué à la 200ᵉ victoire en carrière de Marc-Andre Fleury. Le 17 décembre 2011, le Russe accomplit son septième tour du chapeau et égala son propre record de cinq points en carrière alors que les Penguins s'assuraient une victoire de 8-3 contre les Sabres de Buffalo. Il ne manquait à Fleury que 16 arrêts pour devenir le quatrième plus jeune gardien à réussir cet exploit. Durant la saison, Malkin cumula 50 buts et 59 aides, son meilleur score en carrière, et remporta pour la seconde fois le trophée Art-Ross.

SIX AIDES

Le 8 mars 1975, Ron Stackhouse devint le premier joueur des Penguins à inscrire six aides en un match lors de la victoire de 8-2 sur les Flyers. Greg Malone égala ce record le 28 novembre 1979 lors d'une victoire de 7-2 sur les Nordiques de Québec. Tout comme Mario Lemieux lors du match contre St. Louis en 1988, il inscrivit six aides lors d'une victoire de 9-4 sur San Jose le 5 décembre 1992, puis lors d'une victoire de 10-0 sur Tampa Bay le 1ᵉʳ novembre 1995.

JAGR ET LEMIEUX

À eux deux, Mario Lemieux et Jaromir Jagr remportèrent le trophée Art-Ross du meilleur marqueur de la LNH à 11 reprises en 14 saisons, entre 1987-1988 et 2000-2001. Jagr remporta un premier titre de marqueur en 1994-1995, puis il en remporta quatre de suite de 1997-1998 à 2000-2001. Il rallia les Penguins en 1990-1991 et y passa 11 saisons. Il se classe deuxième derrière Lemieux dans l'histoire de la franchise pour les matchs (806), les buts (439), les aides (640) et les points (1079).

Jaromir Jagr a franchi la barre des 149 points pour les Penguins en 1995-1996. Le seul joueur à inscrire plus de points cette année-là a été Mario Lemieux, qui a dominé la LNH avec 161 points.

D'AUTRES EXPLOITS

Le 23 décembre 1991, Joe Mullen marqua quatre buts lors d'une victoire de 6-3 sur les Islanders. Lors du match suivant, le 26 décembre, il marqua de nouveau quatre buts, lors d'une écrasante défaite de Toronto (12-1). Aucun autre joueur dans l'histoire des Penguins n'avait jamais inscrit quatre buts deux fois d'affilée. Les 12 buts des Penguins contre les Maple Leafs égalaient un record d'équipe du 15 mars 1975, établi lors de la défaite de 12-1 des Capitals de Washington.

◀ Joe Mullen a remporté les championnats de la Coupe Stanley à Pittsburgh en 1991 et en 1992. Il avait remporté la Coupe Stanley avec Calgary en 1989.

CROSBY DOMINE LE JEU

En 2006-2007, sa deuxième saison dans la LNH, Sidney Crosby remporta le trophée Art-Ross, comme Mario Lemieux et Jaromir Jagr, en dominant la LNH avec 120 points (36 buts et 84 aides). Lors des éliminatoires de 2008, il mena avec 21 aides et 27 points, et Pittsburgh se rendit en finale de la Coupe Stanley. Lorsque les Penguins battirent Detroit pour remporter la Coupe Stanley en 2009, Crosby domina les éliminatoires avec 15 buts.

▶ *Les Penguins ne réussissaient pas à se rendre en éliminatoires, mais Sidney Crosby les mena au championnat de la Coupe Stanley en quatre saisons.*

◀ *À l'offensive, peu de joueurs, dans l'histoire de la LNH, se comparent à Mario Lemieux. Il a joué pendant 17 saisons et inscrit des statistiques impressionnantes, malgré les blessures et la maladie.*

PITTSBURGH – LES PENGUINS

SAN JOSE – LES SHARKS

Le 9 mai 1990, la LNH approuva la vente des North Stars du Minnesota par les frères George et Gordon Gund, en échange d'une franchise d'expansion dans la baie de San Francisco. Les Sharks de San Jose firent leurs débuts en 1991-1992. Après deux ans au Cow Palace de Daly City, aux limites de San Francisco, ils déménagèrent dans un stade tout neuf au centre-ville de San Jose en 1993. Le club participa aux séries éliminatoires pour la première fois en 1993-1994 et devint une puissance de la conférence de l'Ouest après avoir remporté le titre de la division du Pacifique en 2001-2002.

LES DÉBUTS

Le premier match de saison régulière des Sharks eut lieu à Vancouver le 4 octobre 1991. Ils s'inclinèrent 4-3 devant les Canucks, qui lancèrent 52 fois sur le gardien Jeff Hackett, ne l'emportant que grâce à un but tardif de Trevor Linden. Le lendemain, à San Jose, ils affrontèrent de nouveau Vancouver, perdant par la marque de 5-2. Leur première victoire survint le 8 octobre 1991, à domicile, quand ils battirent les Flames de Calgary (4-3).

AMÉLIORATION DES RECORDS

À leur première saison en 1991-1992, les Sharks obtinrent une fiche de 17-58-5 (39 points). En 1992-1993, leur triste bilan de 11-71-2 (24 points) établit un record de défaites dans la LNH. Mais ils améliorèrent leur fiche (33-35-16) la saison suivante. Menés par le gardien Arturs Irbe, le défenseur Sandis Ozolinsh et les vedettes soviétiques Igor Larionov et Sergei Makarov, les Sharks récoltèrent 82 points, 58 de plus que l'année précédente, le plus grand revirement en une saison de l'histoire de la LNH.

AUTRES FAITS SAILLANTS DE 1993-1994

Sergei Makarov devint le premier joueur de l'histoire de la franchise à marquer 30 buts, en 1993-1994. Sandis Ozolinsh établit des records d'équipe de défenseur jamais battus, soit 26 buts et 64 points. Arturs Irbe joua 74 matchs et établit le record, pour l'époque, de minutes jouées de la LNH : 4412 minutes. Les Sharks participèrent aux séries éliminatoires pour la première fois et surprirent les Red Wings, favoris, en première ronde.

◀ *Arturs Irbe a fait partie des Sharks pendant leurs cinq premières saisons dans la LNH, se joignant à l'équipe en 1991 à la suite de repêchage de dispersion des joueurs des North Stars de Minnesota.*

▼ *Repêché en première position par les Nordiques de Québec en 1990, Owen Nolan joua à San Jose de 1995 à 2003 et fut capitaine de l'équipe pendant cinq saisons.*

40, PUIS 50

Owen Nolan fut le premier joueur des Sharks à franchir la barre des 40 buts, avec 44 en 1999-2000. Ses 84 points et 18 buts marqués en supériorité numérique établirent de nouveaux records d'équipe à l'époque. En 2005-2006, Jonathan Cheechoo devint le premier joueur des Sharks à marquer 50 buts et remporta le trophée Maurice-Richard, en tête des marqueurs avec 56 buts. Cheechoo établit un autre record d'équipe, soit 24 buts en supériorité numérique.

TITRE DE MARQUEUR

Le 30 novembre 2005, les Sharks firent l'acquisition de Joe Thornton des Bruins de Boston. Lors de la transaction, Thornton avait à son actif 33 points (9 buts, 24 aides) en 23 matchs à Boston. Il récolta 92 points (20 buts, 72 aides) en 58 matchs à San Jose et remporta le trophée Art-Ross de meilleur marqueur de la LNH, avec un total de 125 points (29 buts, 96 aides). Thornton reçut aussi le trophée Hart du joueur le plus utile à son équipe.

THORNTON OUVRE LA MARCHE

Le 1000e point de Joe Thornton au sein de la LNH fut mémorable. Le 21 octobre 2011, le capitaine aida l'équipe de San Jose à combler l'écart de deux buts en marquant vers la fin de la deuxième période et en aidant Joe Pavelski à créer l'égalité à 33 secondes de la fin de la période de jeu réglementaire. Grâce à son jeu héroïque, les Sharks obtinrent une victoire en fusillade de 4-3 contre les Devils.

Les Sharks de San Jose choisirent Patrick Marleau (2e choix) au repêchage d'entrée de la LNH en 1997. Les Bruins de Boston avaient choisi Joe Thornton grâce à un premier choix la même année.

Rien n'arrête Joe Thornton! Pour la quatrième fois au cours de sa carrière, en 2011-2012, le vétéran joua dans les 82 matchs de la saison.

MATCHS MÉMORABLES

Owen Nolan établit le record d'équipe de buts en un match dans une victoire de 7-4 à Anaheim, le 19 décembre 1995. Il détient aussi le record d'équipe de points en un match, soit six (trois buts, trois aides) dans une victoire de 7-1 contre Chicago, le 4 octobre 1999. Jeff Friesen marqua aussi trois buts ce soir-là, la seule fois dans l'histoire du club où deux joueurs inscrivirent un tour du chapeau durant le même match.

RECORDS D'ÉQUIPE

En 2009-2010, San Jose établit des records avec 53 victoires (53-18-11) et 117 points et reçut son premier trophée des Présidents de la meilleure équipe de la LNH. En 2005-2006, le club avait marqué un nombre record de 266 buts. Le record du plus grand nombre de buts en un match est de 10, établi d'abord le 3 janvier 1996 dans une victoire de 10-8 à Pittsburgh, puis égalé à domicile le 30 mars 2002 dans une victoire de 10-2 contre Columbus.

500, À L'ARRACHÉ!

Jeremy Roenick marqua le 500e but de sa carrière dans l'uniforme des Sharks, contre les Coyotes de Phoenix, le 10 novembre 2007. Ce fut un grand moment, mais ce ne fut pas un but très gracieux. Roenick lança la rondelle dans la zone de Phoenix depuis la ligne bleue, la rondelle frappa la vitre derrière le filet, rebondit sur le but, dévia sur le patin du gardien Alex Auld, sautilla vers la ligne des buts et finit par glisser dans le filet, poussée par le bâton d'Auld.

Evgeni Nabokov termina parmi les 10 meilleurs gardiens (pour la moyenne de buts accordés) à quatre reprises en neuf saisons avec les Sharks.

RECRUE DE L'ANNÉE

Brad Stuart fut le premier joueur des Sharks à figurer parmi les finalistes du trophée Calder en 2000, mais finit deuxième derrière Scott Gomez du New Jersey. L'année suivante, le gardien des Sharks Evgeni Nabokov remporta le trophée Calder. Nabokov établit de nouveaux records de franchise pour le nombre de victoires (32), de jeux blancs (6) et la moyenne de buts accordés (2,19) en 2000-2001. Il fut nommé joueur de l'année de son club et termina quatrième au scrutin pour le trophée Vézina.

RECORDS DE GARDIEN

En 10 saisons à San Jose (jusqu'en 2009-2010), Evgeni Nabokov fracassa tous les records avec 293 victoires et 50 jeux blancs. Il détient les six premiers rangs pour le nombre de victoires en une saison, dont un sommet de 46 en 2007-2008. En 2003-2004, il établit le record de blanchissages avec 9. Vesa Toskala détient les records d'équipe de la moyenne de buts accordés en une saison (2,06 en 2003-2004) et en carrière (2,34).

ST. LOUIS – LES BLUES

Depuis leur entrée dans la LNH en 1967, les Blues de St. Louis ont employé certains des meilleurs joueurs de l'histoire. De grands vétérans, comme Dickie Moore, Doug Harvey, Glenn Hall et Jacques Plante, ont aidé le club à ses débuts. Plus tard, des étoiles comme Brett Hull, Wayne Gretzky, Dale Hawerchuk, Al MacInnis et Chris Pronger ont aussi séjourné à St. Louis. S'ils n'ont jamais remporté la Coupe Stanley, les Blues ont atteint la finale à leurs trois premières années dans la LNH, et leur séquence de 25 présences consécutives en séries éliminatoires, de 1980 à 2004, est la plus longue de l'histoire de la LNH après Boston (29 saisons, de 1968 à 1996) et Chicago (28 saisons, de 1970 à 1997).

LES TROIS PREMIÈRES ANNÉES

Quand la LNH porta le nombre de clubs à 12 pour la saison 1967-1968, les nouvelles équipes furent regroupées dans une même division, et on organisa les éliminatoires de façon que, les trois années suivantes, un club d'expansion affronta un des six clubs originaux en finale de la Coupe Stanley. Les Blues se rendirent en finale trois ans de suite, mais furent balayés par Montréal (en 1968 et en 1969) et par Boston (en 1970).

DE GRANDS MATCHS

Le 3 novembre 1968, Camille Henry devint le premier joueur des Blues à réussir un tour du chapeau dans une nulle de 4-4 contre Detroit. Quatre jours plus tard, Red Berenson établit des records d'équipe avec six buts et sept points dans une victoire de 8-0 contre Philadelphie. Le seul autre joueur de St. Louis à inscrire sept points en un match est Garry Unger, avec trois buts et quatre aides dans une victoire de 9-0 contre Buffalo, le 13 mars 1971.

Garry Unger n'a jamais marqué moins de 30 buts en huit saisons à St. Louis. Ses 41 buts en 1972-1973 lui valurent la sixième place ex aequo cette année-là.

PREMIERS 50 BUTS ET 100 POINTS

La saison 1980-1981 fut la première de l'histoire des Blues où un joueur marqua plus de 50 buts, et un autre, plus de 100 points. Wayne Babych franchit la barre des 50 buts le 12 mars 1981 et termina la saison avec 54 buts. Bernie Federko récolta son 100e point de la saison 1980-1981, avec une aide, le 28 mars 1981. Il termina la saison avec 104 points (31 buts, 73 aides).

Brett Hull fut le meilleur buteur des Blues neuf saisons de suite, de 1988-1989 à 1996-1997.

Malgré son esthétique, le Scottrade Center devint, durant la saison 2011-2012, la « maison des horreurs » pour les adversaires des Blues.

AUTRES MARQUEURS DE 50 BUTS

Les 54 buts de Wayne Babych en 1980-1981 demeurèrent un record d'équipe jusqu'en 1989-1990, quand Brett Hull surpassa cette marque avec 72 buts. Un an plus tard, Hull atteignit 86 buts, au deuxième rang des buteurs de l'histoire de la LNH. Il inscrivit 70 buts en 1991-1992, puis 54 et 57 les deux années suivantes. Brendan Shanahan est le seul autre joueur des Blues à avoir marqué 50 buts (51 en 1992-1993 et 52 en 1993-1994).

LES JOIES DU FOYER

Les Blues ont fait de St. Louis leur tremplin pour se hisser dans le classement de la Conférence de l'Ouest. Après la défaite de 5-2 que leur infligèrent les Blackhawks le 3 décembre 2011, ils récoltèrent au moins un point par match au cours d'une série de 21 rencontres consécutives à domicile (18-0-3), un record de la franchise. Ils ne perdraient plus au Scottrade Center que le 22 février 2012, s'inclinant à 4-2 devant les Bruins.

MENEURS EN CARRIÈRE, DE TOUS LES TEMPS

Le plus de saisons :	13	Bernie Federko
Le plus de matchs :	927	Bernie Federko
Le plus de buts :	527	Brett Hull
Le plus d'aides :	721	Bernie Federko
Le plus de points :	1073	Bernie Federko (352 B, 721 A)
Le plus de victoires :	151	Mike Liut
Le plus de blanchissages :	16	Glenn Hall
Le plus de minutes de pénalité :	1786	Brian Sutter

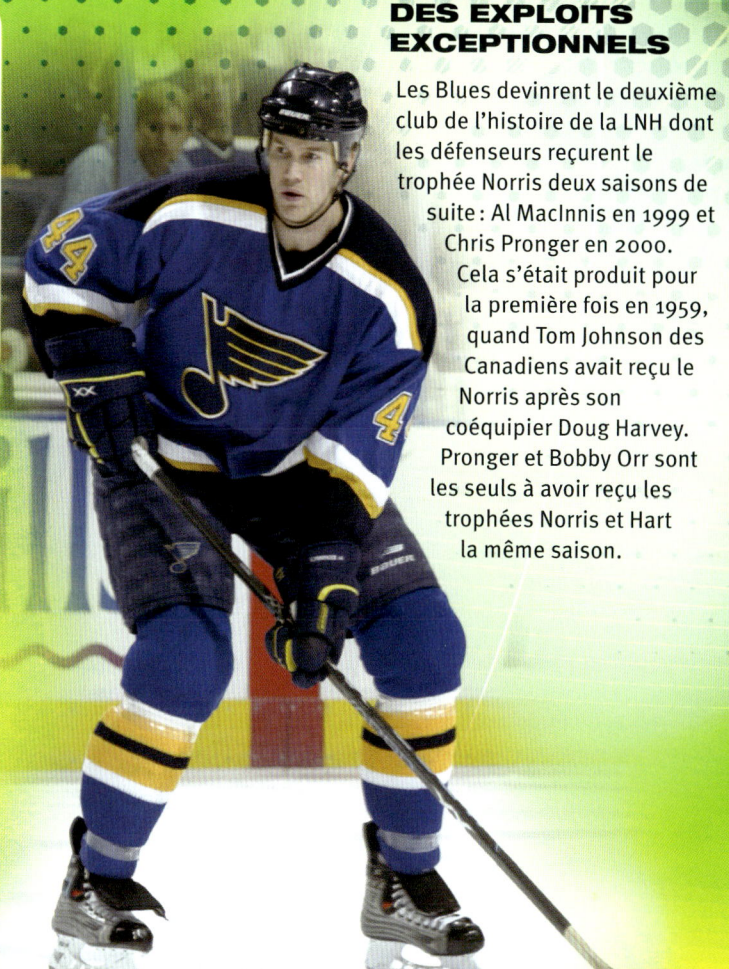

DES EXPLOITS EXCEPTIONNELS

Les Blues devinrent le deuxième club de l'histoire de la LNH dont les défenseurs reçurent le trophée Norris deux saisons de suite : Al MacInnis en 1999 et Chris Pronger en 2000. Cela s'était produit pour la première fois en 1959, quand Tom Johnson des Canadiens avait reçu le Norris après son coéquipier Doug Harvey. Pronger et Bobby Orr sont les seuls à avoir reçu les trophées Norris et Hart la même saison.

LE PRÉFÉRÉ DES FANS

Bernie Federko fut le premier choix des Blues (en 7e position) au repêchage amateur de 1976. Il rallia le club en 1976-1977, et passa 13 de ses 14 saisons dans la LNH à St. Louis, jouant pour une dernière année à Detroit (1989-1990). Il fut le meilleur marqueur, aides et points, des Blues huit saisons de suite, de 1978-1979 à 1985-1986, et le premier joueur l'histoire de la LNH à inscrire 50 aides 10 saisons consécutives (de 1978-1979 à 1987-1988).

L'HOMME DE FER

De 1971-1972 à 1977-1978, Garry Unger fut le meilleur buteur des Blues six fois et le meilleur marqueur cinq fois. De plus, il obtint le plus grand nombre d'aides quatre saisons d'affilée, de 1972-1973 à 1975-1976. Il fut le premier joueur du club à marquer plus de 40 buts, avec 41 en 1972-1973. Sa séquence de 914 matchs consécutifs est la deuxième de l'histoire de la LNH et constitue un record d'équipe (662 matchs consécutifs à St. Louis).

 Bernie Federko fut le capitaine des Blues à sa dernière saison à St. Louis, en 1988-1989.

 Chris Pronger mena la LNH avec un différentiel de + 52 pour la saison 1999-2000, où il reçut le titre de joueur le plus utile à son équipe.

RECORDS D'ÉQUIPE

St. Louis établit des records d'équipe avec 51 victoires et 114 points en 1999-2000 et reçut son premier trophée des Présidents de meilleure équipe de la LNH (un record d'équipe avec 352 buts en 1980-1981). Cette saison-là, les Blues comptaient 10 marqueurs de 20 buts ou plus, un de moins que le record de la LNH (11) établi par les Bruins en 1977-1978, et cinq marqueurs de 30 buts, aussi un de moins que le record de la LNH.

RECORDS DE GARDIEN

Glenn Hall et Jacques Plante remportèrent le trophée Vézina pour les Blues en 1968-1969. Hall établit un record d'équipe de huit blanchissages cette saison-là, et les 157 buts alloués par les Blues demeurent un record de franchise. Roman Turek établit un record avec 42 victoires en une saison en 1999-2000, et sa moyenne de buts accordés de 1,95 battit le record d'équipe de Plante (1,96), établi en 1968-1969. Les Blues battirent le record de la LNH en 1995-1996, quand Grant Fuhr joua 79 matchs devant le filet.

◄ *Après avoir joué sans masque pendant des années, Glenn Hall finit par en porter un quand il partagea le filet avec Jacques Plante, à St. Louis, en 1968-1969.*

TAMPA BAY – LE LIGHTNING

Phil Esposito, membre du Temple de la renommée du hockey, est l'homme derrière la demande de franchise de la LNH dans la région de Tampa-St. Petersburg. Il y travailla sans relâche en 1990. Le 6 décembre 1990, la LNH annonça l'octroi à Tampa Bay et à Ottawa de clubs qui intégreraient la ligue en 1992-1993 (la LNH leur accorda le statut de membres permanents le 16 décembre 1991). Le Lightning ne participa aux séries éliminatoires qu'une seule fois au cours de ses 10 premières saisons avant d'exploser en 2002-2003. Menée par Vincent Lecavalier, Brad Richards et Martin St-Louis, l'équipe récidiva avec une conquête de la Coupe Stanley en 2004.

LES DAMES D'ABORD

En 1992, Phil Esposito surprit tout le monde en invitant la gardienne de l'équipe nationale de hockey féminin du Canada, Manon Rhéaume, au premier camp d'entraînement du club. Le 23 septembre 1992, elle joua la première période d'un match amical contre les Blues de St. Louis. Rhéaume fut la première femme à jouer dans l'une des quatre principales ligues de sport professionnelles en Amérique du Nord. À sa seule apparition dans la LNH, elle accorda deux buts en neuf lancers.

▶ De grandes attentes pesaient sur Vincent Lecavalier quand il arriva à Tampa Bay (1er choix au repêchage), et il devint une puissance offensive.

▶ Brian Bradley n'avait jamais marqué plus de 19 buts en une saison avant d'exploser et d'en marquer 42 pendant la saison inaugurale du Lightning.

FAITS SAILLANTS DE LA PREMIÈRE SAISON

Le Lightning écrasa Chicago 7-3 à son premier match en saison régulière, le 7 octobre 1992. Chris Kontos marqua quatre buts, établissant un record d'équipe qui n'a jamais été battu. Le 7 novembre, le défenseur Doug Crossman récolta six points (trois buts, trois aides) dans une victoire de 6-5 contre les Islanders, autre record qui tient toujours. Brian Bradley marqua 42 buts cette saison-là, un record pour un joueur d'un club d'expansion.

PREMIÈRE PRÉSENCE EN SÉRIES ÉLIMINATOIRES

Le club rata les séries trois ans de suite, mais le vent tourna en octobre 1995 quand Paul Ysebaert en fut nommé capitaine. Avec la participation à l'attaque du jeune défenseur Roman Hamrlik et la solide performance de Daren Puppa devant le filet, Tampa participa aux séries éliminatoires en 1995-1996. Philadelphie élimina le Lightning en cinq matchs, mais on enregistra un nouveau record d'assistance, avec une foule de 28 183 spectateurs au quatrième affrontement.

PREMIERS DOMICILES

Le Lightning joua sa première saison, 1992-1993, à l'Expo Hall, un stade de 10 425 sièges situé dans les Florida State Fairgrounds à Tampa. L'année suivante, il déménagea au Florida Suncoast Dome à St. Petersburg, un ancien stade de baseball converti pour le hockey, bientôt rebaptisé le Thunderdome. Le 9 octobre 1993, le club établit un record d'assistance de la LNH avec 27 227 fans à sa première partie à domicile, contre les Panthers de la Floride.

CAPTAIN KID

Tampa Bay choisit Vincent Lecavalier en première position du repêchage d'entrée de la LNH en 1998. Le 3 mars 2000, le Lightning nomma Lecavalier capitaine. Âgé de 19 ans et 10 mois, il était alors le plus jeune capitaine de l'histoire de la LNH (Sidney Crosby fut nommé capitaine à Pittsburgh à l'âge de 19 ans et 9 mois en 2007). Lecavalier renonça au C après 2001 pour réduire la pression, mais il reprit son poste en 2008.

AGENT LIBRE

En 2000, Martin St-Louis signa un contrat d'agent libre avec Tampa Bay. Il connut une année canon (33 buts, 37 aides) en 2002-2003, lors du premier titre de division du club. En 2003-2004, St-Louis termina en tête de la LNH avec 94 points (38 buts, 56 aides) et reçut le trophée Art-Ross et le trophée Hart du joueur le plus utile à son équipe, quand Tampa Bay établit les records d'équipe de 46 victoires et 106 points et remporta la Coupe Stanley.

▶ *Même s'il n'avait pas été repêché en quatre saisons dans la NCAA, Martin St-Louis est devenu l'un des meilleurs attaquants de la LNH.*

TOUTE UNE SOIRÉE!

Pour Martin St-Louis, la saison 2011-2012 fut mémorable. Le 8 octobre, le détenteur du trophée Hart de 2004 compta son 300e but en carrière lors de la victoire de 4-1 de Tampa Bay contre les Bruins de Boston. Le 31 décembre, il marqua sa 500e aide lors de la victoire de 5-2 des Lightning contre les Hurricanes de la Caroline. Sa dernière aide permit à Steven Stamkos de compléter son 5e tour du chapeau en carrière et d'initier une séquence de trois buts en troisième période.

RECORDS DE RECRUE

Brad Richards fut le 2e choix de Tampa Bay (64e) après Vincent Lecavalier, en 3e ronde du repêchage d'entrée de la LNH en 1998. Moins populaire que Lecavalier, Richards établit néanmoins des records d'équipe pour une recrue (21 buts, 41 aides, 62 points) en 2000-2001. Ses 68 aides en 2005-2006 constituent aussi un record d'équipe. Richards reçut le trophée Conn-Smythe quand Tampa remporta la Coupe Stanley en 2004, après avoir établi un record de la LNH en séries éliminatoires avec sept buts gagnants.

 Brad Richards festoie avec la Coupe Stanley, après avoir mené les séries éliminatoires avec 26 points en 23 matchs, en 2004.

UNE LONGUE ATTENTE

Le capitaine de Tampa Bay Dave Andreychuk en était à sa 22e saison dans la LNH quand le Lightning remporta la Coupe Stanley en 2004. Andreychuk avait joué 1759 matchs de saison régulière et de séries éliminatoires quand il devint enfin champion. Seul Raymond Bourque avait joué un plus grand nombre de matchs avant de gagner la Coupe Stanley. Il en était aussi à sa 22e saison quand l'Avalanche du Colorado obtint la Coupe en 2001, mais il avait joué 1826 matchs.

UN BEAU 60e POUR STAMKOS

Le dernier jour de la saison régulière de 2011-2012 fut exceptionnel pour Steven Stamkos. Celui qui a remporté le trophée Maurice Richard à deux reprises devint le 20e joueur de la LNH à marquer 60 buts en une saison, et le 2e depuis 1996 (Alex Ovechkin de Washington en 2007-2008). Les supporters du MTS Centre, qui l'avaient hué durant le match, se levèrent pour l'ovationner après que son tir du poignet ait déjoué le gardien des Jets, Ondrej Pavelec, à 3 minutes 29 secondes de la troisième période. Stamkos cumulait ainsi 10 buts de plus que le deuxième meilleur marqueur, Evgeni Malkin de Pittsburgh.

UN DÉPART CANON

Au début de la saison 2010-2011, Steven Stamkos battit un record datant de la première saison de l'équipe. Au cours de la campagne de 1992-1993, Chris Kontos avait compté 20 buts dans les 27 premiers matchs du club. Le 22 novembre 2010, Stamkos franchit la barre de 20 buts au 21e match de la saison.

◀ *Introduit lentement comme recrue, Steven Stamkos explosa à sa deuxième saison (2009-2010) pour devenir l'un des marqueurs-vedettes de la LNH.*

TORONTO – LES MAPLE LEAFS

Toronto est un membre fondateur de la LNH, qui s'est constituée le 26 novembre 1917, et remporta la Coupe Stanley au printemps de 1918. En 1920, les Arenas de Toronto devinrent les St. Patricks, qui remportèrent de nouveau la Coupe Stanley en 1922. Le 14 février 1927, le club fut vendu à Conn Smythe, qui le rebaptisa les Maple Leafs de Toronto. Smythe fit construire le Maple Leaf Gardens en pleine Crise en 1931 et inaugura une ère de grandeur pour le club, qui remporta la Coupe Stanley 11 fois en 36 saisons, de 1931-1932 à 1966-1967.

ACE ET HAP

Ace Bailey et Hap Day sont des joueurs des St. Patricks qui devinrent des étoiles des Maple Leafs. Hap Day fut capitaine de l'équipe de 1927-1928 à 1936-1937 et ancra la défense de Toronto avec King Clancy et Red Horner. Non seulement Ace Bailey fut le premier joueur à remporter le titre du meilleur marqueur (22 buts, 32 points en 1928-1929), mais il devint un attaquant défensif clé dans la conquête de la Coupe Stanley des Leafs en 1932.

LA « KID LINE »

Charlie Conacher (ailier droit) et Busher Jackson (ailier gauche) se joignirent aux Maple Leafs en 1929-1930. Avec le centre Joe Primeau, ils composaient l'un des meilleurs trios de la LNH. Busher Jackson fut champion marqueur en 1931-1932, tandis que Conacher fut premier de la LNH au chapitre des points en 1933-1934 et en 1934-1935, et le meilleur buteur cinq fois entre 1930-1931 et 1935-1936. Primeau récolta le plus grand nombre d'aides dans la LNH trois fois, de 1930-1931 à 1933-1934.

 Grâce à son jeu robuste et à son tir puissant, Charlie Conacher était surnommé « The Big Bomber ». Il était membre de l'une des grandes familles sportives du Canada.

UN GARDIEN GLORIEUX

En 1941, Turk Broda reçut le premier trophée Vézina pour Toronto et devint en 1951 le premier gardien de la LNH à récolter 300 victoires en carrière. À son meilleur sous la pression, comme en témoigne sa moyenne de buts alloués de 1,98 en 101 matchs de séries éliminatoires, il aida Toronto à gagner la Coupe Stanley cinq fois, entre 1942 et 1951. Jusqu'à ce que Jacques Plante le dépasse en 1970, ses 13 jeux blancs en séries éliminatoires constituaient un record de la LNH.

Turk Broda fut le premier gardien de l'histoire de la LNH à jouer 100 matchs en séries éliminatoires. Il afficha 60 victoires et 39 défaites en 101 matchs de séries.

LE PLUS GRAND REVIREMENT DE TOUS LES TEMPS

Bien que les Islanders de 1975 et les Flyers de 2010 (ainsi que les Red Sox de Boston au baseball en 2004) aient tous réussi à gagner une série 4 de 7 après avoir tiré de l'arrière 3-0, seuls les Maple Leafs de 1942 réussirent cet exploit pour gagner un championnat. Le 18 avril 1942, une foule record de 16 218 spectateurs assista au 7e match au Maple Leaf Gardens et à la victoire de 3-1 des Leafs contre les Red Wings.

LES MARQUEURS DE 50 BUTS

Frank Mahovlich marqua 48 buts en 1960-1961, Darryl Sittler, 45 en 1977-1978, et Lanny McDonald, 46 en 1976-1977 et 47 en 1977-1978, mais le premier joueur des Leafs à franchir la barre des 50 buts fut Rick Vaive. Il marqua 54 buts en 1981-1982, et 51 et 52 buts les deux saisons suivantes. Gary Leeman (51 buts en 1989-1990) et Dave Andreychuk (53 buts en 1993-1994) sont les seuls autres joueurs du club à avoir marqué 50 buts.

100 POINTS

Darryl Sittler et Doug Gilmour sont les seuls Leafs à avoir marqué 100 points en une saison, deux fois plutôt qu'une. Sittler récolta 100 points (41 buts, 59 aides) en 1975-1976. Deux ans plus tard, il atteignit un sommet en carrière avec 45 buts, 72 aides et 117 points. Doug Gilmour établit de nouveaux records d'équipe en 1992-1993 avec 95 aides et 127 points. Un an plus tard, il récoltait 27 buts et 84 aides, pour 111 points.

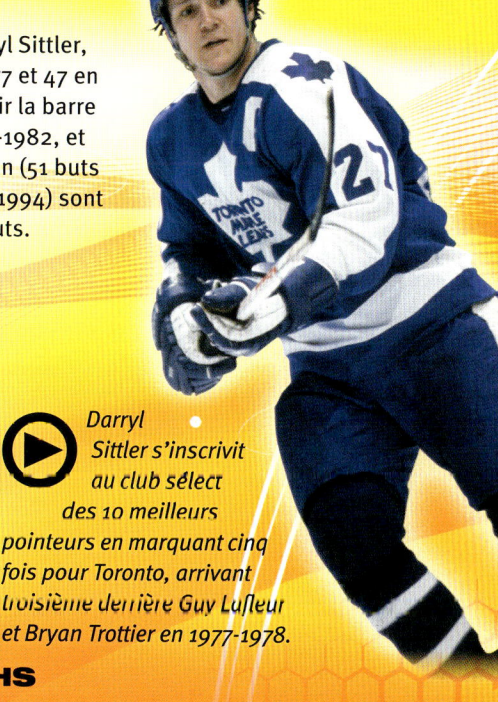

Darryl Sittler s'inscrivit au club sélect des 10 meilleurs pointeurs en marquant cinq fois pour Toronto, arrivant troisième derrière Guy Lafleur et Bryan Trottier en 1977-1978.

SUNDIN BAT SITTLER À DEUX REPRISES

Mats Sundin établit le record de points de l'histoire des Maple Leafs à deux reprises au cours du même match. Le 11 octobre 2007, Sundin obtint une aide contre les Islanders, battant le record de franchise de 916 points établi par Darryl Sittler. Toutefois, comme il n'avait pas touché à la rondelle, on lui retira le point. Plus tard, Sundin inscrivit son 390e but (un de plus que les 389 buts de Sittler) et son 917e point avec les Leafs, dépassant officiellement Sittler.

DE GRANDS MATCHS

Darryl Sittler établit un record de la LNH, avec 10 points en un match dans un gain de 11-4 contre Boston le 7 février 1976, mais ses six buts ne furent pas suffisants pour battre le record de Toronto, établi par Corb Denneny avec les St. Pats le 26 janvier 1921. Doug Gilmour égala celui de six aides en un match de Babe Pratt, établi le 8 janvier 1944, quand il prépara les six buts du clubs dans une victoire de 6-1 contre le Minnesota le 13 février 1993.

Mats Sundin fut le meilleur marqueur des Maple Leafs 12 fois en 13 saisons à Toronto.

En 1992-1993, Doug Gilmour atteignit un sommet en carrière de 127 points et reçut le trophée Selke du meilleur attaquant défensif de la LNH.

CHAPEAU, KESSEL!

Cédé aux Maple Leafs par Boston, Phil Kessel ne gagna pas immédiatement l'affection des Torontois. Il entama toutefois la saison 2011-2012 en grande en réussissant son premier tour du chapeau en carrière. Il compta en première et deuxième périodes avant de compléter son tour du chapeau dans une offensive à deux contre un. Près de quatre mois plus tard, lors d'une victoire de 6-3 contre Edmonton, il récolta deux buts et une aide, marquant ainsi son 300e point en carrière.

Durant la saison 2011-2012, Phil Kessel inscrivit son meilleur score en nombre de buts (37) et d'aides (45) en comptant six buts consacrant une victoire.

NUMÉROS RETIRÉS

5	Bill Barilko	1946-1951
6*	Ace Bailey	1926-1934

NUMÉROS HONORÉS

1	Turk Broda	1936-1943, 1945-1952
	Johnny Bower	1958-1970
4	Hap Day	1926-1937
	Red Kelly 1	1959-1967
7	King Clancy 1	1930-1937
	Tim Horton	1949-1950, 1951-1970
9	Charlie Conacher	1929-1938
	Ted Kennedy	1942-1955, 1956-1957
10	Syl Apps	1936-1943, 1945-1948
	George Armstrong	1949-1950, 1951-1971
13	Mats Sundin	1994-2008
17	Wendel Clark	1985-1994, 1996-1998, 2000
21	Borje Salming	1973-1989
27	Frank Mahovlich	1956-1968
	Darryl Sittler	1970-1982
93	Doug Gilmour	1992-1997, 2003

*À la demande d'Ace Bailey, Ron Ellis porta le numéro 6 pendant sa carrière.

VANCOUVER – LES CANUCKS

Quand la LNH annonça son projet de s'étendre à six nouveaux marchés en 1965, les représentants de Vancouver firent tout en leur pouvoir pour obtenir une franchise qui représenterait l'Ouest canadien. Vancouver ne fit pas partie des six nouveaux clubs de l'expansion de 1967, mais les Canucks et les Sabres de Buffalo furent inclus dans la deuxième phase d'expansion, le 22 mai 1970. Des joueurs comme Stan Smyl, Thomas Gradin et Richard Brodeur menèrent les Canucks à la finale de la Coupe Stanley en 1982 ; Trevor Linden, Pavel Bure et Kirk McLean les y conduisirent en 1994. En 2010-2011 et 2011-2012, les Canucks remportèrent le trophée des Présidents mais, dans les deux cas, la Coupe leur échappa.

LA PREMIÈRE SAISON

Le premier match de Vancouver fut diffusé en direct dans tout le Canada le 9 octobre 1970. Les Canucks reçurent les Kings de Los Angeles, s'inclinant 3-1. Barry Wilkins marqua le premier but à 2 minutes 14 secondes de la troisième période. Deux jours plus tard, Vancouver remporta sa première victoire. Wayne Maki marqua deux fois pour donner une avance de 5-3 sur Toronto. Cette saison-là, André Boudrias fut le meilleur marqueur avec 66 points (25 buts, 41 aides). Rosaire Paiement fut champion avec 34 buts.

LES DÉBUTS

Gary Doak de Boston fut le premier choix des Canucks au repêchage d'expansion de la LNH, le 10 juin 1970. Orland Kurtenbach, Ray Cullen, Pat Quinn et Rosaire Paiement sont d'autres joueurs clés obtenus à ce même repêchage. Le lendemain, les Canucks perdirent leur premier rang aux mains des Sabres pour le premier choix au repêchage amateur de la LNH. Les Sabres choisirent Gilbert Perreault en première position. Vancouver choisit Dale Tallon en deuxième.

Orland Kurtenbach reçut le trophée Cyclone-Taylor, remis par les fans au joueur le plus utile à son équipe, les trois premières saisons des Canucks.

PREMIERS CHAMPIONS MARQUEURS

Bobby Schmautz établit un record des Canucks avec 38 buts en 1972-1973, rejoint par Dennis Ververgaert deux ans plus tard. Ron Sedlbauer fut le premier à inscrire 40 buts en 1978-1979, et Tony Tanti haussa le record d'équipe à 45 en 1983-1984. Cette saison-là, Thomas Gradin établit un record d'équipe avec 57 aides, et Patrik Sundstrom, un nouveau record de 91 points avec 38 buts et 53 aides.

BURE FRACASSE DES RECORDS

En 1991-1992, Pavel Bure fit ses débuts dans la LNH avec les Canucks et marqua 34 buts, un record d'équipe pour une recrue. L'année suivante, il fut le premier joueur de Vancouver à franchir la barre des 50 buts et des 100 points, avec 60 buts et 110 points. Il fut le meilleur buteur de la LNH quand il marqua à nouveau 60 buts en 1993-1994 (il en inscrivit aussi 51 en 1997-1998). Alexander Mogilny est le seul autre joueur du club à avoir marqué plus de 50 buts (55, en 1995-1996).

 En 2011-2012, Daniel et Henrik (à droite) Sedin ont grandement aidé l'équipe de Vancouver à remporter le Trophée des présidents pour une seconde année consécutive.

UNE PRÉSENCE REMARQUABLE

La série de matchs consécutifs du capitaine Henrik Sedin semblait compromise après qu'il se soit blessé le pied en conséquence d'un tir frappé du défenseur des Predators de Nashville, Kevin Klein. Bien qu'il fut harcelé de questions, le calme Suédois ne se démonta pas et, le 9 février, participa sans grande fanfare au match suivant, son 553e d'affilée. Il termina ensuite la saison. Doug Javis, qui a joué avec les Capitals de Washinton, les Canadiens de Montréal et les Whalers de Hartford, détient le record de la LNH du plus grand nombre de matchs consécutifs (964).

LES JUMEAUX SEDIN

Une série d'échanges, avant le repêchage d'entrée de 1999, permit à Vancouver de mettre la main sur les frères Daniel et Henrik Sedin, respectivement en 2e et 3e position. Les jumeaux, qui arrivèrent ensemble dans la LNH en 2000-2001, en devinrent deux des meilleurs joueurs. En 2009-2010, Henrik, premier Canuck récipiendaire du trophée Art-Ross et du trophée Hart de joueur le plus utile à son équipe, établit des records d'équipe avec 83 aides et 112 points. Quand Daniel reçut le trophée Art-Ross en 2010-2011, les Sedin rejoignirent Charlie et Roy Conacher dans le club sélect des seuls frères de l'histoire de la LNH récipiendaires du trophée du meilleur buteur.

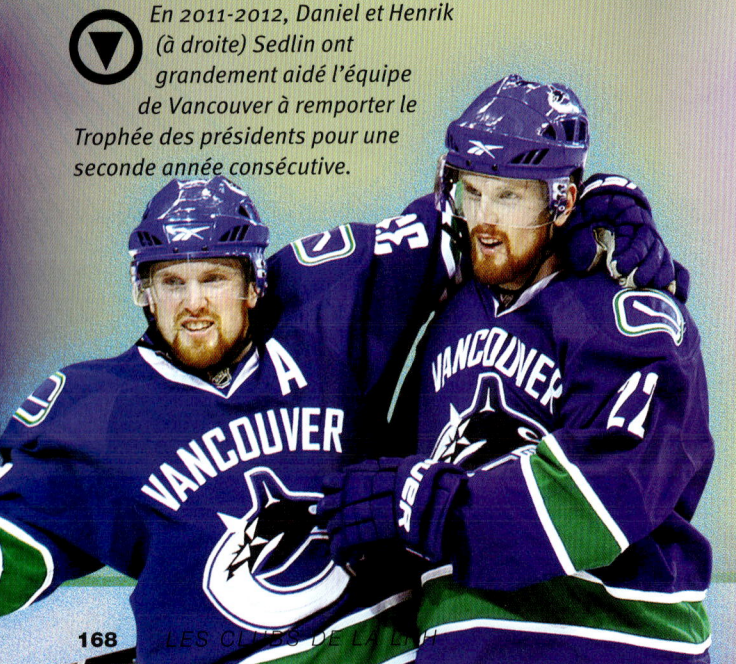

LE PLUS JEUNE CAPITAINE DES CANUCKS

Trevor Linden était le plus jeune joueur de la LNH en 1988-1989, ce qui ne l'empêcha pas de devenir la première recrue des Canucks à marquer 30 buts. Il fut aussi la première recrue nommée joueur le plus utile à son équipe. Linden devint le plus jeune capitaine des Canucks en 1991-1992, à 21 ans. Il joua 16 de ses 19 saisons dans la LNH à Vancouver, en deux séjours avec le club, et il détient le record d'équipe de 1140 matchs joués.

LE CHAMPION DE TOUS LES TEMPS

Markus Naslund fut meilleur marqueur des Canucks sept saisons d'affilée, de 1998-1999 à 2005-2006. Il termina deux fois au deuxième rang de la LNH, d'abord en 2001-2002 puis en 2002-2003, quand il atteignit des sommets en carrière (48 buts, 56 aides, 104 points). Naslund est le champion de tous les temps de Vancouver, avec 346 buts et 756 points. Le 11 décembre 2010, son numéro 19 fut retiré, faisant de lui l'un des seuls Canucks à recevoir cet honneur, avec Stan Smyl (numéro 12) et Trevor Linden (numéro 16).

VIGNEAULT, LE VICTORIEUX

Le 23 novembre 2011, Alain Vigneault devint le meilleur entraîneur de tous les temps de la franchise quand les Canucks s'assurèrent une victoire de 3-0 contre l'Avalanche du Colorado. L'ex-lauréat du trophée Jack-Adams inscrivit sa 247e victoire, surpassant ainsi Marc Crawford. Bien que Vigneault ait permis aux Canucks de remporter le trophée des Présidents deux saisons de suite, durant les quarts de finale de la Conférence de l'Ouest de 2012, le club s'inclina devant Los Angeles, qui remporterait plus tard la Coupe Stanley.

En tant que capitaine des Canucks, Trevor Linden aida Vancouver à forcer la tenue d'un 7e match de la Coupe Stanley contre les Rangers, dans la finale de 1994.

SIX ET SEPT POUR SUNDSTROM

Patrick Sundstrom récolta 7 points en une partie (1 but, 6 aides), établissant un nouveau record d'équipe d'aides et de points en un match, dans une victoire de 9-5 contre Pittsburgh le 29 février 1984. Sundstrom fut le 3e joueur de l'histoire de la LNH à récolter 6 aides dans un match à l'étranger, après Billy Taylor de Detroit (7 en 1947 contre Chicago) et Bobby Orr de Boston (6 en 1973 contre Vancouver).

LES RECORDS DE ROBERTO

Roberto Luongo se joignit aux Canucks en 2006-2007 et battit rapidement deux vieux records de gardiens de but. Il joua 76 matchs, dépassant la marque de 72 de Gary Smith (pour Vancouver en 1974-1975), et ses 47 victoires fracassèrent le record établi par Kirk McLean (38) en 1991-1992. Luongo établit le record d'équipe de blanchissages en 2008-2009 : 9, dont 3 d'affilée durant une séquence sans points de 242 minutes 36 secondes, du 4 au 12 novembre 2008. Le 21 janvier 2012, il battit également le record de victoires de la franchise établi par McLean.

MARQUEURS DE QUATRE BUTS EN UNE PARTIE

Rosaire Paiement	9 fév. 1971	6-3 contre Buffalo
Bobby Schmautz	19 nov. 1972	9-5 contre Buffalo
Bobby Schmautz	30 déc. 1972	5-2 contre NY (Islanders)
Rick Blight	6 oct. 1976	9-0 à Pittsburgh
Petri Skriko	21 nov. 1986	8-5 défaite contre NY (Rangers)
Greg Adams	8 oct. 1987	8-2 contre St. Louis
Tony Tanti	13 janv. 1988	8-2 contre Winnipeg
Pavel Bure	12 oct. 1992	8-1 contre Winnipeg
Martin Gélinas	27 fév. 1997	6-2 contre Phoenix
Markus Naslund	14 déc. 2002	6-3 contre Edmonton
Markus Naslund	9 déc. 2003	4-3 contre Pittsburgh
Daniel Sedin	24 fév. 2004	6-2 contre Detroit

Roberto Luongo et le gardien substitut Corey Schneider accordèrent le moins de buts de la LNH en 2010-2011, quand les Canucks établirent des records d'équipe avec 54 victoires et 117 points.

LE MEILLEUR ET LE PIRE

Les Canucks ont inscrit 11 buts en un match à trois reprises au cours de leur histoire : une victoire de 11-5 contre les Seals de Californie le 28 mars 1971, une de 11-5 contre Los Angeles le 25 novembre 1986, et un jeu blanc de 11-0 contre Calgary le 1er mars 1992. L'équipe a par deux fois accordé 13 buts en un match : une défaite de 13-2 à Philadelphie le 18 octobre 1984, et un blanchissage de 13-0 à Edmonton le 8 novembre 1985.

WASHINGTON – LES CAPITALS

Plusieurs chroniqueurs sportifs ont été étonnés lorsque Washington s'est vu accorder une concession de la LNH le 8 juin 1972, en vue de la saison 1974-1975. Washington et Kansas City furent officiellement accueillies au sein de la LNH le 11 juin 1974. Les Capitals récoltèrent une fiche lamentable de 8-67-5 à leur première saison, établissant un record des temps modernes pour le moins de victoires et de points (21) en une saison. Le succès fut lent à venir. L'équipe manqua les séries éliminatoires durant huit saisons d'affilée, avant que des joueurs tels Dennis Maruk, Mike Gartner et Rod Langway commencent à s'illustrer dans les années 1980. L'arrivée d'Alex Ovechkin dans les années 2000 donna aux Capitals de Washington l'un des joueurs les plus doués de l'histoire du hockey.

 *Les 60 buts de Dennis Maruk en 1981-1982 le classent troisième de la LNH, derrière Wayne Gretzky (92) et Mike Bossy (64). Ses 136 points le classent quatrième derrière Gretzky (212), Bossy (147) et Peter Stastny (139).*

PREMIÈRE SAISON

Les Capitals ont eu trois entraîneurs durant leur première saison. Avec 67 défaites en 1974-1975 et un record de 446 buts accordés par l'équipe, Washington alloua 10 buts en un match à sept occasions, et 8 et 9 buts à neuf autres occasions. Au plan de l'attaque, leurs 181 buts marqués les placent au dernier rang de la LNH. Dans cette équipe formée de jeunes novices, le vétéran Tommy Williams mena avec 22 buts et 36 aides, pour un total de 58 points.

UNE BRÈVE CARRIÈRE

Au repêchage amateur de 1974, les Capitals sélectionnèrent le défenseur Greg Joly comme premier choix et l'excellent buteur Mike Marson en seconde ronde. Marson est le deuxième joueur noir à avoir joué dans la LNH, le premier étant Willie O'Ree, qui joua brièvement pour les Bruins de Boston en 1957-1958. Marson a été le troisième meilleur compteur des Capitals avec 16 buts et 28 points alors qu'il était recrue en 1974-1975, les meilleures statistiques qu'il obtint au cours de sa brève carrière.

 Mike Marson est surveillé de près par Brad Park (numéro 22) et Bobby Schmautz des Bruins de Boston.

NOUVEAUX RECORDS D'ÉQUIPE

Les Capitals firent l'acquisition de Dennis Maruk au début de leur cinquième saison, en 1978-1979. Ayant atteint deux fois la barre des 30 buts dans ses trois premières saisons dans la LNH, Maruk en marqua 31 pour les Capitals et établit de nouveaux records d'équipe avec 59 aides et 90 points. Deux ans plus tard, il devint le premier joueur de l'équipe à franchir la barre des 50 buts et récolta 47 aides, pour un total de 97 points. En 1981-1982, Maruk fracassa son propre record avec 60 buts, 76 aides et 136 points.

SECRÉTAIRE À LA DÉFENSE

Les Capitals n'avaient jamais réussi à se rendre aux séries éliminatoires avant de faire l'acquisition de Rod Langway, des Canadiens de Montréal, en 1982-1983. Chaque année, durant les 10 saisons pendant lesquelles il joua pour l'équipe et en fut le capitaine, celle-ci se qualifia pour les séries. Loin d'être une menace offensive, Langway se démarquait plutôt par son jeu défensif, qui lui permit de devenir le premier joueur des Capitals à mériter un trophée majeur, le trophée Norris, en 1983. Il le gagna de nouveau en 1984.

MENEURS EN UNE SAISON

Le plus de buts :	65	Alex Ovechkin (2007-2008)
Le plus d'aides :	76	Dennis Maruk (1981-1982)
Le plus de points :	136	Dennis Maruk (1981-1982 ; 60 B, 76 A)
Le plus de points, ailier droit :	102	Mike Gartner (1984-1985 ; 50 B, 52 A)
Le plus de points, ailier gauche :	112	Alex Ovechkin (2007-2008 ; 65 B, 47 A)
Le plus de points, défenseur :	81	Larry Murphy (1986-1987 ; 23 B, 58 A)
Le plus de points, recrue :	106	Alex Ovechkin (2005-2006 ; 52 B, 54 A)
Le plus de victoires :	41	Olaf Kolzig (1999-2000)
Le plus de blanchissages :	9	Jim Carey (1995-1996)
Le plus de minutes de pénalité :	339	Alan May (1989-1990)

MENEUR DE TOUS LES TEMPS

Mike Gartner a passé les 10 premières saisons de ses 19 ans de carrière dans la LNH avec les Capitals, après que ces derniers l'eurent sélectionné au quatrième rang lors du repêchage d'entrée de 1979. Il mena l'équipe pour le nombre de buts à cinq reprises, marquant au moins 35 buts à chacune de ses neuf saisons complètes avec les Capitals, et pour le nombre de points à quatre occasions. Lorsqu'il quitta le club en 1989, il était le meneur de tous les temps pour le nombre de matchs joués, de buts, d'aides, de points, de buts en supériorité numérique et de buts vainqueurs.

MENEURS EN CARRIÈRE, DE TOUS LES TEMPS

Le plus de saisons :	16	Olaf Kolzig
Le plus de matchs :	983	Calle Johansson
Le plus de buts :	472	Peter Bondra
Le plus d'aides :	418	Michal Pivonka
Le plus de points :	825	Peter Bondra (472 B, 353 A)
Le plus de victoires :	301	Olaf Kolzig
Le plus de blanchissages :	35	Olaf Kolzig
Le plus de minutes de pénalité :	2003	Dale Hunter

▶ *Olaf Kolzig se promena entre Washington et les ligues mineures durant huit saisons, après que les Capitals l'eurent sélectionné en première ronde (19e choix) au repêchage d'entrée de la LNH en 1989.*

OLAF, LE GARDIEN

Olaf Kolzig s'imposa comme un gardien de but de haut niveau durant la saison 1997-1998, lorsqu'il se classa parmi les meneurs de la plupart des catégories statistiques. Il devint une vedette durant les séries éliminatoires de 1998, menant les Capitals à la finale de la Coupe Stanley pour la première fois de l'histoire de la concession. Kolzig, qui est le meneur en carrière dans pratiquement toutes les catégories de gardiens de but, remporta le trophée Vézina en 2000. Jim Carey (1996) et lui sont les seuls joueurs des Capitals à avoir été nommés meilleur gardien de but de la LNH.

BONDRA, ÉMULE DE GUSTAFSSON

En 1994-1995, Peter Bondra devint le premier joueur des Capitals à mener dans la LNH pour le nombre de buts marqués, soit 34 en 47 matchs durant cette saison de 48 matchs (écourtée en raison du lock-out). Ses 52 buts en 1997-1998 le placent à égalité avec Teemu Selanne comme meneur de la LNH. Le 5 février 1994, Bondra marque cinq buts dans une victoire de 6-3 contre Tampa Bay, égalisant le record d'équipe établi par Bengt Gustafsson dans une victoire de 7-1 contre Philadelphie le 8 janvier 1984.

▼ *Peter Bondra a passé 13 saisons avec les Capitals et a été le meilleur buteur de son équipe 8 fois en 10 ans, de 1992-1993 à 2001-2002.*

BRUCE EST LE PATRON

Lorsque Bruce Boudreau devint entraîneur des Capitals le 22 novembre 2007, Washington était au dernier rang du classement général. Cette saison-là, il les conduisit au championnat de la division Sud-Est et remporta le trophée Jack-Adams de l'entraîneur de l'année. Les Capitals remportèrent de nouveau le championnat de division en 2008-2009, et établirent un record d'équipe avec 54 victoires (54-13-13) et 121 points en 2009-2010, un sommet dans la LNH. Pour la première fois, les Capitals se méritèrent le trophée des Présidents.

ALEXANDRE LE GRAND

En 2005-2006, Alex Ovechkin se joignit au cercle restreint, composé de Teemu Selanne et Wayne Gretzky, des joueurs ayant obtenu plus de 50 buts (52) et plus de 100 points (106) à leur première saison. Il remporta le trophée Calder du joueur recrue de l'année, devant Sidney Crosby (qui faisait aussi ses débuts dans la LNH cette saison-là). Deux ans plus tard, en 2007-2008, Ovechkin reçut le trophée Hart du joueur le plus utile, le trophée Art-Ross du meilleur compteur (112 points) et le trophée Maurice-Richard, avec 65 buts. Il gagna de nouveau les trophées Hart et Richard (avec 56 buts) en 2008-2009.

▲ *Déjà une grande vedette à Washington, Alex Ovechkin prit la responsabilité du rôle de capitaine de l'équipe le 5 janvier 2010.*

KNUBLE HONORÉ

Mike Knuble avait certes connu des jours meilleurs, mais avant son 1000e match au sein de la LNH, les Capitals montrèrent qu'ils tenaient en haute estime celui qui avait compté 20 buts à 8 reprises. Le 20 décembre 2011, ils honorèrent leur capitaine adjoint en portant son chandail, le n° 22, durant la période d'échauffement, pour ensuite battre les Predators de Nashville à 4-1. Knuble, qui a participé à 16 saisons, resta à peine plus de 10 minutes sur la glace et n'effectua qu'un seul tir au but.

▼ *Bien que le rôle sur la glace du vétéran Mike Knuble se soit amoindri durant la saison 2011-2012, ses coéquipiers lui témoignèrent leur respect avant qu'il ne dispute son 1000e match au sein de la LNH.*

WINNIPEG – LES JETS

Le 31 mai 2011, après avoir passé 12 ans à Atlanta, les Thrashers furent cédés à True North Sports and Entertainment, qui décida de déplacer l'équipe à Winnipeg. Le 25 juin 1997, la LNH avait autorisé Nashville, Columbus, le Minnesota et Atlanta à former graduellement des équipes supplémentaires. Celle d'Atlanta commença à jouer durant la saison 1999-2000. L'octroi d'une franchise à cette ville permit de ramener la LNH en Géorgie, qui était entrée dans la ligue en 1972-1973, mais avait perdu les Flames au profit de Calgary en 1980. D'abord propriété de Ted Turner, l'équipe, de même que celle des Hawks d'Atlanta de la NBA, fut vendue par Turner Broadcasting Systems Inc. à Atlanta Spirit LLC en 2004. Cependant, en 2011, on ne trouva aucun acheteur local qui aurait pu garder les Thrashers à Atlanta.

CONTROVERSE AUTOUR DU LOGO

Le dévoilement du nouveau logo des Jets causa une certaine friction avec des groupes opposés à la guerre. À leurs yeux, la silhouette d'un avion de combat CF-18 pointant vers le ciel et surmontant une feuille d'érable rouge donnait à penser que le club adoptait une attitude militariste. Mark Chipman, président de True North Sports and Entertainment, défendit le logo, affirmant qu'il rendait hommage à nos remarquables forces aériennes, y compris à leur riche histoire et aux bonnes relations que la ville de Winnipeg et la province du Manitoba entretenaient avec elles. Le logo fut ensuite louangé par le ministre de la Défense, Peter Mackay.

UNE PREMIÈRE RATÉE

Le 9 octobre 2011, la foule était dense au MTS Centre, mais les Canadiens de Montréal se révélèrent de rudes adversaires et remportèrent le match à 5-1 contre les Jets. Nik Antropov marqua le seul but de Winnipeg à 2 minutes 27 secondes de la troisième période, réduisant ainsi l'écart d'un point, avant que Yannick Weber, Travis Moen et Max Pacioretty ne déçoivent les fans des Jets en comptant pour les Canadiens. Winnipeg ne triompherait que huit jours plus tard quand Kyle Wellwood et Tanner Glass comptèrent, lui assurant une victoire de 2-1 contre les Penguins de Pittsburgh.

ÇA JOUE DUR À SOUTH PHILLY

Le 27 octobre 2011, les Jets, qui avaient eu du mal à marquer des buts durant le premier mois de la saison, décidèrent de mobiliser le plus grand nombre possible de joueurs dans le match qui les opposait aux Flyers de Philadelphie. Ils furent neuf à compter dont le capitaine Andrew Ladd, qui marqua le but décisif alors qu'il ne restait plus que 1 minute 6 secondes de jeu dans la troisième période. Chose ironique, le 23 octobre 1993, l'ancien club de Winnipeg avait aussi marqué neuf buts contre les Flyers.

◀ Durant sa première saison à Winnipeg, Ondrej Pavelec n'a pas ménagé ses efforts. Le gardien de but joua dans 68 des 82 matchs de l'équipe, inscrivant un pointage de 29-28-9 et une moyenne de buts accordés de 2,91.

DÉPART POUR WINNIPEG

Le 31 mai 2011, les propriétaires des Trashers d'Atlanta annoncèrent que le club avait été vendu à True North Sports and Entertainment, qui possédait aussi l'équipe mineure professionnelle des Moose du Manitoba. True North travaillait depuis des années dans les coulisses afin de ramener une équipe de la LNH à Winnipeg, domicile des Jets de 1972-1973 à 1978-1979 (AMH) et de 1979-1980 à 1995-1996 (LNH). Le MTS Centre, un aréna moderne d'une capacité de 15 000 places situé dans le centre ville de Winnipeg, accueillera le nouveau club qui prendra la place d'Atlanta dans la Division Sud-Est en 2011-2012 avant de passer à la Conférence de l'Ouest de la LHN en 2012-2013.

ONDREJ, LE GÉANT

Le 3 novembre 2011, Ondrej Pavelec repoussa les 34 tirs au but des Islanders de New York, inscrivant le premier (3-0) de ses quatre blanchissages de la saison. Evander Kane profita d'un rebond pour marquer à près de 4 minutes 30 secondes de la première période.

LES CONFORTS DU MANITOBA

Selon les critères de la LNH, le MTS Centre est plutôt de petites dimensions, mais les Jets y sont certainement très à l'aise. Les autres équipes, qui doivent presque toutes couvrir de grandes distances pour se rendre à Winnipeg, se sont assurément senties mal accueillies alors que les Jets affichaient une marque de 23-13-5. Malheureusement pour les troupes de Claude Noël, on peut dire la même chose de leurs matchs à l'étranger (14-22-5).

KANE ET WHEELER, UN SACRÉ DUO!

Evander Kane, prénommé ainsi en souvenir d'un ancien champion poids lourd, unit ses forces à celles de Blake Wheeler quand l'équipe quitta Atlanta pour le Manitoba. Repêché en quatrième position en 2009, Kane a vu son nombre de buts croître saison après saison, Wheeler l'assistant plus souvent qu'autrement. En 2011-2012, il récolta 30 buts, son meilleur score en carrière, tandis que Wheeler fut plus qu'heureux de remporter les honneurs du club pour avoir inscrit 47 aides.

En plus de compter des buts pour les Jets en 2011-2012, Evander Kane inscrivit le meilleur différentiel plus-moins de sa carrière (+11) et le plus grand nombre de mises en échec (173).

En 2011-2012, Blake Wheeler inscrivit 47 aides, soit presque deux fois plus que son record précédent. De plus, il compta 64 points, c'est-à-dire 19 de plus que son meilleur score en carrière, qu'il avait établi comme recrue auprès de Boston.

LES DÉBUTS DE SCHEIFELE

Lors du repêchage de 2011, le centre Mark Scheifele des Barrie Colts de la ligue de hockey de l'Ontario fut choisi en septième position par les Jets de Winnipeg. Le jeune homme de 18 ans, qui avait fait impression en marquant deux buts et deux aides lors de son premier match amical, termina la présaison en cumulant huit points, un record d'équipe. Une fois son contrat signé, il marqua son unique but au sein de la LNH le 19 octobre 2011, contre l'équipe de Toronto. On le retourna à la LHO à l'issue de seulement sept matchs avec les Jets.

RETOUR ATTENDU

Dès ses débuts, Teemu Selanne se montra un joueur de talent. Repêché en 10e position en 1988, il établit des records de recrue en comptant 76 buts et 132 points durant sa saison 1992-1993 auprès des Jets. Il joua ensuite avec les Mighty Ducks d'Anaheim, mais fut accueilli à bras ouverts lors de sa première visite au Manitoba en 16 ans. « C'est une chose que je n'aurais jamais imaginée », déclara-t-il à propos de son retour. Le 17 décembre 2011, lors de la victoire de 5-3 des Jets contre les Ducks, il inscrivit deux aides, que les supporters de Winnipeg saluèrent bruyamment.

BIENVENUE, DOAN!

Shane Doan connaît bien Winnipeg. Après tout, le vétéran, qui joue depuis 16 ans, fut repêché en 7e position par la première équipe des Jets en 1995. Quand il revint au Manitoba le 1er décembre 2011, le capitaine des Coyotes de Phoenix fut ovationné par l'assistance du MTS Centre qui lui était restée fidèle. Plus tard, il dit, en riant, que c'était parce qu'il avait perdu la rondelle au profit de Winnipeg à l'occasion du seul but du match. Les Jets le remportèrent à 1-0.

Bien qu'il jouât pour l'équipe adverse, Teemu Selanne fut accueilli à bras ouverts à son retour à Winnipeg. Il avait été repêché en 1988 par la première équipe des Jets.

LES CLUBS DISPARUS

Le 2 janvier 1918, un peu plus d'un mois après le début de la première saison de la LNH, l'Aréna de Montréal fut la proie des flammes. Les Canadiens de Montréal durent se rendre de l'autre côté de la ville, sur une patinoire plus petite, mais l'un des premiers clubs de hockey d'élite, les Wanderers de Montréal, décida de se saborder après avoir joué seulement quatre matchs dans la LNH. Durant les années 1920, la LNH comprenait jusqu'à 10 équipes, mais en raison de la relocalisation et de la disparition de certaines concessions, leur nombre fut réduit à six. Au fil des dernières décennies, plusieurs concessions ont été relocalisées, mais aucune équipe n'a vraiment disparu depuis que les Barons de Cleveland ont fusionné avec les North Stars du Minnesota, en 1978.

WANDERERS DE MONTRÉAL

Disparue depuis bientôt 100 ans, l'équipe des Wanderers de Montréal demeure légendaire. Seize joueurs, intronisés par la suite au Temple de la renommée du hockey, ont joué pour les Wanderers durant leurs 15 ans d'existence, et l'équipe remporta la Coupe Stanley en 1906, en 1907, en 1908 et en 1910. Le club des Wanderers, créé au mois de décembre 1903, a contribué à la formation de la LNH et de l'ANH, mais la perte de joueurs, les difficultés économiques dues à la Première Guerre mondiale et un aréna réduit en cendres forcèrent la concession à suspendre ses activités.

BULLDOGS DE QUÉBEC

L'histoire du hockey à Québec remonte au moins jusqu'au premier carnaval d'hiver de Montréal en 1883, et les origines des Bulldogs de Québec, à la création de l'Association de hockey amateur du Canada en 1886. Les Bulldogs firent partie de l'Association nationale de hockey (ANH) mais ne joignirent les rangs de la LNH qu'à leur troisième saison (1919-1920). Joe Malone mena dans la LNH avec 39 buts, mais la fiche des Bulldogs cette saison-là fut de 4-20-0, et la concession fut dissoute.

TIGERS DE HAMILTON

En 1920, des hommes d'affaires de Hamilton déboursèrent 5000 $ pour une équipe remplaçant celle de Québec. Après avoir occupé la dernière place à ses quatre premières saisons, Hamilton finit en première place du classement en 1924-1925, mais lorsque les Tigers se mirent en grève juste avant les séries éliminatoires pour protester contre l'allongement de la saison sans compensation financière, ils furent suspendus par la LNH. Des hommes d'affaires new-yorkais se portèrent acquéreurs de l'équipe en septembre 1925.

▲ *Art Ross ne joua que trois matchs au sein de la LNH, mais fut des Wanderers de Montréal durant sept saisons, évoluant dans des ligues antérieures à la LNH. Il connut ensuite une longue carrière en tant qu'entraîneur et directeur général des Bruins de Boston.*

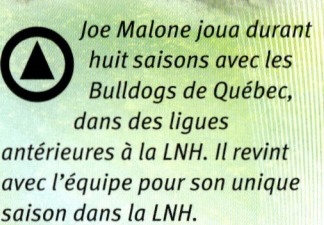

▲ *Joe Malone joua durant huit saisons avec les Bulldogs de Québec, dans des ligues antérieures à la LNH. Il revint avec l'équipe pour son unique saison dans la LNH.*

▶ *Les Tigers furent la dernière équipe à représenter la ville d'acier du sud de l'Ontario dans la LNH.*

AMERICANS DE NEW YORK

Dans son édition du 6 février 1925, *The New York Times* rapporte une transaction visant à doter la ville d'une concession de la LNH. Les Americans de New York furent officiellement accueillis dans la LNH en septembre. Même s'ils étaient la première équipe de la LNH à Manhattan et avaient devant eux quelques bonnes années, les Americans jouèrent le rôle de second violon derrière les Rangers de New York durant la majeure partie de leur existence. L'équipe disparut en 1942 après avoir joué une saison sous le nom des Americans de Brooklyn.

▶ *Roy Worters passa trois saisons avec les Pirates de Pittsburgh et neuf avec les Americans de New York durant sa carrière, dans les années 1920 et 1930.*

PIRATES DE PITTSBURGH

La troisième concession de la LNH aux États-Unis fut accordée le 7 novembre 1925, lorsque Pittsburgh se joignit aux Bruins de Boston et aux Americans de New York. Comprenant de futurs membres du Temple de la renommée du hockey, tels Lionel Conacher, Roy Worters et Frank Fredrickson, les Pirates, septième équipe du circuit, se qualifièrent pour les séries deux fois en trois ans, mais peinèrent durant les deux saisons suivantes. La dernière place au classement, jumelée au crash boursier de 1929, eurent raison de l'équipe.

SÉNATEURS D'OTTAWA

En 1883, les Sénateurs d'Ottawa d'origine portaient le nom du Club de hockey d'Ottawa. Ils avaient déjà plusieurs Coupes Stanley à leur actif lorsqu'ils devinrent membre fondateur de la LNH, en 1917. Avec des vedettes telles que Clint Benedict, Eddie Gerard, Frank Nighbor et Cy Denneny, l'équipe d'Ottawa gagna de nouveau la Coupe Stanley en 1920, en 1921, en 1923 et en 1927, mais traversa difficilement la crise économique. Après avoir suspendu ses activités en 1931-1932, l'équipe jouera deux dernières saisons, avant d'être relocalisée à St. Louis en 1934.

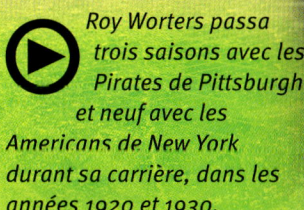

◀ *Cy Denneny mena dans la LNH pour le nombre de buts marqués avec les Sénateurs d'Ottawa (première mouture) en 1923-1924. Il fut l'un des trois premiers buteurs à sept occasions durant les neuf premières années de la Ligue.*

MAROONS DE MONTRÉAL

Durant leurs 14 saisons au sein de la LNH, les Maroons de Montréal ont compté parmi leurs rangs les plus grandes vedettes de l'époque, comme Nels Stewart, le premier compteur de 300 buts de la LNH. En 1926 et en 1935, ils remportèrent la Coupe Stanley. Les Maroons entrèrent dans la LNH avec les Bruins de Boston en 1924-1925 et évoluèrent au Forum de Montréal, récemment construit. En 1938, ils suspendirent leurs activités à cause des pertes financières dues à la Grande Dépression. Ils furent officiellement démantelés le 13 mai 1939.

EAGLES DE ST. LOUIS

Le 22 septembre 1934, la LNH autorisa la relocalisation des Sénateurs d'Ottawa à St. Louis. Malheureusement, St. Louis avait déjà une équipe de haut niveau dans l'Association américaine de hockey, et les Eagles, bons derniers au classement, peinèrent à attirer des partisans. À la fin de la saison 1934-1935, le propriétaire demanda la permission de suspendre les activités de l'équipe durant un an. Les gouverneurs de la LNH choisirent plutôt de racheter la concession et de soumettre ses joueurs à un repêchage afin de les redistribuer à travers la Ligue.

QUAKERS DE PHILADELPHIE

En 1929-1930, 12 joueurs troquèrent l'uniforme jaune et noir des Pirates de Pittsburgh contre l'orange et noir des Quakers de Philadelphie, lorsque l'équipe déménagea en Pennsylvanie pour la saison 1930-1931. Durant sa dernière saison à Pittsburgh, l'équipe obtint une fiche de 5-36-3 en 44 matchs, mais fit encore pire à Philadelphie, avec une fiche de 4-36-4. Les Quakers se retirèrent de la LNH avant la saison 1931-1932, bien que la concession Pittsburgh/Philadelphie ne soit officiellement démantelée que le 7 mai 1936.

DATES DE RELOCALISATION DES ÉQUIPES ACTUELLES DE LA LNH

Équipe actuelle	Date	Ancienne appellation
Flames de Calgary	24 juin 1980	Flames d'Atlanta
Hurricanes de la Caroline	25 juin 1997	Whalers de Hartford
Avalanche du Colorado	21 juin 1995	Nordiques de Québec
Stars de Dallas	9 juin 1993	North Stars du Minnesota
Devils du New Jersey	30 juin 1982	Rockies du Colorado
	25 août 1976	Scouts de Kansas City
Coyotes de Phoenix	1er juillet 1996	Jets de Winnipeg
Jets de Winnipeg	31 mai 2011	Thrashers d'Atlanta

SEALS ET BARONS

Les Seals d'Oakland furent la seule équipe d'expansion qui ne participa pas aux séries éliminatoires de la saison 1967-1968. Ils accédèrent aux séries les deux saisons suivantes mais continuèrent à traîner la patte. Vendue et rebaptisée les Golden Seals de la Californie, l'équipe rata les éliminatoires durant six saisons consécutives, avant de déménager à Cleveland en 1976. Après deux autres années sans qualification aux séries, les Barons de Cleveland fusionnèrent avec les North Stars du Minnesota en 1978.

LES CLUBS DISPARUS

NEUVIÈME PARTIE
HOCKEY SUR GLACE INTERNATIONAL

De quatre membres en 1908 à près de 70 aujourd'hui, la Fédération internationale de hockey sur glace (IIHF) supervise les matchs des hommes et des femmes partout dans le monde.

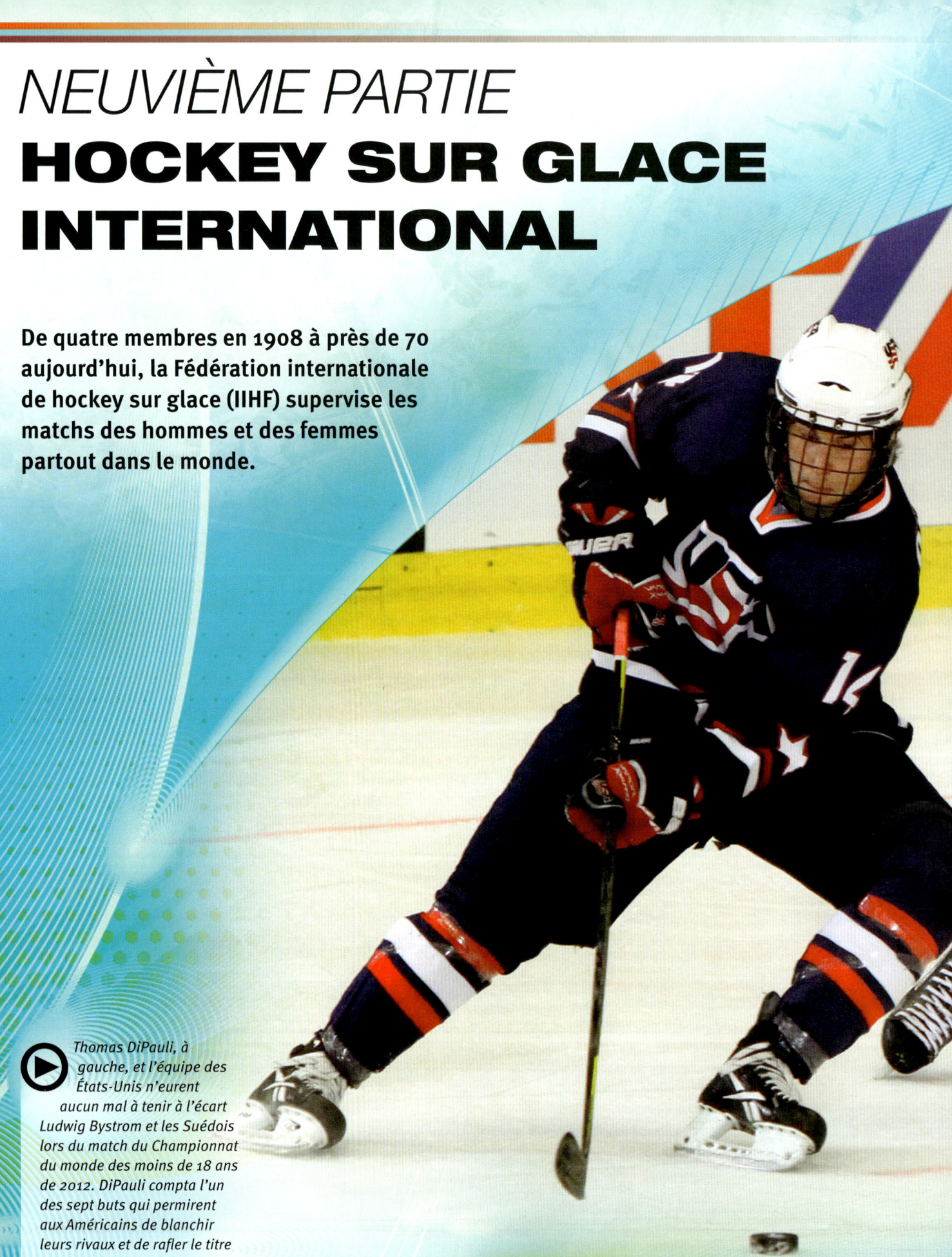

▶ *Thomas DiPauli, à gauche, et l'équipe des États-Unis n'eurent aucun mal à tenir à l'écart Ludwig Bystrom et les Suédois lors du match du Championnat du monde des moins de 18 ans de 2012. DiPauli compta l'un des sept buts qui permirent aux Américains de blanchir leurs rivaux et de rafler le titre pour la quatrième fois de suite et la septième au total.*

LES CHAMPIONNATS DU MONDE

Fondée à Paris en 1908 sous le nom de Ligue internationale de hockey sur glace, la Fédération internationale de hockey sur glace regroupe aujourd'hui près de 70 fédérations nationales ; plus de 50 en sont membres à part entière, et près de 20 autres en sont membres associés ou affiliés. La plupart des pays membres sont en Europe, mais la croissance du sport a entraîné l'adhésion de membres en Asie, en Afrique, en Amérique du Sud et du Nord, et au Mexique. Les objectifs de la Fédération consistent à diriger, développer et promouvoir le hockey (et le *in-line hockey*) partout dans le monde, et de contribuer à maintenir des relations amicales entre les associations nationales membres.

FONDATION DE L'IIHF

La Fédération internationale de hockey sur glace fut fondée à Paris, en France, le 15 mai 1908, sous le nom de Ligue internationale de hockey sur glace. Des représentants de Belgique, de France, de Grande-Bretagne et de Suisse signèrent le document fondateur. La Bohême (annexée à la nouvelle République tchèque en 1993) en devint le cinquième membre, plus tard en 1908. Louis Magnus, un Français, en fut le premier président. Le premier congrès eut lieu à Paris cette même année ; le deuxième, à Chamonix, en 1909.

LES CHAMPIONNATS EUROPÉENS

Le premier championnat européen officiel se tint en janvier 1910 sur la glace du lac de Genève, dans les Alpes suisses. La Grande-Bretagne, l'Allemagne, la Belgique et la Suisse y prirent part, et la Grande-Bretagne fut victorieuse. Exception faite des années de la Première Guerre mondiale, le championnat européen fut tenu tous les ans jusqu'en 1932. De 1933 à 1991, cet événement eut lieu dans le cadre des Championnats du monde. En tout, il y eut 66 championnats européens entre 1910 et 1991.

CHAMPIONS EUROPÉENS À CE JOUR

URSS	27 fois
Bohême/Tchécoslovaquie	14 fois
Suède	10 fois
Grande-Bretagne	4 fois
Suisse	4 fois
Allemagne	2 fois
Autriche	2 fois
France	1 fois
Belgique	1 fois

Remarque : Les résultats du championnat de 1912 furent plus tard retirés du livre de records parce que l'Autriche y participa sans être encore membre de l'IIHF. La Bohême le remporta.

▲ Pendant les années 1930, la Hongrie eut une équipe nationale de hockey compétitive. Au Championnat du monde de 1938, elle fit match nul, 1-1, avec le Canada, qui gagna l'or.

◄ La Bohême (qui devint le cœur de la Tchécoslovaquie après la Première Guerre mondiale) fut une des premières puissances européennes au hockey.

NAISSANCE DES CHAMPIONNATS DU MONDE

Le Canada et les États-Unis se joignirent à l'IIHF en 1920, lorsqu'ils prirent part au tournoi de hockey organisé ce printemps-là dans le cadre des Jeux olympiques d'Anvers. En 1983, l'IIHF décréta que les Jeux olympiques de 1920 seraient considérés comme le premier Championnat du monde. L'IIHF avait déjà décidé, en 1930, que les Jeux olympiques de 1924 et de 1928 compteraient aussi comme des Championnats du monde. Le premier Championnat du monde tenu indépendamment des Jeux olympiques eut lieu en 1930.

LE CHAMPIONNAT DU MONDE DE 1930

En 1930, l'IIHF décida de tenir un Championnat du monde annuel. Pour que l'événement puisse avoir le statut de Championnat du monde, au moins une équipe non européenne devait y participer. Une équipe de Toronto parrainée par l'entreprise CCM, en tournée en Europe cet hiver-là, représenta le Canada. Grâce à une exemption, elle passa directement en finale et remporta le Championnat contre l'Allemagne, l'équipe championne, par la marque de 6-1.

UN NOUVEAU CHAMPION

Entre 1920 et 1932, en comptant les Jeux olympiques et les Championnats du monde, le Canada gagna six tournois internationaux de suite sans perdre un seul match. Cette séquence de victoires prit fin au Championnat du monde de Prague. Ni les National Sea Fleas de Toronto ni l'équipe américaine basée à Boston n'avaient été battues avant la finale. Lors de celle-ci, c'était 1-1 à la fin de la période de jeu réglementaire. John Garrison marqua le seul but de la période de prolongation de 10 minutes, donnant une victoire de 2-1 aux États-Unis.

CHAMPIONNATS TCHÈQUES

Le Canada n'envoya pas d'équipe outre-mer en 1947, lorsque le Championnat du monde reprit pour la première fois depuis 1939, après la Deuxième Guerre mondiale. Une équipe américaine faible laissa le champ libre aux Européens, et la Tchécoslovaquie devint championne. Celle-ci finit à égalité avec le Canada aux Jeux olympiques d'hiver de 1948 et dut se contenter de l'argent, mais elle reprit son titre au Championnat du monde de 1949, battant le Canada pour la première fois.

L'équipe soviétique fête après s'être emparée de l'or grâce à une victoire de 3-2 contre le Canada, aux Jeux olympiques d'Innsbruck en 1964.

UN NOUVEL ORDRE MONDIAL

L'Union soviétique fit ses débuts au hockey international lors du Championnat du monde de 1954, à Stockholm. Le Canada n'avait pas envoyé d'équipe en 1953, et n'envoya qu'un club senior B en 1954, la East York Lyndhursts. Celle-ci demeura néanmoins invaincue jusqu'à ce que les Soviétiques la battent 7-2 en finale. La seule tache au dossier des Soviétiques fut un match nul contre la Suède, le pays hôte. Leur victoire contre le Canada leur donna leur premier titre mondial.

LA PREMIÈRE VRAIE ÉQUIPE

Après la victoire des Soviétiques en 1954, des équipes canadiennes remportèrent le Championnat en 1955, en 1958, en 1959 et en 1961. En 1963, cependant, il devint clair qu'il fallait une équipe plus forte pour vaincre les Soviétiques. Le père David Bauer (entraîneur, enseignant et prêtre) mit sur pied la première équipe nationale canadienne pour 1963-1964. Mal financée et souvent ignorée au pays, cette équipe remporta le bronze en 1966 et en 1967, ainsi qu'aux Jeux olympiques de Grenoble (1968).

PROFESSIONNELS CONTRE AMATEURS

L'IIHF avait toujours été moins rigide que le Comité international olympique au sujet du recours aux joueurs professionnels. Certains de ceux-ci, canadiens et retraités, récupéraient donc leur statut d'amateur et jouaient pour le Canada aux Championnats du monde. Lorsqu'on annula les ententes qui avaient permis à plus de professionnels d'être du Championnat de 1970, le Canada protesta en se retirant de tous les tournois internationaux. En 1977, des professionnels de la LNH furent finalement autorisés à participer aux Championnats du monde. Aujourd'hui, bon nombre d'équipes aux Championnats du monde comptent des joueurs de la LNH dont l'équipe ne s'est pas rendue en séries ou a été éliminée dès la première ronde.

LA RUSSIE DE NOUVEAU VICTORIEUSE

Au match du Championnat du monde de hockey de 2012, où la Russie l'emporta 6-2 contre la Slovaquie, Alexander Semin, joueur étoile des Capitals de Washington, récolta deux buts et une aide, tandis que le meilleur joueur du tournoi, Evgeni Malkin des Penguins de Pittsburgh, comptait aussi de son côté. En tout, ce dernier marqua 11 buts et 19 points – le meilleur résultat du tournoi – pour les Russes, qui gagnaient pour la troisième fois en cinq ans (2008, 2009). Pavel Datsyuk des Red Wings de Detroit marqua un but et deux aides tandis que le capitaine des Capitals, Alex Ovechkin, inscrivit deux passes décisives.

UN JUSTE ÉQUILIBRE

La participation de la LNH aux Championnats du monde avait toujours été limitée, car ceux-ci coïncident avec les séries éliminatoires. L'équipe nationale de l'Union soviétique avait beaucoup de succès avant la chute de ce pays en 1991. Les compétitions devinrent alors plus égales. En 1994, le Canada remporta son premier titre mondial en 33 ans, tandis que la Finlande remporta son premier titre à vie en 1995. Depuis 1991, le Canada, la République tchèque, la Finlande, la Russie, la Slovaquie et la Suède ont tous été champions.

CHAMPIONNATS DU MONDE – FEMMES

Au Canada, les femmes jouent au hockey au moins depuis la fin des années 1880. Le hockey féminin devint populaire au Canada pendant la Première Guerre mondiale, comme le baseball féminin devint populaire aux États-Unis pendant la Deuxième Guerre mondiale. Dans les années 1920 et 1930, le hockey féminin se pratiquait de manière assez compétitive au Canada et dans certaines parties des États-Unis. Après un recul dans les années 1950, en raison de mentalités devenues plus conservatrices après la guerre, il redevint populaire à la fin des années 1960, mais reçut peu de soutien officiel. Il ne commença à percer réellement que dans les années 1980.

LES PREMIERS TEMPS

L'une des premières photos de hockey féminin date d'environ 1890 et montre Isobel Stanley, fille de Lord Stanley, jouant au hockey sur une patinoire extérieure à Rideau Hall, résidence officielle du gouverneur général à Ottawa. Un mois seulement après que Lord Stanley et sa famille eurent assisté à leur premier match de hockey au carnaval d'hiver de Montréal en 1889, Isobel Stanley joua dans l'équipe de Government House qui l'emporta sur le club de hockey Rideau Ladies.

LA PREMIÈRE VEDETTE MODERNE

Shirley Cameron fut la première grande vedette de hockey féminin de l'ère moderne. Membre fondatrice des Chimos d'Edmonton en 1973, elle joua au plus haut niveau de compétition pendant 20 ans et fut du premier Championnat du monde de hockey féminin accrédité par l'IIHF en 1990. Les Chimos perdirent en finale quand le Championnat national de hockey féminin fut réintroduit en 1982, mais Cameron les mena à la victoire en 1984, en 1985 et en 1992, avant de prendre sa retraite et d'en devenir l'entraîneur.

LE CHAMPIONNAT NON OFFICIEL

Le premier Championnat du monde de hockey féminin eut lieu à Toronto en avril 1987, mai l'IIHF ne reconnut pas l'événement. Des équipes du Canada, des États-Unis, de la Suède, de la Suisse et du Japon étaient présentes, de même qu'une équipe provinciale de l'Ontario. Cette dernière élimina les États-Unis en demi-finale avant de perdre contre le Canada, mais ne figura pas au classement final, de sorte qu'on considéra que les États-Unis étaient en deuxième place.

ELLES GAGNENT MALGRÉ TOUT!

En mars 1990, le premier Championnat du monde officiel de hockey féminin de l'IIHF eut lieu à Ottawa. Les joueuses de l'Équipe Canada portaient des uniformes rose vif qu'elles trouvaient embarrassants, mais ils contribuèrent à attirer l'attention sur le tournoi. Après avoir expédié les premières équipes, le Canada affronta la Finlande en demi-finale et battit ensuite les États-Unis pour remporter le titre. Angela James et Heather Ginzel dominaient les Canadiennes, tandis que Cammi Granato était la grande vedette américaine.

LE HOCKEY SE RÉPAND

Pendant les années 1890, des équipes féminines de hockey se formèrent partout au Canada. En 1900, la première ligue féminine connue vit le jour au Québec, avec des équipes à Montréal, Trois-Rivières et Québec. Le premier tournoi international de hockey féminin sur glace réunissant des équipes du Canada et des É.-U. eut lieu à Cleveland, en Ohio, en 1916. En 1921, l'Université de Toronto battit l'Université McGill lors du premier tournoi intercollégial de hockey féminin.

PREMIÈRES VEDETTES

Les Rivulettes de Preston furent l'équipe championne de hockey féminin de l'Ontario 10 fois de suite pendant les années 1930. Pendant cette décennie, on dit qu'elles disputèrent 350 matchs et en perdirent deux. Hilda Ranscombe, grande vedette de l'équipe, mena Preston à six championnats canadiens. Bobbie Rosenfeld, autre vedette de l'équipe, gagna deux médailles olympiques en athlétisme en 1928 et fut nommée athlète canadienne du demi-siècle en 1950.

▼ *Cammi Granato était la cadette de cinq enfants d'une famille de mordus du hockey. Son frère Tony joua dans la LNH.*

PAS DE MIRACLE CETTE FOIS-CI

Bien qu'il ait perdu en 1998 aux Jeux olympiques de Nagano, le Canada avait en 2000 un 6 sur 6 parfait au Championnat du monde de hockey féminin. Avec des joueuses comme Cammi Granato, Krissy Wendell et Jenny Schmidgall, les États-Unis comptaient bien mettre fin à cette séquence à Lake Placid en 2001. L'équipe américaine domina le tournoi et surpassa le Canada aux tirs (35-18) lors du match pour l'or, mais la gardienne de but Kim St-Pierre donna une victoire de 3-2 au Canada.

LES QUATRE GRANDES ÉQUIPES

Autrefois tenu aux trois ou quatre ans, un Championnat du monde de hockey féminin a lieu tous les ans depuis 1997 (sauf les années de Jeux olympiques). Outre ce championnat, l'événement international annuel le plus important en hockey féminin est la Coupe des quatre nations (qui fut d'abord la Coupe des trois nations en 1996). Ce tournoi oppose le Canada, les États-Unis, la Finlande et la Suède, les quatre meilleurs pays en hockey féminin.

▶ Cassie Campbell commença à patiner à l'âge de cinq ans. Elle fit du patinage de fantaisie pendant un an, mais à l'âge de sept ans, elle passa au hockey et ne le regretta jamais.

DEUX GRANDES VEDETTES

Hayley Wickenheiser n'avait que 15 ans quand elle entra dans l'équipe nationale de hockey féminin du Canada en 1994. Au Championnat du monde de 1997, elle brilla. Le Canada gagna l'or, comme lors de chaque tournoi à ce jour, et Wickenheiser finit au deuxième rang des marqueuses, derrière la Finlandaise Riikka Nieminen. Celle-ci a dominé comme marqueuse en 1994 et est souvent considérée comme la meilleure joueuse que l'Europe ait produite.

L'OR POUR LE CANADA

Lors du Championnat du monde de hockey sur glace féminin qui eut lieu à Burlington (VT), Caroline Ouellette marqua son second but de la joute à 1 minute 50 secondes de la période de prolongation, assurant une victoire de 5-4 du Canada contre les États-Unis. Meghan Agosta se saisit de la rondelle libre et la passa à Ouellette, qui marqua depuis la zone de but. C'était la première victoire du Canada depuis 2007 et la fin du règne de trois ans des Américaines. Les Canadiennes Hayley Wickenheiser et Laura Fortino participèrent, avec les Américaines Gigi Marvin, Kelli Stack, Monique Lamoureux-Kolls, et la gardienne de but suisse Florence Schelling, au tournoi de l'équipe des étoiles.

LE TEMPLE DE LA RENOMMÉE

En 2007, Cassie Campbell devint la première joueuse de hockey à être intronisée au Temple de la renommée des sports du Canada, après avoir brillé dans l'équipe nationale de hockey féminin de 1994 à 2006. En 2008, l'Américaine Cammi Granato et les Canadiennes Geraldine Heaney et Angela James (qu'on surnommait « la Wayne Gretzky du hockey féminin ») furent les premières femmes intronisées au Temple de la renommée de l'IIHF. En 2010, James et Granato furent intronisées au Temple de la renommée du hockey.

CHAMPIONNATS DU MONDE JUNIOR DES MOINS DE 20 ANS

Le World Under-20 Championship, l'événement des moins de 20 ans devenu une tradition du congé de Noël, est aussi appelé le Championnat du monde junior de hockey sur glace. Les fédérations de hockey soviétique et tchèque proposèrent un tournoi mondial de hockey junior des moins de 20 ans en 1973. Des tournois non officiels eurent lieu de 1974 à 1976, puis un tournoi approuvé par l'IIHF se tint en 1977. Au fil des ans, l'URSS/Russie et le Canada ont dominé cet événement, remporté tour à tour par les Américains, les Finlandais, les Suédois et les Tchèques. De nombreux grands joueurs des Championnats du monde junior de hockey sont devenus des vedettes de la LNH.

LE CANADA ENFIN VICTORIEUX!

Au début, il n'y avait pas de vraie équipe nationale canadienne au Championnat du monde de hockey junior. Souvent, il s'agissait plutôt d'équipes issues de clubs de hockey junior. En 1982, l'entraîneur Dave King et son assistant Mike Keenan menèrent enfin le Canada à un premier titre en hockey junior avec une équipe nationale qui incluait de futurs joueurs de la LNH : le gardien de but Mike Moffat, les défenseurs Gord Kluzak et James Patrick, et les avants Mike Moller, Marc Habscheid et Scott Arniel.

LA DOMINATION SOVIÉTIQUE

Ayant remporté les 3 tournois non officiels, l'Union Soviétique remporta aussi les 4 premiers championnats du monde officiels des moins de 20 ans : 8 victoires de suite de 1974 à 1980. En 1977, lors du premier championnat officiel, Viacheslav Fetisov fit son entrée sur la scène internationale et fut nommé meilleur défenseur. Il allait affronter Wayne Gretzky et le Canada en 1978. Vladimir Krutov fut le meilleur marqueur et le meilleur avant lors des championnats de 1979 et de 1980.

MÊME DES ÉTOILES N'ARRÊTENT PAS LES SOVIÉTIQUES

En 1983, le Canada, avec des étoiles comme Mario Lemieux, Steve Yzerman et Dave Andreychuk, ne réussit à accéder qu'à la troisième place au Championnat du monde de hockey junior. Les Tchèques, avec le gardien de but Dominik Hasek et le grand marqueur Vladimir Ruzicka, se classèrent deuxièmes, tandis que la Suède, avec le meilleur avant, Tomas Sandstrom, finit quatrième. À Leningrad, les Soviétiques inscrivirent une fiche parfaite de 7-0-0 et remportèrent l'or une fois de plus.

UNE BAGARRE MONSTRE À PIESTANY

L'équipe canadienne menée par Théo Fleury et Brendan Shanahan aurait pu ravir l'or aux Soviétiques lors du Championnat du monde de hockey junior en 1987. Malheureusement, le match fut interrompu au milieu de la deuxième période par une énorme bagarre. On baissa l'éclairage dans l'aréna et on laissa les deux équipes régler leurs comptes. Elles furent toutes les deux suspendues par l'IIHF, et la Finlande remporta sa première médaille d'or.

LA SUÈDE EN TÊTE

Le 5 janvier 2012, à Calgary (Alberta), Mika Zibanejad, une recrue des Sénateurs d'Ottawa, marqua un but à 10 minutes 9 secondes de la période de prolongation, assurant à la Suède une première victoire en 31 ans au Championnat du monde junior de hockey sur glace; l'équipe le remporta contre la Russie à 1-0. Zibanejad, qui avait obtenu la sixième position lors du repêchage de la LNH de 2011, ravit la rondelle au défenseur russe Nikita Gusev et effectua un tir du revers, déjouant le gardien Andrei Makarov. Après avoir vaincu la Finlande à 4-0, le Canada se mérita la médaille de bronze.

PROLONGATIONS ET FUSILLADE

En 1998, après cinq victoires d'affilée, le Canada dégringola en huitième place. Pays hôte, la Finlande domina et battit la Russie 2-1 en prolongation lors du match pour l'or. Un an plus tard, à Winnipeg, la Russie battit le Canada 3-2 en prolongation et rafla le titre. En 2000, le match pour l'or fut remporté en fusillade, aucun but n'ayant été marqué, pas même en prolongation. Milan Kraft marqua le but gagnant de la victoire des Tchèques contre la Russie, et Zdenek Smid brilla devant le filet.

NOUVEAU FORMAT, MÊMES RÉSULTATS

Dix équipes prirent part au Championnat du monde de hockey junior en 1996, à Boston, soit deux de plus que par les années passées. C'est lors de ce tournoi qu'eut lieu la première ronde d'éliminatoires, avec des quarts de finale et des demi-finales menant à un match décisif pour l'or. Le Canada obtint de brillantes performances de José Theodore (qui fut nommé meilleur gardien de but) et du meneur des marqueurs et meilleur joueur avant, Jarome Iginla, et remporta le quatrième de cinq championnats d'affilée. Le Suédois Mattias Ohlund fut nommé meilleur défenseur.

UNE PREMIÈRE POUR LES AMÉRICAINS

Après que la Russie lui eut ravi l'or en 2002 et en 2003, le Canada atteignit les finales en 2004, mais se trouva devant un nouveau rival. Largement considérée comme la favorite avant le championnat, l'équipe américaine dirigée par Zach Parise comptait bon nombre des joueurs qui avaient gagné le Championnat du monde des moins de 18 ans en 2002. Le Canada menait 3-1 en début de troisième période, mais Patrick O'Sullivan donna une éclatante victoire aux Américains en marquant trois buts.

▲ Avant que sa carrière ne décolle dans la LNH, Patrick O'Sullivan représenta les États-Unis lors de nombreux événements internationaux.

▶ Zach Parise domina l'équipe américaine comme marqueur lors des Championnats du monde de hockey junior de 2003 et de 2004. Il fut nommé le joueur le plus utile en 2004.

LA MEILLEURE ÉQUIPE DE TOUS LES TEMPS ?

La LNH étant en lock-out, le Canada délégua une puissante équipe au Championnat du monde de hockey junior en 2005, dans le Dakota du Nord. Cette équipe, qui comptait 12 des joueurs de l'équipe de 2004, dont le capitaine Mike Richards, expédia le tournoi en 6 victoires de suite et remporta le match final 6-1 contre une équipe russe dominée par Alexander Ovechkin et Evgeni Malkin. Patrice Bergeron joua sur le même trio que la sensation de l'heure, Sidney Crosby, 17 ans, et fut nommé le joueur le plus utile du Championnat.

TOEWS TROIS FOIS

En 2007, le gardien de but Carey Price mena l'Équipe Canada à une troisième victoire d'affilée au Championnat du monde de hockey junior. Le Canada demeurait invincible pour une troisième année de suite. La victoire clé survint en demi-finale, lorsque les Américains prirent l'avance sur le Canada, qui égala toutefois la marque et les battit lors d'une fusillade exaltante où Jonathan Toews marqua trois buts. Lors du match pour l'or contre la Russie, le Canada connut une avance de 4-0 et remporta la victoire par la marque de 4-2.

VAINCU LA SIXIÈME FOIS

En 2009, le Canada égala son propre record et remporta un cinquième championnat d'affilée à Ottawa. En demi-finale, il fut menacé d'être éliminé par la Russie, mais Jordan Eberle égala la marque 5-5, à 5 secondes de la fin, puis marqua le but gagnant en fusillade. Le Canada battit la Suède 5-1 et remporta l'or. Eberle fut brillant aux finales de 2010, mais le but de John Carlson en prolongation donna une victoire de 6-5 aux États-Unis, privant le Canada d'une sixième médaille d'or de suite.

◀ Jordan Eberle aida le Canada à remporter sa cinquième médaille d'or d'affilée en 2009, mais il dut se contenter de l'argent en 2010, même s'il fut nommé joueur le plus utile du championnat.

▲ Jonathan Toews fut le meilleur marqueur du Canada lors du Championnat du monde de hockey junior en 2007, et fut nommé joueur étoile du championnat.

CHAMPIONNATS DU MONDE DES MOINS DE 18 ANS

Le Championnat du monde des moins de 18 ans fut d'abord un championnat junior européen des moins de 19 ans. Comme pour le Championnat du monde de hockey junior, ce furent les fédérations de hockey soviétique et tchèque qui proposèrent l'idée. Un tournoi non officiel eut lieu en 1967, et l'IIHF lui accorda un statut officiel l'année suivante. Quand le championnat du monde junior des moins de 20 ans devint officiel en 1977, l'âge limite du Championnat européen junior fut abaissé à 18 ans. C'est ainsi qu'on se mit à y repêcher de nombreux joueurs pour la LNH. Il devint le Championnat du monde des moins de 18 ans en 1999, lorsque les États-Unis s'y joignirent. Le Canada y fit sa première apparition en 2002.

TITRES DU CHAMPIONNAT EUROPÉEN JUNIOR DEPUIS SA CRÉATION

- 12 URSS/Russie (1969, 1970, 1971, 1973, 1975, 1976, 1980, 1981, 1983, 1984, 1989, 1996)
- 10 Suède (1972, 1974, 1977, 1982, 1985, 1987, 1990, 1993, 1994, 1998)
- 5   Tchécoslovaquie (1968, 1979, 1988, 1991, 1992)
- 4   Finlande (1978, 1986, 1995, 1997)

UNE PREMIÈRE POUR LA FINLANDE

Avant le Championnat européen junior en 1978, la Finlande n'avait jamais remporté l'or dans un tournoi mondial ou européen. Après des victoires contre les Suisses, les Norvégiens, les Suédois et les Tchèques, elle se retrouva à jouer pour la victoire contre les Soviétiques. À égalité 3-3 à la fin du temps réglementaire et à égalité 5-5 après les 20 minutes de jeu en prolongation, Jari Kurri marqua à 1 minute 42 secondes de prolongation à but unique et donna à la Finlande son premier championnat.

SEDIN FAIT BRILLER LA SUÈDE

Le match final du Championnat européen junior fut joué en avril 1998. La Suède devait remporter son match final sur la Russie par au moins quatre buts, ou l'or irait à la Finlande, sa grande rivale. Avec les jumeaux Daniel et Henrik Sedin dominant le match, la Suède l'emporta 5-1. Daniel finit à égalité comme meneur des marqueurs du tournoi, avec 3 buts et 8 aides pour 11 points, tandis qu'Henrik marqua 5 buts en 6 matchs.

LES AMÉRICAINS AGISSENT

En 1996, USA Hockey lança son programme national de développement d'équipes (USNTDP) dans le but de rassembler à Ann Arbor, au Michigan, les meilleurs joueurs de hockey de 16 et de 17 ans au pays, pour qu'ils s'entraînent toute l'année en vue de faire partie des équipes nationales américaines. Ce programme ouvrit la voie à la participation des Américains au championnat du monde des moins de 18 ans en 1999, et permit d'améliorer les résultats de Team USA au cours des Championnats mondiaux des dernières années.

En 2001, la performance d'Ilya Kovalchuk au Championnat du monde des moins de 18 ans contribua à solidifier sa position de meilleur choix cette année-là au repêchage de la LNH.

KOVALCHUK FAIT SES PREUVES

Après les victoires de la Finlande au Championnat du monde des moins de 18 ans en 1999 et en 2000, une future vedette de la LNH propulsa la Russie au sommet en 2001. Ilya Kovalchuk, gagnant de l'or avec la Russie lors du Challenge des moins de 17 ans en 2000, domina comme marqueur (11 buts et 15 points), et la Russie remporta l'or contre la Suisse par la marque de 6-2. Six semaines plus tard, les Thrashers d'Atlanta choisirent Kovalchuk en premier au repêchage de la LNH.

LA PARTICIPATION DU CANADA

Des équipes du Canada sont du tournoi d'été des moins de 18 ans depuis 1991. Tous les ans, en août, Hockey Canada organise un camp de sélection pour choisir les 22 joueurs qui y prendront part. Depuis 2002, le Canada participe aussi au Championnat du monde des moins de 18 ans, mais le pool des joueurs est limité, car l'événement a lieu pendant les éliminatoires de la plupart des ligues de hockey junior. En 2002, le capitaine Eric Staal des Hurricanes de la Caroline était membre de l'équipe des moins de 18 ans.

ALEXANDRE LA GRAND

En 2002, Alex Ovechkin n'avait que 16 ans lorsqu'il établit des records au Championnat du monde des moins de 18 ans : 14 buts et 18 points en seulement 8 matchs. Alexander Semin, son compatriote et futur coéquipier au sein des Capitals de Washington, fut le deuxième marqueur du tournoi cette année-là, avec 15 points (8 buts et 7 aides). Ovechkin joua de nouveau au tournoi des moins de 18 ans en 2003 et finit à égalité comme meneur avec 9 buts en 6 matchs.

LES AMÉRICAINS SONT À LA HAUTEUR

En 2002, pour rafler l'or au Championnat du monde des moins de 18 ans, l'équipe américaine devait battre la Russie par au moins deux buts lors du match final : elle y parvint grâce à une victoire de 3-1. C'était un pas de géant pour une équipe qui n'avait pas réussi à faire mieux qu'une sixième place lors des trois tournois précédents. Patrick O'Sullivan domina l'offensive avec 8 buts et 7 aides, tandis que Zach Parise marqua 7 fois. Ryan Suter fut nommé meilleur défenseur.

LE PREMIER TITRE DU CANADA

Ayant fini sixième lors de sa première participation en 2002, le Canada remporta l'or au Championnat du monde des moins de 18 ans en 2003. Malgré un départ lent, il reprit le rythme et se réjouit de la victoire de la Slovaquie sur la Russie en demi-finale. Lors du match pour l'or, le Canada l'emporta 3-0 contre la Slovaquie et son gardien de but Jaroslav Halak. L'Équipe Canada comptait les Ryan Getzlaf et Brent Seabrook (futurs médaillés d'or olympiques), ainsi que Jeff Carter et Mike Green.

UNE VICTOIRE UNILATÉRALE

Le Canada obtint sa deuxième médaille d'or au Championnat du monde des moins de 18 ans en 2008, l'emportant 8-0 contre la Russie lors du match le plus déséquilibré de l'histoire du tournoi. Nombre de joueurs du Canada seraient des premiers choix au repêchage de la LNH, dont la future vedette mondiale junior Jordan Eberle (qui marqua deux buts en finale), Cody Hodgson (qui domina le tournoi avec 2 buts et 10 aides) et Taylor Hall, premier choix au repêchage de la LNH en 2010.

LES USA GAGNENT LEURS GALONS

En 2005, quand les États-Unis remportèrent la médaille d'or, Phil Kessel, le plus grand marqueur de buts américain de l'histoire du Championnat du monde des moins de 18 ans, compta 9 buts et marqua 16 points. L'année suivante, qui en fut une autre victorieuse pour les Américains, c'est Patrick Kane qui marqua le plus de buts. À compter de 2009, les États-Unis gagnèrent quatre médailles d'or consécutives; le 22 avril 2012, le tournoi fut couronné par Nicola Kerdiles, qui récolta deux buts et trois aides lors de la défaite de 7-0 de la Suède.

▲ *Cody Hodgson remporta l'or et domina comme marqueur lors du Championnat du monde des moins de 18 ans en 2008 et du Championnat du monde junior en 2009.*

▲ *Avec 104 buts et 180 points au cours des deux années où il en fit partie, Phil Kessel est le meilleur marqueur de l'histoire du programme national de développement d'équipes (USNTDP).*

▶ *Avec 102 points (52 buts et 50 aides) en 68 matchs en 2005-2006, Patrick Kane fut le meilleur marqueur en une saison de l'histoire de l'USNTDP.*

COUPE DU MONDE DE HOCKEY

En 1976, la LNH, l'Association des joueurs de la LNH et Hockey Canada créèrent la Coupe Canada, qui marquait le retour officiel du Canada au hockey international après un boycott amorcé en 1970. Organisé avant le début de la saison de la LNH, le tournoi offrait aux fans de hockey leur première chance de voir de grands joueurs de la LNH (et des vedettes de l'AMH) représenter leur pays respectif. La Coupe Canada fut disputée cinq fois : en 1976, en 1981, en 1984, en 1987 et en 1991. En 1996, le tournoi, rebaptisé Coupe du monde de hockey, fut étendu à huit équipes nationales, et certains matchs se jouèrent en Europe. Une deuxième Coupe du monde eut lieu en 2004.

En 1996, le gardien de but Mike Richter fit la différence. Les Américains remontèrent la pente et offrirent une brillante performance, pour remporter le match final de la Coupe du monde.

RÉSULTATS EN COUPE CANADA ET EN COUPE DU MONDE, DE TOUT TEMPS

Année	Gagnant	Finaliste	Joueur le plus utile
1976	Canada	Tchécoslovaquie	Bobby Orr
1981	Union soviétique	Canada	Vladislav Tretiak
1984	Canada	Suède	John Tonelli
1987	Canada	Union soviétique	Wayne Gretzky
1991	Canada	États-Unis	Bill Ranford
1996	États-Unis	Canada	Mike Richter
2004	Canada	Finlande	Vincent Lecavalier

COUPE CANADA, 1976

La Coupe Canada inaugurale opposait le Canada, l'Union soviétique, la Tchécoslovaquie, la Suède, la Finlande et les États-Unis. Cette année-là, après une défaite contre les Tchèques au Championnat du monde, l'équipe soviétique était en transition et ne parvint pas à se rendre en finale. Les Tchèques battirent les Canadiens 1-0 au tournoi à la ronde, mais ceux-ci eurent leur revanche en finale avec un balayage 2 de 3 (victoires de 6-0 et de 5-4). Bobby Orr brilla pendant toutes les séries.

COUPE CANADA, 1981

Cinq ans plus tard, les cinq mêmes pays étaient de retour pour la deuxième Coupe Canada. Les Soviétiques étaient de nouveau en mode « reconstruction ». Cette fois-ci, ils se rendirent en finale malgré une défaite de 7-3 contre le Canada lors du dernier match du tournoi à la ronde, qui comprenait cette année-là une finale de un match. Les Soviétiques stupéfièrent les Canadiens avec une victoire de 8-1. Sergei Shepelev mena le jeu avec trois buts, tandis qu'Igor Larionov en marqua deux.

LA FINALE DE 1976

En 1976, des vedettes tchèques comme Milan Novy, Ivan Hlinka, Jiri Bubla et Peter Stastny avaient tous remporté des championnats du monde, mais leur équipe n'arrivait pas à vaincre Bobby Orr, Bobby Hull, Bobby Clarke et l'une des meilleures équipes canadiennes jamais formées. Après une victoire de 6-0 au match d'ouverture des finales, grâce à un but de Darryl Sittler en prolongation, le premier championnat de la Coupe Canada alla au Canada.

Le jeu éblouissant de Bobby Orr en Coupe Canada en 1976 marqua le dernier grand moment de sa spectaculaire carrière.

COUPE CANADA, 1984

Après avoir terminé cinquième au Championnat du monde plus tôt dans l'année, l'Allemagne de l'Ouest remplaça la Finlande lors de la troisième Coupe Canada. L'équipe du Canada passa à travers le tournoi à la ronde tant bien que mal (2 victoires et 1 match nul en 5 matchs), mais ébranla les Soviétiques invaincus en demi-finale, tandis que les Suédois écrasaient les Américains 9-2. Le Canada retrouva enfin la forme en finale, avec des victoires de 5-2 et de 6-5 dans un balayage 2 de 3.

CANADA-URSS, 1984

Les Soviétiques inscrivirent une fiche parfaite de 5-0-0 lors des matchs du tournoi à la ronde de la Coupe Canada, avec une victoire de 6-3 contre le Canada au dernier match. Trois soirs plus tard, les deux équipes s'affrontèrent en demi-finale. Le Canada domina pendant deux périodes, mais ne menait que par 1-0. Un but de Doug Wilson peu avant la fin égala la marque 2-2, puis celui de Mike Bossy, après 12 minutes 29 secondes de jeu en prolongation, lui donna la victoire.

COUPE CANADA, 1987

Lors du tournoi de la Coupe Canada en 1987, Mario Lemieux se révéla une véritable super vedette. Jumelé à Wayne Gretzky, Lemieux démontra ses talents dans un tournoi qui offrit certains des moments les plus excitants de l'histoire du hockey. Lemieux établit un record en Coupe Canada avec 11 buts en 9 matchs, tandis que Gretzky établit les records de 18 aides et 21 points. Les deux vedettes s'allièrent pour marquer le but gagnant de la victoire finale de 6-5 contre les Soviétiques.

Lors de la Coupe Canada de 1987, Wayne Gretzky (devant) et Mario Lemieux contribuèrent à certains des plus grands moments du hockey.

CANADA-URSS, 1987

Pour la première fois de l'histoire de la Coupe Canada, la série 2 de 3 s'étira... et chaque match fut plus palpitant que le précédent ! Les Soviétiques gagnèrent le premier match 6-5 grâce à un but en prolongation d'Alexander Semak. Équipe Canada remporta le deuxième 6-5 grâce à un but de Lemieux en deuxième période de prolongation. Lors du troisième match, Gretzky assista Lemieux à 1 minute 26 secondes de la fin, et le Canada remporta la Coupe par une autre victoire de 6-5.

COUPE CANADA, 1991

Dominée par Mike Modano, Brett Hull, Brian Leetch et Pat LaFontaine, l'équipe des États-Unis perdit seulement contre le Canada pendant les matchs du tournoi à la ronde. Ayant battu la Finlande 7-3 en demi-finale, les Américains voulurent prendre leur revanche sur le Canada en finale. Ce dernier remporta le premier match 4-1, mais perdit Wayne Gretzky lorsqu'une charge au bâton du défenseur de l'équipe américaine Gary Suter le mit hors jeu. Même sans « la Merveille », le Canada remporta le second match 4-2, et la Coupe.

Vladimir Krutov, Igor Larionov, Sergei Makarov et Sergei Babinov célèbrent après un but, pendant le match final de la Coupe Canada en 1981. Le Canada subit une cuisante défaite de 8-1 aux mains des Soviétiques.

COUPE DU MONDE DE HOCKEY, 1996

Une équipe américaine comprenant Tony Amonte, John LeClair et Keith Tkachuk remporta le tournoi inaugural de la Coupe du monde de hockey. Ayant défait le Canada, la Russie et la Slovaquie lors de la ronde en Amérique du Nord, les Américains battirent de nouveau la Russie en demi-finale. Le Canada défit l'Allemagne et la Suède en éliminatoires, et ouvrit les finales avec une victoire de 4-3 en prolongation à Philadelphie, mais les États-Unis rebondirent avec deux victoires de 5-2 à Montréal, et remportèrent le tournoi.

Tony Amonte marqua en troisième période, et les États-Unis troquèrent un déficit de 2-1 contre une avance de 3-2, pour remporter la victoire 5-2 lors du match final de la Coupe du monde en 1996.

COUPE DU MONDE DE HOCKEY, 2004

Dirigée par Wayne Gretzky et entraînée par Pat Quinn, responsable de l'Équipe Canada aux Olympiques de Salt Lake City en 2002, l'équipe du Canada en Coupe du monde comptait bon nombre des joueurs récemment médaillés d'or. Invaincue pendant tout le tournoi, il lui fallut toutefois un but en prolongation de Vincent Lecavalier, pour une victoire de 4-3 contre les Tchèques en demi-finale, et un but en troisième période de Shane Doan, pour une victoire de 3-2 sur la Finlande lors de la finale en un match.

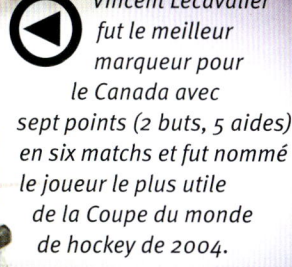

Vincent Lecavalier fut le meilleur marqueur pour le Canada avec sept points (2 buts, 5 aides) en six matchs et fut nommé le joueur le plus utile de la Coupe du monde de hockey de 2004.

INDEX

A
Abel, Sid, 38, 53, 132
Abel, Taffy, 150
Adams, Jack, 81, 82, 132
Adams, Kevyn, 129
Agosta. Meghan, 181
Alfredsson, Daniel, 152, 153
Allemagne
  à la Coupe du monde de hockey, 187
  aux Championnats du monde, 178, 179
  aux Jeux olympiques d'hiver, 24, 30
Allemagne de l'Ouest
  à la Coupe du monde de hockey, 187
  aux Jeux olympiques d'hiver, 29
Americans de New York, 175
  dans la LNH, 13, 16
  records d'équipe, 37, 44, 53
Anaheim – les Ducks, 114-115
  dans la LNH, 19
  et la Coupe Stanley, 115
  records d'équipe, 44
Anderson, Glenn, 36, 38, 39, 41, 71, 95, 101, 135
Anderson, Tom, 76
Andreychuk, Dave, 57, 60, 62, 118, 165, 167, 182
Antropov, Nik, 172
Anvers, Jeux d'hiver d' (1920), 24
Arbour, Al, 148, 149
Aristocrats de Victoria
  dans la PCHA, 14, 15
Armée rouge (Soviétiques)
  en Super Séries, 21
Armstrong, George, 167
Association américaine de hockey (AHA), 107
Association canadienne de hockey (ACH), 12, 13
Association de hockey amateur de l'Est du Canada (ECAHA), 12
Association de hockey amateur du Canada (AHAC), 12
Association de hockey de la Côte du Pacifique (PCHA)
  et la Coupe Stanley, 93
  histoire, 14-15
Association de hockey de l'Est du Canada (AHEC), 12
Association de hockey de l'Ontario, 108
Association mondiale de hockey (WHA/AMH), 19, 21

B
Association nationale de hockey (ANH), 12, 13, 15, 93
Aucoin, Adrian, 87
Avalanche du Colorado, 126-127
  records d'équipe, 41

Babando, Pete, 98
Babych, Wayne, 162
Bailey, Ace, 84, 166, 167
Bain, Dan, 98
Baker, Hobey, 110
Bandy, 11
Barber, Bill, 19, 63, 101, 154, 155
Barilko, Bill, 94, 99
Barons de Cleveland, 174
Barrasso, Tom, 83, 158
Bathgate, Andy, 17, 71
Bauer, Bobby, 38, 174
Baun, Bob, 99
Baxter, Paul, 63, 158
Beck, Barry «Bubba», 67
Belfour, Ed, 83, 124, 131
Béliveau, Jean, 17, 41, 58, 69, 70, 83, 96, 97, 99, 102, 142
Bellows, Brian, 71, 130
Benn, Jamie, 130
Benn, Jordie, 130
Bentley, Doug, 54, 85, 125
Bentley, Max, 54, 85, 125
Berenson, Red, 18, 50, 58, 110
Bergeron, Patrice, 81
Biélorussie
  aux Jeux olympiques d'hiver, 31
Blackhawks de Chicago, 124-125
  dans la LNH, 18
  en Super Séries, 21
  et la Coupe Stanley, 96
  records d'équipe, 37, 40, 41, 42, 44
Bladon, Tom, 65, 155
Blake, Rob, 139
Blake, Toe, 38
Blue Jackets de Columbus, 128-129
  dans la LNH, 19
Blues de St. Louis, 162-163
  dans la LNH, 18, 19
  records d'équipe, 39, 42
Blueshirts de Toronto
  champions de l'ANH, 12
Bobrov, Vsevolod, 26
Bodnar, Gus, 69
Bondra, Peter, 50, 171
Bonin, Marcel, 69
Bossy, Mike, 51, 56, 57, 59, 63, 64, 66, 68, 70, 71, 83, 97, 101, 148, 149
Boston, les Bruins, 116-117
  dans la LNH, 13, 18
  en Super Séries, 21
  et la Coupe Stanley, 93, 174-175
  et la Ligue canadienne-

américaine de hockey, 106
  records d'équipe, 34, 35, 36, 37, 38, 39, 40, 42, 43, 44, 45
Boston College, 110
Boucher, Brian, 73
Boucher, Frank, 49, 80, 82
Boudreau, Bruce, 171
Bourque, Raymond, 52, 65, 67, 71, 83, 87, 175
Bower, Johnny, 9
Bowman, Scotty, 97
Bradley, Brian, 164, 165
Brière, Michel, 43
Brimsek, Frank, 82
Brind'Amour, Rod, 123
Broadbent, Punch, 61
Broda, Turk, 106, 166, 167
Brodeur, Martin, 72, 73, 79, 82, 100, 147
Brooks, Herb, 25
Broten, Neal, 71, 130
Bruins de Boston, 116-117
  dans la LNH, 13, 18
  en Super Séries, 21
  et la Coupe Stanley, 93, 116-117
  et la Ligue canadienne-américaine de hockey, 106
  records d'équipe, 34, 35, 36, 37, 38, 39, 40, 42, 43, 44, 45
Bruneteau, Mud, 45
Brunnstrom, Fabian, 67
Buchberger, Kelly, 134
Bucyk, John, 38, 39, 56
Buffalo – les Sabres, 118-119
  dans la LNH, 19
  en Super Séries, 21
  records d'équipe, 37, 39, 40
Bulldogs de Québec, 174
  champions de l'ANH, 12
  dans la LNH, 13
  records d'équipe, 37
Bure, Pavel, 56, 57, 137, 168, 169
Burke, Sean, 146
Burns, Pat, 81
Buts des ailiers
  records individuels, 64
Buts des défenseurs
  records individuels, 65
Buts marqués le plus rapidement
  records individuels, 68-69

C
Cain, Herb 175 Calder, Frank 16
Calgary, Jeux olympiques d'hiver de (1988), 25
Calgary – les Flames, 120-121
  records d'équipe, 40, 41

Callahan, Ryan, 151
Cameron, Harry, 36
Cameron, Shirley, 180
Campbell, Brian, 76
Campbell, Cassie, 181
Canada
  à la Coupe du monde de hockey, 186, 187
  aux Championnats du monde, 26, 179
  aux Championnats du monde – femmes, 180, 181
  aux Championnats du monde des moins de 18 ans, 184, 185
  aux Championnats du monde junior des moins de 20 ans, 182
  aux Jeux olympiques d'hiver, 24, 25, 26, 27, 28-29, 30, 31
  contre la Grande-Bretagne, 30
  contre la Suède, 31
  contre les États-Unis, 30, 31
  en Série du siècle, 20
  en Super Séries, 21
  trophée des Présidents, 131
Canadiens de Montréal, 142-143
  champions de l'ANH, 12
  dans la LNH, 13
  dans les «six d'origine», 16, 17
  dans les super séries, 21
  et la Coupe Stanley, 93, 94, 95, 96, 143
  et les ligues professionnelles mineures, 106
  records d'équipe, 34, 35, 36, 38, 41, 42, 43, 45
Canucks de Vancouver, 168-169
  dans la LNH, 19
Capitals de Washington, 170-171
  dans la LNH, 19
  records d'équipe, 34, 35, 37, 41
Carbonneau, Guy, 131
Carey, Paul, 110
Carmichael, John, 84
Carnaval d'hiver de Montréal, 11
Caroline – les Hurricanes, 122-123
Carson, Jimmy, 58
Cashman, Wayne, 38
Chamonix, Jeux olympiques d'hiver de (1924), 24
Championnats du monde, 26-27, 178-179
Championnats du monde des moins de 18 ans, 184-185

Championnats du monde junior des moins de 20 ans, 182-183
Championnats européens, 178
Chara, Zdeno, 87
Cheevers, Gerry, 135, 175 Chelios, Chris, 60, 71, 101
Chicago – les Blackhawks, 124-125
  dans la LNH, 18
  en Super Séries, 21
  et la Coupe Stanley, 96
  records d'équipe, 37, 40, 41, 42, 43, 44
Chipman, Mark, 172
Ciccarelli, Dino, 130
Cisar, Marian, 144
Clancy, King, 82
Clapper, Dit, 48, 60, 82, 174 Clarke, Bobby, 77, 154, 155
Cleghorn, Odie, 36, 65
Cleghorn, Sprague, 65
Cloutier, Réal, 67
Club de hockey de McGill, 11
Club de hockey de Montréal
  et les origines de la LNH, 12
  et la Coupe Stanley, 92
Club de hockey de Toronto
  dans la LNH, 13
Coffey, Paul, 38, 40, 52, 59, 61, 71, 83, 101, 135
Colorado – l'Avalanche, 126-127
  records d'équipe, 41
Columbus – les Blue Jackets, 128-129
  dans la LNH, 19
Conacher, Charlie, 166
Connell, Alec, 73
Connelly, Waynej 130
Cook, Billj, 82, 150
Cook, Bunj 82, 150
Cortina D'Ampezzo, Jeux olympiques d'hiver de (1956), 25
Coupe Allen, 92
Coupe Canada, 186-187
Coupe du monde de hockey, 186-187
Coupe Memorial, 108
Coupe Stanley
  buts en prolongation, 98-99
  et les Blackhawks de Chicago, 96
  et les Bruins de Boston, 93, 174, 175
  et les Canadiens de Montréal, 93, 94, 95, 96, 143
  et les Ducks d'Anaheim, 115
  et les dynasties, 94-95
  et les éliminatoires, 42-45, 100-101

et les Hurricanes de la Caroline, 123
et les Islanders de New York, 95
et les Kings de Los Angeles, 97, 138, 139
et les Maple Leafs de Toronto, 94
et les Metropolitans de Seattle, 15, 93
et les Oilers d'Edmonton, 93, 95, 97
et les Rangers de New York, 93, 150
et les Red Wings de Detroit, 94
et les Sénateurs d'Ottawa, 93, 94
et les Stars de Dallas, 131
et les Wanderers de Montréal, 92
histoire, 92-93
premier gagnant, 12, 92
records individuels, 96-97
victoire des joueurs russes, 21
Cournoyer, Yvan, 58, 97, 99
Cowley, Bill, 49, 175
Coyotes de Phoenix, 156-157
Craig, Jim, 25
Crawford, Marc, 169
Creighton, James George, 11
Crosby, Sidney, 29, 57, 58, 66, 77, 87, 89, 159
Crozier, Roger, 103
Cunneyworth, Randy, 143
Cullen, John, 59
Cullen, Matt, 141
Curran, Brian, 149

D
Dahlin, Kjell, 143
Daigle, Alexandre, 152
Dallas – les Stars, 130-131
Daneyko, Ken, 147
Datsyuk, Pavel, 179
Day, Hap, 166, 167
Delvecchio, Alex, 58, 133
Denis, Marc, 73
Denneny, Corb, 50, 98
Denneny, Cy, 48, 49, 50
Detroit – les Red Wings, 132-133
  dans les «six d'origine», 16, 17
  et la Coupe Stanley, 94
  records d'équipe, 34, 35, 37, 40, 45
Devils du New Jersey, 146-147
  records d'équipe, 41, 43
Dillon, Cecil, 82
Dineen, Kevin, 123
Dionne, Marcel, 51, 52, 55, 56, 59, 70, 71, 89, 133, 138, 139

188 INDEX

Doak, Gary, 168
Doan, Shane, 157, 173
Domi, Tie, 63
Douglas, Jordy, 123
Dowd, Jim, 39
Drillon, Gord, 82
Dryden, Ken, 19, 79, 82, 110
Duchesne, Steve, 152
Ducks d'Anaheim, 114-115
  dans la LNH, 19
  et la Coupe Stanley, 115
  records d'équipe, 44
Dumart, Woody, 38, 174
Durnan, Bill, 78, 79, 82
Dye, Babe, 97

E
Eagles de St. Louis, 175
Edmonton – les Oilers, 134-135
  dans la LNH, 19
  et la Coupe Stanley, 93, 95
  records d'équipe, 36, 38, 39, 41, 42, 44, 45
Elias, Patrik, 146
Éliminatoires
  et la Coupe Stanley, 42-45, 100-101
  records d'équipe, 42-43
Elliott, Brian, 72
Eriksson, Loui, 130
Équipes de recrues
  records individuels, 83
Équipes d'étoiles
  records individuels, 82-7
Équipe unifiée (voir aussi Russie et Union soviétique)
  aux Jeux olympiques d'hiver, 27
Esposito, Phil, 18, 20, 38, 39, 45, 49, 51, 56, 57, 58, 61, 62, 68, 70, 71, 83, 99, 117, 164
Esposito, Tony 73, 79, 110, 124
États-Unis
  à la Coupe du monde de hockey, 187
  aux Championnats du monde, 26
  aux Championnats du monde des moins de 18 ans, 184, 185
  aux Jeux olympiques d'hiver, 24, 25, 28, 29, 30, 31
  contre l'Union soviétique, 31
  contre la Finlande, 31
  contre la Suède, 30
  contre la Tchécoslovaquie, 30
  contre le Canada, 30, 31
  et les Championnats du monde de hockey féminin, 181

F
Falcons de Winnipeg
  aux Jeux olympiques d'hiver, 24
Fédération internationale de hockey sur glace (IIHF), 178
Federko, Bernie, 162, 163
Fedorov, Sergei, 71, 77, 132, 133
Fernandez, Manny, 141
Ferris State College, 110
Fetisov, Viacheslav, 21
Finlande
  aux Championnats du monde des moins de 18 ans, 184
  aux Championnats du monde des moins de 20 ans, 82
  aux Jeux olympiques d'hiver, 28, 29, 31
  contre les États-Unis, 31
Firsov, Anatoli, 26
Fleury, Marc-Andre, 159
Flames d'Atlanta
  dans la LNH, 19
Flames de Calgary, 120-121
  records d'équipe, 40, 41
Fleury, Théo, 63, 121
Floride – les Panthers, 136-137
  dans la LNH, 19
Flyers de Philadelphie, 154-155
  dans la LNH, 18, 19
  en Super Séries, 21
  records d'équipe, 35, 40, 43
Foote, Adam, 127, 129
Forsberg, Peter, 127
Fortino, Laura, 181
Foyston, Frank, 97
Francis, Ron, 38, 52, 55, 60, 122, 123
Franklin, Sir John, 11
Franzen, Johan, 101
Fuhr, Grant, 73, 134

G
Gaborik, Marian, 86
Gagner, Sam, 54, 135
Gainey, Bob, 81
Gainor, Dutch, 174
Gardiens de buts
  records individuels, 72-73
  trophées, 78-79
Gardiner, Charlie, 82, 98, 124
Gardiner, Herb, 76
Gare, Danny, 118
Garmisch-Partenkirchen, Jeux olympiques d'hiver de (1936), 24
Garpenlov, Johan, 137
Gartner, Mike, 64, 71, 170, 171
Gaudreau, Johnny, 110
Gauthier, Pierre, 143

Geoffrion, Bernie, 17, 48, 56, 62, 97, 99
Getzlaf, Ryan, 115
Giguère, Jean-Sébastien, 103
Gilbert, Rod, 150
Gilmour, Doug, 101, 167
Gionta, Brian, 146
Giroux, Claude, 100, 155
Glass, Tanner, 172
Goldsworthy, Bill, 130
Goulet, Michel, 62, 127
Granato, Cammi, 180, 181
Grande-Bretagne
  aux Championnats du monde, 178
  aux Jeux olympiques d'hiver, 24, 25, 29, 30
Green, Ted, 122
Grenoble, Jeux olympiques d'hiver de (1968), 26
Gretzky, Wayne, 36, 38, 39, 41, 49, 50, 51, 52, 53, 54, 55, 56, 57, 58, 59, 61, 63, 66, 67, 68, 70, 71, 76, 77, 80, 83, 86, 87, 97, 100, 101, 102, 103, 134, 135, 139, 157, 187
Grimson, Stu, 123
Grosso, Don, 133
Gusev, Nikita, 182

H
Hainsworth, George, 37, 73, 78, 142, 143
Haliburton, Thomas Chandler, 10
Hall, Glenn, 73, 79, 82, 103, 124, 163
Harvey, Doug, 18, 83, 97, 151
Hasek, Dominik, 72, 73, 77, 79, 82, 119
Havlat, Martin, 153
Hawerchuk, Dale, 53, 58, 66, 89, 156, 157
Hayward, Brian, 79
Heaney, Geraldine, 181
Heatley, Dany, 87, 152, 153
Hebenton, Andy, 61
Hébert, Guy, 114
Hedberg, Anders, 21
Hejduk, Milan, 126, 127
Henderson, Paul, 20
Henning, Lorne, 63
Henry, Camille, 62, 162
Hextall, Ron, 103, 155
Hill, Al, 67
Hill, Mel, 100
Hill, Sean, 114
Hitchcock, Ken, 81
Hockey
  origines et histoire, 10-11
Hockey des écoles secondaires, 110-111
Hockey féminin
  aux Jeux olympiques d'hiver, 28, 29
  Championnats du monde, 180-181

Hockey junior, 108-109
Hockey universitaire, 110-111
Hodge, Ken 38, 39, 58
Hornqvist, Patric, 145
Hossa, Marian, 86, 152
Houle, Réjean, 88
Housley, Phil, 71
Howe, Gordie, 16, 17, 18, 49, 51, 55, 58, 60, 64, 70, 71, 83, 85, 86, 87, 97, 122, 132, 133
Howe, Syd, 49, 50
Howell, Harry, 150
Hughes, Pat, 135
Hull, Brett, 51, 56, 57, 62, 63, 64, 68, 70, 71, 77, 101, 131, 162, 163
Hull, Bobby, 17, 18, 48, 49, 55, 56, 57, 58, 70, 83, 125
Hunter, Dale, 63, 127, 171
Hurricanes de la Caroline, 122-123
Hurling, 10
Hyland, Harry, 67

I
Iginla, Jarome, 77, 121
Irvin, Dick, 82, 97
Islanders de New York, 148-149
  dans la LNH, 19
  en Super Séries, 21
  et la Coupe Stanley, 95
  et le trophée Conn-Smythe, 102
  records d'équipe, 35, 43

J
Jackson, Busher, 50, 166
Jagr, Jaromir, 39, 64, 70, 71, 77, 83, 151, 155, 158, 159
James, Angela, 181
Jarvis, Doug, 61, 168
Jets de Winnipeg, 156-157
  dans la LNH, 19
  records d'équipe, 35, 37, 40
Jets de Winnipeg/ Thrashers d'Atlanta, 172-173
  dans la LNH, 19
Jeux olympiques d'hiver et l'Union soviétique, 25, 26-27
  et la participation de la LNH, 28-29
  histoire, 24-25
  matchs célèbres, 30-31
Johnson, Ching, 82
Jokinen, Olli, 137
Joliat, Aurel, 82
Joly, Greg, 170
Juneau, Joé, 58, 64, 66

K
Kane, Evander, 173
Kane, Patrick, 99, 125, 185
Kariya, Paul, 61, 114, 115, 145

Karlander, Al, 111
Karlsson, Erik, 152
Karpovtsev, Alexander, 21
Keith, Duncan, 103, 125
Kelly, Red, 76, 83, 96
Keon, Dave, 71
Kerr, Tim, 62, 101, 155
Kessel, Phil, 167, 185
Kings de Los Angeles, 138-139
  dans la LNH, 19
  records d'équipe, 39, 41, 43, 45, 101
Kiprusoff, Miikka, 72, 121
Klesa, Rostislav, 128
Klein, Kevin, 168
Knuble, Mike, 69, 171
Kolzig, Olaf, 171
Kovalchuk, Ilya, 50, 123, 184
Kovalev, Alexei, 21
Kozlov, Slava, 21
Kreider, Chris, 66, 110
Kron, Robert, 129
Kurri, Jari, 36, 38, 39, 41, 51, 63, 70, 100, 101, 134, 135

L
Lach, Elmer, 17, 38, 49, 80
Ladd, Andrew, 172
Lafleur, Guy, 56, 59, 64, 70, 77, 83, 89, 103, 142, 143
LaFontaine, Pat, 39, 57, 71, 118, 149
Lake Placid, Jeux olympiques d'hiver de (1932), 24
  (1980), 25, 27
Lalonde, Newsy, 36, 50, 97, 100, 101
Lamoriello, Lou, 146
Lamoureux-Kolls, Monique, 181
Langelle, Pete, 98
Langway, Rod, 170
Larionov, Igor, 21
Larocque, Michel, 79
Larouche, Pierre, 57
Lawton, Brian, 111
Leach, Reggie, 100, 101, 155
Lecavalier, Vincent, 164, 187
LeClair, John, 99, 155
Leetch, Brian, 59, 67, 71, 103, 150, 151
Legwand, David, 144
Lehtinen, Jere, 131
Lemaire, Jacques, 99

Lemieux, Mario, 38, 39, 40, 50, 51, 52, 53, 54, 56, 57, 58, 62, 63, 66, 68, 70, 77, 83, 86, 87, 89, 101, 109, 147, 158, 159, 187
Le moins de buts
  records d'équipe, 37
Le plus d'aides
  dans les « six d'origine », 17
  records individuels, 52-53, 66
Le plus de blanchissages
  records individuels, 73
Le plus de buts
  dans les « six d'origine », 17
  records d'équipe, 36-37
  records individuels, 50-51, 70 71
Le plus de buts accordés
  records d'équipe, 37
Le plus de buts accordés en infériorité numérique
  records d'équipe, 41
Le plus de buts accordés en supériorité numérique
  records d'équipe, 41
Le plus de buts en infériorité numérique
  records individuels, 63
  record d'équipe, 41
Le plus de buts en supériorité numérique
  records d'équipe, 40
  records individuels, 62
Le plus de défaites
  records d'équipe, 35
Le plus de matchs
  records individuels, 60, 73
Le plus de minutes de pénalité
  records d'équipe, 40
  records individuels, 63
Le plus de points dans les « six d'origine », 17
  records d'équipe, 34
  records individuels, 54-55, 66, 70-71
Lidstrom, Nicklas, 71, 83, 103, 133
Lightning de Tampa Bay, 164-165
  dans la LNH, 19
Ligue américaine de hockey (AHL), 107
Ligue canadienne-américaine de hockey, 106
Ligue canadienne de hockey (LCH), 109
Ligue canadienne de hockey amateur (LCHA), 12
Ligue canadienne de hockey professionnel, 106

INDEX 189

Ligue de la côte Est (ECHL), 107
Ligue de hockey de l'Ontario (LHO), 108
Ligue de hockey de l'Ouest (WHL), 109
Ligue de hockey de l'Ouest du Canada (WCHL), 15
Ligue de hockey junior A, 109
Ligue de hockey junior majeur du Québec (LHJMQ), 109
Ligue fédérale de hockey amateur (LFHA), 12
Ligue internationale de hockey, 107
Ligue nationale de hockey (LNH)
  et le hockey junior, 108
  les « six d'origine », 16-17
  origines de la, 12-13
  période d'expansion, 18-19
Ligues professionnelles mineures, 106-107
Linden, Trevor, 169
Lindros, Eric, 77, 89, 155
Lindsay, Ted, 17, 83, 97, 132
Livingstone, Eddie, 13
Los Angeles – les Kings, 138-139
  dans la LNH, 19
  records d'équipe, 39, 41, 45
Lowe, Kevin, 134
Luce, Don, 118
Lumley, Harry, 73
Lundqvist, Henrik, 79, 151
Luongo, Roberto, 137, 169

M
MacInnis, Al, 59, 71, 103, 121, 163
MacIver, Norm, 152
MacKell, Fleming, 86
MacLean, Doug, 136
MacLean, John, 146
MacLeish, Rick, 154
MacTavish, Craig, 135
Mahovlich, Frank, 17, 56, 58, 83, 86, 132, 143, 167
Makarov, Andrei, 182
Makarov, Sergei, 160
Malkin, Evgeni, 77, 159, 179
Malone, Joe, 48, 49, 50, 67, 68
Maloney, Don, 81
Mantha, Sylvio, 82
Maple Leafs de Toronto, 166-167
  dans les « six d'origine », 16
  et la Coupe Stanley, 94
  records d'équipe, 35, 37, 43, 45
Marchant, Todd, 63
Maroons de Montréal, 175
  dans la LNH, 13
  records d'équipe, 37, 44
Maroons de Vancouver
  dans la PCHA, 15

Marqueurs de 500 buts records individuels, 70-71
Marqueurs de 1000 points records individuels, 70-71
Marson, Mike, 170
Martin, Kim, 29
Martin, Matt, 60
Martin, Rick, 118
Maruk, Dennis, 170
Marvin, Gigi, 181
Mason, Chris, 123
Mason, Steve, 129
Matchs de trois buts records individuels, 68-69
May, Brad, 119
Mazur, Eddie, 66
McCool, Frank, 100
McDonald, Larry, 120, 167
McGee, Frank, 96
McPhee, Mike, 45
McSorley, Marty, 63
Meilleurs marqueurs de tous les temps records individuels, 48-49
Mellanby, Scott, 137
Messier, Mark, 38, 39, 41, 52, 55, 60, 63, 70, 77, 87, 101, 135, 151
Metropolitans de Seattle
  dans la PCHA, 15
  et la Coupe Stanley, 15, 93
Middleton, Rick, 71, 101
Mighty Ducks d'Anaheim, 114-15
Mikita, Stan, 17, 49, 55, 58, 70, 83, 125
Miller, Ryan, 119
Milner, Parker, 110
Millionnaires de Renfrew frères Patrick dans les, 14
Millionnaires de Vancouver dans la PCHA, 14, 15
Minnesota – le Wild, 140-141
  dans la LNH, 19
Modano, Mike, 70, 130
Moen, Travis, 172
Mogilny, Alexander, 25, 39, 51, 57, 64, 69, 71, 118, 146
Monahan, Garry, 88
Montréal – les Canadiens, 142-143
  champions de l'ANH, 12
  dans la LNH, 13
  dans les « six d'origine », 16, 17
  en Super Séries, 21
  et la Coupe Stanley, 93, 94, 95, 96, 143
  et les ligues professionnelles mineures, 106
  records d'équipe, 34, 36, 38, 41, 42, 43, 45
Moog, Andy, 135
Moore, Dickie, 17, 18
Morenz, Howie, 48, 49, 76, 77, 82, 84, 142

Mosienko, Bill, 69
Muldoon, Pete, 124
Mullen, Joe, 121, 159
Muller, Kirk, 71, 147
Mulvey, Grant, 50, 125
Murdoch, Don, 151
Murphy, Joe, 111
Murphy, Larry, 67, 71, 139

N
Nabokov, Evgeni, 149 161
Nagano, Jeux olympiques d'hiver de (1998), 28
Nanne, Lou, 110
Nash, Rick, 86, 129
Nashville – les Predators, 144-145
  dans la LNH, 19
Naslund, Markus, 87, 169
Naslund, Mats, 143
National Collegiate Athletic Association (NCAA), 109
Nedomansky, Vaclav, 21
Neely, Cam, 175
Nemchinov, Sergei, 21
New Jersey – les Devils, 146-147
  records d'équipe, 41, 43
New York – les Islanders, 148-149
  dans la LNH, 19
  en Super Séries, 21
  et la Coupe Stanley, 95
  et le trophée Conn-Smythe, 102
  records d'équipe, 35, 43
New York – les Rangers, 150-151
  et les ligues professionnelles mineures, 106
  dans la LNH, 13, 18
  dans les « six d'origine », 16
  et la Coupe Stanley, 93, 150
  en Super Séries, 21
  records d'équipe, 37, 40, 44
Nicholls, Bernie, 39, 51, 59, 71, 139
Niedermayer, Rob, 136
Nieminen, Riikka, 181
Nieuwendyk, Joe, 50, 57, 62, 66, 120, 121, 131
Nighbor, Frank, 76
Nilan, Chris, 63, 142, 143
Nilsson, Kent, 120
Nilsson, Ulf, 21
Noel, Claude, 173
Nolan, Owen, 89, 160, 161
Nordiques de Québec
  dans la LNH, 19
  records d'équipe, 35, 37
Norfolk Admirals, 107
North Stars du Minnesota
  dans la LNH, 19
  records d'équipe, 41, 45
Nystrom, Bob, 99

O
Oates, Adam, 61, 162
O'Brien, Ambrose, 13
Odelein, Lyle, 128

Ogrodnick, John, 132, 133
Oilers d'Edmonton, 134-135
  dans la LNH, 19
  et la Coupe Stanley, 93, 95
  records d'équipe, 36, 38, 39, 41, 42, 44, 45
Olmstead, Bert, 17, 54
Orr, Bobby, 18, 38, 49, 52, 53, 59, 65, 77, 80, 83, 99, 102, 103, 175, 186
Oslo, Jeux olympiques d'hiver d' (1952), 25
Ottawa – les Sénateurs, 152-153
  champions de l'ANH, 12
  contre les Millionnaires de Vancouver, 14
  dans l'ANH, 12, 13
  dans la LNH, 13, 19
  deviennent professionnels, 12
  et la Coupe Stanley, 93, 94
  records d'équipe, 35, 41
Ouellette, Caroline, 181
Ovechkin, Alex, 53, 57, 58, 61, 64, 66, 77, 82, 83, 87, 170, 171, 179, 185

P
Panthers de la Floride, 136-137
  dans la LNH, 19
Pacioretty, Max, 172
Parent, Bernie, 72, 73, 79, 102, 154
Parise, Zach, 29
Park, Richard, 39
Patrick, Frank, 14, 15
Patrick, Lester, 14, 15, 82
Pavelec, Ondrej, 172
Pavelich, Marty, 21
Pederson, Barry, 109
Peluso, Mike, 63
Penguins de Pittsburgh, 158-159
  dans la LNH, 19
  en Super Séries, 21
  records d'équipe, 35, 38, 39, 40, 41, 42, 43
Perreault, Gilbert, 37, 70, 89, 118
Perry, Corey, 115
Phaneuf, Dion, 67
Philadelphie – les Flyers, 154-155
  dans la LNH, 18, 19
  en Super Séries, 21
  records d'équipe, 35, 40, 43
Phoenix, les Coyotes, 156-157
  records d'équipe, 43
Pilote, Pierre, 83
Pitre, Didier, 36
Pittsburgh – les Penguins, 158-159
  dans la LNH, 19
  en Super Séries, 21
  records d'équipe, 35, 38, 39, 40, 41, 42, 43
Pirates de Pittsburgh, 175
  records d'équipe, 37

Plante, Jacques, 18, 77, 79, 82, 142, 143, 163
Plasse, Michel, 88
Pleau, Larry, 122
Potvin, Denis, 59, 71, 89, 148, 149
Pratt, Babe, 65
Predators de Nashville, 144-145
  dans la LNH, 19
Presley, Wayne, 63
Priakin, Sergei, 21
Price, Carey, 183
Probert, Bob, 63
Pronger, Chris, 77
Pronovost, Jean, 158
Prospal, Vinny, 129

Q
Quakers de Philadelphie, 175
  records d'équipe, 35
Quenneville, Joel , 25
Quick, Jonathan, 103, 139
Quint, Deron, 69

R
Raleigh, Don, 99
Ramage, Rob, 89
Ramsay, Craig, 118
Ramsey, Mike, 111
Ranford, Bill, 135
Rangers de New York, 150-151
  dans la LNH, 13, 18
  dans les « six d'origine », 16
  en Super Séries, 21
  et la Coupe Stanley, 93, 150
  et les ligues professionnelles mineures, 106
  records d'équipe, 37, 40, 44
Ratelle, Jean, 58, 59, 71, 151
Ray, Rob, 118
Rayner, Chuck, 77
Recchi, Mark, 57, 155
Records d'équipe éliminatoires, 42-45
  la plus longue séquence de victoires, 35
  la plus longue séquence sans défaite, 35
  le moins de buts, 37
  le plus de buts, 36-37
  le plus de buts accordés en infériorité numérique, 41
  le plus de buts accordés en supériorité numérique, 41
  le plus de buts marqués en infériorité numérique, 41
  le plus de buts marqués en supériorité numérique, 40
  le plus de défaites, 35
  le plus de minutes de pénalité, 40
  le plus de points, 34
  les meilleures paires de buteurs, 39

saisons de 100 points, 38
saisons de 50 buts, 39
Records de repêchage d'entrée, 88-89
Records individuels
  50 buts en une saison, 56-57
  100 buts en une saison, 58-59
  buts les plus rapides, 68-69
  compteurs de 1000 points, 70-71
  compteurs de 500 buts, 70-71
  coupe Stanley, 96-97
  équipes d'étoiles, 82-87
  gardiens de but, 72-73
  le plus d'aides, 52-53, 66
  le plus de blanchissages, 73
  le plus de buts, 50-51, 70-71
  le plus de buts en infériorité numérique, 63
  le plus de buts en supériorité numérique, 62
  le plus de matchs, 60, 73
  le plus de minutes de pénalité, 63
  le plus de points, 54-55, 66, 70-71
  le plus de tirs au but, 61
  marques d'attaquants, 64
  marques de défenseur, 65
  marques de tous les temps, 48-49
  matchs de trois buts, 68-69
  recrues, 66-67
  séquences d'aides, 61
  séquences de points, 61
Recrues
  records individuels, 66-67
Redmond, Mickey, 132
Red Wings de Detroit, 132-133
  dans les « six d'origine », 16, 17
  et la Coupe Stanley, 94
  records d'équipe, 34, 35, 37, 40, 45
Reibel, Earl « Dutch », 67
République tchèque
  contre la Russie, 31
  aux Jeux olympiques d'hiver, 25, 28, 29, 31
Richard, Henri, 96, 97, 99, 142
Richard, Maurice, 16, 17, 38, 48, 49, 54, 68, 71, 83, 96, 97, 99, 100, 142, 143
Richards, Brad, 130, 165
Richter, Mike, 150
Rinne, Pekka, 145
Rivulettes de Preston, 180
Robert, René, 118

Robertson, Torrie, 123
Robinson, Larry, 71, 101
Robitaille, Luc, 57, 64, 83, 138, 139
Roenick, Jeremy, 57, 125, 157, 161
Rollins, Al, 76, 77
Rosebuds de Portland
  dans la PCHA, 15
  et la Coupe Stanley, 93
Rosenfeld, Bobbie, 180
Ross, Art, 174
Roy, Patrick, 73, 79, 82, 100, 127, 143
Royals du New Westminster
  dans l'Association de hockey de la côte du Pacifique (PCHA), 14, 15
Ruff, Lindy, 119
Russie (voir aussi équipe unifiée et Union soviétique)
  aux Championnats du monde, 179
  aux Championnats du monde junior des moins de 20 ans, 182, 183
  aux Jeux olympiques d'hiver, 25, 27, 28, 29, 31
  bandy, 11
  contre la République tchèque, 31
Ryan, Bobby 115

S

Sabres de Buffalo, 118-119
  dans la LNH, 19
  en Super Séries, 21
  records d'équipe, 37, 39, 40
St. Louis – les Blues, 162-163
  dans la LNH, 18, 19
  records d'équipe, 39, 42
St-Louis, Martin, 164, 165
St. Moritz, Jeux olympiques d'hiver de (1948), 24
St-Pierre, Kim, 29
Saisons de 50 buts
  records d'équipe, 39
  records individuels, 56-57
Saisons de 100 points
  Canadiens de Montréal, 17
  premiers, 18
  records d'équipe, 38
  records individuels, 58-59
  Red Wings de Detroit, 17
Sakic, Joe, 70, 87, 100, 126, 127
Salmelainen, Tommi, 89
Salo, Tommy, 134
Salt Lake City, Jeux olympiques d'hiver de (2002), 28
San Jose – les Sharks, 160-161
  dans la LNH, 19
  records d'équipe, 35, 37

Sanderson, Derek, 63
Sanderson, Geoff, 129
Savard, André, 37
Savard, Denis, 69, 71, 125, 127
Savard, Serge, 102
Sawchuk, Terry, 16, 72, 73, 79, 82, 133
Scheifele, Mark, 173
Schelling, Florence, 181
Schmautz, Bobby, 168
Schmidt, Milt, 38, 174, 175
Schriner, Dave « Sweeney », 53
Schultz, Dave, 63
Scouts de Kansas City
  dans la LNH, 19
Seabrooke, Brent, 103
Seals de la Californie
  dans la LNH, 19
Secord, Al, 50, 125
Sedin, Daniel, 168, 184
Sedin, Henrik, 168, 184
Seibert, Earl, 83
Selanne, Teemu, 51, 57, 58, 59, 64, 66, 83, 114, 115, 156, 157, 173
Semin, Alexander, 179
Sénateurs d'Ottawa, 152-153
  champions de l'ANH, 12
  contre les Millionnaires de Vancouver, 14
  dans l'ANH, 12, 13
  dans la LNH, 13, 19
  deviennent professionnels, 12
  et la Coupe Stanley, 93, 94
  records d'équipe, 35, 41
Séquences d'aides
  records individuels, 61
Séquences de points
  records individuels, 61
Série du siècle, 20
Séries mondiales de hockey, 14, 15
Shack, Eddie, 86
Shamrocks de Montréal
  dans l'ANH, 13
Shanahan, Brendan, 57, 103, 132, 162
Sharks de San Jose, 160-161
  dans la LNH, 19
  records d'équipe, 35, 37
Shinty, 10
Shore, Eddie, 76, 77, 82, 83, 174
Sidorkiewicz, Peter, 152
Simmer, Charlie, 61, 138
Sittler, Darryl, 50, 54, 71, 167
« Six d'origine », les, 16-17
Skinner, Alf, 97
Slovaquie
  aux Jeux olympiques d'hiver, 29
Smail, Doug, 69
Smart, Alex, 67
Smith, Bobby, 130
Smith, Clint, 50
Smith, Mike, 73
Smyth, Ryan, 135
Soviet Wings
  en Super Séries, 21

Spezza, Jason, 153
Squaw Valley, Jeux olympiques d'hiver de (1960), 25
Staal, Eric, 123
Stack, Kelli, 181
Stackhouse, Ron, 65, 159
Stamkos, Steven, 50, 57, 165
Stanley, Isobel, 180
Stapleton, Pat, 65
Stars de Dallas, 130-131
Stastny, Anton, 54
Stastny, Marian, 54, 126
Stastny, Peter, 54, 59, 66, 126, 127
Sterner, Ulf, 21
Stevens, Kevin, 38, 39, 57
Stevens, Scott, 60, 147
Stewart, Nels, 49, 69, 70, 76
Storr, Jamie, 83
Stoughton, Blaine, 122
Stuart, Brad, 161
Stuart, Hod, 84
Stumpel, Jozeph, 139
Suède
  aux Championnats du monde, 26, 178
  aux Championnats du monde des moins de 18 ans, 184
  aux Championnats du monde des moins de 20 ans, 182
  aux Jeux olympiques d'hiver, 24, 25, 27, 28, 29, 30, 31
  bandy, 11
  contre la Biélorussie, 31
  contre le Canada, 31
  contre les États-Unis, 30
Suisse
  aux Championnats du monde, 178
  aux Jeux olympiques d'hiver, 24, 29
Sundin, Mats, 70, 89, 167
Sundstrom, Patrick, 101, 169
Super Séries, 21
Suter, Gary, 65
Suter, Ryan, 145
Sutter, Brian, 163
Sutter, Darryl, 101
Szabados, Shannon, 29

T

Tampa Bay – le Lightning, 164-165
  dans la LNH, 19
Tarasov, Anatoli, 26
Tardif, Marc, 88
Tavares, John, 108
Taylor, Billy, 53
Taylor, Cyclone, 15, 97
Taylor, Dave, 138, 139
Tchécoslovaquie
  aux Championnats du monde, 26, 178, 179
  aux Jeux olympiques d'hiver, 24, 27, 29, 30
  contre les États-Unis, 30
Théodore, José, 77

Thomas, Steve, 71
Thomas, Tim, 72, 86, 100, 116
Thompson, Cecil « Tiny », 78, 79, 82
Thornton, Joe, 59, 161
Thrashers d'Atlanta, 172-173
Tigers de Hamilton, 174
  dans la LNH, 13
Tkachuk, Keith, 70, 157
Tocchet, Rick, 38, 71
Toews, Jonathan, 103, 125
Toronto – les Maple Leafs, 166-167
  dans les « six d'origine », 16 et la Coupe Stanley, 94
  records d'équipe, 35, 37, 43, 45
Toronto Marlies, 107
Tretiak, Vladislav, 27
Trophées (voir aussi Coupe Stanley)
  Coupe Allen, 92
  Coupe Memorial, 108
  directeur général de l'année, 81
  prix leadership Mark-Messier de la LNH, 81
  trophée Art-Ross, 80
  trophée Bill-Masterton, 81
  trophée Calder, 79, 80, 107
  trophée Conn-Smythe, 19, 102-103
  trophée des Présidents, 131
  trophée Hart, 76-77
  trophée Jack-Adams, 81
  trophée Jennings, 79
  trophée King-Clancy, 81
  trophée Lady-Byng, 80
  trophée Lester-B.-Pearson, 77
  trophée Maurice-Richard, 81
  trophée Norris, 80
  trophée O'Brien, 13
  trophée Selke, 81
  trophée Ted-Lindsay, 77
  trophée Vézina, 78-79
Trottier, Bryan, 50, 55, 69, 70, 148, 149
Tugnutt, Ron, 114, 128
Turco, Marty, 131
Turek, Roman, 79
Turgeon, Pierre, 57, 149
Turin, Jeux olympiques d'hiver de (2006), 29
Turnbull, Ian, 65

U

Ullman, Norm, 71
Unger, Garry, 162, 163
Union soviétique (voir aussi Russie et équipe unifiée)
  à la Coupe du monde de hockey, 186
  aux Championnats du monde, 26-27, 178, 179
  aux Championnats du monde junior des moins de 20 ans, 182

aux Jeux olympiques d'hiver, 25, 26-27, 29, 31
  contre les États-Unis, 31
  en Série du siècle, 20
  en Super Séries, 21
  et les matchs des étoiles, 86
United States Amateur Hockey Association (USAHA), 106
United States Hockey League (USHL), 109

V

Vachon, Rogatien, 102, 138, 139
Vaive, Rick, 167
Vanbiesbrouck, John, 136
Vancouver, Jeux olympiques d'hiver de (2010), 29
Vancouver – les Canucks 168-169
  dans la LNH, 19
Verbeek, Pat, 146
Vézina, Georges, 78, 142
Vigneault, Alain, 169
Victorias de Winnipeg
  et la Coupe Stanley, 92
Victoria Skating Rink, 11
Vokoun, Tomas, 144, 145
Vukota, Mick, 148

W

Walz, Wes, 140
Wanderers de Montréal, 174
  champions de l'ANH, 12
  dans l'ANH, 12, 13
  deviennent professionnels, 12
  et la Coupe Stanley, 94
  et les frères Patrick, 14
Ward, Aaron, 123
Ward, Cam, 123
Washington – les Capitals, 170-171
  dans la LNH, 19
  records d'équipe, 34, 35, 37, 41, 43
Weber, Shea, 87, 145
Weber, Yannick, 172
Weight, Doug, 135
Weiland, Cooney, 48, 55, 116, 117, 135, 174, 175
Weiss, Stephen, 136, 137
Wellwood, Kyle, 172
Whalers de Hartford
  dans la LNH, 19
  records d'équipe, 37
Wheeler, Blake, 173
Wickenheiser, Hayley, 28, 181
Wild du Minnesota, 140-141
  dans la LNH, 19
Williams, Tiger, 63
Windsor, Nouvelle-Écosse, 10
Winkler, Hal, 73
Winnipeg – les Jets, 172-173
  sous les Thrashers d'Atlanta, 172
  dans la LNH, 19
  records d'équipe 37, 40

Worsley, Gump, 70
Worters, Roy, 77

Y

Yashin, Alexei, 152
Ysebaert, Paul, 164
Yzerman, Steve, 56, 57, 59, 70, 86, 103, 132, 133

Z

Zibanejad, Mika 182
Zidlicky, Marek, 145
Zubov, Sergei, 21

RÉFÉRENCES PHOTOGRAPHIQUES

Les éditeurs souhaitent remercier les sources suivantes d'avoir gracieusement autorisé la reproduction des photos du présent ouvrage.

Corbis: /BDyan C Singer/Icon SMI: 126HD

Getty Images: 187BD; /AFP: 26, 27T, 29T; /Dave Abel: 70BG; /Graig Abel: 77BD, 167D, 167B; /Justin K Aller: 119BD; /Claus Andersen: 69HG, 108, 153BG, 161HG, 167G; /Scott Audette: 7BC, 57G, 164HD, 165T; /Joel Auerbach: 151D; /BDian Babineau: 151, 152; /Steve Babineau: 6BCG, 7BG, 19HG, 34G, 55T, 56B, 59HG, 65HD, 68, 72B, 79C, 88HD, 89HD, 101D, 109BG, 117C, 117BG, 118C, 118BD, 119G, 120HD, 132B, 138G, 142B, 143G, 155T, 158, 162G, 170C; /BDian Bahr: 28BG, 100BD, 127B, 180, 181; /Al Bello: 28G, 28BC, 77BG; /BDuce Bennett: 6BG, 6BD, 7BD, 12, 13, 14HD, 16D, 17HG, 18G, 18BD, 21D, 21BD, 28HD, 29BG, 31G, 34BG, 35HG, 35D, 36BG, 38, 39G, 39BD, 40D, 41, 42, 43C, 44HG, 46-47, 48G, 48BD, 49T, 50, 51B, 52, 53BG, 54HD, 54BG, 55G, 57HD, 57B, 58B, 60B, 61HG, 64BD, 65G, 65BD, 67B, 67D, 69C, 69BD, 71HG, 71HD, 73C, 78HD, 78BG, 80G, 80D, 80B, 81T, 83HG, 84HD, 84BG, 85, 86D, 86B, 89G, 95HG, 95BG, 95D, 96G, 97HD, 97G, 98, 100G, 101HG, 102B, 103G, 103HD, 103B, 106BG, 106BD, 110, 111B, 115HD, 120G, 125C, 132HD, 134BG, 138BD, 139B, 142HD, 143HG, 143HD, 147HG, 148G, 148D, 149C, 149BG, 151BG, 154, 155BG, 156BD, 159HD, 162D, 163B, 166HD, 166BG, 167T, 170HD, 171BG, 183HG, 183C, 186BG, 186BD, 187HD; /Paul Bereswill: 73HG; /Denis BDodeur: 16BG, 40B, 53D, 55BD, 60HD, 61HD, 62D, 66HD, 70C, 87BD, 109HD, 120BD, 133D, 155D, 157G, 169T; /Mark Buckner/NHLI: 162BD; /Ralph Cane/Time & Life Pictures: 25C; /Chicago HDibune: 125BD; /Glenn Cratty: 114HD, 137HG, 159BG, 186D, 187C; /DK Photo: 59BG; /Andy Devlin/NHLI: 135BD; /Melchior DiGiacomo: 19BD, 20G, 20BD, 37HD, 83HD; /Melchior DiGiacomo/Sports IllusHDated: 156HG; /Bob Donnan/Sports IllusHDated: 122; /Tony Duffy: 111T; /Elsa: 43BG, 51T, 62G, 77D, 147C, 163T, 165G; /G. Fiume: 115G; /Focus on Sport: 17BG, 27D, 30BD, 31HG, 36D, 36BD, 96BD; /Gregg Forwerck/NHLI: 144C; /Fox Photos: 24G; /Gamma-Keystone: 11, 178BG; /General Photographic Agency: 30G; /John Giamundo/BDuce Bennett: 37C, 125D, 149BD; /Noah Graham: 64G; /Otto Greule Jr: 45BD; /Jeff Gross: 115BG; /Norm Hall/NHLI: 125BG, 157T, 157B; /Andy Hayt: 159G; /Marianne Helm: 173BG; /Harry How: 90-91, 160BD; /Hulton Archive: 14BG, 45G, 49BD; /Imagno/AusHDian Archives: 178D; /Isifa: 176-177; /Jed Jacobsohn: 144BD; /Glenn James/NHLI: 131BD, 141HD; /BDuce Kluckhohn: 141C; /David E Klutho/Sports IllusHDated: 104-105, 123D, 134C; /Robert Laberge: 39BG, 44B, 89BD, 114G; /Francois Lacasse/NHLI: 165B; /Rich Lam: 168BG; /Kellie Landis: 139C; /Mitchell Layton: 82BG; /Scott Levy/BDuce Bennett: 21C; /Andy Marlin: 79BD, 146, 171BD; /Andy Martin/NHLI: 147BD; /Michael Martin: 115BD, 126B, 127HG, 140, 161BD; /Ronald Martinez: 130BG; /Jim McIsaac: 87G, 136C, 139HG, 164G, 171C, 185BD; /Al Messerschmidt: 58D, 82BD; /Francis Miller/Time & Life Pictures: 17D; /Ronald C Modra/Sports Imagery: 59D; /MonHDeal Gazette/AFP: 93; /NHL Images: 128D; /New York Daily News Archive: 8-9; /New York Times Co: 150; /Christopher Pasatieri: 172; /Silvia Pecota/NHLI: 102HG; /Doug Pensinger: 73B, 77HG, 121G, 145D, 184; /Hy Peskin/Sports IllusHDated: 70BD; /Christian Petersen: 138B; /Pictorial Parade: 56HG; /Mike Powell: 25C; /Len Redkoles: 99, 116; /Dave Reginek/NHLI: 32-33, 35BG; /Robert Riger: 72G, 83G, 179; /Andre Ringuette/NHLI: 153HG, 153C; /Rogers Photo Archive: 88BG, 168G; /John Russell: 74-75, 141BD, 145HG, 145BG; /Jamie Sabau/NHLI: 127C, 128BG, 129G, 129D; /Dave Sandford: 135G, 153HD, 185G; /Eliot J Schechter: 66BD, 136BD, 137D; /Harry Scull Jr: 81D, 119HD; /Gregory Shamus: 6BCD, 61BD, 112-113, 123BG, 129T, 159HG, 159BD; /George Silk/Time & Life Pictures: 143B; /Janek Skarzynski/AFP: 183BD; /Don Smith/NHLI: 161HD; /Sports IllusHDated: 117HG; /Jamie Squire: 22-23, 31BD, 87HD; /Rick Stewart: 63BD, 137BG, 160G, 162BG; /Bob Thomas: 27B; /Gerry Thomas: 121D, 141HG; /Lance Thomson/NHLI: 173HG; /Joe HDaver: 131T; /Yoshikazu Tsuno/AFP: 63HG; /Aert van der Neer/The BDidgeman Art LiBDary: 10; /Jeff Vinnick: 133BG, 169G, 171HD; /BDian Winkler/BDuce Bennett: 124; /Bill Wippert/NHLI: 173D; /Richard Wolowicz: 183B, 185HD

Hockey Hall of Fame: 107; /Imperial Oil-Turofsky: 175T; /Le Studio du Hockey: 92, 174HD, 174BD, 175G; /James Rice: 174G

Press Association Images: /Tony Gutierrez/AP: 130C

Private Collection: 24BD, 76, 96HD

Les éditeurs ont fait tout ce qui était en leur pouvoir afin d'attribuer correctement les photos, et ont communiqué avec la source et/ou le détenteur des droits d'auteur de chaque photographie. Les Éditions de l'Homme s'excusent pour toute omission ou erreur à cet égard, qui sera corrigée dans les éditions futures de l'ouvrage.